THE HORUS HERESY®

FLAMMENGEBOREN

The Horus Heresy®

BUCH 1 – DER AUFSTIEGDES HORUS
Dan Abnett

BUCH 2 – FALSCHE GÖTTER
Graham McNeill

BUCH 3 – GALAXIS IN FLAMMEN
Ben Counter

BUCH 4 – DER FLUG DER EISENSTEIN
James Swallow

BUCH 5 – FULGRIM
Graham McNeill

BUCH 6 – DARK ANGELS
Mitchel Scanlon

BUCH 7 – ALPHA LEGION
Dan Abnett

BUCH 8 – ABYSSUS
Ben Counter

BUCH 9 – MECHANICUM
Graham McNeill

BUCH 10 – ERZÄHLUNGEN DES VERRATS
Nick Kyme & Lindsey Priestley (Hrsg.)

BUCH 11 – GEFALLENE ENGEL
Mike Lee

BUCH 12 – THOUSAND SONS
Graham McNeill

BUCH 13 – NEMESIS
James Swallow

BUCH 14 – DER ERSTE KETZER
Aaron Dembski-Bowden

BUCH 15 – PROSPERO BRENNT
Dan Abnett

BUCH 16 – ZEITALTER DER DUNKELHEIT
Christian Dunn (Hrsg.)

BUCH 17 – DIE VERSTOSSENEN TOTEN
Graham McNeill

BUCH 18 – FALSCHE ERLÖSUNG
Gav Thorpe

BUCH 19 – KENNE KEINE FURCHT
Dan Abnett

BUCH 20 – DIE PRIMARCHEN
Christian Dunn (Hrsg.)

BUCH 21 – SIGNUS DAEMONICUS
James Swallow

BUCH 22 – IM SCHATTEN DES VERRATS
Christian Dunn & Nick Kyme (Hrsg.)

BUCH 23 – ANGELUS EXTERMINATUS
Graham McNeill

BUCH 24 – VERRÄTER
Aaron Dembski-Bowden

BUCH 25 – KENNUNG: CALTH
Laurie Goulding (Hrsg.)

BUCH 26 – VULKAN LEBT
Nick Kyme

BUCH 27 – IMPERIUM SECUNDUS
Dan Abnett

BUCH 28 – WHITE SCARS
Chris Wraight

BUCH 29 – BAND 1: DIE SÖHNE DES LUPERCAL
BAND 2: DIE SCHLACHT UM MOLECH
Graham McNeill

BUCH 30 – DIE VERDAMMNIS VON PYTHOS
David Annandale

BUCH 31 – DAS VERMÄCHTNIS DES VERRATS
Diverse Autoren

BUCH 32 – TODESFEUER
Nick Kyme

BUCH 33 – DER ENDLOSE KRIEG
Diverse Autoren

BUCH 34 – PHARUS
Guy Haley

BUCH 35 – DIE WACHT DES IMPERATORS
Diverse Autoren

BUCH 36 – DER PFAD DES HIMMELS
Chris Wraight

BUCH 37 – DER KRIEG IN DEN SCHATTEN
Diverse Autoren

BUCH 38 – ENGEL VON CALIBAN
Gav Thorpe

BUCH 39 – PRÄTORIANER DES DORN
John French

BUCH 40 – CORAX
Gav Thorpe

BUCH 41 – DER GEBIETER DER MENSCHHEIT
Aaron Dembski-Bowden

BUCH 42 – GARRO
James Swallow

BUCH 43 – DIE ZERSCHLAGENEN LEGIONEN
Diverse Autoren

BUCH 44 – DER ROTE KÖNIG
Graham McNeill

BUCH 45 – TALLARN
John French

BUCH 46 – UNTERGANGSSTURM
David Annandale

BUCH 47 – ALTE ERDE
Nick Kyme

BUCH 48 – DIE BÜRDE DER LOYALITÄT
Diverse Autoren (In Vorbereitung)

BUCH 49 – WOLFSJAGD
Guy Haley

BUCH 50 – FLAMMENGEBOREN
Nick Kyme

BUCH 51 – SKLAVEN DER FINSTERNIS
John French

BUCH 53 – TITANENSTERBEN
Guy Haley

BUCH 54 – DER VERSENKTE DOLCH
James Swallow

AUSSERDEM ERHÄLTLICH:
MACRAGGES EHRE
Dan Abnett & Neil Roberts

THE HORUS HERESY® SAMMELBAND

SAMMELBAND I (BUCH 1-3)
Dan Abnett, Graham McNeill & Ben Counter

SAMMELBAND 2 (BUCH 4-6)
James Swallow, Graham McNeill & Mitchel Scanlon

SAMMELBAND 3 (BUCH 7-9)
Dan Abnett, Ben Counter & Graham McNeill

THE HORUS HERESY® SIEGE OF TERRA

BUCH 1 – DER KRIEG UMS SOL-SYSTEM
John French

BUCH 2 – DIE VERLORENEN UND DIE VERDAMMTEN
Guy Haley

BUCH 3 – DER ERSTE WALL
Gav Thorpe

THE HORUS HERESY®

Nick Kyme

FLAMMENGEBOREN

Hammer und Amboss

BLACK LIBRARY

EINE PUBLIKATION VON BLACK LIBRARY

Englische Erstausgabe 2018 in Großbritannien herausgegeben von Black Library.
»Unsterbliche Pflicht« zuerst veröffentlicht in *Die zerschlagenen Legionen* in 2019.
Diese Ausgabe herausgegeben 2020.
Black Library ist eine Abteilung von Games Workshop Ltd., Willow Road, Nottingham, NG7 2WS, UK.

10 9 8 7 6 5 4 3 2 1

Titel des englischen Originalromans: *Born of Flame*.
Deutsche Übersetzung: Simon Sterz.
Produziert von Games Workshop in Nottingham.
Titelbild: Neil Roberts.
Vertrieb: EGMONT Verlagsgesellschaften mbH

Druck und Bindung: CPI Group (UK) Ltd, Croydon, CR0 4YY

ISBN13: 978-1-78193-499-9

Gedruckt und gebunden in Großbritannien.

The Horus Heresy®

Es ist eine Zeit der Legenden.

Die Galaxis steht in Flammen. Die glorreichen Pläne des Imperators für die Menschheit liegen in Trümmern. Sein liebster Sohn Horus hat sich vom Licht seines Vaters abgewandt und sich dem Chao s hingegeben.

Seine Armeen, die mächtigen und gefürchteten Space Marines, befinden sich in einem verheerenden Bürgerkrieg. Einst fochten diese ultimativen Krieger als Brüder Seite an Seite, verteidigten die Galaxis und führten die Menschheit zurück in das Licht des Imperators. Jetzt sind sie gespalten.

Einige bleiben dem Imperator treu, während andere die Seite des Kriegsherren wählen. Die Größten unter ihnen, die Anführer ihrer gewaltigen Legionen, sind die Primarchen. Diese großartigen, übermenschlichen Individuen sind die krönende Errungenschaft der Genwissenschaft des Imperators. Gegeneinander in den Kampf gedrängt ist der Sieg nun für beide Seiten ungewiss.

Welten brennen. Auf Isstvan V führte Horus einen brutalen Schlag und zerstörte drei Legionen fast vollständig. Krieg ist entbrannt – ein Konflikt, der die ganze Menschheit in seinem Feuer verbrennen wird. Heimtücke und Verrat haben Ehre und Edelmut ersetzt. Attentäter lauern in jedem Schatten. Armeen sammeln sich. Alle müssen sie eine Seite wählen oder sterben.

Horus versammelt seine Armada und fasst Terra zornig ins Auge. Auf dem goldenen Thron sitzend erwartet der Imperator die Rückkehr seines verkommenen Sohnes. Doch sein wahrer Feind ist das Chaos, eine uralte Macht, die danach trachtet, die Menschheit ihren unberechenbaren Launen zu unterwerfen.

Die Schreie der Unschuldigen und das Flehen der Gerechten vermengen sich mit dem grausamen Gelächter dunkler Götter. Sollte der Imperator versagen und der Krieg verloren werden, warten Leid und Verdammnis.

Das Zeitalter von Wissen und Aufklärung ist vorbei.
Das Zeitalter der Dunkelheit bricht an.

INHALT

PROMETHEISCHE SONNE

~ DRAMATIS PERSONAE ~

Die XVIII. Legion ›Salamanders‹

Vulkan	Primarch
Numeon	Captain, Erste Kompanie und Anführer der Brandwache
Varrun	Brandwache
Atanarius	Brandwache
Ganne	Brandwache
Leodrakk	Brandwache
Skatar'var	Brandwache
Igataron	Brandwache
Heka'tan	Captain, 14. Kompanie
Kaitar	Legionsbruder, 14. Kompanie
Luminor	Apothecarius, 14. Kompanie
Angvenon	Legionsbruder, 14. Kompanie
Tu'var	Legionsbruder, 14. Kompanie
Oranor	Legionsbruder, 14. Kompanie
Bannon	Sergeant, 14. Kompanie
Gravius	Captain, Fünfte Kompanie
Ehrwürdiger Bruder Attion	Dreadnought

Die XIV. Legion ›Death Guard‹

Mortarion	Primarch

Die X. Legion ›Iron Hands‹

Ferrus Manus	Primarch
Gabriel Santar	Captain, Erste Kompanie

Die 154. Expeditionsflotte

GLAIVARZEL	Memorator, Imagist
VERACE	Memorator

Imperiale Garde

888. PHAERIA	Gardeverband, einschließlich Aufseherkader und Zuchtmeister

Vom alten Nocturne

N'BEL	Schwarzhammer von Hesiod
BREUGHAR	Metallformer von Hesiod
GORVE	Ebenenhüter von Hesiod
REK'TAR	Hornmeister von Hesiod
BAN'EK	Stammeskönig von Themis

Andere

›DER AUSSENWELTLER‹

»Das verstehe ich nicht. Du hast mich aufgezogen. Du hast mich gelehrt mit Speer und Bogen zu jagen. Ich habe in deinem Haus gewohnt und in deiner Schmiede gearbeitet. Trotzdem soll ich dir glauben, dass ich nicht dein Sohn bin? Wer ist dann mein Vater?«

– Vulkan von Nocturne

Niemand sah ihn sterben. Der Dschungel selbst erwachte zum Leben und holte ihn. Ohne ein Geräusch verschwand der Soldat. Sein Mörder bewegte sich flink und verschmolz mit den Schatten, bis er in den Hitzeschleiern schließlich vollständig verloren ging. Durch das dichte Blätterdach über ihnen drang nur spärliches Licht. Die Männer in der dicht gedrängten Kolonne riefen panisch und griffen nach ihren Lampentaschen. In der Finsternis war es stickig und schwül. Während die Hitze die Luft erwärmte, kühlte die zunehmende Furcht der Soldaten ihre Körper. Vereinzelte Lichtstrahlen trieben Nachtkäfer hastig in dunkle Hohlräume. Lianenschlangen hingen reglos herab und tarnten sich als ihre Namensgeber, um möglichst ungesehen zu bleiben. Wenn die Männer sich doch nur ebenso totstellen könnten, damit das Raubtier weiterziehen würde … Platte Blätter, die eigentlich gar keine Blätter waren, hoben sich und pulsierten, doch von dem Ungeheuer gab es keine Spur. Die panischen Schreie verebbten und wichen einer stillen Anspannung, da der Urwald den Soldaten ihre Stimme und ihre Entschlossenheit raubte. Der Zuchtmeister des 888. Phaeria von der Imperialen Garde hielt eine geballte Faust in die Höhe.

Still. Steht still ... und horcht. Wenn wir aufhorchen, werden wir überleben.

Mit seiner Brokatjacke fiel er unter seinen Untergebenen auf, die mit breiter, entblößter Brust dastanden. Die Todeswelter von Phaeria waren grobe, muskelbepackte Männer, die Feuchtgebiete und unerschlossene Sümpfe gewohnt waren. Von ihren Patronengurten hingen Schädel, die grinsend und scheinbar amüsiert klapperten. Die gestreiften Tarntätowierungen in ihren kampflustigen Gesichtern konnten ihre Furcht trotz allem nicht verbergen. Eigentlich hätten sie hier in ihrem Element sein müssen.

Im Moment verursachten die pochenden Herzen in zweitausend Brustkörben einen größeren Lärm als der gesamte Dschungel. Der Urwald hielt den Atem an.

Der Zuchtmeister hob seinen Puniterstab und wollte gerade den Befehl zum Vorstoßen erteilen, als der Cyberhabicht, der auf seiner Schulter hockte, schrill aufschrie. Die Warnung kam zu spät. Als würde der Dschungel endlich ausatmen und seinen Schlund öffnen, verschwand der Zuchtmeister. In einem Moment war er noch da, im nächsten war er fort. Genau wie der Soldat. Einer nach dem anderen.

Aus einem Dutzend Gewehre wurden aufgeschreckte Schüsse auf die Lücke abgegeben, die der Zuchtmeister hinterlassen hatte, doch die Spur war erkaltet, noch bevor die Soldaten begriffen, dass sie auf nichts zielten. Mit seinem Verschwinden löste sich auch die Ordnung auf und die Gardeaufseher konnten nicht mehr verhindern, dass die zweitausendköpfige Infanterieeinheit mit ihren Autokarabinern und Schrotflinten wild um sich schoss. Heiße Laserstrahlen und Projektilgeschosse flogen in alle Richtungen, da die Männer ihrer Furcht nachgaben, bis die Magazine leer waren. Die Rapier- und Tarantula-Geschützgruppen unterstützten das Trommelfeuer mit größeren Kalibern. In weniger als einer Minute wurde der dichte Dschungel in der näheren Umgebung in mulchbedecktes Flachland verwandelt. Treibstöcke und voxverstärkte Befehle, die in ohrenbetäubender Lautstärke gebrüllt wurden, brachten das Durcheinander schließlich unter Kontrolle.

Eine tiefe Stille trat ein, die nur von schwerem Atmen und nervösem Geflüster unterbrochen wurde.

Diese Ruhe währte nicht lange.

Aus der Dunkelheit brachen Ungeheuer hervor. Große Bestien, deren heulendes Geschrei jeden stimverstärkten Aufseher übertönte, krachten in die Kolonne und töteten scharenweise Phaerianer. Die Formation geriet auf einer Flanke ins Wanken und als massige, geschuppte Tiere mit gehörnten Schnauzen und knöchernen Panzern hineinstürmten, brach sie ein. Die ersten Phaerianer, die starben, wurden zertrampelt, worauf die nächsten in die Luft geschleudert oder durchbohrt wurden. Andere Bestien, die zwar kleiner, aber immer noch um ein Vielfaches größer als ein Mensch waren, preschten neben den Ungetümen heran. Wie ihre Vettern waren auch sie Saurier, doch ihr Verhalten und Äußeres ähnelte eher dem von Vögeln. Sie galoppierten und sprangen in die aufgebrochene Kolonne und rissen sie mit ihren Krallen in Stücke. Nachdem ihre Formation so brutal zerschlagen worden war, waren die verstreuten Phaerianer leichte Beute. Vermummte Reiter mit perlmuttweiß glänzenden, konischen Helmen gaben mit langen, fremdartigen Gewehren Schüsse ab.

Von oben ertönte ein gellender Schrei und eine Sekunde später wurde das Blätterdach von einer Schar geflügelter Echsen durchbrochen. Die Glückstreffersalve eines Rapiers fraß sich durch die dünnhäutigen Flügel einer Flugechse, sodass Reiter und Bestie in den Tod stürzten, doch der Rest des Schwarms verwandelte die jubelnden Schützen in roten Nebel.

Die Luft war von Blut und Geschrei erfüllt, während sich das zerschlagene Regiment auf der Lichtung sammelte, die es geschaffen hatte. Inzwischen bildete es keine Kolonne mehr, sondern einen langsam schrumpfenden Kreis aus Leibern, der den Xenos und ihren geschuppten Bestien kaum etwas entgegenzusetzen hatte. Der Ort eignete sich nicht zur Verteidigung, sodass die Imperiale Garde bald wieder durch die Dunkelheit rannte. Astranken erwachten zum Leben und schnappten nach Handgelenken und Knöcheln, und tiefe Sümpfe verschlangen weitere Männer. Insektenschwärme scharten sich zusammen und strömten in Münder und Ohren; der lebendige Dschungel schlug die Eindringlinge zurück.

»Vorwärts, für Terra!«, setzte ein Aufseher an, bevor sein Hals von einer Xenoslanze durchbohrt wurde. Sein Mörder schüttelte den Leichnam mit einem beiläufigen Ruck ab, bevor er sich auf seinem Saurierreittier vor einer Gruppe verwundeter Phaerianer aufbäumte. Es war offensichtlich, was der Xenos ihnen mit seinem finsteren Blick sagen wollte.

Tod allen Eindringlingen.

Er stürmte heran. Ein hallender Kriegsschrei jagte wie ein Blitz durch den Dschungel und rief seine Reiterschar herbei, sodass die Phaerianer innerhalb weniger Augenblicke von einer Stampede überrannt wurden. Das Knallen der Schrotflinten und Autokarabiner währte nur kurz und war vergebens. Die Truppen in den hinteren Reihen, die weit genug vom Kampf entfernt waren, um noch nicht aufgespießt, zermalmt oder zerfetzt worden zu sein, rannten einfach los. Diese Männer, diese Rohlinge einer Todeswelt, wimmerten, während sie sich durch die Hitze und den Morast kämpften. Geflügelte Bestien stürzten ungezügelt auf ihre Beute herab und schnappten nach Happen, wann immer sich die Gelegenheit bot, was ihren schaurigen Herren grimmige Freude bereitete.

Es war ein Blutbad und das Fleisch der Menschen war das Festmahl für die kaltblütigen Saurier.

Von hoch oben war der Urwald ein feuriger Ozean. Rot und Ocker breiteten sich in dem dichten Blätterdach aus wie Blut in Wasser. Jagende Pterosaurier konnte man dabei beobachten, wie sie durch die schmalen Lücken des tieforangefarbenen Meers stürzten.

Durch den dunklen Schiffsbauch hallte eine Stimme.

»Sie haben die Gardevorhut angegriffen, Exzellenz.«

Eine große Gestalt an der Hinterseite des Laderaums atmete den Geruch von Asche und brennendem Holz ein. Irgendwo hinter ihr erlosch allmählich die letzte Glut eines rituellen Feuers. Als sie aufschaute, leuchteten ihre Augen wie die Flammen einer Kohlenschale. Im Zwielicht wirkte sie so geschuppt und saurierhaft wie die Ungeheuer in dem Dschungel unter ihnen.

Sie antwortete mit unendlich tiefer, nachdrücklicher Stimme.

»Entsendet die Legion.«

Ein schwerer Flieger donnerte zum Dschungel hinab. Aus dem Chaos am Boden, wo weiterhin Menschenleben geerntet wurden, schauten einige überlebende Phaerianer auf. Wie von Geisterhand teilte sich das Blätterdach und enthüllte die platte Unterseite eines Landungsfliegers. Seine Landerampe war heruntergelassen und im dunklen Innern des Stormbirds leuchtete eine Reihe von feuerroten Helmlinsen auf, als die Besatzung ihre Schwüre des Augenblicks beendete.

Der erste Krieger schlug mit einem lauten Krachen auf dem Boden auf. Der waldgrüne Riese mit surrender Kettenklinge zeigte mit seiner Boltpistole nach vorn.

»Sammeln! Für die Freiheit der Menschheit und zum Ruhme Terras!«

Weitere in Rüstungen gehüllte Kreuzfahrer, auf deren Schulterpanzern das Symbol eines fauchenden Drachen prangte, schlugen wie donnernde Blitze neben ihm ein.

Wir sind dem Feuer entsprungen.

Gemeinsam brüllten sie:

»Vulkan!«

Er hatte schon früher gegen die Eldar gekämpft, aber nicht so. Als Teil der 154. Expeditionsflotte war er damit beauftragt gewesen, plündernde Piraten zu bekämpfen, die sich von dieser dschungelbewohnenden Xenosbrut deutlich unterschieden. Es waren grausam verlockende Schrecken gewesen, die sich in Leder gehüllt und Gebeinklingen geführt hatten. Als sie in der Leere aufgetaucht waren, hatte es so gewirkt, als ob sich ein Teil des Alls vom Rest abgespalten hätte. Die Plünderer hatten zwei Fregatten ausgeweidet, bevor die XVIII. Legion eingegriffen und sie zurückgeschlagen hatte. Die Nocturner nannten sie ›Phantome der Dämmerung‹. Sie waren wie Gespenster, Seelendiebe, und er hasste sie mit der gesamten, tief verwurzelten Erinnerung seines Volkes.

Vor diesem Gefecht hatte Heka'tan noch nie mit den Drachenreitern die Klingen gekreuzt. Diese im Urwald lebenden Xenos waren technologisch nicht so weit fortgeschritten wie ihre Vettern, aber sie waren immer noch Eldar. Und sie waren schnell.

»Von scharf links.« Die verbale Warnung im Kommnetz seines Trupps wurde auch als Symbol auf seiner Helmlinse angezeigt. Mit umherschweifender Boltpistole schoss er halbautomatisch auf einen Feind, der so flink war, dass seine Zielsysteme ihn nicht erfassen konnten. Mit seinem Beschuss zerfetzte er lediglich Blätter.

»Salvenfeuer.«

Die Legionäre versuchten nicht länger, einzelne Ziele anzuvisieren, sondern konzentrierten sich darauf, bestimmte Bereiche abzudecken. Eine tosende, vereinte Salve brachte den Reiter und drei weitere seiner Sippe zu Fall.

Heka'tan sah, wie Bruder Kaitar niederkniete und sich mit einem Finger die Asche eines der zahlreichen Feuer auf den Schulterpanzer schmierte.

»Zum Amboss, Captain.«

Heka'tan lächelte hinter seinem Visier und salutierte Kaitar knapp. Er schaltete den Kompaniekanal ein.

»Die gesamte Vierzehnte, vorrücken.«

Mehrere Stormbirds hatten das Blätterdach des Urwalds durchbrochen und Krieger der XVIII. Legion mitgebracht, um die angeschlagene Garde zu unterstützen. Vulkans Söhne schlossen sich schnell und methodisch zusammen. Wenn es um Kriegsführung ging, waren sie so akkurat wie ihr Vater.

Mehrere Trupps aus Heka'tans Kompanie taten sich zusammen, sodass eine Wand aus Boltgeschossen den Dschungel erleuchtete, die Dunkelheit vertrieb und die Bäume zu Kleinholz verarbeitete. Die Vorhut der Eldar zerschellte an ihr. Pterosaurier ergriffen die Flucht, eilten durch die Lücken im Blätterdach davon und schrien nach Rache. Hinter einer fliehenden Schar von Raptorreitern trat eine Mauer aus Stegosauriern hervor, um die Legionäre aufzuhalten.

Mit knappen Gefechtszeichen rief Heka'tan eine Abteilung mit schweren Waffen herbei.

Das leise Summen von Kondensatoren steigerte sich zu einem lauten Trommeln, bis die Konversionsstrahler schließlich feuerbereit waren. Knisternde Energie schoss aus den Zielmündungen der Waffen und schnitt sich durch das Blattwerk, um direkt in die Stegosaurier einzuschlagen. Die Bestien wurden von einer Explosion eingehüllt, die nichts als nasse Knochenstücke hinterließ.

Auf ein Fingerschnipsen und eine vorwärts gerichtete Handbewegung hin hob der Trupp erneut die Bolter. Heka'tan führte die Schlachtreihe an und steckte seine Pistole ins Holster, während die Salamanders die Kontrolle über das Schlachtfeld übernahmen. Langsam kehrte die Entschlossenheit der Gardeeinheiten zurück. Das Erscheinen der Salamanders, die unnachgiebig an den erschütterten Phaerianern vorbeimarschierten, hatte ihnen neuen Mut geschenkt.

Heka'tan warf einem Gardeaufseher, der die Ordnung in seinem Zug wiederherzustellen versuchte, einen finsteren Blick zu. »Lasst Eure Männer mit mir gehen, Soldat.«

Der Aufseher salutierte dem Captain diensteifrig. »Zum Ruhme Terras und des Imperators!« Er wandte sich ab, um seine Männer mit größerem Nachdruck anzubrüllen. Im gesamten umliegenden Dschungelgebiet übernahmen die Salamanders das Kommando über die Gardeeinheiten und bahnten einen Weg durch das Unterholz. Die Legion würde die Speerspitze bilden und die Garde zur Unterstützung hinter ihr marschieren.

Trotz der toten Stegosaurier und der zahlreichen Niederlagen, die die Eldar auf dem zwei Kilometer breiten Dschungelstreifen einstecken mussten, auf dem die Salamanders gelandet waren, wehrten sie sich hartnäckig. Von den Rücken ihrer Echsenreittiere gaben sie erbittert Gewehrfeuersalven ab. Ihre Ptersosaurier führten blitzschnelle Angriffe gegen die Legionäre durch, bis sie zu viele an die Bolter der Salamanders verloren. Ein brüllender Stegosaurier stampfte trotzig vorwärts, bis eine Rakete ihn aufriss. Als die Bestie starb, rollte sie zur Seite und zerquetschte zwei Raptorreiter.

Gegen die Krieger der Legiones Astartes waren die Überfalltaktiken der Eldar wirkungslos.

Während die Salamanders vorrückten, begann sich der vor ihnen liegende Dschungel zu verändern. Äste umschlangen einander, Blätter und Ranken wurden dicker und verbanden sich. Innerhalb weniger Minuten hatte sich vor den Legionären eine Wand aus Bäumen gebildet. Durch seine Helmlinsen konnte Heka'tan weiterhin mehrere feindliche Wärmesignaturen in der Finsternis erkennen. Die schnelleren Einheiten der Eldarstreitkraft umkreisten sie bereits wieder. Raptorrudel zogen als farbenfrohe Hitzeschleier in seinen Augenwinkeln vorbei, während sich ihre verbündeten Pterosaurier Plätze in den höchsten Bäumen suchten, um sie hinterrücks zu überfallen.

Das Symbol des Fünften Sergeants Bannon blinkte neben den

Zieldaten auf Heka'tans linker Helmlinse auf, worauf der Captain die Verbindung zu ihm herstellte.

»Lasst die Flammen der Hölle lodern, Bruder.«

Kurz blinkte ein Bestätigungssymbol, worauf die gesamte Frontreihe der Salamanders zurücktrat und wieder Unterstützungsfeuerprotokollen folgte.

Der Gardeaufseher, dessen Zug sich Heka'tans Trupp angeschlossen hatte, verstand das als Aufforderung, die gesammelten Phaerianer nach vorn zu treiben, bis der Legionär ihn aufhielt.

»Noch nicht«, sagte er und hielt den Menschen zurück.

»Wir sind bereit, für den Ruhm des Imperators zu sterben, Exzellenz!«

»Und das werdet Ihr, Mensch, aber wenn Ihr jetzt vortretet, wird Euer Tod niemandem nutzen.« Heka'tan zeigte mit seinem Kettenschwert auf Bewegungen in den Reihen der Salamanders.

Sergeant Bannon schickte sechs Flammenwerfertrupps in die vorderste Reihe.

»Lasst die Flammen der Hölle lodern!«

Die Antwort auf seinen Ruf war eine pulsierende Welle hocherhitzten Promethiums. Der Dschungel verbrannte in der Feuersbrunst. An den Flanken gingen Sprengsätze hoch, als die umzingelnden Raptoren auf die Fragmentgranatenfallen trafen, die die Scouts der Salamanders unbemerkt am Rand des Kampfgebiets platziert hatten.

Inzwischen war der Himmel voller Landungsflieger, auf deren metallischen Bäuchen sich die dschungelverzehrenden Flammen spiegelten. Schwarze Baumstümpfe und verkohlte Pflanzen zerbrachen unter den Abwinden der Stormbird-Landedüsen. Asche wehte durch die Luft. Alles brannte.

Während der Feuersturm tobte, schaute Heka'tan zum Himmel. Ein Schiff, das sich abseits von den anderen befand, hatte seine Insassen noch nicht abgeworfen.

»Vater wird sich uns heute nicht anschließen.«

Auch Gravius war die Abwesenheit des Primarchen aufgefallen.

Heka'tans Kamerad, ebenfalls ein Bruder-Captain, war nah genug, um zu sehen, wie er in den rauchverhüllten Himmel schaute. Neben ihm rückte seine Kompanie, die Fünfte, vor. Über vierhundert Legionskrieger wurden eingesetzt, um ein einfaches Dschungelgebiet zu bändigen – man könnte meinen, das wäre zu viel des Guten.

Heka'tan antwortete über einen privaten Kanal. »Bald wird er kommen, Gravius«, sagte er. »Sobald er gebraucht wird.«

Doch die Rampe des einsamen Stormbirds blieb geschlossen.

Die Hitze im Laderaum wäre für einen Menschen unerträglich gewesen.

Die Krieger im Innern schwitzten nicht einmal. Trotz ihrer geschuppten Drachenrüstungen atmeten sie ruhig. Ihre gleichmäßige Atmung verströmte den Geruch von Schwefel in der Luft.

Ein Krieger stand abseits von den anderen. In einer Panzerhandschuhfaust hielt er eine gezackte Hellebarde. An den Seiten seines Gefechtshelms, den er in der anderen Hand hielt, befanden sich scharfe Drachenzähne, die halb so lang wie ein Gladius waren. Obwohl das Deck unter den mächtigen Triebwerken des Stormbirds heftig zitterte, blieb er starr wie eine Statue. Ein Kamm aus lavarotem Haar teilte seinen kahlen Schädel wie eine Klinge in zwei gleichgroße Halbkugeln. Während er zu dem Riesen an der Rückseite des Laderaums sprach, hielt er den Kopf gesenkt.

»Die Legion ist aufmarschiert. Sollen wir angreifen, Exzellenz?«

Die tiefe Stimme antwortete: »Noch nicht. Wir halten uns zurück, damit der Amboss sie stählt.«

Als der Atem, der aus seinem Mundgitter drang, Wolken bildete, überprüfte Heka'tan die Autosinne seiner Rüstung. Die Temperatur befand sich unter dem Gefrierpunkt. Der Raureif, der sich auf den umliegenden, verbrannten Bäumen bildete, ließ ihn den Gedanken an eine mögliche Fehlfunktion seiner Systeme verwerfen. Eis und Schnee erstickten die feurige Säuberung. Als Reaktion auf diesen Angriff befahl Bannon seinen anderen Legionsbrüdern, mit den Flammenwerferdüsen das Feuer zu eröffnen. Kurz flackerte heißes Licht auf, doch der näher rückende Frost breitete sich weiter aus, trotzte den Flammen und drängte sie zurück.

Das Promethium verbrannte schnell. Sergeant Bannon konnte den Feuersturm nicht mehr lange aufrechterhalten und würde bald nachladen lassen müssen. Inzwischen bedeckten frostüberzogene Blätter, Pulverschnee und einige zugefrorene Tümpel die feuergeschwärzte Einöde, die die Flammenwerfer geschaffen hatten. Aus den verdorrten Bäumen wurden Kristallskulpturen und aus verschrumpeltem Farngewächsen vereiste Wedel, während sich dieser unheimliche, unmögliche Winter über den Dschungel ausbreitete. Nach der heftigen Kaltfront taute alles so schnell, wie es gefroren war. Unter dem Schnee traten neugewachsene Blätter hervor. Frische Knospen durchbrachen die Ascheschicht und wuchsen innerhalb weniger Momente von Setzlingen zu ausgewachsenen Bäumen heran. Die tropische Hitze kehrte zurück, nachdem die Zerstörung, die die Salamanders angerichtet hatten, größtenteils rückgängig gemacht worden war.

Dafür konnte es Heka'tans Wissen nach nur eine einzige Erklärung geben.

Er zischte in den Kanal: »Die Xenos haben Psioniker dabei. Spürt sie auf.«

Doch tatsächlich mussten die Hexen nicht erst gefunden werden. Sie kamen aus dem Urwald und schleuderten grüne Blitze. Einer traf einen Legionär in die Brust, wodurch sie auf den Psioniker aufmerksam wurden. Winzige Energiewogen zogen von der Einschlagstelle ausgehend über Bruder Oranor hinweg, der unter dem Elektroschock erzitterte. Noch bevor die Rüstung mit seiner qualmenden Leiche auf dem Boden aufschlug, reagierte sein Trupp. Die Explosionen von Boltgeschossen erblühten und erloschen auf einem psionischen Schild, der den Eldar schützte, während die Salamanders ihre Wut wirkungslos entfesselten. Der zwölfköpfige Hexenzirkel arbeitete psionisch zusammen und wechselte sich mit Angriff und Verteidigung ab. Unsichtbare Kinetschilde flackerten kurz unter gleißenden Geschosstreffern auf. Das Feuer der Flammenwerfer zog in grellen, öligen Farben über den psionischen Schutzschild, doch die Hexen blieben unangetastet und ließen vielarmige Blitze in die Legionäre einschlagen, die ihre Gefechtsrüstungen mit Leichtigkeit aufbrachen.

Heka'tan lauschte angestrengt über den tosenden Sturm hinweg.

»Gesang, Bruder-Captain?«, fragte Luminor, sein Apothecarius.

Heka'tan nickte langsam. In dem Hexenzirkel sah er eine

kahlköpfige Hexe. Tatsächlich bewegten sich ihre Lippen zu dem verdorbenen Gesang.

»Das ist Zauberei. Verschließt Eure Sinne.«

Auf der anderen Seite des Captains stand Bruder Angvenon, der seinen sarissabewehrten Bolter schwenkte. »Irgendetwas geht hier vor sich …«

Heka'tan erkannte die Gefahr zu spät.

»Zurückfallen!«

Als die Eldar ihre Hexerei einsetzten, um den Dschungel gegen die Salamanders zu wenden, brachen aus dem Boden gewaltige Wickeldornranken, die ihre Vorhut einfingen. Die unterstützenden Gardeeinheiten wurden erwürgt und zerquetscht. Heka'tan schlug mit seinem Kettenschwert um sich, doch schon bald war es überlastet und erlahmte. Ratternd kamen die Reißzähne zum Stillstand. Er rang mit den um sich greifenden Pflanzen, doch die Wurzeln und Ranken schlangen sich um seine Gliedmaßen und zogen an ihm. Die verstärkten Muskeln in seinen Armen und seinem Rücken wölbten sich unter der Anstrengung, während er ihnen zu entrinnen versuchte. Er griff nach dem Gardeaufseher, doch er und seine Männer wurden schnell erwürgt. Ihre gekrümmten Finger zuckten noch im Todeskampf, während sie vollständig verschwanden und vom Dschungel verschlungen wurden.

Eine subtile Veränderung des Sirenenlieds der Hexen sorgte dafür, dass sich die schlängelnden Wurzeln noch weiter zusammenzogen, Waffen fortrissen und an Gliedmaßen zerrten. Obwohl sie dagegen ankämpften, wurden die Salamanders ebenso in die Erde gezogen wie die menschlichen Soldaten vor ihnen.

»Umdrehen!« Sergeant Bannon befahl seinen Flammenwerfern, sich gegen den zum Leben erwachten Dschungel zu wenden, doch alle sechs Trupps wurden umschlungen, bevor sie den letzten Rest in ihren Treibstoffkanistern nutzen konnten.

Die gesamte Frontlinie der Salamanders war von würgender und zerquetschender Vegetation umwickelt, sodass der Vorstoß vollständig zum Erliegen kam.

Das Geheul der Raptorreiter hallte gellend durch die Luft, gefolgt vom tiefen Brummen der Stegosaurier. Von oben fielen die Schatten kreisender und herabstürzender Pterosaurier auf die Rüstungen der Salamanders.

»Kämpft euch frei! Schlagt zurück!« Heka'tan befreite ein Handgelenk und feuerte eine Reihe explosiver Boltgeschosse in den zähen Morast. Seine Ehrengarde tat es ihm gleich und hackte mit Kettenklingen und Gladii auf die wildgewordenen Pflanzen ein.

Vor sich konnte er hören, wie die Eldar zurückkehrten.

Diesmal waren sie nicht allein.

Ein tiefes Gebrüll ließ den Boden unter Heka'tans Füßen erbeben. Er unterbrach seine Anstrengungen, seinen Schwertarm zu befreien, um die Quelle des Geräuschs ausfindig zu machen. Aus den waldigen Tiefen brach ein Rudel massiger Alpharaubtiere und schloss sich dem wieder erstarkten Eldarangriff an. Die gewaltigen Carnodonten waren drei Mal so groß wie ein Legionär, muskelbepackt und mit straffen Sehnen und einer schuppigen Haut ausgestattet. Zwar waren sie nicht so massig wie ein Stegosaurier, doch die geringere Masse machten sie mit ihrer höheren Geschwindigkeit und einem tödlichen Reißzahnmaul wieder wett. In den Augen der Ungeheuer brannte eine kalte Intelligenz und die Eldarreiter auf ihren Rücken wirkten wie wilde Dschungelkönige.

Das Raubtierrudel stürzte an den Eldar vorbei, die sich noch sammelten, und überholte auch die kleineren Raptoren und behäbigen Stegosaurier mit Leichtigkeit. Sogar die Pterosaurier, die mit ihren Reitern wie Aasfresser über dem Feld kreisten, griffen nur zögerlich an, jetzt, da die Carnodonten so nah waren.

Heka'tan wusste, dass die Salamanders derart umschlungen schwere Verluste erleiden würden. Auf der rechten Flanke sah er, wie sich der ehrwürdige Bruder Attion von seinen Pflanzenfesseln befreite und einem der heranpreschenden Alpharaubtiere entgegenstürmte. Der Dreadnought schlug es mit seiner Energiefaust, worauf eine Blutfontäne aus der Schnauze des Ungeheuers brach. Er versuchte, seinen schweren Bolter einzusetzen, doch die Bestie schlug ihn mit ihrer Klaue nach unten, sodass die Salve Erde statt Fleisch zerfetzte.

Attion packte das Carnodon mit seiner Energiefaust am Hals und hielt dessen zuschnappendes Maul zurück, während er versuchte, es zu Boden zu ringen. Die Kolben in den Beinen des Kriegers ächzten unter der ungezügelten Kraft der Bestie. Seine Emotionen blieben unter dem Helm verborgen, doch seine Helmlinsen glühten wie die feurigen Augen eines Salamanders. Das Quietschen der Servomechanismen, die seinen Armen Stärke verliehen, zeugte davon, mit welcher Anstrengung Ungetüm und Mensch-Maschine miteinander rangen.

Aus einer schultermontierten Waffe Attions brach ein Flammenstoß und einen Moment lang hatte er die Oberhand. Dann schlug das Carnodon mit seinem massigen, dicken Schwanz zu und traf die Beine des Salamanders. Attion verlor den Halt am Hals des Geschöpfs und stürzte.

Hinter seinem Visier weiteten sich Heka'tans Augen. Nie zuvor hatte er einen Dreadnought so leicht niedergehen gesehen. Schließlich waren sie ewige Krieger, die mit einer Bestattung in einer mächtigen, riesigen Gefechtsrüstung geehrt wurden. Bevor Attion zurückschlagen konnte, hatte das Ungetüm sein Maul um den Torsobereich geschlossen, in dem der verkümmerte Körper des ehrwürdigen Kriegers untergebracht war, und biss zu.

Die rasiermesserscharfen Reißzähne des Geschöpfs rissen Schwüre des Augenblicks und Pergamentrollen ab, die von der stickigen Luft fortgetragen wurden. Jahrzehnte voller ehrwürdiger Taten, Versprechen von Tapferkeit und Loyalität verschwanden binnen Sekunden. Unglaublich hartes Adamantium verbog und ächzte unter dem unfassbaren Druck, den das Carnodon ausübte. Im Torsobereich bildeten sich Risse, die sich zu Spalten weiteten und sich Attions Helm näherten. Die ganze Zeit über schaute der Eldarreiter mit ernstem, distanziertem Gesichtsausdruck zu. Die Grabkammer des Salamanders wurde aufgerissen. Glänzende, wilde Augen betrachteten einen mit blutiger Nährflüssigkeit überströmten Legionär. Das Carnodon brüllte stolz und hungrig. Mit einem fürchterlichen Knurren entblößte es seine rotbenetzten Reißzähne als Vorbote von Attions Schicksal. Er hatte während der Einigungskriege gekämpft und war einer der Ersten aus der Achtzehnten gewesen, der auf Terra geboren worden war. Das war kein angemessenes Ende für solch einen Krieger.

Nachdem es geschehen war, hob das Carnodon seine gerötete Schnauze. Der kleine Happen, den Attion dargestellt hatte, hatte es nicht gesättigt. Der Reiter des Ungetüms hob seine Energielanze, um die anderen herbeizurufen.

Heka'tan verdoppelte seine Bemühungen.

Bannons Flammenwerfer waren die nächsten, gegen die sich der Angriff richtete. Mehrere Legionäre wurden beim Ansturm der Carnodonten unter deren Füßen zerquetscht, ihre Gefechtsrüstungen verbeult und von Krallen zerkratzt. Einer wurde von einer Bestie entzweigebissen, wurde wie eine Puppe herumgeschleudert, bis der Oberkörper abriss.

Transhumanes Blut und Eingeweide regneten auf die Legionsbrüder des toten Salamanders herab und entfachten deren Zorn. Dieselbe Bestie stürzte sich auf Bannon, doch der Sergeant hatte seine Kettenklinge befreit und schlug eine Furche in die Schnauze des Carnodons. Abgetrennte Schuppen fielen von dem Ungetüm herab und ein Blutschwall salbte ihn für seinen kleinen Sieg. Bannon versuchte sein Gewicht zu verlagern, damit er sich gegen einen anderen Angriff verteidigen konnte, doch die Wickelwurzeln verlangsamten ihn so sehr, dass ihm eine zweite Bestie den Arm ausreißen konnte. Bannon kämpfte mit seiner Boltpistole weiter, während er heftig blutete und die Ungeheuer herausfordernd anbrüllte.

Heka'tan, der vom Dschungel noch immer weitestgehend festgehalten wurde, sah zu, als die knisternde Stimme des Sergeants über die Komm-Verbindung übertragen wurde. Er atmete schwer und es fiel ihm nicht leicht, zu sprechen.

»Wir sind erledigt, Captain …«

Die kleineren Saurier näherten sich, um sich auf die Verwundeten zu stürzen, und schnappten in ihrem Kampf um Dominanz und das nächste Opfer nacheinander.

Die Legionäre mit den Flammenwerfern wurden bereits abgeschlachtet. Sieben der Ungetüme zogen zwischen ihnen umher, töteten und verstümmelten sie. Sobald die kleineren Raptoren sie erreichten …

Heka'tan biss die Zähne zusammen. Bannon war verloren.

»Geh in Ehren, Bruder. Man wird sich an dich erinnern.« Dafür würde der Captain sorgen. Sein Bericht an die Memoratoren würde keine Einzelheit über die Heldenhaftigkeit des Sergeants auslassen.

Bannon antwortete zum letzten Mal. »In Vulkans Namen …«

Einige Sekunden später brach ein glühend heißer Feuersturm im Dschungel aus, der Carnodonten und die besonders gierigen Raptoren verschlang. Bannons Männer sprengten ihre Flammenwerfer, sodass die resultierende Feuersbrunst die Frontlinie entlangfegte und die Salamanders in reinigende Flammen hüllte, die die würgenden Wurzeln einäscherten.

Von den eingewickelten Gardeeinheiten aus der Vorhut war keine Spur mehr zu sehen. Einige Salamanders lagen tot oder schwer verwundet da, andere waren halb im Boden versunken.

Heka'tan schrie ins Kommnetz: »Rächt sie!«

Die Überreste der verbrannten Vegetation hüllten das Schlachtfeld in ein steinernes Grau. Heka'tan und die Überlebenden stürmten durch die schmutzigen, herumtreibenden Flocken. Vor ihnen, wo die Flammenwerfer ihr Leben gegeben hatten, befanden sich sieben Erhebungen auf dem Schlachtfeld, die wie Grabhügel aussahen. Sie blieben nur wenige Sekunden reglos liegen und verschwanden dann in einer Flut aufgewirbelter Asche. Die angesengten, aber durchaus lebendigen Carnodonten brachen aus den Aschehügeln hervor und brüllten, während sie die Salamanders anstürmten, die auf sie zu eilten.

Nur einige von Bannons Flammenwerfern waren in dem Feuersturm umgekommen. Viele waren zwar rußgeschwärzt und verbrannt, kamen aber auf die Beine und schlossen sich ihren Brüdern an. Die Salamanders waren eine hartnäckige Sippe, doch nur mit ihrer sturen Weigerung zu sterben, würden sie diese Ungetüme nicht besiegen.

Heka'tans Sammelruf ging in einen Schrei über, der zum Klang seiner Kettenklinge ertönte. Die Zielmatrizen in seinem Gefechtshelm visierten einen der Carnodonten an, der direkt auf ihn zuhielt. Es war der Rudelführer, jener, der Attion getötet hatte. Er war so massig wie ein Kampfpanzer und baute mit jedem seiner schweren Schritte weiteren Schwung auf. Seine Reißzähne waren so lang wie Heka'tans Kettenklinge und konnten seine Gefechtsrüstung so leicht zerfetzen wie eine Energieaxt. Kein Mensch, nicht einmal ein Space Marine, konnte darauf hoffen, vor solch einem Ungetüm bestehen zu können …

Vulkan dagegen war sehr viel mehr als das.

Der Primarch landete wie ein geschuppter Gott vor Heka'tan. Seine Gefechtsrüstung war uralt und unvergleichlich, von ihm selbst geschmiedet. Kunstvolle Drachenköpfe und Flammensymbole aus seltenem Quarz zierten sie und machten sie unverwechselbar. Überlappende, seegrüne, an den Rändern abgerundete

Platten verliehen ihm ein reptilienhaftes Äußeres. Auf einem Schulterpanzer trug er den Kopf von Kesare, einer Bestie, die er vor langer Zeit erschlagen hatte. Der andere war von seinem Mantel bedeckt, einem geschuppten Umhang aus beinah undurchdringlicher Feuerdrachenhaut. Die Augen hinter dem zähnefletschenden Visier seines Drachenhelms waren so tief wie Lavaklüfte und verströmten eine Eindringlichkeit, die wie spürbare Hitze von dem Primarchen ausging. Während sein Drachenumhang von dem Triebwerksabwind des Stormbirds über ihm aufgewölbt wurde, schwang er seinen Schmiedehammer, worauf ein knisternder, kontrollierter Blitz dessen Griff hinaufschoss.

Als er sprach, war es, als ob sich die Erde selbst bewegen würde, als ob seine Stimme die Kraft besäße, Berge zu zerstören.

»Ich bin Vulkan, und ich habe schon schlimmere Bestien erlegt!«

Das Carnodon wurde langsamer. Zweifel blitzte in seinen Augen auf.

Der Eldar auf seinem Rücken schrie einen knappen Befehl. Sein tätowiertes Gesicht war unverhüllt und zeigte all den Hass, den der Xenos für die Eindringlinge empfand.

Das Ungetüm sammelte sich, fletschte seine Reißzähne und öffnete sein Maul für einen tödlichen, schnellen Angriff.

Vulkan straffte seine massigen, gepanzerten Schultern, packte seinen Hammer mit beiden Händen und schwang ihn. Er war schnell, schneller als irgendjemand sein sollte, der solch eine Waffe führt, und das überraschte den Eldar und dessen Reittier. Der Schlag war atemberaubend. Der Kopf des Carnodons explodierte in einem grausigen Gemisch aus Knochensplittern, Hirnmasse und Blut. Von der Einschlagstelle ging ein Beben aus, das Heka'tan und die vorstürmenden Salamanders auf die Knie zwang. Es breitete sich als Druckwelle aus und traf auf die anderen Carnodonten, die taumelten, gegeneinander prallten und schließlich zu Boden stürzten. Die herumlaufenden Raptorrudel wurden unter ihnen zermalmt. Reiter stürzten herab. Die Wucht ließ das enthauptete Ungetüm während seiner Todeskrämpfe weiter erzittern und einen tiefen Graben entstehen, der sein Grab wurde.

Vulkan ignorierte es und steuerte auf die Ungeheuer zu, die noch atmeten.

Sieben Krieger in Drachenschuppenrüstungen, die mit einzigartigen Klingen und Keulen ausgestattet waren, schlossen sich ihm an.

Er brüllte der Brandwache zu: »Erschlagt sie!«

Wieder schwang er den Hammer in seiner Hand. Noch drei Mal brachen Blitze aus der Gotteswaffe, und nach jedem Mal blieb eine Carnodonleiche zerstört und tot auf dem Schlachtfeld zurück.

Von ihrem Genvater inspiriert zerfetzten die Salamanders den Rest.

Ruhmesfeuer brannte in Heka'tans Blut. Es war eine außerordentliche Ehre, auf demselben Feld zu kämpfen wie der Primarch. Das ermutigte und stärkte ihn. Einige hatte der Amboss gebrochen, doch er lebte und war gehärtet und zu unzerbrechlichem Stahl worden. Als es vorbei war, war er heiser und sein Herz sang die Litanei des Krieges.

Über die entstellten Xenosleichen hinweg sah er Gravius.

»Auf den Amboss, Bruder.«

Heka'tan salutierte. »Ich sagte doch, dass er kommen wird. Ruhm sei der Legion.«

»Ruhm sei Vulkan«, antwortete Gravius.

Die letzten Eldar flohen und verschwanden im Dschungel.

Heka'tan beobachtete ihre Flucht. Sein Blick wanderte zu Vulkan. Wie oft hatte der Primarch seine Söhne vor der sicheren Vernichtung bewahrt, das Schlachtenglück gewendet und weitergekämpft, als alles verloren schien? Die Salamanders waren eine der kleinsten Legionen, doch sie hatten stolz und ehrenvoll im Großen Kreuzzug gedient. Heka'tan konnte sich nicht vorstellen, dass es jemals anders sein könnte. Vulkan war so standhaft und unerschütterlich wie die Erde selbst. Er würde immer ihr Vater sein. Keine Heldentat könnte je zu viel für ihn sein, kein Krieg zu groß, als dass er nicht als Sieger hervorgehen würde.

Stolz erfüllte seine Brust.

»Ja, Ruhm sei Vulkan.«

Numeon zog die Klinge seiner Hellebarde aus dem Schädel eines sterbenden Stegosauriers. »Wir sollten sie verfolgen, Exzellenz. Varrun und ich können dafür sorgen, dass sie nicht zurückkehren«, versprach er mit wildem Blick. Er hatte seinen

Gefechtshelm abgenommen, um die Hitze des Dschungels auf seiner entblößten, ebenhölzernen Haut zu spüren.

Vulkan hob die Hand, ohne seinem Streiter in die Augen zu sehen. »Nein. Wir werden hier unsere Landezone errichten und sie befestigen. Erst möchte ich mit Ferrus und Mortarion sprechen. Wenn dieser Feldzug Erfolg haben und ein Planet übrig bleiben soll, der dem Imperium wieder angeschlossen werden kann, müssen wir zusammenarbeiten. Der Boden hier ist reich und wird dem Kreuzzug gute Erträge einbringen, aber nur, wenn er nicht vom Krieg verunreinigt wird, der Hundertvierundfünfzig-Vier die Konformität bringen soll.«

Das war die gefühllose, methodische Art, Welten zu benennen. So wurde ausgedrückt, dass dies die vierte Welt war, der die 154. Expeditionsflotte die Konformität abgerungen hatte.

»Ich glaube nicht, dass sie das so sehen.«

Sie standen abseits vom Rest, sodass sich nur der stumme Varrun in Hörweite befand. Ringsum hallten sporadische Bolterschüsse über das Schlachtfeld, mit denen die überlebenden Xenos kaltblütig hingerichtet wurden. In weiterer Ferne wurden die Gardeeinheiten von ihren Zuchtmeistern zu einer schnellen Zählung und Überprüfung zusammengerufen.

Jetzt erwiderte Vulkan Numeons Blick. »Sag, was du zu sagen hast.«

»Die Vierzehnte tritt uns mit Füßen und die Zehnte sieht uns als minderwertige Legionäre an. Ich kann mir keine Zusammenarbeit zwischen ihnen und den Salamanders vorstellen, jedenfalls keine gute.«

»Wir dürfen uns nicht abschotten, Numeon. Mortarion ist einfach stolz. Er sieht in uns eine Streitmacht, die so unerbittlich ist wie seine Death Guard, das ist alles. Ferrus ist ein Freund der Legion und von mir, aber … nun, lass mich einfach sagen, dass mein Bruder schon immer eine fanatische Seite hatte. Manchmal macht ihn das für alles blind, was nicht den Überzeugungen der Iron Hands entspricht.«

»Fleisch ist schwach.« Numeon schürzte die Lippen, als er den Leitspruch der X. Legion aufsagte. »Damit meinen sie uns. *Wir* sind schwach.« Der Streiter schien ihnen das Gegenteil beweisen zu wollen, doch die Iron Hands waren zu weit entfernt für eine Abrechnung, da sie sich auf der östlichen Halbinsel des

primären Wüstenkontinents von Hundertvierundfünfzig-Vier aufhielten.

Vulkan unterbrach ihn. »Sie meinen jeden, der nicht zur Zehnten gehört. Das ist nichts als Stolz. Bist du nicht stolz auf deine Legion?«

Numeon salutierte stramm. Für einen Salamander wäre er recht überzeugend als Sohn Guillimans durchgegangen, so steif, wie er sich benahm. »Ich bin ein Feuergeborener, Exzellenz.«

Vulkan hob lächelnd die Hände, um dem Veteranen zu bedeuten, dass er ihn nicht hatte beleidigen wollen.

»Du bist von Anfang an in meiner Brandwache gewesen, Numeon. Du und deine Brüder haben mich auf Prometheus getroffen. Erinnerst du dich?«

Jetzt verbeugte sich der pflichtbewusste Krieger. »Das ist auf ewig in meine Erinnerung eingebrannt, Herr. Der bedeutsamste Moment der Legion war ihre Wiederzusammenführung mit unserem Vater.«

»Ja, für mich auch. Du bist der herausragendste Feuerdrache, mein Erster Captain, mein Adjutant. Nimm dir die Worte der Zehnten nicht zu Herzen, Bruder. In Wahrheit wollen sie nur ihrem Vater ihren Wert und ihre Loyalität beweisen, so wie wir alle. Entgegen seinem schroffen Auftreten hegt Ferrus großen Respekt für seine Legionärskameraden, besonders für die Achtzehnte. In dir brennt die Leidenschaft und der Zorn der Salamanders.« Vulkan schaute ihn mit einem wilden Grinsen an, das seiner Stimme anzuhören war. »Was ist ein kalter, medusischer Verstand schon dagegen, hm?« Er klopfte Numeon mit einer Hand auf die Schulter, doch die Kameradschaftlichkeit des Primarchen währte nur kurz. »Erde, Feuer und Metall – wir von der Achtzehnten sind robust und stark. Vergiss das niemals.«

»Eure Weisheit beeindruckt mich, doch Eure Besonnenheit und Euer Mitgefühl habe ich nie verstanden, Exzellenz«, gab Numeon zu.

Vulkan runzelte die Stirn, als ob er ihm ein Geheimnis anvertrauen wollte, das er immer für sich behalten hatte, doch dann verhärtete sich sein Gesichtsausdruck. Er brach den Blickkontakt ab.

Numeon wollte ihn gerade weiter befragen, als Vulkan ihm mit erhobener Hand Schweigen gebot. Der durchdringende

Blick des Primarchen war auf die Bäume rings um sie gerichtet. Numeon konnte zwar nicht erkennen, was plötzlich die Aufmerksamkeit seines Vaters erregt hatte, doch er wusste, dass Vulkan schärfere Augen hatte als alle seine Geschwister. Als Vulkan sich straffte, tat das auch seine Brandwache, die sich erst wieder rührte, als er sich entspannte.

Er schien auf nichts zu zeigen. »Zeigt euch. Habt keine Furcht, euch wird kein Leid geschehen.«

Numeon legte verwirrt den Kopf an. Seine roten Augen flammten auf, als er die ersten Menschen aus dem Urwald treten sah. Schützend schwang er seine Hellebarde vor seinem Primarchen. Es war ungewöhnlich, dass er sie nicht bemerkt hatte.

»Entspann dich, Bruder«, riet ihm Vulkan, während er auf die entsetzten Dschungelbewohner zuging. Sie waren aus verborgenen Orten tief im Urwald hervorgekommen, hatten dunkle Baumstämme und hohe Nester verlassen. Manche schienen direkt aus der Erde gekommen zu sein, aus unterirdischen Zufluchten. Stammestätowierungen schmückten ihre Gesichter und ihre Körper waren in Kleidung aus verkohlter Rinde und zusammengenähten Blättern gehüllt. Auch wenn sie wie wilde Tiere aussahen, waren sie definitiv Menschen. Und erst jetzt, als die Schlacht vorbei war, hatten sie sich dazu entschieden, sich zu zeigen.

Vulkan nahm seinen Helm ab, einen fauchenden Drachenkopf mit gewaltiger, flammenförmiger Helmzier. Die Ehrennarben auf seinem onyxfarbenen Gesicht, dessen Sanftheit im Kontrast zu dem furchteinflößenden Äußeren des Primarchen stand, zeugten von zahlreichen Heldentaten. »Siehst du?«, sagte er zu einem Jungen, der mutig genug war, um nicht zurückzuweichen. »Wir sind keine Ungeheuer.«

Als er dem gigantischen, entsetzlichen Primarchen direkt gegenüberstand, deutete der Gesichtsausdruck des Jungen an, dass er da anderer Meinung war.

Die anderen Angehörigen seines Stammes, die hinter ihm standen, kauerten sich nieder.

Obwohl er kniete, war Vulkan viel größer als das Kind. Der Primarch verstaute seinen Schmiedehammer auf seinem Rücken und kam mit offenen Händen auf den Jungen zu, um zu zeigen, dass er keine Waffe trug. Rings um ihn hatte sich der Rest der Brandwache versammelt. Numeon hatte die anderen mit prometheischen Handzeichen herbeigerufen, die nur den Feuerdrachen bekannt waren, und sie alle schauten angespannt zu.

Diese herausragenden Krieger hatten geschworen, den Primarchen zu beschützen. Sie waren auf Terra geboren und verstanden daher nicht alle einheimischen Gepflogenheiten der nocturnischen Kultur, in der Vulkan aufgewachsen war, doch sie kannten ihre Pflicht und spürten sie in ihrem genverbesserten Blut.

Von dem neugierigen Jungen ermutigt traten weitere menschliche Flüchtlinge aus dem Dschungel. Hunderte stießen zu der kleinen, ursprünglichen Schar. Nach kurzem, überwältigtem Schweigen begannen sie Mitleid erregend zu weinen und zu jammern. Ihre Worte waren schwer zu verstehen, doch eines wiederholten sie immer und immer wieder. *Ibsen.*

Dann hatte dieser Ort also doch einen Namen.

Vulkan stand auf, um sie genauer zu betrachten, und sofort wichen die befreiten Menschen zurück.

»Was sollen wir mit ihnen tun, Exzellenz?«, fragte Numeon.

Vulkan schaute sie noch einen Moment lang an. Inzwischen waren es viele Hunderte. Einige Gardeeinheiten hatten bereits damit begonnen, sie zusammenzutreiben, während Memoratoren über die ganze Landezone schwärmten und jetzt, da das Gebiet für sicher erklärt worden war, alles dokumentierten und Befragungen vornahmen.

Eine Frau, vielleicht die Mutter des mutigen Jungen, näherte sich Numeon und begann etwas zu stammeln und zu weinen. Die Sprache der Einheimischen war eine Mischung aus dem, was die Eldar sprachen, und urmenschlichen Lautworten. Die in der Nähe stehenden Xenolinguisten, die Teil der Invasionsstreitmacht waren, konnten sie kaum verstehen, nahmen aber an, dass diese Leute trotz aller Erschütterung froh waren, vom Joch der Xenos befreit worden zu sein.

Sie kratzte an der Gefechtsrüstung Numeons, der aussah, als ob er sie gewaltsam davon abhalten wollte, doch ein Seitenblick des Primarchen hielt die Brandwache zurück.

»Das ist nur ein Zeichen von Angst. Wir wissen doch, wie sie sich zeigt.« Sanft zog Vulkan die hysterische Frau von seinem Adjutanten fort. Von der Ausstrahlung des Primarchen beruhigt konnte ein Gardesoldat sie abführen. Ein kurzes Stück entfernt blitzte ein Picter auf, als ein Memorator den Augenblick für die Nachwelt festhielt. »Du da.«

Der Mann erzitterte vor Angst, als Vulkan ihn ansprach. »E-Exzellenz?«

»Wie heißt du?«

»Glaivarzel, Herr. Imagist.«

Vulkan nickte. »Du wirst deinen Picter einem Zuchtmeister überlassen.«

»H-Herr?«

»Niemand darf uns als Retter sehen, Glaivarzel. Für den Imperator müssen wir Krieger sein, der fleischgewordene Tod. Etwas Geringeres zu sein würde den Kreuzzug und meine Legion gefährden. Verstehst du das?«

Der Memorator nickte langsam und übergab seinen Picter einem phaerianischen Zuchtmeister, der das Gespräch mitbekommen hatte.

»Wenn dieser Krieg vorüber ist, darfst du zu mir kommen und ich werde mit dir reden. Ich werde dir von meinem Leben und der Ankunft meines Vaters erzählen. Ist das eine angemessene Entschädigung für den Verlust deiner Bilder?«

Glaivarzel nickte und verbeugte sich dann. Er schien plötzlich das Sprechen verlernt zu haben. Nachdem er fortgeführt worden war, wandte Vulkan sich wieder an Numeon.

»Ich habe gesehen, wie sich Angst zeigt«, sagte er. »Auf Nocturne, als sich die Erde auftat und der Himmel feurige Tränen weinte. Das war echte Angst.« Er ließ den Blick über die Stammesangehörigen schweifen, die langsam fortgebracht wurden. »Ich sollte Leid erkennen.« Sein Gesichtsausdruck wurde hart und unnachgiebig. »Doch wie soll ich mit einem Volk mitfühlen, dessen Elend sich nicht im Geringsten mit dem vergleichen lässt, das mein eigenes Volk ertragen musste?«

Verdutzt und von dem Bedürfnis getrieben, irgendetwas zu sagen, antwortete Numeon: »Ich bin nicht von Nocturne.«

Vulkan wandte sich von den abziehenden Flüchtlingen ab. Ein Seufzer entwich seinen Lippen, der ein wenig reumütig klang. »Ich weiß … Also zeige mir, Numeon, wie wir trotz der Ansichten unserer Bruderlegionen diese Welt befreien und ihre Konformität sicherstellen können.«

* * *

Eine schroffe und aggressive Stimme begleitete die vorbeiziehende Hololithlandschaft eines Wüstenkontinents und berichtete darüber. Über die öde Landschaft waren vereinzelt Grassavannen und stachlige Vegetation verstreut. Von oben bleichte eine unerbittliche Sonne den Sand. Aus den Dünen ragten Monumente und Kuppeln aus gebrannten Ziegeln. Eine Ansammlung solcher Bauwerke bildete in einer natürlichen Senke einen Kreis um einen massiven Menhir. An dieser Stelle stoppte die vorbeiziehende Ansicht und vergrößerte sich. Die Oberfläche des glatten, fremdartigen Steins war mit Runen beschrieben. Schwach leuchtende Kristalle, die wie riesige, ovale Rubine aussahen, waren in präzisen Abständen darin eingefasst und über geschwungene Knotenlinien miteinander verbunden, die von den Hauptrunen ausgingen und mit diesen verwoben waren.

»Aus diesen Knotenpunkten beziehen die Xenos ihre Macht.«

Das Bild verschwand abrupt und wich einer Hololithübertragung des zehnten Primarchen.

Ferrus Manus war ein Metallriese in pechschwarzer Servorüstung. Seine Heimatwelt Medusa war eine eisige Einöde, die sich in dem kalten Silber seiner pupillenlosen Augen und der Eiseskälte seines messergeformten zerschrammten Fleischs widerspiegelte. Vulkans Bruder trug keine Kopfbedeckung und zeigte sein herausforderndes, von Schlachten gezeichnetes Gesicht, das von kurzgeschnittenem, schwarzem Haar umrahmt wurde. Ferrus war ein Schmelzofen, der beständig angefacht wurde; er geriet schnell in Wut, die nur langsam nachließ. Manchmal wurde er auch ›der Gorgone‹ genannt, angeblich aufgrund seines eisernen Blicks, der jene vor Angst erstarren lassen konnte, auf die er fiel. Eine weniger fantasiereiche Erklärung bezog sich auf die Namensherkunft seines Planeten und die Verbindung zu terranischen Legenden aus dem antiken Mykenaea.

»Unsere Auguren haben drei solcher Knotenpunkte auf der Oberfläche von Hundertvierundfünfzig-Vier entdeckt, auf dem Wüsten-, dem Eiswüsten- und dem Dschungelkontinent –«

Eine tiefe und blecherne Stimme unterbrach ihn. »Wir wissen, was wir zu tun haben, Bruder. Es gibt keinen Grund, das zu wiederholen.«

Ein zweiter Primarch stieß zum Kriegsrat und stellte sich

neben Ferrus Manus. Tatsächlich befanden sich die beiden weit entfernt voneinander, auf gegenüberliegenden Seiten des Planeten. Es war eigenartig, sie nebeneinander stehen zu sehen. Der eine war von arktischen Schneestürmen eingehüllt, während der andere im Schein einer feurigen Sonne badete. Mortarion von der Death Guard war groß und dünn, doch selbst durch das Hololith war seine Ausstrahlung unbestreitbar.

»Ich will wissen, warum wir drei hier sind, um diese Welt einzunehmen. Drei Legionen, die derselben Expeditionsflotte angehören – warum sollte sie meine Aufmerksamkeit wert sein?«

Der selbsternannte Todesfürst war eine schaurige Erscheinung. Seine hageren, fast schon knochigen Züge erinnerten an eine mythische Gestalt aus altertümlichen Sagen. Er war der Seelenschnitter, der die Toten erntete, das Ungeheuer, von dem alle Menschen in nächtlichen Stunden fürchteten, dass es sie holen könnte. Er war in einen Grabesmantel gehüllt, der so grau und dünn war wie der letzte Atemzug. Mortarion war alle diese Dinge und noch mehr. Die Night Lords mochten Furcht als Waffe einsetzen, doch er *war* die leibhaftige Furcht.

Hinter der Gittermaske, die seine untere Gesichtshälfte bedeckte, war aschfahle, glatte Haut zu erkennen. Eine dunstige Gaswolke aus den tödlichen Dämpfen von Barbarus umwogte seinen Kopf wie ein bleicher Nebel, der aus seiner schlichten Kriegsrüstung trat. Glänzende Bronze und blanker Stahl hüllten seinen Körper ein. Viele Einzelheiten wurden von dem wallenden, grauen Umhang verhüllt, der wie wogender Rauch von Mortarions knochigen Schultern hing, doch auf der Brustplatte war ein unbarmherziger Schädel zu sehen. Am Körper trug er einige giftverströmende Räuchergefäße wie Granaten an einem Gurt. Wie seine Rüstung enthielten auch sie die ätzende Luft der Heimatwelt des Primarchen.

Vulkan bückte sich, um eine Handvoll Gras aus dem Boden zu reißen. Er schwenkte es vor den anderen Primarchen und ließ den weichen, lehmigen Nährboden durch die Finger seines Panzerhandschuhs rieseln.

»Erde«, sagte er lediglich. »Unter der Oberfläche befindet sich eine Nutzschicht aus wertvollen Erzen und unzähligen Edelsteinen. Ich rieche sie in der Luft und spüre sie unter meinen Füßen. Wenn wir die Konformität von Hundertvierundfünfzig-Vier rasch erzwingen, können wir sie bewahren. Ein langer Krieg würde die Bodenschätze signifikant reduzieren. Deshalb sind wir hier, Bruder.«

Ferrus meldete sich mit offensichtlicher Verärgerung in der Stimme zu Wort. »Und genau deshalb müssen die Knotenpunkte gleichzeitig und auf meinen Befehl hin angegangen werden.«

Den Lippen des Todesfürsten entwich ein gelangweiltes Seufzen. »Mit diesem Getue verschwenden wir wertvolle Zeit. Die Vierzehnte muss sich um eine größere Fläche kümmern als ihre Bruderlegionen.« Mortarion löste sein Mundgitter, um den Gorgonen anzugrinsen. Es wirkte so freudlos und abstoßend wie das steife Grinsen eines Schädels. »Außerdem wissen Vulkan und ich doch, wer das Kommando hat. Kein Grund, sich angegriffen zu fühlen, Ferrus.«

Zwischen allen Primarchen herrschte eine brüderliche Rivalität. Das war eine natürliche Konsequenz ihrer gemeinsamen genetischen Herkunft, doch zwischen dem Iron Hand und dem Death Guard war sie besonders leidenschaftlich. Beide rühmten sich der Zähigkeit ihrer jeweiligen Legion, doch während die eine versuchte, Schwächen mit Stahl und Maschinen zu überwinden, legte die andere Wert auf angeborene und biologische Widerstandsfähigkeit. Noch nie waren die Stärken der beiden gegeneinander ausgespielt worden.

Ferrus verschränkte seine silbernen Arme, die wie flüssiges Quecksilber glänzten, reagierte aber nicht auf die offensichtliche Provokation. »Ist dir deine Aufgabe zu schwierig, Bruder? Ich dachte, die Einheimischen von Barbarus wären aus härterem Holz geschnitzt.«

Mortarion kniff die Augen zusammen und packte seine gewaltige Sense fester. »Die Legion hinterlässt nur den Tod, Bruder! Komm zu den Eisebenen, wenn du sehen willst, wie man Krieg führen sollte.«

Nicht länger in der Lage, einen kühlen Kopf zu bewahren, fuhr Ferrus ihn an. »Ich weiß genau, was für eine Verwüstung du anrichtest, Mortarion. Wir müssen diese Welt wenigstens teilweise intakt zurücklassen, wenn sie noch irgendeinen Nutzen haben soll. Du und deinesgleichen mögen in einem verpesteten Ödland gedeihen, aber die Siedler, die uns folgen werden, werden das nicht.«

»*Meinesgleichen*? Deine eigene Legion arbeitet so langsam und unsauber wie die Maschinen, auf die sie so versessen sind. Was ist denn mit der Wüste, ist sie erobert?«

»Sie ist unversehrt. Jeder dahergelaufene Kriegstreiber könnte mithilfe der Legiones Astartes Zerstörung anrichten, aber deine Taktiken sind extrem. Hundertvierundfünfzig-Vier wird kein öder, lebloser Fels werden, solange ich das Kommando habe.«

»Brüder …«

Mitten in ihrem Streit wandten sich beide Vulkan zu.

»Wir haben einen äußeren Feind, keinen inneren. Wir sollten uns unsere Wut für ihn allein aufheben. Wir alle haben es mit sehr unterschiedlichen Kriegsschauplätzen zu tun. Dort sind unterschiedliche Vorgehensweisen nötig, die jeder von uns selbst wählen muss. Unser Vater hat uns zu Generälen ernannt, und Generälen muss es erlaubt sein, zu führen.«

Mortarion lächelte dünn.

»Unser allseits bedächtiger Bruder.«

Vulkan entschied, das als Kompliment aufzufassen.

»Aber Ferrus hat auch recht. Wir sind hier, um diese Welt zu befreien und sie konform zu machen, nicht, um sie einzuäschern. In meinen Albträumen existiert bereits ein Höllenplanet – ich habe nicht die Absicht, ihnen einen weiteren hinzuzufügen. Lockere deine Hand, Mortarion. Ganz so unerbittlich muss die Sense nicht niedergehen.« Er wandte sich an Ferrus Manus. »Und du, Bruder, vertrau uns, wie uns unser Vater vertraute, als er uns damit beauftragte, die Menschheit aus der Dunkelheit der Allnacht zurückzuholen.«

Ferrus starrte ihn zornig an und zeigte sich nur langsam einsichtig, nickte dann aber. Die Asche seiner Wut glühte noch. Während Vulkan wie die Erde war, fest und vernünftig, war der Gorgone so unbeständig wie ein arktischer Feuerberg, der stets kurz vor dem Ausbruch stand. Er beruhigte sich nur widerstrebend.

»Du hast eine lyrische Seele, Vulkan. Ich frage mich, ob sie nicht ein wenig härter sein sollte.«

Der Iron Hand und der Salamander hatten einige Ähnlichkeiten. Beide waren Schmiede, doch während Vulkan Formschönheit schätzte, beschäftigte sich Ferrus Manus hauptsächlich mit der Funktionalität. Das war ein feiner, aber vielsagender Unterschied, der sie trotz ihrer engen Freundschaft manchmal entzweite.

»Was hast du denn, außer Erleuchtung, sonst noch im Dschungel gefunden?«, fragte der Gorgone.

Vulkan erstattete Bericht. »Meine Legion ist auf die Eldar getroffen. Es sind nur wenige, doch sie haben Überfalltaktiken eingesetzt und Sauriergeschöpfe ihrem Willen unterworfen. Außerdem sind Hexen unter ihnen. Unsere Gardekohorten wurden geschwächt und meine Söhne haben leichte Verluste erlitten, doch wir nähern uns dem Knotenpunkt.«

Ferrus ließ sich sein Missfallen über die Nachricht vom Tod der Legionäre kaum anmerken, als er hinzufügte: »Wir haben in den Dünen auch einige Geschöpfe bekämpft, chitingepanzerte Sandbuddler und riesige Helalechsen. Die Eldar reiten auf ihnen wie auf Jetbikes oder Gleitern.«

Mortarion erstattete ebenfalls Bericht und sagte: »Ich habe in der Tundra eine Eisschlange geköpft und es gibt hier einige Wollmastodonten, die die Xenos in ihre Dienste gezwungen haben.«

Vulkan fragte: »Glaubt ihr, dass die Bestien alle von diesem Planeten stammen, oder könnten einige mit den Xenos eingetroffen sein?«

»Das ist wohl kaum von Belang«, sagte Mortarion. »Vielleicht wurden sie mithilfe irgendeiner abnormalen Xenostechnologie geschaffen.« Seine bernsteinfarbenen Augen funkelten. »Alles, was ich wissen muss, ist, wo sie sich aufhalten.«

Der Primarch der Iron Hands dachte über all das nach und versuchte sich ein akkurates Bild von dem Kriegsschauplatz zu machen. »Diese Eldar sind technologisch nicht so weit fortgeschritten wie einige andere, gegen die ich schon gekämpft habe.« Sein Gesicht verfinsterte sich. »Das wirft die Frage auf, wie die einheimische Bevölkerung so leicht versklavt werden konnte.«

»Wir haben einige Menschen gefunden, die auf dem Dschungelkontinent leben«, sagte Vulkan. »Bisher sind es ein paar Tausend, aber ich glaube, dass da noch mehr sind. Ich habe keine Krieger in ihren Stämmen gesehen. Ich nehme an, dass es einfache Leute sind, die unseren Schutz benötigen.«

»Wie dem auch sei, wir sollten uns um die Eldar kümmern«, sagte Mortarion in abschätzigem Tonfall. »In den Eiswüsten gibt es ebenfalls Einheimische, aber meine Aufmerksamkeit gilt anderen Dingen.«

Dem Todesfürsten drang die Verachtung für die Schwäche der Menschen aus jeder Pore. Vulkan schämte sich dafür, dass er über die Dschungelbewohner ähnlich dachte.

»Diesmal muss ich meinem Bruder zustimmen«, sagte Ferrus. Er wandte sich an Vulkan. »Diese Welt ist vollkommen überrannt. Bis in die hinterletzte Ecke ist alles von den Xenos besudelt. Solange das der Fall ist, können wir uns einen Mangel an Zielstrebigkeit nicht leisten. Sei achtsam, Bruder, aber lass die Menschen sich selbst schützen. Das ist alles.«

Das Hololith verblasste, womit das Gespräch wohl beendet war. Vulkan verneigte sich auf Ferrus' Befehl hin und fand sich in einem Befehlszelt der Garde wieder, an dessen Eingang Numeon geduldig wartete.

»Was gibt es für Neuigkeiten?« Vulkan war in schlechter Stimmung.

Der Adjutant salutierte mit der steifen Förmlichkeit, für die er bekannt war, und machte drei Schritte in das Zelt. »Unsere vorauseilenden Gardespäher haben den Knotenpunkt gefunden, Exzellenz. Gerade übermitteln sie die Koordinaten.«

Vulkan ging bereits aus dem Zelt und trat ins Freie. Die phaerianischen Soldaten, die draußen Wache standen, eilten dem Primarchen aus dem Weg. »Mach die Legion bereit. Wir marschieren sofort los.«

Numeon folgte ihm im Gleichschritt. »Soll ich die Stormbirds rufen lassen?«

»Nein. Wir gehen zu Fuß.«

Draußen errichteten einige Gardekohorten Scheiterhaufen, auf die sie die toten Xenos stapelten. Seltsamerweise standen kleine Gruppen von Einheimischen rings um die großen Feuer und lagen einander schluchzend in den Armen. Sie hatten alles verloren, ihr Leben und ihr Zuhause, und waren in einen Krieg verstrickt, den sie nicht verstanden.

Numeon hatte gesagt, dass er mitfühlend war. Doch Vulkan spürte nichts als Einsamkeit. Selbst unter seinen Brüdern fühlte er sich einsam, abgesehen von Horus. Zwischen ihnen bestand eine enge Verbundenheit. Der Kriegsherr hatte etwas sehr Edles und Selbstloses an sich. Wie kein Zweiter gewann er die Loyalität aller um ihn herum. Das Charisma, das er ausstrahlte, war geradezu greifbar. Vielleicht hatte der Imperator deshalb ihn und nicht Sanguinius zum Kriegsherrn gemacht. Vulkan betrachtete ihn als großen Bruder, einen, zu dem er aufschaute und dem er sich anvertrauen konnte. Er wünschte sich sehnlichst, jetzt mit ihm sprechen zu können. Vulkan spürte, wie sich seine Laune verschlechterte, und sehnte sich nach Nocturne. Vielleicht hatte ihn der lange Krieg verändert. Sein Gesichtsausdruck verhärtete sich.

»Wir werden die Eldar ausräuchern.«

Während er zusah, wie die gewundenen Rauchranken zum Himmel hinaufstiegen, erinnerte sich Vulkan an eine Zeit, in der er noch nichts über Sterne und Planeten gewusst hatte, vor den Kriegern in Donnerrüstung, die dazu bestimmt gewesen waren, seine Söhne zu werden.

Kräftige Hände bearbeiteten die Hohlkehle, zogen das orangeglühende Metall heraus und formten es nach dem Willen des Schwarzhammers. Die Schwielen an diesen Händen zeugten von den vielen Stunden, die sie vor der Flamme gearbeitet hatten. Grobe Finger hielten den abgenutzten Griff des Hammers, der sich hob und senkte, und auf das verfärbte Eisen einschlug, bis er eine Schneide geformt hatte. Der Schwarzhammer fügte eine zweite Schneide hinzu und das Metall bildete eine Spitze.

»Reich mir die Zange …«

Der Schwarzhammer streckte eine Hand aus, deren entblößte Haut so zäh wie gegerbtes Leder war. Unter dem Ruß hatte sie eine gesunde Bräune, die von der Zeit stammte, die er in der Arridianischen Ebene mit der Suche nach Edelsteinen verbracht hatte. Er nahm das hingehaltene Werkzeug und packte damit die Speerspitze. Als das heiße Metall mit dem Wasser in dem Fässchen in Kontakt kam, stieß eine zischende Dampfwolke daraus hervor. Das erinnerte den Sohn an den Todesfeuerberg, der im Schlaf laut schnarchte und den Himmel mit seinem rauchigen Atem verpestete.

»Er ist das Herzblut«, hatte sein Vater ihm einmal erzählt. Er erinnerte sich daran, wie er kaum ein Jahr alt und bereits größer und stärker als die meisten Männer der Stadt gewesen war. Von einer Flanke des Bergs aus hatten sie zugesehen, wie er zornig Rauch ausgestoßen hatte. Zunächst hatte der Junge fliehen wollen, aber nicht,

weil er um sein Leben fürchtete – was das betraf, war er gänzlich unerschrocken –, sondern um seinen Vater. N'bel hatte den Jungen mit einer Handbewegung zum Schweigen gebracht. Er hatte sich die Hand flach auf die Brust gelegt und seinen Sohn angewiesen, es ihm gleich zu tun. »Respektiere das Feuer. Respektiere ihn. Er ist das Leben und der Tod, mein Junge«, hatte er zu ihm gesagt. »Unsere Erlösung und unser Untergang.«

Unsere Erlösung und unser Untergang …

So war der Lauf der Dinge auf Nocturne.

In der alten Sprache bedeutete der Name ›Dunkelheit‹ oder ›Nacht‹ und das beschrieb diese Welt haargenau, doch es war das einzige Zuhause, das er je gekannt hatte.

Einige Momente später verflüchtigte sich der aufsteigende Dampf um das Metall und N'bel hob es aus dem Wasserfässchen, um es seinem Sohn zu zeigen.

Es war noch immer unglaublich heiß und glühte.

»Siehst du das? Das ist eine neue Spitze für deinen Speer.« Als er lächelte, bildeten sich ledrige Falten im Gesicht des alten Schmieds. Um seine sanften Augen lag ein Rußkranz und seine dünnen Wangen waren aschebedeckt. Sein Kopf war kahl geschoren und auf dem glatzköpfigen Haupt waren einige Brandnarben zu sehen. »Damit wirst du in der Arridianischen Ebene viele Saurochsen erlegen können.«

Der Sohn erwiderte das Lächeln des alten Mannes. »Das hätte ich selbst machen können, Vater.«

N'bel säuberte seine Werkzeuge, scheuerte die Verfärbung fort und wischte den Ruß ab. Es war dunkel in der Schmiede, sodass die Temperatur des Metalls gut abzuschätzen und sein Zustand leicht zu erkennen war. Die Luft war stickig vor Hitze und dem Geruch von Verbranntem. Der Sohn empfand die Umgebung vielmehr belebend als erdrückend. Er mochte es hier. Er fühlte sich sicher und wohler als irgendwo sonst auf Nocturne. Die Werkzeuge seines Vaters hingen an Halterungen an den Wänden, die in der Dunkelheit nur undeutlich zu erkennen waren, und lagen auf Bänken und Ambossen unterschiedlichster Größe und Form. Der Sohn hatte starke Hände, die hier, in der Schmiede und Werkstatt, den größten Nutzen hatten.

N'bels Augen blieben auf sein Werk gerichtet, sodass er die kurze Gedankenverlorenheit des Sohns nicht bemerkte. »Ich bin nur ein bescheidener Schwarzhammer. Ich besitze weder die Fähigkeiten eines Metallformers noch die Weisheit eines Erdschamanen, aber ich bin dein Vater, und ein Vater macht seinem geliebten Sohn gern eine Freude.«

Der Sohn runzelte die Stirn und näherte sich behutsam dem alten Mann. »Was ist los?«

N'bel putzte die Werkzeuge noch ein wenig weiter, bevor er die Arme hängen ließ und seufzte. Er legte den Hammer auf einem Amboss ab und schaute seinem Sohn in die Augen.

»Ich weiß, was du mich fragen willst, Bursche.«

»Ich …«

»Du musst es nicht leugnen.«

Der Schmerz über das Unbehagen seines Vaters stand dem Sohn ins Gesicht geschrieben. »Ich will dir nicht wehtun, Vater.«

»Das weiß ich, aber du verdienst die Wahrheit. Ich fürchte mich einfach davor, was geschehen wird, wenn du sie kennst.«

Der Sohn legte N'bel eine Hand auf die Schulter und ergriff das Kinn des älteren Mannes. Da er weit größer war als der Schwarzhammer, wirkte es in seiner riesigen Hand wie das eines Kindes.

»Du hast mich aufgezogen und mir ein Zuhause gegeben. Du wirst immer mein Vater sein.«

In N'bels Augen bildeten sich Tränen und er wischte sie fort, während er sich aus der Umarmung seines Sohnes löste.

»Folge mir«, sagte er, und gemeinsam gingen sie zum hinteren Bereich der steinernen Schmiede. Soweit sich der Sohn erinnern konnte, hatte dort, in der Dunkelheit, immer ein alter Amboss gestanden. Er war in eine Lederplane gehüllt, die N'bel nun fortriss und auf den Boden warf. Auf der Oberfläche des massiven Ambosses hatte sich Rost ausgebreitet und es schockierte den Sohn, ihn so verwahrlost zu sehen. N'bel bemerkte das kaum, während er sich mit seiner Schulter seitlich gegen das gerötete Metall stemmte. Mit Mühe verschob er den Amboss ein winziges Stück. »Ich habe doch keinen Riesen von einem Sohn aufgezogen, um so schwere Arbeit dann trotzdem allein zu machen«, sagte er ironisch. »Kannst du deinem alten Herrn ein wenig helfen?«

Beschämt, dass er nur zugesehen hatte, stellte sich der Sohn sofort zu ihm und gemeinsam schoben sie den großen Amboss zur Seite. Er spürte das Gewicht kaum: Seine Arme waren unglaublich stark, wie auch jeder andere Muskel und jede Sehne seines Körpers, doch mit seinem Vater zusammenzuarbeiten wärmte seine Seele.

N'bel schwitzte, als sie fertig waren, und wischte sich mit der

Hand über die Stirn. »Ich bin mir sicher, dass ich früher stärker war«, keuchte er. Seine Unbeschwertheit währte nur solange, bis er auf eine quadratische Vertiefung im Boden zeigte. »Da …« Sie war dick mit Ruß und Staub bedeckt, doch der Sohn erkannte, dass es sich um eine Art Falltür handelte.

»War die schon immer hier?«

»Ich segne den Tag, an dem du zu uns gekommen bist«, sagte N'bel. »Du warst ein Wunder und bist es immer noch.«

Der Sohn schaute seinen Vater an, doch der verriet nichts. Er kniete nieder und tastete den Rand der quadratischen Vertiefung im Boden ab. Als seine Finger Halt fanden, hob der Sohn mit einem Kraftakt, den kein anderer Mensch in der Stadt zustande gebracht hätte, die große Steinplatte in die Höhe. Trotz ihres Gewichts legte er sie vorsichtig ab und starrte dann in den von ihr enthüllten, dunklen Gang, der tief in die Erde hinab führte.

»Was ist da unten?«

»Solange ich dich kenne, hast du keine Furcht gezeigt. Nicht einmal die Drachen unter dem Berg haben dich zögern lassen.«

»Hiervor fürchte ich mich«, gab er offen zu. »Jetzt, da ich der Wahrheit gegenüberstehe, bin ich mir nicht mehr sicher, ob ich sie kennen will.«

N'bel legte ihm beruhigend die Hand auf die Schulter. »Du wirst immer mein Sohn sein … immer.«

Er machte einen Schritt in die Dunkelheit und spürte eine steinerne Treppe unter sich, auf der jeder Schritt laut hallte. Während der Sohn tiefer hinabstieg, zeichneten sich in der Finsternis die Umrisse von etwas Hartem und Metallischem ab.

»Ich sehe etwas …«

»Fürchte dich nicht davor, Bursche.«

»Ich sehe …«

Durch die Schmiede schallte ein tiefer, widerhallender Klang, der den Sohn vor seinem nächsten zögerlichen Schritt innehalten ließ. Es war eine Warnung. Hoch oben in einem der Wachtürme der Stadt wurde in ein Horn geblasen. Selbst tief im Innern der Schmiede konnten N'bel und sein Sohn es hören.

Erleichterung durchströmte den Sohn, als er die dunkle Höhle verließ und ins Zwielicht der Schmiede zurückkehrte.

»Die Wahrheit wird warten müssen«, sagte er.

N'bels Gesicht verfinsterte sich und er nahm seinen Speer. Sein be-

vorzugter Hammer steckte bereits in seinem Werkzeuggürtel. »Phantome der Dämmerung.«

Jeder Stamm auf Nocturne hatte seine eigenen Legenden über sie. Sie waren die Nachtteufel, die Fleischräuber, die dunklen Geister, ein Albtraum, der lebendig wurde, wenn sich der Himmel rot färbte und die Wolken über ihren Köpfen zu kochen begannen. Kaum jemand, der sie je gesehen hatte, hatte überlebt, und selbst diese wenigen Individuen waren nach dem Erlebten für immer gebrochen. Diese fleischgewordenen Schauermärchen in Gestalt von fremden Sklavenhändlern zerrten die Menschen aus ihren Häusern und brachten sie auf ihren Schiffen fort in die endlose Dunkelheit. Niemand, der an diesen Ort ging, kehrte je zurück.

Der Sohn knurrte. »Sollen wir uns ewig jagen lassen?«

»Das ist nur der Amboss«, sagte N'bel. »Ertrage ihn, lass dich von ihm stählen und stärken.«

»Ich bin schon stark, Vater.«

N'bel packte die Schulter seines Sohns. »Das bist du, Vulkan. Stärker, als du ahnst.«

Zusammen rannten sie aus der Schmiede und in die Stadt hinaus.

Der Himmel über Hesiod, an dem wogende, rostrote Wolken aufeinanderprallten, war blutrot. Asche und Rauch trieben im Wind und eine unheilverheißende Hitze lag schwer wie ein Mantel aus unsichtbaren Ketten in der Luft.

»Zum Höllenanbruch teilen sich die Aschewolken und die Sonne brennt herab«, schrie N'bel und zeigte zum Himmel. »Das ist das Zeichen, dass Blutvergießen bevorsteht. Jedes Mal kommen sie zu dieser unheilvollen Stunde.«

Auf dem Stadtplatz herrschte Panik. Die Leute eilten aus ihren Häusern, hatten so viel von ihrem kärglichen Hab und Gut an sich gedrückt, wie sie konnten, und klammerten sich an ihre Angehörigen. Manche schrien vor Furcht vor dem, was nun kommen musste, und vor der grausigen Vorstellung, dass sie diesmal selbst in die endlose Dunkelheit gezerrt werden könnten.

Breughar, der Metallformer, war aus der Menge getreten und versuchte sie zu beruhigen. Er und mehrere andere Männer riefen die anderen Leute dazu auf, Schutz zu suchen. Das Horn erschallte weiterhin und versetzte die Ängstlichen in noch größere Angst.

»Dieser Wahnsinn muss aufhören«, flüsterte Vulkan, entsetzt über

die Panik, die von seinem Stamm Besitz ergriff. Es war ein starkes Volk, das die Verwüstung ertrug, die die Erde anrichtete, wenn sich der Boden auftat und Vulkane Feuer und Dunkelheit in den Himmel spien. Doch die Furcht, die die Phantome der Dämmerung hervorriefen, raubte ihnen den Verstand.

Während sein Vater zu Breughar und den anderen ging, um ihnen zu helfen, rannte Vulkan über den Platz zu einer großen Felssäule. Das war der Brandstein, den der Erdschamane zum Meditieren bestieg, wenn die Sonne am höchsten stand. Im Moment war er unbesetzt und Vulkan erklomm den monumentalen Stein, ohne an Geschwindigkeit zu verlieren, sodass er nach wenigen Sekunden die Spitze erreichte. Dort hockte er sich auf das flache Plateau und hatte eine gute Aussicht auf die Gegend um Hesiod.

Dunkle, orange gesprenkelte Schwaden verdüsterten den Horizont, an dem ferne Dörfer brannten. Öliger Rauch stieg von dort in den Himmel, wo sie in Brand gesteckt und ihre Bewohner bei lebendigem Leib verbrannt worden waren. Umherziehende Saurochsentreiber flohen, während ihre Herden abgeschlachtet wurden. Die schwarzen Umrisse aasfressender Flugechsen zogen langsam vor dem blutroten Himmel ihre Kreise und warteten auf die Reste, die die Phantome der Dämmerung ihnen übrig lassenübrig lassen würden.

Die Treiber beachteten die Geschöpfe gar nicht. Sie rannten auf Hesiods Mauern zu, doch Vulkan erkannte betrübt, dass sie es nicht rechtzeitig schaffen würden.

Die höhnischen Schreie der Phantome der Dämmerung folgten ihnen. Vor dem roten Höllenanbruch schwebten die gezackten Silhouetten ihrer klingenbewehrten Barken über die Ebene. Zwar war Vulkan zu weit weg, um es zu hören, doch er sah einen der Treiber aufschreien, als er mit Stachelnetzen eingefangen wurde, worauf ihn eine halbnackte Kriegerhexe auf ihrem Speer aufspießte. Andere große, schlanke Geschöpfe in nachtfarbenen Rüstungen warfen Wurfspeere vom Rücken ihrer Fahrzeuge und genossen die Jagd.

Wenn sie mit den Nomaden und Dörfern fertig waren, würden sie nach Hesiod kommen.

Vulkan ballte die Fäuste. Jeden Höllenanbruch war es das Gleiche. Wenn sich der Himmel plötzlich blutrot färbte, begann das Geschrei und die Phantome der Dämmerung kamen. Kein Mensch sollte je gejagt werden, nicht so. Kein Sohn und keine Tochter Nocturnes *sollte so leiden müssen wie diese Viehtreiber. Das Leben war schwer genug. Das* Überleben *war schwer genug.*

»Es reicht.«

Vulkan hatte erkannt, was er tun musste.

Er sprang von dem Felsen und landete in der Hocke. N'bel rannte zu ihm und war außer Atem von seinen Bemühungen, die Schwachen und Wehrlosen eilig in Sicherheit zu bringen.

»Los, komm. Wir müssen uns auch verstecken.«

Vulkan erhob sich mit ernstem Gesicht und schaute zu seinem Vater hinab. »Während wir uns verstecken, leiden andere.«

N'bel antwortete keuchend: »Was haben wir schon für eine Wahl? Wenn wir bleiben, sterben wir alle.«

»Wir können immer noch kämpfen.«

»Was?« N'bel war sprachlos. »Gegen die Phantome der Dämmerung?« Er schüttelte den Kopf. »Nein, mein Sohn, wir würden so abgeschlachtet werden wie die Herden draußen auf der Ebene. Komm!« Er packte Vulkan am Arm, wurde aber abgeschüttelt.

»Ich werde kämpfen.«

Rings um sie verschwand die Bevölkerung Hesiods in verborgenen Nischen und unterirdischen Höhlen unter der Stadt. So geschah es in diesem Moment vermutlich überall auf Nocturne. In Themis, Heliosa, Aethonian und den anderen – den sieben Hauptsiedlungen des Planeten – würde man sich in Löchern im Boden verkriechen und seine Augen vor diesem Albtraum verschließen. Dort würden sie bleiben, während die Phantome der Dämmerung plünderten, schlachteten und alles zerstörten, für das sie gekämpft hatten und gestorben waren.

»Nein. Ich flehe dich an. Versteck dich mit dem Rest von uns.«

Vulkan ging davon und zur Schmiede.

N'bel rief ihm nach. »Wo gehst du hin? Vulkan!«

Er ging in die Schmiede, ohne ihm zu antworten. Als er wieder herauskam, trug er zwei robuste Schmiedehammer über den Schultern.

»Mag sein, dass in meinen Adern nicht das Blut dieses Volkes fließt, doch ich bin trotzdem einer von ihnen, ich bin trotzdem ein Nocturner. Und ich werde nicht länger dabei zusehen, wie sie gequält werden.«

Angesichts des rasenden, rechtschaffenen Zorns seines Sohns wandelte sich N'bels Verzweiflung in Entschlossenheit. Er hob seinen Speer.

»Dann werde ich dich nicht allein lassen.«

Es hätte seinen Vater beleidigt, ihm zu widersprechen oder das abzulehnen, und das würde Vulkan nicht tun. Stattdessen nickte er ihm in stummem Einvernehmen zu. Auch wenn sie nicht vom gleichen Blut waren, würden sie immer Vater und Sohn sein. Was auch immer unter der Falltür in der Schmiede warten mochte, würde nichts daran ändern.

Gemeinsam gingen sie zur Mitte des Platzes und wandten sich Hesiods Toren zu.

Dahinter wurde das Geschrei der Phantome der Dämmerung immer lauter.

»Ich war nie stolzer auf dich als jetzt, Vulkan.«

»Wenn das hier vorbei ist, möchte ich, dass du diese Falltür versiegelst. Ich will niemals wissen, was da unten ist.«

»Ich glaube nicht, dass wir dazu Gelegenheit bekommen werden, mein Sohn.« N'bel schaute ihn an. »Aber wenn wir das hier überstehen, was ist dann mit deiner Herkunft? Möchtest du nicht wissen, wo du herkamst?«

Vulkan blickte auf die aufgerissene, vulkanische Erde hinab. »Hier komme ich her. Hier wurde ich geboren. Mehr muss ich nicht wissen, Vater.«

Aus den Augenwinkeln sah Vulkan Breughar. Er trug seinen zweihändigen Hammer vor der muskulösen Brust, während die Ringe, die er in seinen dicken Bart geflochten hatte, bei jedem Schritt klirrten. Bis zu Vulkans Ankunft in Hesiod war Breughar der größte und stärkste Mann der Stadt gewesen. Er hatte den Verlust dieses Stands mit einer Würde und Vornehmheit hingenommen, die Vulkan ihm nie vergessen hatte. Der Metallformer nickte N'bel zu und stellte sich neben sie.

»Du bist unser bester Mann«, sagte er zu Vulkan. »Ich werde an deiner Seite stehen, Stammesbruder.«

Breughar war nicht der Einzige. Noch weitere verließen ihre Verstecke, um sich auf dem Platz aufzustellen.

»Ich stehe dir bei«, sagte Gorve, der Ebenenhüter.

»Ich auch«, fügte Rek'tar, der Hornmeister, hinzu.

Bald waren es über hundert Nocturner, Männer wie Frauen, die Speere, Schwerter, ihre Schmiedehämmer und alles andere, was als Waffe eingesetzt werden konnte, umklammerten. Ein geeintes Volk mit Vulkan als Fundament.

»Wir verstecken uns nicht länger«, sagte Vulkan und hielt sich seine Hämmer vor die Brust. Er kniff die Augen zusammen und fixierte das Tor. Wie eine Klinge in der Schmiedeflamme formte er seine Wut zu einer Waffe, die er führen konnte. Zu lange waren sie Beute gewesen. Jetzt würden sie sich erheben …

Als wäre jemand abrupt zum Schweigen gebracht worden, hörte das Geschrei auf.

Einen Moment lang herrschte Stille, die nur vom fernen Wimmern zerfleischter Saurochsen und dem Flehen sterbender Viehtreiber, die es beinahe in die Stadt geschafft hätten, unterbrochen wurde.

Es dauerte nicht lange, bis ihre Peiniger erschienen.

Sie waren in Schatten gehüllt, bewegten sich mit pervertierter Anmut und erklommen Hesiods Mauern als finstere Schemen. Die Phantome der Dämmerung waren von geradezu spürbarer Grausamkeit durchtränkt und hockten sich oben auf die Mauer, kicherten einander zu, fletschten die Zähne und schwenkten ihre silbrig funkelnden, brutalen Klingen wie zur Ankündigung der bevorstehenden Qualen. Die ersten, die herüberkamen, waren in Leder gewandete Hexen, die ihr langes Haar mit scharfen Klingen geschmückt hatten und gezackte Speere, grausige Falchions und andere scharfe Werkzeuge trugen, deren Verwendungszweck Vulkan nur erahnen konnten.

Mit katzenhaftem Geschick landeten sie auf allen vieren, rollten sich ab und richteten sich mit einer geschmeidigen, prahlerischen Bewegung auf, die von ihrer unglaublichen Arroganz und ihrem Überlegenheitsgefühl zeugte. Ihre Augen funkelten vor lüsterner, mordlustiger Vorfreude und ein klein wenig vor Belustigung über den Widerstand des menschlichen Viehs vor ihnen.

Ihr langsames Vorrücken zum Platz sollte ihrer Beute den Mut rauben. Vulkan spürte, wie die Krieger neben ihm sich anspannten. Außerdem durchschaute er das Rudelverhalten der Phantome der Dämmerung. Es erinnerte ihn an die Leoniden, die größten Raubtiere, die die Arridianische Ebene durchstreiften. Doch sonst hatten diese Geschöpfe, diese blasshäutigen, androgynen Kreaturen, nichts mit den majestätischen Tieren mit den großen Mähnen gemeinsam.

Vulkan schürzte höhnisch die Lippen. »Seelenlose Geistwandler; mehr seid ihr nicht.«

Er trat vor.

»Kehrt um«, rief er. »Kehrt zu euren Schiffen zurück und ver-

schwindet. Hier werdet ihr nur Stahl und den Tod finden, kein Vieh mehr für eure Schlachtermesser.«

Eine der Hexen lachte. Es war ein schauriges, bösartiges Geräusch. In dem scharfzüngig klingenden Dialekt der Phantome der Dämmerung sagte sie etwas zu einem aus ihrer Sippe und ein Untergebener knurrte gehorsam. Seine Augen waren wie Teergruben, die er zusammenkniff, als er Vulkan fixierte. Mit einem schrillen Schrei rannte er auf den Nocturner zu, der es gewagt hatte, sich den Sklavenhändlern zu widersetzen. Er war so schnell wie eine Blitzotter.

»Bleibt zurück«, sagte Vulkan zu den anderen und stürmte auf das Phantom der Dämmerung zu. Es hielt seine gezackten Klingen hinter dem Rücken und rannte mit der Spitze seines ausladenden Kinns voraus. Es trug keinen Gefechtshelm und keine Maske, sodass eine Schlangentätowierung auf seiner linken Gesichtshälfte zu sehen war.

Nach wenigen Momenten trafen die beiden Kämpfer aufeinander, doch kurz vor dem Zusammenstoß änderte das Phantom der Dämmerung seine Angriffsrichtung und eilte um Vulkan herum, um ihn von einer ungeschützten Seite aus anzugreifen. Aber Vulkan hatte die Finte vorausgeahnt. Da er keine Furcht verspürte, waren seine Kampfinstinkte nicht getrübt, sondern zu einer schärferen Klinge geschliffen, als der Sklavenhändler hätte ahnen können.

Er parierte den Hieb, der ihn hätte verstümmeln sollen, mit dem Griff des einen Hammers, und ließ den anderen auf den Schädel des Hexers niedergehen. Als Vulkan seine Waffe aus dem blutigen Haufen zog, den er hinterlassen hatte, schwieg die Menge erstaunt, sowohl die Nocturner als auch die Phantome der Dämmerung.

Er spuckte auf die Leiche und funkelte die Hexe an.

»Das sind überhaupt keine Phantome, nur Fleisch und Blut.«

Die Hexe, deren Interesse und Leidenschaft plötzlich geweckt war, lächelte. »Chem-Pan-Sey …«

Sie leckte sich über die Lippen und verschmolz dann wieder mit den Schatten. Bevor Vulkan ihr nachsetzen konnte, zerbarst das Stadttor von Hesiod in Splitter und Feuer.

Von Vulkan war nur noch ein dunkler, verschwommener Umriss zu sehen, während das Feuer ihn einhüllte und über ihn hinwegwogte. Er schützte seine Augen in dem Wissen, dass er nicht sterben würde, und trat unverletzt aus dem Feuersturm. Das gab den Phantomen der Dämmerung auf der Barke, die vor ihm hinter der zerklüfteten Lücke in der Mauer schwebte, sichtlich zu denken.

Die Krieger in nachtschwarzer Rüstung strömten um die Barke herum und schwangen ungeduldig ihre Haken und Klingen. Vulkan brach ein Phantom der Dämmerung entzwei, als es gerade ausholte, und zerschmetterte dann ein weiteres mit einem Fausthieb.

Hinter sich hörte er seine Stammesangehörigen angreifen, das Volk von Hesiod, das sich gegen die Sklavenhändler wehrte, die es seit Jahrhunderten heimsuchten.

Vulkan sprang über eine Horde von Kriegern, die mit ihren Klingen lediglich die Luft zerschnitten, und landete vor der Barke. Seine Finger gruben sich wie Eisenbolzen in den Bug der Maschine, als der Nocturner sie herumdrehte. Kreischende Sklavenhändler stürzten von dem umgekippten Fahrzeug, ehe Vulkan es wie einen überflüssigen Speer zur Seite warf. Die ramponierte Barke rollte über den Boden und explodierte schließlich in einer feurigen Splitterkugel.

Hinter ihr näherten sich zwei weitere. Die erste transportierte eine Kriegerkohorte. Auf Anweisung des Fahrers beschleunigte die Barke auf Rammgeschwindigkeit, um Vulkan auf ihrer stachligen Bugspitze aufzuspießen. Mit einem zeitlich perfekt abgepassten Sprung schwang er sich auf die schwebende Barke und rannte so schnell er konnte die gepanzerte Schnauze des Fahrzeugs hinauf, als ob sie eine flache Bergfelswand wäre.

Die Krieger griffen ihn an, feuerten mit ihren Gewehren Höllensplitter ab oder schwangen ihre gezackten Klingen. Vulkan parierte ihre Angriffe und war mitten unter ihnen, wo er mit seinen Hämmern um sich schlug.

Jeder seiner Hiebe war von Hass und der Entschlossenheit angetrieben, den Kreislauf aus Qualen und Furcht hier und jetzt, mit diesem Tagesanbruch, zu durchbrechen. Er riss den Kommandothron des Barkenlenkers heraus, nachdem er die Krieger als Trümmerhaufen hinter sich gelassen hatte, und warf ihn auf das dritte Fahrzeug.

Als das improvisierte Geschoss auf das Schutzfeld traf, das die letzte Barke umgab, blitzte Energie auf, doch Vulkan stürmte mit unverminderter Geschwindigkeit hindurch. Seine Haut brannte, während er den Energieschild durchbrach, und als er auf dem Deck des Fahrzeugs landete, trat ihm ein Kriegertrupp entgegen. Sie sahen muskulöser aus als die anderen und trugen Gleven, die vor unnatürlicher Energie knisterten. Jeder von ihnen trug eine alabasterweiße Gesichtsmaske, die sich deutlich von ihrer ansonsten dunkelroten, kunstvollen Rüstung abhob. Die Geister funkelten den Eindringling herrisch an. Der Anführer der Sklavenhändler, der hinter ihnen saß, schaute durch die gezackten Augenschlitze seines gehörnten Helms zu. Mit einem rauen Befehl aus seinem gezahnten Mundgitter entfesselte er seine Krieger.

Einer der Geister stieß lautlos vor und schwang seine Gleve, doch Vulkan duckte sich unter dem Hieb weg, der eine flammende Spur hinter sich herzog. Eine zweite Gleve stach nach ihm und dieses Mal schlug Vulkan sie nach unten, wo sie in die Deckpanzerung der Barke einschlug, doch dafür blieb in seiner Hand nur ein rauchender Griff zurück. Ein weiterer Hieb äscherte seinen anderen Hammer ein, als er mit diesem parierte.

Der Anführer der Sklavenhändler erhob sich von seinem Sitz und knurrte missmutig, weil der Nocturner noch lebte.

Da ihr Feind nun entwaffnet war, nahm die Arroganz der Geister vollständig überhand und sie machten sich daran, ihn zu erledigen.

Vulkan knurrte verächtlich. »Ich brauche keine Waffen, um euresgleichen zu töten.«

Mit einer verheerenden Zurschaustellung seiner Schnelligkeit und Brutalität riss er die Leibwachen in Stücke. Nachdem er sie mit ihren eigenen Klingen aufgespießt und geköpft hatte, warf Vulkan ihre zerschmetterten Überreste vom Rand der Barke ins Getümmel darunter.

Er zeigte mit ausgestrecktem Finger auf den Anführer der Sklavenhändler und versprach: »Dieses Grauen endet mit deinem Leben.«

Das Phantom der Dämmerung zog ein funkelndes Schwert aus einer Scheide, die seitlich in seinem Thron verbaut war. Dunkler Nebel drang aus der Klinge und kribbelte in Vulkans Nase. Den Lippen des Sklavenhändleranführers entwich ein dumpfes, abgehacktes Geräusch. Es drang aus dem Mund seiner abscheulichen Schreckensmaske. Er lachte.

Da bemerkte Vulkan einen Nadlerhandschuh an der anderen Hand des Phantoms der Dämmerung. Wie zur spöttischen Erwiderung der gerade erhaltenen Drohung zielte es damit auf den Nocturner.

»Schmeeeerz ...«, zischte es.

Trotz seiner transhumanen Schnelligkeit konnte Vulkan den Anführer der Sklavenhändler nicht erreichen, bevor dieser seine Panzerhandschuhwaffe abfeuerte.

»Sohn!«

N'bels Stimme übertönte das Getöse um ihn. Instinktiv griff Vulkan mit offener Hand in die Luft. Eine leichte Veränderung der Strö-

mung deutete an, dass sich etwas hindurchbewegte. Mithilfe seiner geschärften Sinne erhaschten Vulkans Finger den abgenutzten Griff eines Schmiedehammers und griffen ihn blind aus der Luft. Einen Sekundenbruchteil später verließ er seine Hand und wirbelte auf den Anführer der Sklavenhändler zu, dessen hässliche Maske er zerteilte, noch bevor ihm der Gedanke kommen konnte, dass er dem Tod geweiht war. Mit gespaltenem Gesicht ließ der Anführer der Sklavenhändler sein Schwert fallen und stürzte von der Barke.

Vulkan sprang zum Platz hinab und fiel über die anderen Phantome der Dämmerung her, ohne langsamer zu werden. Er war im Tötungsrausch und von einem Kampfgeist beseelt, der ihn gleichzeitig entsetzte und begeisterte. Er packte den Kopf eines vorbeiziehenden Phantoms der Dämmerung und zerquetschte ihn durch den Helm hindurch zu Brei. Einen weiteren zerbrach er auf seinem Knie. Einen dritten, vierten, fünften … Vulkan zerschmetterte sie mit bloßen Fäusten und zahlte den Sklavenhändlern allen Schrecken, den sie im Lauf der Jahrhunderte über Nocturne gebracht hatten, gewaltsam und blutig heim.

Bald war der Kampf vorbei.

Da sie nicht mit solch erbittertem Widerstand gerechnet hatten, zogen sich die restlichen Phantome der Dämmerung des Plündertrupps zurück, bevor sie vollständig ausgelöscht wurden. Nur die von Kampfeslust berauschten Hexen blieben zurück. Unter ihnen war eine, die noch ein letztes Mal ihr Messer versenken wollte, bevor sie fertig war.

Sie befand sich auf der gegenüberliegenden Seite des Platzes, umtanzte die Speere und Schwerter der Nocturner und hinterließ mit jeder Drehung und Pirouette enthauptete Leichen. Vulkans Augen verengten sich zu hasserfüllten Schlitzen, als er die lachende Hexe sah.

Diese Wut wandelte sich zu Panik, als er sah, wer sich als Nächstes in ihren tödlichen Reigen stürzte.

»Vater!«

Vulkan war sehr viel mehr als ein Mensch. Er war stärker, schneller und intelligenter als jeder Mensch. Daher wusste er auch, dass er anders war als seine ganze Sippe, doch selbst er konnte N'bel nicht vor diesen mörderischen Messern erreichen.

Vulkan verfluchte die zornige Selbstvergessenheit, in der er den Hammer verloren hatte, um den Sklavenhändleranführer zu töten, und ballte die leeren Fäuste. Der einzige Mann, den er je zum Vater gehabt hatte, stand kurz davor, vor seinen Augen niedergemetzelt zu werden. Jeder Schritt über den blutgetränkten Platz kam ihm wie zehn Kilometer vor, während die Klinge der Hexe kreiste und aufblitzte … aufschlitzte … hypnotisierte … tötete.

Feurige Tränen trübten die Sicht des Nocturners und legten einen roten Schleier über das Bild, das sich vor ihm abspielte. Sie würde für immer in sein Gedächtnis eingebrannt sein.

N'bel hob seinen Speer …

… die Hexe würde ihn aufschlitzen und ausweiden …

Ihre Augen funkelten, als sie über das Gemetzel hinweg Vulkans Blick traf. Selbst beim Morden strahlte sie Arroganz aus. Er würde diese Augen nie vergessen, die so dünn wie Dolche und von abscheulicher Langeweile gefüllt waren. Sie würden ihn verfolgen, wenn auch nicht auf die Weise, die er erwartete …

N'bel war ihr hoffnungslos unterlegen. Seinen Speerstoß hatte er bereits weit verfehlt, als die glänzenden Falchions auf seine lebenswichtigen Organe zustürzten … doch sie trafen ihn nicht. Brüllend warf sich Breughar dazwischen. Es war beeindruckend, dass der Metallformer erfolgreich eine der Klingen abwehrte, die ihm eine schwere Wunde entlang des Unterarms beibrachte und dem kräftigen Stammesangehörigen einen Schrei entlockte. Bei der zweiten Klinge verließ ihn sein Glück; sie sank tief in seinen Magen und wurde mit einem entsetzlichen Schmatzen aus der aufgeschlitzten Haut gezogen. Breughars Eingeweide klatschten als dampfender Innereienhaufen auf den Boden. Einen Moment lang stand er wie gelähmt von der Erkenntnis da, dass er starb, fiel dann um und blieb liegen. Unter seiner Leiche bildete sich eine Blutpfütze, die als rötlicher Schlamm N'bels Füße erreichte. Der lag benommen da, nachdem der Metallformer ihn umgeworfen hatte, und konnte seine Arme kaum heben, um sich zu verteidigen.

Die Hexe schien von der sinnlosen Heldentat des Menschen belustigt zu sein und näherte sich N'bel, doch Breughars Opfer hatte Vulkan die Zeit erkauft, die er benötigt hatte. Der gewaltige Nocturner brodelte vor rechtschaffenem Zorn und fiel über seinen Feind her.

»Stell dich mir!«

Als Vulkan fäusteschwingend auf sie losging, zuckte sie wie eine Schlange zurück. Die Hexe hatte große Mühe, den Schlägen auszuweichen, und brachte keinen Gegenschlag zustande. Sie machte einen Rückwärtssalto, wand und drehte sich, bis sie genug Abstand gewonnen hatte, um ihn zu verspotten und dann zu fliehen. Der Rest der Hexen war entweder tot oder lag im Sterben. Sie war die Einzige, die dem Massaker entkam.

Vor den zertrümmerten Mauern von Hesiod tat sich ein Riss im Gewebe der Realität auf. Endlose Dunkelheit wartete im Innern des Risses. Die Schreie der Verdammten hallten im Wind und versprachen allen, die eintraten, endlose Qualen. Schließlich verschlang er die Hexe, schloss sich bebend hinter ihr und hinterließ nur den Geruch von Blut und einen Schauer des nahenden Todes.

Es war vorbei.

Der Höllenanbruch war vorüber und die nocturnische Sonne stieg höher.

N'bel traf Vulkan beim Tor. Der Schwarzhammer zitterte noch, doch er lebte.

»Breughar ist tot.«

Eine unnötige Feststellung. Vulkan hatte den Mann sterben sehen.

»Aber du lebst, Vater, und dafür werde ich ewig dankbar sein.«

Seine Stimme zitterte noch immer von der abklingenden Wut, die ihn während des Kampfs überkommen hatte. Seine Brust hob sich wie ein in Xenosblut getauchter Blasebalg.

»Wir leben, mein Sohn.« Er legte Vulkan eine Hand auf den Arm und aus irgendeinem Grund beruhigte es den Nocturner, diese alten, schwieligen Finger zu fühlen, sodass sich seine Anspannung löste.

»Solcher Hass. Ich habe ihn gespürt, Vater. Er hat mich so berührt, wie ich jetzt deine Hand auf mir spüre.«

Er wandte dem alten Mann sein Gesicht zu und seine Augen loderten wie Feuer.

»Ich bin ein Monster …«

N'bel zuckte nicht zurück, sondern legte seine Hand auf Vulkans Wange.

»Du bist ein wahrer Sohn von Prometheus.«

»Aber diese Raserei …« Er senkte den Blick. »Wie ich sie mit meinen bloßen Händen getötet habe …« Bevor er seinen Vater wieder anschaute, sagte er: »Ich bin kein Schwarzhammer, oder?«

Die Stadtbevölkerung versammelte sich. Trotz all der Toten, die auf den Straßen lagen, herrschte Jubelstimmung. Vulkan wurde als Held gefeiert.

N'bel stieß einen Seufzer aus, der all seine schlummernde Furcht davor, seinen einzigen Sohn zu verlieren, forttrug.

»Bist du nicht. Du kommst von da oben.«

Vulkan schaute in den glühenden Himmel über ihnen, auf den sein Vater mit ausgestreckter Hand zeigte. Die Sonne brannte wie ein einzelnes, finsteres Auge herab, das von einer Rauchwolke verschleiert wurde. Vulkan schloss die Augen und ließ sich von der Hitze wärmen, während N'bels Stimme fern durch seine Gedanken hallte.

»Du kamst von den Sternen …«

Das Bauwerk ähnelte einem Menhir, wie Vulkan sie von unterentwickelten und primitiven Kulturen kannte, die sie verehrten. Solche rückständigen Religionen standen der Konformität im Weg und die Salamanders hatten schon ganze Welten eingeäschert, die von solchem Götzenglauben korrumpiert gewesen waren. Hier, auf Hundertvierundfünfzig-Vier, bildeten sie ein Machtzentrum des Feindes, würden aber ebenfalls niedergerissen werden. Irgendetwas an ihm beunruhigte die Phaerianer, die von den Zuchtmeistern mit der Peitsche zum Gehorsam gezwungen und den knallenden Gewehren der Eldar entgegengetrieben wurden.

Auf Befehl des Primarchen hatte die Legion den ganzen Weg durch den Dschungel bis zu dem psionischen Knotenpunkt freigebrannt. Wie Wildtiere, die vor einem Waldbrand fliehen, hatten sich die Eldar und ihre Bestien vor der Feuersbrunst zurückgezogen. Vulkans Anordnung wurde radikal umgesetzt; sie stießen unaufhaltsam vor. Selbst wenn er auf menschliche Flüchtlinge traf, die zwischen Hammer und Amboss des Krieges gerieten, hielt ihn das nicht auf. Alles, was er sah, waren bleiche Abbilder des edlen Volkes seiner geliebten Heimatwelt, und dass das Elend der Dschungelbewohner, verglichen mit der großen Not auf Nocturne, kaum der Rede wert war. In düsteren Momenten fragte er sich, ob er diese bemitleidenswerten Menschen eigentlich dafür verachtete, dass sie unterworfen worden waren, und ob sich sein angebliches Mitgefühl verflüchtigt hatte. Während der Boden brannte und der Himmel von Rauch verpestet wurde, gestand er sich ein, dass die Anwesenheit der Xenos seine Stimmung beeinflusst hatte – und die Erinnerungen an sein schweres, altes Leben, bevor die Sternenschiffe eingetroffen waren.

Krieg bedeutete, Dinge zu zerstören; er ging gegen alles,

was sein alter Vater ihn in der Schmiede gelehrt hatte. Vulkan schätzte das Schöpferische, das Gefühl von Veränderung während eines Vorgangs und das von Beständigkeit, wenn er abgeschlossen war. Es verschaffte seiner aufgewühlten und einsamen Seele Frieden. Sein wahrer Vater, der, der Vulkan zu einem General geformt hatte, brauchte einen Krieger, keinen Schwarzhammer. Also musste Vulkan ein Krieger sein.

Während er auf einem gewaltigen Kamm stand, der aus dem weitläufigen Dschungel ragte, tröstete sich Vulkan mit dem Wissen, dass seine Anwesenheit auf Hundertvierundfünfzig-Vier nach der Zerstörung des Knotenpunkts nicht länger nötig sein würde, womit es ihm leichter fallen sollte, seine Gedanken an seine Heimatwelt zu verdrängen.

Ibsen. So lautete ihr Name. Wenn sie einen Namen statt einer Nummer hatte, hatte sie auch ein Herz. Bedeutete das auch, dass sie es wert war, gerettet zu werden? Vulkan verwarf die Frage, als ob sie Schlacke aus einem Schmelzofen wäre.

Obwohl er von seiner Brandwache und den beiden Legionskompanien umgeben war, die dem Verlauf der Schlacht unter ihnen zusahen, fühlte sich Vulkan mit seinen aufgewühlten Gedanken allein.

Numeon sprach ihn an und unterbrach die Gedanken des Primarchen. »Sie durchbrechen die äußere Grenze des Xenosgebiets. Ich muss zugeben, dass ich eine besser abgestimmte Verteidigung erwartet hatte.«

Mehrere aus der Brandwache brummten zustimmend. Varrun nickte und ließ die mahlenden Servos seiner Rüstungsgelenke für ihn antworten.

In der Nähe standen noch weitere Captains der Salamanders, die der gleichen Meinung waren wie die Brandwache. Entweder war die Streitkraft der Eldar zu erschöpft oder sie hielten sich aus einem anderen Grund zurück.

Vulkan schaute nachdenklich zu.

Anders als bei dem Hinterhalt im Dschungel waren die Xenos hier in großer Zahl aufmarschiert. Unter ihren grünen Umhängen, die mit dem Blattwerk rings um sie verschmolzen, trugen sie durchschlagende Repetierarmbrüste und lange Gewehre. Vulkan beobachtete, wie einem Zuchtmeister durch das Auge geschossen wurde und eine rötliche Wolke aus Hirnmaterie aus seinem Hinterkopf austrat. Ein anderer nahm eilig seinen Platz ein und der schwerfällige Vorstoß der Phaerianer ging weiter.

Die Eldar setzten ebenfalls schwere Waffenbatterien ein, die dank ihrer Antigravplattformen beweglicher waren als die der Gardekohorten. Laserstrahlsalven und glühende Plasmaschüsse verwandelten die Männer, die aus dem Rand des Dschungels stürmten, in schmutzig roten Brei. Rapiergeschütze mit zweiköpfiger Besatzung und auf Ketten fahrende Tarantulas erwiderten das Feuer mit einem unerbittlichen Stakkato aus Projektilgeschossen, sodass zwischen den schweren Waffen ein fortlaufender Schusswechsel tobte.

Die Aufseher und Zuchtmeister hatten aus den wilden Phaerianern Gardekohorten geformt. Dichte Blöcke aus muskulösen und tätowierten Männern rückten in Formation vor und erhellten die Dunkelheit mit dem flackernden Mündungsfeuer ihrer Schrotflinten und Automatikkarabiner.

Auf der anderen Seite kauerten die Eldar hinter Alabasterruinen und erwiderten das Feuer mit ähnlicher Wildheit, sodass die Luft von weiteren Laserstrahlen und Projektilgeschossen erfüllt wurde. Auf beiden Seiten gingen Truppen zu Boden, wurden von schweren Treffern herumgeschleudert oder fielen tödlichen Schüssen zum Opfer, worauf sie von den Truppen hinter ihnen zertrampelt wurden. Je näher sich die Schützenlinien kamen, desto höher stieg die Verlustrate.

Der Menhir war von einem Tempel umgeben. Er sah widernatürlich aus und war mit Xenossymbolen graviert, die denen ähnelten, die Ferrus Manus Vulkan per Hololith gezeigt hatte. Der Wüstenknotenpunkt war der einzige, den das Imperium hatte betrachten können, bevor ihre Auguren permanent ausgeschaltet worden waren. Doch dieser hier unterschied sich ein wenig von ihm. Die Runenzeichen auf den flachen Seiten des Steins waren anders angeordnet. Sie schienen eine Art Sprache zu sein. Mit ausreichend Zeit und Zugang zu den Symbolen könnte eine ausführliche Untersuchung seine Geheimnisse enthüllen. Doch Vulkan hatte nicht die Absicht, so etwas zu tun. Er wollte ihn nur zerstören.

Er wandte sich an Numeon.

»Wenn die Gardekohorten vollständig im Kampf verwickelt und die meisten Eldar weggelockt wurden, müssen wir bereit sein, um den Angriff auf den Knotenpunkt zu starten. Wenn wir entschieden und schnell zuschlagen, können wir ihn zerstören, bevor zu viele Leben im Getümmel verloren gehen.«

Durch seinen Gefechtshelm klang Numeons Stimme rau. »Glaubt Ihr, dass die Xenos den Mut verlieren werden, sobald wir ihren Obelisken zerstört haben?«

»Sie sind nur hier und ziehen sich nicht in den Urwald zurück, wo sie von ihren bevorzugten Taktiken Gebrauch machen könnten, weil sie ihn verteidigen. Diese Motivation verschwindet mit der Zerstörung des Knotenpunkts. Bald erhalten wir Gelegenheit dazu. Wir müssen nur Geduld haben.«

Vulkans Blick schweifte über die äußeren Verteidigungsanlagen. Die Tempelmauern waren bloße Dekoration und nicht dazu gedacht, einem koordinierten Angriff zu trotzen, schon gar nicht einem der Todesengel des Imperators. In den oberen Türmen konnte er Nester erkennen, die teilweise von den Dschungelpflanzen verdeckt wurden, die sie bewachsen hatten. Dort versteckten sich Pterosaurierreiter, die darauf warteten, dass die Krieger der Legiones Astartes angriffen. Im Zwielicht des dunklen Urwalds erkannte er außerdem berittene Raptoren. Die Eldar hielten ihre Sturmtruppen als Reserve zurück. Er zweifelte nicht daran, dass sie außerdem noch auf weitere Psionikerhexen treffen würden. Es war von äußerster Wichtigkeit, das Ziel schnellstmöglich zu zerstören, damit der Feind keine Gelegenheit bekam, die Macht des Knotenpunkts zu kanalisieren.

Die vordersten Reihen der Garde hatten die äußeren Tempelverteidigungsanlagen erreicht und kämpften im Nahkampf. Die Phaerianer waren ungeschlachte Männer, die wie Wilde gegen die anmutig tötenden Eldar kämpften. Doch die Garderohlinge waren in der Überzahl und bei einem derartigen Kräfteverhältnis verlor Geschick jede Bedeutung. Ein Eldar in fleckig grünem Umhang schoss einem Menschen auf kurze Distanz den Herzmuskel durch die Wirbelsäule aus dem Rücken. Er wechselte von seinem Gewehr zu einer Klinge, die wie Quecksilber aufblitzte, als er sie zog, und ließ eine rote Fontäne aus dem Hals eines anderen Phaerianers spritzen. Drei seiner Kameraden taten sich gegen den Xenos zusammen und schlugen ihn mit den beschwerten Kolben ihrer Automatikkarabiner nieder. Andere starben ähnlich brutal: von Gardestiefeln zu Brei getreten, von dünnen Xenosdrähten geköpft, von Bajonetten ausgeweidet oder von Falchions zerhackt. Die Phaerianer bewegten sich in dicht gedrängten Rudeln, wohingegen die Eldar als einsame Schlächter umherzogen und sich nur kurz zusammentaten, bevor sie sich wieder von einander trennten, um nach weiteren Feinden zu suchen. Diese rohe Brutalität hatte fast schon etwas Primitives an sich.

Vulkan verfolgte das blutige Schauspiel auf dem Schlachtfeld. Die überwältigende Streitkraft lockte die Eldar nicht wie erhofft zu einem Großangriff heraus. Doch während er dem Getümmel leidenschaftslos zusah, konnte er sehen, dass die Verteidigungsstreitkräfte der Xenos langsam ausgedünnt wurden.

»Sie warten ab, bis wir alle in den Kampf verwickelt sind«, sagte Numeon, als ob er die Gedanken des Primarchen gelesen hätte. Dem Adjutanten waren gerade erst die verborgenen Sauriertruppen in den hochliegenden Nestern und zwischen dem Blattwerk um den Tempel aufgefallen.

Vulkan kniff die feurigen Augen zu glühenden Schlitzen zusammen. »Dann lass sie uns ein wenig ermuntern. Schickt die Fünfte und die Vierzehnte Kompanie los, die Feuergeborenen.«

Heka'tan war kein hochmütiger Captain. Der Überfall im Dschungel hatte die Vierzehnte mehr Blut gekostet, als ihm lieb war, aber wie alle Salamanders war auch er pragmatisch und wusste, dass so nun einmal der Krieg war. Der Verlust von Sergeant Bannon war ein schwerer Schlag – er hatte über ein Jahrhundert lang an der Seite Bannons gekämpft – und die Flammenwerferabteilung war durch den Ansturm der Carnodonten so gut wie ausgelöscht worden. Sie war aufgelöst und auf die anderen Trupps verteilt worden. Es kam ihm sonderbar vor, dass die Spezialisten nun in der Vierzehnten verstreut waren, doch er konnte die taktische Flexibilität, die das bot, nicht leugnen.

Auch die Kompanie seines Kameraden aus der Fünften, Captain Gravius, hatte Verluste erlitten. Er war ebenso bescheiden wie Heka'tan und verstand seine Rolle im Krieg. Doch als der Befehl des Primarchen vom Kamm an sie weitergegeben wurde, ballte Heka'tan bei der Aussicht, Rache üben zu können, eine Faust. Er wusste, dass Gravius das Gleiche tun würde.

Während sie an der Flanke der kämpfenden Gardekohorten kauerten, wandte sich Heka'tan an Kaitar.

»Der Amboss ruft uns, Bruder. Lord Vulkan möchte, dass wir unsere angekratzte Selbstachtung in der härtenden Flamme der Schmiede wiederherstellen.«

Kaitar nickte, während er seinen Bolter durchlud. Auf seinen Schulterpanzer hatte er mit schwarzer Asche die Namen von Oranor und Attion geschrieben.

»Hiermit wollen wir den Gefallenen gedenken.«

»Allen Gefallenen«, fügte Luminor hinzu, der dem Captain in seiner weißen, mit Legionsblut beschmutzten Apothecariusrüstung gegenüber hockte.

Heka'tans Kommandotrupp war um ihn versammelt. Sie alle waren demütige, selbstlose Krieger, doch wie ihr Captain begrüßten auch sie die Gelegenheit, die Gefallenen zu rächen.

»Ins Feuer der Schlacht«, versprach Heka'tan und funkte Gravius über die Komm-Verbindung an.

»Die Fünfte macht sich soeben bereit«, sagte der andere Captain. »Ich werde sie zur feindlichen Flanke führen. Wir setzen uns auf deinen Befehl in Bewegung, Bruder-Captain.«

»Dann betrachte ihn als erteilt, Gravius. Ruhm sei Vulkan«, antwortete Heka'tan.

Kaitar wandte sich um und rief die anderen herbei, während er den vorderen Trupps signalisierte, loszumarschieren. »Ruhm dem Primarchen und der Legion!«

Über zweihundert Stimmen antworteten im Chor: »Feuergeborene!«

Die auf die Abteilungen verteilten Flammenwerfer traten vor, um der vorrückenden Vierzehnten einen Feuervorhang vorauszuschicken. Anfangs führte Heka'tan sie nur langsam vorwärts und ließ sie die Eldar mit kontrollierten Boltersalven niedermähen. Er hatte seine großen Geschütze als Reserve zurückgehalten und als die Eldar einige ihrer Truppen abzogen, um sich der Bedrohung entgegenzustellen, erteilte der Captain den Schießbefehl.

Raketenkondensstreifen vernebelten die Luft und dicke Konversionsstrahlen brummten energiegeladen, als die Sergeants die Macht ihrer schweren Abteilungen entfesselten. Zum Gegenangriff schickten die Eldar ihre Pterosaurier los, worauf die geflügelten Reptilien auf die größeren Geschütze an der Rückseite von Heka'tans Verband zu eilten. Als Nächstes eröffneten die schweren Bolter das Feuer und erfüllten die Luft mit ihren Explosivgeschossen. Ein Hagel durchschlagender Wurfspeere stürzte herab, doch die meisten wurden zerstört, bevor sie einen Legionär treffen konnten. Während die Flugsaurier von der Salve zerfetzt wurden, stürzten weitere aus den Nestern herab.

Die Sergeants der vorderen Trupps blieben in Bewegung und feuerten aus der Hüfte. Auf einer Flanke erschien eine gewaltige Raptorstaffel, deren Reiter Energielanzen schwangen und den Kriegsengeln des Imperators Verwünschungen entgegenschleuderten. Darauf traten schwerfällige Dreadnoughts vor, um sie abzufangen. Attion war allein gewesen, als er gegen das Carnodon gekämpft hatte und getötet worden war, doch jetzt ging eine ganze Einheit gepanzerter Ungetüme auf die Raptoren los.

»Brecht ihre Flankenangriffe auf, ehrwürdige Brüder, und macht den Luftangriffen ihrer Flieger ein Ende«, hallte Heka'tans Stimme durch das Kommunikationsnetzwerk.

»In Vulkans Namen!«, antworteten sie im Chor, als sie mit den Eldarreitern zusammenprallten.

Sie kamen dem Tempel immer näher. Heka'tan ließ seine Kettenklinge aufheulen und flüsterte einen Eid. Sein Kommandotrupp war dicht bei ihm. Er schaltete den Kanal wieder ein. »Die schweren Abteilungen sollen sich wieder in den Urwald zurückziehen. Captain Gravius – gleich greifen wir an.«

Schnell erhielt er eine dienstbeflissene Antwort. »Wir sind der Hammer, Captain Heka'tan. Seid der Amboss und lasst sie uns brechen.«

»So soll es geschehen«, versprach Heka'tan. Gleich würden sie sich in einen entsetzlich verworrenen Nahkampf stürzen. »Salamanders. Macht sie nieder!«

Vom Gipfel des Kamms aus verfolgte Vulkan den Angriff der Fünften und Vierzehnten Kompanie. Zur Abwehr begab sich eine Schar von Eldar aus ihrer Deckung und stieß zum Kampf hinzu. Innerhalb weniger Momente wurden die Reihen der Verteidiger des psionischen Knotenpunkts von zahlreichen Fußsoldaten und Saurierreitern verstärkt.

»Sie haben die Reserven der Eldar hervorgelockt«, sagte Numeon.

Das Verlangen nach einem Kampf war seiner Stimme deutlich anzuhören und breitete sich unter dem Rest der Brandwache aus.

Atanarius packte das Heft seines zweischneidigen Energieschwerts, als ob er einen Feind würgen würde. Gannes Panzerhandschuhe knackten geräuschvoll, während er sie zu Fäusten ballte und lockerte; Leodrakk und Skatar'var hoben schwungvoll ihre Energiestreitkolben von ihren Schulterpanzern und machten sich bereit. Nur Igataron blieb ruhig, verströmte dafür aber rohe Aggression.

Auch Vulkan ging es so, doch er zügelte seine glühende Kriegslust noch ein wenig, bevor er sie kontrolliert entfesseln würde.

Numeon hockte am Rand des Kamms und hatte den Knauf seiner Hellebarde in den Boden gesteckt, um sich abzustützen. »Ich sehe keine von den größeren Bestien in ihren Reihen.«

Da waren auch keine. Vulkan hatte keinen Hinweis darauf gefunden, dass sich in den Tiefen des Dschungels Carnodonten versteckten. »Scheinbar scheuen sie unsere Stärke.«

Numeon erhob sich wieder. Varrun stand hinter dem Adjutanten und schärfte die Klinge seines Gladius, reichte ihm aber nicht die Hand. Kein Krieger der Brandwache würde je einen anderen auf diese Weise beleidigen.

»Ihr meint wohl *Eure* Stärke, mein Lord.«

»Meine Stärke *ist* unsere Stärke, Numeon. Wir sind eins, die Legion und ich.« Obwohl er sich ihnen in seinem Innersten fremd fühlte, wusste Vulkan, dass das stimmte. Abgesehen von Horus, der sein Mournival hatte, ging jeder Primarch seinen eigenen Weg. Beim Primarch der Salamanders war dieses Gefühl lediglich ausgeprägter als bei seinen Brüdern.

Er beobachtete aufmerksam das Schlachtfeld, bis sein zurückhaltender, distanzierter Gesichtsausdruck schließlich zufriedener Erleichterung wich.

Eine Gruppe Eldar war ins Freie getreten.

Auf euch habe ich gewartet …

Als er sprach, schwang bedrohliche Gewaltbereitschaft in seiner tiefen Stimme mit.

»Jetzt schlagen wir zu.«

Numeon wandte sich den anderen zu und schwenkte seine Hellebarde wie eine Standarte, um sie zu sammeln. »Brandwache. Einsteigen!«

Hinter ihnen ruhte ein Stormbird auf Landestützen auf der verbrannten Erde. Seine leerlaufenden Triebwerke erreichten schnell Fluggeschwindigkeit und der Flieger hob in dem Moment ab, in dem Vulkan und die Krieger aus seinem inneren Zirkel an Bord waren. Die anderen Kompanien auf dem Kamm blieben als Reserve zurück und sahen zu, wie ihr Herr davonflog.

Die Einstiegsrampe schloss sich noch, als Numeon dem Piloten vom Laderaum aus voxte.

»Richtet den Angriffsvektor auf den Knotenpunkt aus. Geschützbatterien und –«

Vulkan unterbrach ihn. »Nein. Wir machen das von Hand. Bring uns neben dem Knotenpunkt runter. Ich will das Ding mit meinem Hammer zertrümmern.«

Nachdem er einem Eldar sein Kettenschwert in die Eingeweide gerammt hatte, trieb Heka'tan seine Krieger weiter an. »Vorstoßen, Vierzehnte! Vulkan sieht zu.«

Vulkan sieht immer zu. Der Primarch härtet uns ebenso wie der Amboss.

Als er seine Klinge herausriss, brach ein Blutschwall aus der Leiche, und kurz darauf musste er sich gegen einen weiteren Angriff verteidigen. Ein Eldar schlug mit einem kunstvollen Schwert nach ihm. Als die Waffen mit der Aggression der Astarteskrieger und der Raffinesse der Xenos aufeinandertrafen, schlugen sie Funken. Doch Heka'tan war in Rage und entledigte sich seines Feindes mit einer kurzen Salve seiner Boltpistole. Brandflecken beschmutzten seine waldgrüne Armschiene und verdeckten die blutigen Streifen, die einen Großteil seiner Rüstung besudelten. Das war die Taufe des Krieges, die er mit einem Triumphschrei genoss, während er nach dem nächsten Feind suchte.

Genau hier wollte er sein, mitten in der Schlacht, Auge in Auge mit dem Feind, um Eldarköpfe abzuschlagen. Heka'tan stammte von Nocturne und kannte den Schrecken, den die Sklavenhändler mit ihren Überfällen verbreitet hatten; als kleiner Junge hatte er sie selbst erlebt. Obgleich die Apotheose seine Erinnerungen an diese leidvolle Zeit verändert hatte, war die tief verwurzelte Feindseligkeit geblieben. Diese hier waren nicht wie die Sklavenhändler und hatten eine andere Ausstrahlung, doch sie gehörten den Eldar an, sodass Heka'tan seine Verachtung als gerechtfertigt ansah.

Auf seiner rechten Flanke wärmte ein Flammenstoß seinen Schulterpanzer und äscherte eine Gruppe Eldarscharfschützen ein, die die Kräfteverhältnisse hatten angleichen wollen. Er verlangsamte nicht. Nichts war wichtiger, als in Bewegung zu bleiben. Sie gingen unaufhaltsam, methodisch und so gründlich wie eine Lawine vor. Auch Gravius war vollständig im Kampf gebunden; Heka'tan hatte die Rufe der kühnen Fünften gehört, als sie zum Morden herangestürmt war. Schließlich hatte die drohende Niederlage im Dschungel sie beide verwundet. Ihre Gelegenheit, diese Gefühle im Feuer des Krieges loszuwerden, war die größte Gunst, die ihnen sein Primarch erweisen konnte.

Hammer und Amboss, Brüder, hallte es durch seine Gedanken. *Lasst uns ihnen zeigen, dass sich die Salamanders nicht so leicht zurückschlagen lassen.*

Der erbittert geführte Nahkampf rauschte als ein Durcheinander blutiger Bilder an ihm vorbei. Der Geruch von brennendem Xenosfleisch lag in der Luft, vermischt mit den muffigen Ausdünstungen ihrer Reptilienreittiere. Knurrend und schreiend mussten sie feststellen, dass die Legion ein zäher Feind war, den sie ohne ihre gewaltigen Carnodonten oder das Eingreifen ihrer Hexen nur schwer bezwingen konnten …

… bis sich um den psionischen Knotenpunkt herum ein Blitzgewitter entlud und vier Gestalten in Roben vortraten. Heka'tan war nah genug, um das Geschehen durch das dicht gedrängte Getümmel kämpfender Leiber zu verfolgen. Es war, als ob sie als unsichtbare Passagiere von den Blitzen getragen worden und auf der gespenstischen Energie gereist wären, bis sie sie einfach losgelassen hatten. Sie setzten ihre Füße auf den Boden wie jemand, der von einem Schiff steigt. Die pflanzengrünen Blitze umzuckten im Anschluss an die Teleportation die geheimnisvollen Symbole und bedeckten die Gewänder der Psioniker. Während drei Hexen den Knotenpunkt bewachten, trat eine vierte vorwärts.

Obwohl die Eldar eine androgyne Rasse waren, konnte Heka'tan erkennen, dass dieser hier männlich war. Er trug keinen Helm, hatte dafür aber eine Reihe von tätowierten Symbolen in seinem blassen und herrischen Gesicht. Sein langes

Haar war mit einer runenverzierten Klammer nach hinten gebunden. Sie bestand aus zwei Halbkugeln, die über seinen Schläfen lagen und jeweils in einem rubinartigen Edelstein auf seiner Stirn endeten. Es sah aus wie eine Krone und zum wiederholten Mal war der Salamander über die schiere Dekadenz und Arroganz der Xenos verblüfft.

Im Gegensatz zu den anderen trug er eine blaugrüne Robe mit himmelblauen Details. Ein funkelndes Runenschwert von unvorstellbarer Schönheit rundete sein Erscheinungsbild ab. Die Waffe verfügte über eine psionische Verbindung zu ihrem Träger und die Klinge knisterte, während Hexenfeuer in den Augen des Eldars aufloderte.

Um ihn herum entstand ein immer größerer Freiraum, da die anderen Xenos zurückwichen.

Bald stand nichts mehr zwischen Heka'tan und dem Hexenmeister.

Kaitar, Luminor und der Rest des Kommandotrupps befolgten die Befehle ihres Sergeants, noch bevor er sie ausgesprochen hatte.

»In Vulkans Namen, tötet dieses Ding!«

Gemeinsam stürmten sie los. Der Hexenmeister beobachtete ihren Ansturm und hielt seine Klinge in der Verteidigungshaltung eines Schwertkämpfers. Die Gamaschen und der Waffenrock des geübten Kriegers waren mit geheimnisvollen Runenzeichen geschmückt. Kurz bevor sie aufeinanderprallten, neigte er seinen Kopf wie zum Gruß.

Heka'tans erster Hieb zerschnitt die Luft und landete im Boden, wo er die Erde aufwühlte, während sich der Hexenmeister zur Seite wandte. Kaitar schlug sich besser, doch sein Gladius wurde von der flachen Seite des Eldarschwerts zurückgeschlagen. Luminor verschoss ein halbes Magazin seiner Boltpistole, doch die Geschosse explodierten wirkungslos an einem Kinetschild, welcher der offenen Hand des Hexenmeisters entsprang. Ein Kraftstoß warf den Apothecarius auf den Rücken und Bruder Tu'var warf sich vor die Eldarklinge, um ihn vor dem darauffolgenden Schwerthieb zu retten. Die Runenklinge überwand die Verteidigung des Salamanders mit Leichtigkeit, zerteilte Tu'vars Gladius, drang in seine Rüstung und versank bis zum Griff in seiner Brust.

Nachdem er die Klinge herausgerissen hatte, wirbelte der Hexenmeister herum, um Angvenons Brustpanzer aufzuschneiden und den Hieb mit einem gezackten Blitz zu verstärken, von dem der Salamander herumgedreht und hochgeschleudert wurde. Trotz seiner rauchenden Gefechtsrüstung versuchte Angvenon aufzustehen, fiel aber auf sein Gesicht und blieb liegen.

»Erschlagt ihn!«, knurrte Heka'tan und holte erneut aus. Seine ganze Welt war auf diesen einen Kampf zusammengeschrumpft und der Rest der Schlacht war nur noch ein trüber, blutiger Schleier, der ihn umgab. Ihm wurde klar, dass dies der Amboss war, der Moment, in dem er ihn entweder überwinden und sich erheben oder an ihm zerbrechen und fallen würde.

Es sah aus, als ob drei mächtige Krieger gegen einen Tänzer kämpfen würden, da der Eldar ihren schwerfälligen Hieben auswich und mit schnellen Stößen seines Runenschwerts zurückschlug.

Heka'tan weigerte sich, aufzugeben.

Ich bin die Legion. Ich bin ein geborener Krieger.

Der Hexenmeister ließ die drei Engel des Imperators wie Tölpel mit lärmenden Metallklumpen in der Hand aussehen, und das nagte an Heka'tan. Er holte erneut aus, jagte aber stets nur Schatten hinterher. Als er seine Pistole hob und den Abzug betätigte, wurde er von einem Schwall aus Blitzen aus der geballten Faust des Hexenmeisters getroffen. Sofort blinkten Warnsymbole auf der Retinalanzeige des Captains auf. Als biomechanische Reaktion wurden im selben Moment Schmerzdämpfer freigesetzt, die ihn auf den Beinen hielten. Seine Boltpistole war überladen, explodierte in seiner Faust und überschüttete Heka'tan anschließend mit heißem Schrapnell. Er nahm die Zuckungen seiner zitternden Muskeln kaum wahr, doch als sich seine Sicht allmählich trübte, wusste er, dass er verwundet worden war.

»Feuergeborene!« Mit seinem trotzigen Schrei rief er die anderen zur Unterstützung herbei.

Kaitar und Luminor kamen heran und versagten dem Hexenmeister den Todesstoß. Sein Sichtfeld wurde immer schmaler, was sein Gefechtshelm nur noch verschlimmerte, sodass Heka'tan den Spannverschluss aufriss, um ihn abzunehmen.

Scheppernd fiel er auf den Boden, worauf die Gerüche, Anblicke und Geräusche des fremdartigen Dschungels auf den Captain einstürmten, bis er sich mithilfe seiner genverbesserten Sinne wieder zurechtfand. Er trug noch immer sein Kettenschwert, das kampfbereit in seiner Hand brummte. In Heka'tans Augenwinkel erschien ein Flammenwerferlegionär, der einmal Bannons Abteilung angehört hatte, und über den Lärm hinweg rief er ihm zu.

»Legionär! Lasst die Flammen der Hölle lodern!«

Die Kämpfenden wurden von einem Schwall brennenden Promethiums überströmt. Kaitar wurde von dem Druck umgeworfen und fiel brennend zu Boden, während Luminor sich mit seinem Unterarm schützte. Der Hexenmeister wehrte den Flammensturm mit einem flackernden Kinetschild ab, doch als er seine Verteidigung darauf ausrichtete, machte er sich an einer anderen Stelle verwundbar. Heka'tan sprang mit beidhändig geführtem Kettenschwert durch die Feuersbrunst und ließ es unerbittlich niedergehen, als er landete.

Aus der Kehle des Eldars drang ein kraftloses, würgendes Geräusch, als er eine meterlange, wirbelnde Klinge verschlang. Alle Schutzzeichen und Siegel, die den Xenos schützten, wurden durchbrochen und innerhalb eines einzigen, grausamen Moments büßte er seine übernatürliche Schnelligkeit ein. Er funkelte Heka'tan wütend an, der seinen Blick mit rachsüchtigen, rot leuchtenden Augen erwiderte. Der Schmerz hätte ihn verlangsamen und ausschalten sollen, doch die Söhne Vulkans waren so hartnäckig, wie ihr Vater es sie gelehrt hatte.

Mit zusammengebissenen Zähnen und seinem zu einer knurrenden Grimasse verzerrten Gesicht kam er ihm ganz nahe. »Salamanders kämpfen als Einheit!«

Als letzte Demütigung versengte Heka'tan mit seiner ätzenden Spucke die aschfahle Wange des Eldars, bevor das Licht in den Augen des Xenos erlosch und er starb. Nachdem er seine Klinge aus der Leiche gezogen hatte, machte Heka'tan sich bereit, weiterzukämpfen.

Vor den Salamanders lag der Knotenpunkt, doch der Hexenmeister hatte den anderen aus seinem Zirkel genug Zeit erkauft, um dessen Macht zu nutzen. Zwischen den drei Hexen wogten gleißende Energieblitze, als ob der Stein ihre Kräfte speisen und verstärken würde.

Heka'tan schaffte es noch, seine Kettenklinge für eine Sammelgeste zu erheben, bevor ein Blitz aus dem Knotenpunkt brach. Der Eldarhexenzirkel kanalisierte diesen knisternden Energieblitz, der sich bog, Dreadnoughts umwarf und Salamanders niedermachte. Wie eine Welle fegte er über die Legion hinweg und hinterließ elektrisierte und verbrannte Gefechtsrüstungen. Die Eldar, die sich noch im Handgemenge befanden, wurden ebenfalls getroffen – der schimmernde Strahl machte da keinen Unterschied – und Heka'tan begriff, was sie zu opfern bereit waren, um den Knotenpunkt zu schützen. Glücklicherweise waren er und sein Kommandotrupp von dem ersten Blitz verschont geblieben, doch schon bahnte sich ein zweiter an.

In wenigen Sekunden würde der Blitz entfesselt werden und ihn mit Leichtigkeit einholen. Trotzdem rannte Heka'tan unter höllischen Schmerzen und mit all der schwindenden Kraft, die sein Körper noch aufbieten konnte, los.

Mit heulenden Triebwerken hielt der Stormbird auf den Gewittersturm zu. Flackerndes Licht erhellte den dunklen Laderaum und enthüllte den furchteinflößenden Umriss von Vulkan, der vor der offenen Seitenluke stand. Sie war so weit wie möglich aufgerissen, sodass der Wind durch den Landungsflieger peitschte und an den Schwüren des Augenblicks rüttelte, die an den Rüstungen der Krieger befestigt waren. Vulkan hatte sich gebückt und fixierte mit zusammengekniffenen Augen den Knotenpunkt. Dessen Spitze bildete den Mittelpunkt des Sturms und die Runen auf seiner Oberfläche leuchteten im Einklang mit den Blitzen. Selbst von oben und aus der Ferne sah er gewaltig aus. Es würde nicht leicht sein, ihn zu zerstören. Vulkan fasste den Griff seines Hammers fester.

Hinter ihm wartete die Brandwache mit kaum gezügelter Kampfeslust.

Entfesselt uns …

Der Primarch spürte ihr Verlangen so deutlich wie das in seinem eigenen Blut.

Mit einem Knall rauschte ein Blitz seitlich am Schiff vorbei und stutzte einen seiner Flügel, worauf der Laderaum erzitterte und kippte. Aus der Schadstelle in der Panzerung drang Rauch. Der Treffer war nicht so schwerwiegend, dass der Stormbird sich zurückziehen musste, doch sie waren so nah herangekommen wie möglich, ohne einen Absturz zu riskieren.

Vulkan griff nicht einmal nach einem Haltegriff. Sein Körper war vollkommen reglos und unverändert angespannt.

Langsam brachte der Pilot sie wieder auf Kurs, sodass sich vor ihnen, einige Meter weiter unten, erneut der in knisternde Energie gehüllte Knotenpunkt abzeichnete. Der Hexenzirkel an seinem Fuß war bereit, seine Energie mit einem weiteren Blitz zu entladen. Die Verwüstung, die der erste angerichtet hatte, musste vom Boden aus entsetzlich anzuschauen gewesen sein, und von oben war sein verheerender Pfad noch immer gut erkennbar.

Es passte nicht recht zu den Eldar, dass sie dieses Bauwerk mit solcher Vehemenz verteidigten, wo ihre Taktiken doch auf eine ganz andere Art der Kriegsführung ausgelegt waren. Hier kamen all ihre Schwächen zur Geltung, ohne, dass sie ihre Stärken nutzen konnten, um den Obelisken zu halten. Dem Primarchen kam der Verdacht, dass da noch etwas Unbemerktes und Unbekanntes sein könnte, doch im Moment konnte er nichts dagegen tun, was auch immer es war. Stattdessen konzentrierte er sich auf die Sache, gegen die er tatsächlich etwas ausrichten konnte.

Vulkan ging noch ein wenig tiefer in die Hocke und wartete, bis der Stormbird derart in Schräglage kam, dass die Luke auf den Knotenpunkt ausgerichtet war. Den Hammer, den er führte, hatte er selbst geschaffen. *Donnerkopf* lautete sein Name. Er hatte ihn auf Nocturne hergestellt, um N'bel und seiner Herkunft zu gedenken. In seinem kunstvollen Kopf tobten eingefangene Stürme, die er in vielen mühevollen Arbeitsstunden in der Schmiede in das Metall eingehämmert hatte. Es gab keinen vergleichbaren Hammer. Kein Legionär konnte ihn tragen, kein Mensch ihn auch nur anheben. Nur Vulkan allein verfügte über die Stärke und das Geschick, um ihn nach seinem Willen zu führen.

Er legte seinen Drachenhelm an, der sich an seiner Halsberge magnetarretierte.

»Wisst ihr, was nach einem Blitz kommt, Brüder?«

Die Brandwachen antworteten nicht. Stattdessen machten sie ihre Waffen bereit.

In Vulkans Augen loderte ein inneres Feuer.

»Donner …«

Er sprang aus dem Laderaum.

Peitschender Wind umtoste Vulkan, während er aus dem aufgewühlten Himmel stürzte. Wie ein hammerschwingender Komet fiel er mit dem Gebrüll eines Feuerdrachen vom Todesfeuerberg auf den Lippen herab. Sein Salamanderumhang flatterte heftig hinter ihm her, als ob der Geist der Bestie, der er einmal gehört hatte, zurückgekehrt wäre und das Hochgefühl seines jetzigen Trägers teilen würde.

Das Gesicht des Primarchen verzerrte sich unter seinem Helm, während er eine tödliche Geschwindigkeit erreichte. Inzwischen war das Geheul des Windes, durch den er rauschte, ohrenbetäubend. Inmitten dieses Sturms fühlte er sich lebendiger als je zuvor. Einen Moment lang fragte er sich, ob Corax und Sanguinius das gleiche Hochgefühl verspürten, wenn sie durch die Luft flogen.

Während er sich dem Obelisken näherte, umklammerte Vulkan seinen Hammer mit beiden Händen und hob ihn über den Kopf. Im Moment des Aufpralls schlug er auf die Spitze des Obelisken wie auf einen Nagelkopf. Mit einem energieentladenden Beben brach der psionische Knotenpunkt und zerbarst. Vulkan wurde nicht langsamer, sondern drang immer tiefer in den uralten Stein vor und erweiterte einen gewaltigen Riss, der sich bis in den Kern des Obelisken erstreckte. Aus dem zerbrechenden Stein drangen pulsierende Druckwellen und die Eldar, die wehklagend zu dem auseinanderfallenden Felsen hinaufschauten, wurden von einigen gelösten Brocken erschlagen. Jeder weitere Energiestoß, den der zerstörte Obelisk aussandte, erschütterte den nun gelähmten Hexenzirkel immer und immer heftiger. Die Eldarhexen hatten als Leitungen für die psionische Macht des Knotenpunkts gedient und nun wurde ihnen auch noch der letzte Rest davon eingespeist. Kein sterbliches Geschöpf konnte einer derartigen Energierückkopplung standhalten. Als Vulkan landete, schlug er einen Krater in den Boden, sodass die aufgewirbelte Erde vor ihm davonflog. Gleichzeitig starben nacheinander die Hexen. Ihre Augen brannten und ihr Fleisch schmolz, bis schließlich ihre Schädel explodierten und sie kopflos zu Boden stürzten.

Ein Schleier aus aufgewirbeltem Staub und Feuer umringte den Primarchen. Er hockte auf einem Knie und sein Hammer war in der Erde vergraben. So verharrte er einige Augenblicke lang. Seine Rüstung hob und senkte sich, während er atmete. Rings um ihn fiel der zertrümmerte Knotenpunkt in sich zusammen. Die großen Spalten in dem Stein weiteten sich und zerteilten ihn in zahlreiche Brocken. Als es vorbei war, war Vulkan von einem Ring aus zertrümmerten Felsen umgeben. Die eingravierten Runen waren allesamt durchbrochen und das von ihnen verströmte Licht erloschen.

Die Eldar, die von den wiedererstarkten Salamanders ohnehin schon schwer getroffen worden waren, gaben auf und ließen sich zurückfallen.

Als der Wind die Siegesschreie zu Vulkan trug, die die Legion rühmten, die Fünfte und die Vierzehnte, die Feuergeborenen, erfüllte ihn das mit Stolz. Hinter dem zähnefletschenden Antlitz seines Drachenhelms lächelte er und bemerkte, dass sich jemand näherte.

Numeon betrachtete seinen Primarchen vom Rand der Verwüstung aus.

Der Rest der Brandwache stieg gerade aus dem Stormbird und metzelte die feindlichen Nachzügler nieder.

»Ich hätte nicht gedacht, dass Ihr springen würdet«, gestand Numeon.

Vulkan hob den Kopf und stand auf.

»Das war eine impulsive Entscheidung.«

Der Adjutant schaute auf den Kreis aus Knotenpunktbruchstücken.

»Außerdem dachte ich, dass das schwieriger werden würde.«

Vulkan hob eine Augenbraue. »Glaubst du, dass das leicht war?« Als er seinen Drachenhelm abnahm, lächelte er immer noch. Er ließ die Schultern kreisen, verstaute dann *Donnerkopf* und richtete seine Aufmerksamkeit auf die toten Psioniker. »Wer sich an Zauberei versucht, erntet den Lohn dafür.«

Als er den Kreis verließ und das lichter werdende Schlachtfeld betrat, folgte Numeon ihm. »So scheint es, Exzellenz.« Teilnahmslos betrachtete er die verbrannten und kopflosen Eldarleichen. »Es lässt sich jetzt zwar kaum noch bestätigen, aber ihre Prophetin habe ich in dem Hexenzirkel nicht gesehen.«

Vulkan musste nicht hinsehen, da er es bereits wusste. »Diese Frau war nicht bei ihnen, was … *verblüffend* ist.«

»Wahrscheinlich ist sie schon geflohen. Sie müssen begreifen, dass das ein Krieg ist, den sie nicht gewinnen können.«

»Vielleicht, aber warum kämpfen sie dann überhaupt?«

Die Eldar befanden sich inzwischen vollständig auf der Flucht und verwarfen alle Versuche eines taktischen Rückzugs zugunsten des individuellen Überlebens. Es gab nichts mehr, was sie schützen konnten, und daher keinen Grund, einen Kampf fortzusetzen, den sie nicht mehr gewinnen konnten.

Wie bei der vorherigen Schlacht im Dschungel kamen auf das Einstellen der Kampfhandlungen hin auch dieses Mal Einheimische hervor. Sie schienen entsetzliche Angst vor ihren Befreiern zu haben und klammerten sich hilfesuchend aneinander. Einige Kinder unter ihnen schluchzten. Ein kleines Mädchen beugte sich hinab, um den Finger eines toten Eldars zu berühren, bis ihre Mutter sie ermahnte und sie wieder in der Dunkelheit verschwand. Gardeeinheiten mit begleitenden Memoratoren trieben die Flüchtlinge bereits zusammen.

»Kann es sein, dass sie nicht erfreut sind, uns zu sehen, Numeon?«, fragte Vulkan.

»Es fällt mir schwer, ihre Reaktionen von denen irgendeines anderen Menschen zu unterscheiden, dem ich schon mal begegnet bin, Exzellenz.«

Vulkan seufzte, da er sein Mitgefühl nicht vollständig unterdrücken konnte. »Sie fürchten sich, aber vor uns, nicht vor den Xenos. Ich frage mich, ob –« Er hielt inne, als er die Leichen einiger Stammesleute unter den Toten sah. Vor Bestürzung legte Vulkan die Stirn in Falten. »Mir war nicht bewusst, dass sich Zivilisten im Kampfgebiet befanden.«

Gardesanitäter und Feldchirurgen schleiften die toten Einheimischen zusammen mit den Phaerianern fort. Die meisten waren Männer und Frauen, doch Vulkan sah auch Kinder unter den Erschlagenen. Das kalte Gesicht eines kleinen Mädchens, das eine hölzerne Puppe umklammerte, verfolgte den Primarchen einen Augenblick lang. Wenn man von dem dunklen Fleck absah, der ihren Hanfkittel rot färbte, hätte sie schlafen können. Derart ruhig sah das Gesicht des kleinen Mädchens besonders unschuldig aus. Vulkan hatte schon früher solches Grauen gesehen, nach den Überfällen auf Nocturne und wenn die Oberfläche grollend aufgebrochen war. Dort hatte er Leichen gesehen, die aus dem Geröll gezerrt worden waren, die an Asche erstickt oder von Feuer verbrannt worden waren.

»Ein Krieger entscheidet sich für diesen Weg. Er ist gewaltsam und der Tod ist darauf allgegenwärtig, aber diese Leute ...« Langsam schüttelte er den Kopf, als ob er es erst jetzt begreifen könnte. »Das hätte nicht geschehen dürfen.«

Numeon wusste nicht, was er darauf antworten sollte. Als Varrun sich mit einem Hololithstab näherte, wich das Stirnrunzeln des Adjutanten einem erleichterten Gesichtsausdruck. »Neuigkeiten von den anderen Legionen, Exzellenz.«

Da er noch immer von dem Anblick der Menschen abgelenkt war, dauerte es eine Weile, bis Vulkan antwortete. »Mach ihn bereit«, sagte er schließlich. Varrun steckte den Stab in den Boden und aktivierte ihn.

In einer ausgestrahlten Dreiecksform aus verschwommenem Licht erschien das Abbild von Ferrus Manus.

Beide Brandwachen sanken sofort auf ein Knie, um dem anderen Primarchen ihre Ehrerbietung zu erweisen.

Ferrus Manus trug noch immer seinen Gefechtshelm und seine Rüstung zeugte davon, dass er bei dem Kampf um die Wüstenregion mitten im Getümmel gewesen war. Die glänzende Plattenrüstung war von Sand zerkratzt und spiegelte das Licht der Sonne hinter ihm. Er nahm den Helm ab und seine silbernen Augen funkelten wie Eiskristalle.

Ferrus war so wortkarg wie immer. »Hast du im Dschungel gesiegt, Bruder?«

Vulkan nickte. »Der Eldar-Knotenpunkt wurde ausgeschaltet. Es war ein leichterer Kampf, als wir zunächst angenommen hatten, auch wenn uns das Erreichen des Ziels einiges an Blut gekostet hat. Wie ergeht es meinen Bruderlegionen?«

Der Primarch der Iron Hands knurrte: »Wir kämpfen noch, aber ich werde mich nicht geschlagen geben. Wir sind mit unseren Fahrzeugverbänden auf einige Schwierigkeiten gestoßen. Ein großer Teil meiner Streitkraft ist zu Fuß unterwegs und der Gardeverband schlägt sich schlecht.«

Das Mantra der Iron Hands, *Fleisch ist schwach*, stand Ferrus regelrecht in sein finsteres Gesicht geschrieben. Er respektierte Menschen, doch ihre Zerbrechlichkeit frustrierte ihn.

Vulkan entschied sich für einen Themenwechsel. »Und was ist mit der Death Guard? Ist unser Bruder seinem hartnäckigen Wesen gerecht geworden?«

Ferrus antwortete widerstrebend. »Mortarion hat den Knotenpunkt dem Erdboden gleichgemacht, doch ich bezweifle, dass dort noch irgendetwas übrig ist, was die Menschheit besiedeln kann. Ich fürchte, er hat aus der Eisregion eine trostlose Wüste gemacht und das Erdreich weitläufig in Mitleidenschaft gezogen.«

Einen Moment lang trübte eine rauschende Störung das Bild. Weit hinter Ferrus kam es zu Explosionen, doch er schenkte ihnen keine Beachtung.

»Die Dschungelregion grenzt an die Wüste. Ich kann einige meiner Abteilungen zur Unterstützung entsenden, Bruder«, bot Vulkan an, als das Hololith wieder aufklarte.

Ferrus steinerne Kälte drückte genauestens aus, was er von diesem Vorschlag hielt.

»Das ist unnötig.«

»Dann steht dir der Sieg sicherlich kurz bevor.« Vulkan achtete darauf, nicht tröstend zu klingen. Das würde seinen Bruder nur erzürnen.

»Der Wüstenkontinent ist groß, aber ich *werde* ihn unterwerfen.« Hinter ihm ertönte eine Vielzahl von Boltern inmitten tief dröhnender Explosionen, die immer näherkamen. Ferrus drehte leicht den Kopf. »Wir greifen wieder an. Sammle deine Streitkräfte im Dschungel und warte auf weitere Befehle.«

Das Hololith ging aus, als die Verbindung getrennt wurde.

»Stolz macht schwach, nicht Fleisch«, erwiderte Numeon mit resigniertem Kopfschütteln.

Vulkan hatte den Blick gesenkt, als er murmelte: »Das verstehst du nicht.«

Ihr Vater hatte sie als vollkommene Wesen schaffen wollen, die dem Menschen in jeder Hinsicht überlegen waren. Vulkan und seine Brüder stellten ihre Legionärssöhne mit ihrer größeren Stärke, ihrem Geschick und ihrem Intellekt vollständig in den Schatten, doch es hafteten auch durch und durch menschliche Makel an ihnen. Als einer von so vielen Söhnen war es schwierig, die Liebe und Bestätigung des Vaters zu gewinnen. Auf die eine oder andere Art wurden sie alle von Stolz angetrieben, der auch für brüderliche Rivalitäten sorgte. Vulkan fragte sich, ob daraus jemals mehr werden würde.

»Herr?«

Numeons Stimme riss ihn aus seinen Gedanken.

Vom anderen Ende des Schlachtfelds näherte sich ein Salamander. Auf seinem Rücken befand sich ein verstautes Kettenschwert und sein Gang verriet einige Verwundungen. Er verbeugte sich vor seinem Primarchen. Seinen Helm hatte er bereits abgenommen.

Salamanders schauen einander in die Augen.

»Erhebe dich, Salamander.«

Der Krieger gehorchte, stand auf und salutierte vor seinem Brustpanzer.

»Captain Heka'tan«, merkte Vulkan an, während er auf den Krieger hinabschaute, »von der Vierzehnten, den Feuergeborenen. Du wurdest gehärtet, mein Sohn.«

Heka'tans Rüstung war von der Schlacht versengt und ramponiert. Außerdem hatte er seine Seitenwaffe verloren und schonte sein rechtes Bein. Sein linkes Auge war geschwollen und auf seiner Stirn befanden sich mehrere tiefe Platzwunden. Knapp über der Oberkante seiner Halsberge deutete sich eine Ehrennarbe auf seinem dicken Hals an.

»Der Amboss war in der Tat eine Herausforderung, Exzellenz.« Er verneigte sich erneut.

»Es gibt keinen Grund für deine Bescheidenheit. Du bist ein Captain und hast heute für deine Legion Blut vergossen. Wir haben gesiegt.«

Heka'tan schien dem nicht ganz zuzustimmen.

Vulkan kniff die Augen zusammen. »Hast du mir etwas zu sagen, Captain Heka'tan?«

»Das habe ich, Exzellenz. Wir haben die Gardespäher gefunden, die den Knotenpunkt ausfindig gemacht haben.«

Nachdem die Koordinaten an den Rest der imperialen Streitkräfte gesendet worden waren, war der Kontakt zu den vorauseilenden Erkundungstrupps vollständig abgerissen.

Als er ahnte, dass der Captain mit schlechten Nachrichten zu ihm gekommen war, wurde Vulkan ernst. »Und sie sind tot.«

»Nicht alle, Primarch.« Heka'tans feuriger Blick konnte seine Verwirrung nicht verbergen. »Es gab einen einzigen Überlebenden, einen Zivilisten.«

»Einen Memorator?«

»Soweit ich weiß, Exzellenz.«

»Und er ist unverletzt?« Vulkan konnte Heka'tan die Antwort beinahe am Gesicht ablesen.

»Wundersamerweise ja.«

Vulkan wandte den Blick von ihm ab und schaute in die Ferne, wo die imperialen Streitkräfte dem Feind nachsetzten und ihn tiefer in den Dschungel trieben. Er vermied es bewusst, den größer werdenden Haufen toter Einheimischer anzuschauen. »Wo ist der Überlebende jetzt?«

Heka'tan zögerte. »Da ist noch etwas.«

Als er wieder zu ihm hinabschaute, loderten Vulkans Augen fragend auf.

»Er sagt, dass es noch einen Knotenpunkt gibt, der viel größer und mächtiger ist als der, den Ihr zerstört habt.«

Nur eine Muskelzuckung in Vulkans Wange verriet seine Verstimmung.

»Bring mich sofort zu ihm.«

Der Memorator war eine unscheinbare Gestalt. Er saß in eine schlichte Robe in einem unbekannten terranischen Stil gehüllt wachsam und mit offenen Augen auf dem Boden. Nur die Tatsache, dass er von den Leichen der Gardespähgruppe umgeben war, die ausgeschickt worden war, um den Knotenpunkt zu suchen, störte den Gesamteindruck.

»Ihr seid der Primarch der Salamanders-Legion?«, fragte er.

»Der bin ich.« Vulkan kam langsam näher und bedeutete seiner Brandwache, außerhalb des Rings aus toten Gardespähern zu warten.

Der Befehl gefiel Numeon und den anderen nicht, doch sie befolgten ihn.

Vulkan betrachtete die Niedergemetzelten. Die Positionen der Leichen und wie sie gefallen waren, ließ erahnen, dass sich die Späher erbittert verteidigt hatten.

»Wurdet ihr verfolgt?«

»Nachdem wir beim vierten Obelisken waren, ja.«

»Und ihr habt es bis hierhergeschafft, ehe die Eldar zu euch aufholten.«

»Exakt.«

Als Vulkan wieder den Mann anschaute, der so weise und jung zugleich wirkte, durchbohrte er ihn mit seinen Blicken.

»Wie kam es dazu, dass sie alle gestorben sind und du als Einziger überlebt hast?«

»Ich habe mich versteckt.«

Vulkan starrte ihn an und versuchte herauszufinden, ob der Memorator die Wahrheit sprach.

Es schien den Mann nicht zu kümmern, zwischen den Toten zu sitzen, und er hatte sich noch immer nicht gerührt.

»Glaubt Ihr mir nicht?«

»Ich überlege noch«, antwortete Vulkan ehrlich. Er trat auf ihn zu.

Numeons Rüstung verrutschte hörbar, als er ihn warnte: »Primarch …«

Vulkan hob eine Hand, um seinen Adjutanten zu beruhigen. Der Blick des Memorators huschte kurz zur Brandwache hinüber.

»Ich glaube, Eure Leibwächter mögen mich nicht.«

Vulkan stand vor ihm und schaute zu dem Mann hinab. »Sie trauen dir nicht.«

»Das ist schade.«

»Wie lautet dein Name, Memorator?«

»Verace.«

»Dann komm mit mir, Verace, und erzähl mir alles über diesen Obelisken.«

Vulkan wandte sich ab und als er den Schauplatz des Massakers verließ, kam er an Numeon vorbei.

Der Primarch sprach mit gedämpfter Stimme. »Beobachte ihn genau.«

Verace stand auf und strich seine Robe glatt.

Numeon warf ihm einen vernichtenden Blick zu und nickte dann.

Dieser Verace hatte etwas … *Sonderbares* an sich, aber bedroht fühlte sich Vulkan von ihm nicht. Welche Bedrohung könnte ein Mensch aus Fleisch und Blut schon für einen Primarchen darstellen? Doch während er zurück zum Stormbird ging, erinnerte sich Vulkan an eine Zeit, in der er einen anderen Fremden getroffen hatte, einen, den er als Außenweltler kennengelernt hatte …

Vulkan spürte, dass er den Halt verlor. Er wusste, dass er sich trotz seiner ungeheuren Stärke nicht ewig mit einer Hand am Klippenrand festhalten und mit der anderen die Drachenhaut umklammern konnte.

Sie stammte von einer prächtigen Bestie mit zinnoberroten, rauen Schuppen, die sich wie dicke Schilde überlappten. Straffe Muskeln zeichneten sich am geriffelten Bauch des Feuerdrachen ab. Die Kiefern seines breiten Mauls waren kräftig. Das Grollen des Berges hatte ihn herbeigerufen und der Drache war aus den tiefsten Tiefen gestiegen, um seinem Ruf zu folgen.

Der Speer, den Vulkan geschmiedet hatte, um ihn zu töten, war in der Lavaspalte unter ihm verloren gegangen. Stundenlange Arbeit war in einem einzigen Moment, in dem das Blut des Berges die Waffe verschlungen hatte, zunichtegemacht worden; genau so würde sein Leben zunichtegemacht werden, wenn er abrutschen sollte.

Die Sonne brannte ihm auf den nackten Rücken, doch ihre Hitze ließ nach. Dampf und Rauch vernebelten Vulkans Augen und erfüllten seine Nase mit Schwefel und Asche. Seit dem Vulkanausbruch, der ihn über die Kante geworfen hatte, waren Stunden vergangen. Nur seine hervorragenden Reflexe und seine Kraft hatten ihn gerettet oder seinen Tod zumindest hinausgezögert.

Selbst Vulkan, der Held von Hesiod und Schlächter der Phantome der Dämmerung, konnte von Lava vernichtet werden.

Die Niederlage der Sklavenhändler hatte sich in den großen Siedlungsgebieten Nocturnes rasch herumgesprochen. In den folgenden Wochen hatten die Stammeskönige der anderen sechs Siedlungen und deren Abgesandte die Anführer Hesiods empfangen und darum gebeten, den Sohn des Schwarzhammers treffen zu dürfen, der rasch zur Legende wurde.

Während er unsicher an der Felskante hing, dachte Vulkan darüber nach, was für ein unpassendes Ende das für solch eine Legende wäre. Er rutschte ab und glaubte einen Moment lang, dass es um ihn geschehen war. Er spürte, wie er fiel, streckte aber eine Hand aus, um an einer der tieferen Felsspalten rettenden Halt zu finden. Staub und Schotter prasselten auf ihn nieder und schlugen auf seinen

Körper ein, doch er hielt sich fest. Obwohl das Herz in seiner Brust wie ein Hammer auf einen Amboss schlug, versuchte er, nicht allzu tief einzuatmen. So nah am Lavagraben war die Luft ein giftiger Nebel voller schwefliger Alkalien. Sie brannten bereits in seiner Nase und in seinem Rachen. Ein gewöhnlicher Mensch wäre inzwischen längst gestorben. Das bestärkte ihn nur weiter in seinem Glauben, dass er nicht wirklich diesem Volk angehörte, dass Nocturne nicht sein gebürtiger Herkunftsort war. Das hatte Vulkans Vater, N'bel, ihm schon vor dem Wettkampf gesagt. Er hatte das Gewölbe unter der Schmiede wie versprochen versiegelt, doch er konnte die Wahrheit nicht verdrängen. Vulkan hatte ihn direkt vor dem Beginn der Veranstaltungen gefragt, aber keine Antwort erhalten. N'bel war von dem drohenden Schmerz so bekümmert gewesen, dass er kein Wort hervorgebracht hatte. Vielleicht würde er nie wieder Gelegenheit dazu bekommen und Vulkan würde niemals etwas über seine Herkunft erfahren.

Während seine Finger zu Stein versteiften und sein Arm so sehr brannte, als ob alle Feuer der Schmiede in ihm entfacht würden, dachte Vulkan darüber nach, die Tierhaut loszulassen. Mit beiden Händen könnte er den Felshang vermutlich hinaufklettern und in Sicherheit gelangen. Das blubbernde, zischende Lied der Lava unter ihm schien ihn dazu aufzufordern, doch vielleicht versuchte es auch, ihn zum Absturz zu verleiten.

Die letzten acht Tage hatten ihn stark strapaziert. Vulkan wusste nicht, wie viel Kraft noch in seinen Gliedern steckte. Tatsächlich spürte er sie kaum noch und er musste fortwährend gegen ein Gefühl der Schwerelosigkeit ankämpfen, um nicht das Bewusstsein und damit seinen Halt zu verlieren.

»Du wirst mich nicht besiegen.«

Er sprach die Worte laut aus, um sich wachzurütteln.

Die Lava unter ihm zischte und allmählich klang sie wie grollendes Gelächter.

Er hatte keine Erklärung dafür, wie der bleichgesichtige Fremde in jedem Wettkampf mit ihm hatte mithalten können. Niemand wusste, woher er kam, auch wenn manche vermuteten, dass er zu den Nomadenstämmen von Ignea gehörte. Das bezweifelte Vulkan. Als er, der inzwischen als Außenweltler bekannt war, in die Stadt gekommen war, hatte er Kleidung getragen, die kein Nocturner kannte. Zwischen den Völkern des Planeten, von Heliosa bis Themis, gab es durchaus kulturelle Unterschiede, doch sie alle verbanden einige gemeinsame Merkmale. Den Außenweltler verband nichts mit ihnen.

Seine Behauptungen waren äußerst kühn gewesen. Vulkan erinnerte sich daran, was für einen Hohn er für die Behauptung geerntet hatte, er könnte jeden in der Stadt, sogar den Helden von Hesiod, im Wettkampf schlagen. Aus Respekt oder vielleicht auch schierer Ungläubigkeit hatte Vulkan keine Miene verzogen.

»Soll er doch teilnehmen«, hatte er im Stillen zu N'bel gesagt, als dieser ihn nach seiner Meinung gefragt hatte. »Entweder wird dieser Narr aufgeben oder sein Leben an den Berg verlieren. Lassen wir den Amboss entscheiden.«

In Anbetracht seiner derzeitigen Lage kamen ihm diese Bemerkungen nun auffallend unüberlegt vor.

Unter ihm rief der Fluss aus geschmolzenem Fels nach ihm und riss Vulkan zurück in die möglicherweise tödliche Gegenwart.

Wie konnte er versagen? Was würde sein Volk von ihm denken, wenn dieser blasse Außenseiter ihn schlagen würde?

Vulkan hielt die Drachenhaut an ihrem langen Schwanz fest. Während sie in den heißen Dämpfen wehte, die die Lavaspalte ausstieß, begriff er, dass er seinen Stolz opfern musste, um sein Leben zu retten. Gerade, als er loslassen wollte, hörte er von der anderen Seite des zerklüfteten Berggipfels einen Ruf.

»Vulkan!«

Durch die immer dichteren Rauchschwaden erspähte Vulkan in der Ferne die unscharfen Umrisse des Fremden. Der Außenweltler sprang über die Felsen auf ihn zu. Über seiner Schulter trug er die größte Drachenhaut, die Vulkan je gesehen hatte. Er blinzelte das brennende Gefühl in seinen Augen fort, um sicherzugehen, dass dies kein Trugbild war, vorgegaukelt von der Erschöpfung und der schwefelhaltigen Luft.

Die Tierhaut, die Vulkan unnachgiebig festhielt, war riesig, aber diese … diese war gewaltig. Sie war weit größer als die des Nocturners und plötzlich fühlte sich Vulkans Stolz umso ungerechtfertigter an.

Im schnellen Lauf hob der Außenweltler die eindrucksvolle Haut von seinem Rücken und warf sie in einen großen Lavateich, der zwischen ihm und dem Felsvorsprung lag, an dem sich Vulkan festhielt. Nachdem er die blubbernde Lava mit der Haut überbrückt hatte, sprang der Außenweltler herüber und landete auf der anderen Seite. Er eilte zum Rand des Felshangs und packte Vulkans Handgelenk.

»Halte durch …«

Mit einem unglaublichen Kraftakt hob der Fremde Vulkan samt Drachenhaut in Sicherheit.

Erschöpft lagen sie eine Weile auf dem kahlen Fels, bis der Außenweltler schließlich aufstand und Vulkan auf die Beine half.

In der Ferne verschlang der Lavateich die eindrucksvolle Beute des Außenweltlers.

»Wir müssen einen anderen Weg zurück finden«, sagte er ohne eine Spur von Reue.

Vulkan klopfte dem Außenweltler auf die Schulter, als er spürte, dass seine Kraft allmählich zurückkehrte.

»Du hast mir das Leben gerettet.«

»Wenn du dich nicht so lange festgehalten hättest, hätte ich vielleicht keine Gelegenheit dazu bekommen.«

Vulkan schaute zu dem Lavateich, in dem langsam die letzten Überreste der Drachenhaut untergingen.

»Du hättest als Held in die Stadt zurückkehren können.«

»Auf Kosten des Lebens meines Kontrahenten? Was wäre das denn für ein bedeutungsloser Sieg gewesen?«

Dicke Ascheflocken vernebelten die Luft und der Wind trug den Geruch von Verbranntem mit sich. Er kündete von bevorstehendem Feuer.

»Der Berg ist immer noch unruhig«, sagte Vulkan. »Er könnte noch einmal ausbrechen. Wir sollten nach Hesiod zurückkehren.«

Der Außenweltler nickte und gemeinsam kletterten sie den hohen Berg hinab.

Bei seiner Rückkehr wurde Vulkan feierlich begrüßt. Die gesamte Stadt sowie die Oberhäupter und Abgesandten der anderen sechs Siedlungen Nocturnes hatten sich versammelt, um den Ausgang des Wettkampfs zu erleben.

N'bel war einer der Ersten, der seinen Sohn sicher zurückkehren sah. Obwohl er nicht mehr ganz der Hüne von früher war, umarmte der Schwarzhammer Vulkan stürmisch.

»Du hast es geschafft, Junge. Ich wusste es.« Er drehte sich um und zeigte mit einer ausladenden Bewegung auf die heitere Menschenmenge hinter ihm. »Ganz Nocturne jubelt dir zu.«

Vulkans Name wurde gerufen und hallte laut in seinen Ohren. Stammeskönige traten vor, um ihn zu grüßen und sich in seinem

Ruhm zu sonnen. Lautstarke Beteuerungen der Gefolgschaft ertönten inmitten des tosenden Applauses der Menge. Nur der Außenweltler betrachtete Vulkan still und ruhig. Doch es lag keine Verurteilung, keine Streitlust in seinen Augen. Er schaute lediglich zu.

Ban'ek, der Stammeskönig von Themis, trat aus der Menge und verbeugte sich anerkennend vor dem Sieger des Wettkampfs.

»Eine würdige Trophäe«, sagte er und zeigte auf die Drachenschuppenhaut, die noch immer über Vulkans Schulter hing. »Mit ihr als Umhang werdet Ihr wahrhaft prächtig aussehen.«

Vulkan hatte fast vergessen, dass er sie trug.

»Nein«, sagte er lediglich.

Ban'ek war verwirrt. »Das verstehe ich nicht.«

Vulkan schüttelte den Kopf. »All das, eure Bewunderung und euer Beifall, ist unverdient.« Er nahm die Tierhaut von der Schulter und hielt sie dem Außenweltler hin.

N'bel griff nach seinem Sohn, um ihn aufzuhalten, doch der winkte ihm ab. »Vulkan, was machst du da?«

»Seinen Stolz, für ein Leben zu opfern, zeugt von wahrem Edelmut.« Er erwiderte den Blick des Außenweltlers und fand eigenartigerweise Anerkennung in dessen unergründlichen Augen. »Diese Ehre gebührt dir, Fremder.«

»Demut und Aufopferungsbereitschaft passen gut zusammen, Vulkan«, antwortete er. »Du bist genau so geworden, wie ich es mir erhofft hatte.«

Das war nicht die Antwort, die Vulkan erwartet hatte, nicht im Geringsten.

Verwirrt legte er sein Gesicht in Falten. »Wer bist du?«

»Warum schaut Ihr mich so an?«

Verace saß Vulkan gegenüber, das Gesicht zur Hälfte von den Schatten des Befehlszelts verborgen.

Im Zwielicht glühten die Augen des Primarchen wie Kohle. Das verlieh ihnen eine Eindringlichkeit, die für die meisten Menschen schwer zu ertragen war; die meisten Menschen, abgesehen von dem Memorator vor ihm.

»Du hast nicht einen einzigen Kratzer abbekommen.«

»Ist das ungewöhnlich?«

»Für jemanden in einem Kriegsgebiet schon.«

»Ihr seid ebenfalls unversehrt.«

Vulkan lachte amüsiert und schaute weg. »Ich bin anders.«

»Inwiefern?«

Er schaute den unbekümmerten Menschen an. Seine Laune verschlechterte sich und er wurde zunehmend verärgerter.

»Ich bin …«

»Einsam?«

Vulkan legte die Stirn in Falten, als ob er über ein Problem nachdenken würde, für das er keine Lösung fand. Er wollte ihm gerade antworten, als er sich für eine andere Vorgehensweise entschied.

»Du solltest dich vor mir fürchten, Mensch, oder wenigstens von mir eingeschüchtert sein.«

Vulkan trat vor und ballte seine Faust nur eine Handbreit vor dem Gesicht des Memorators. »Ich könnte dich für deine Unverfrorenheit zerquetschen.«

Verace schien von der offenen Drohung ungerührt zu sein.

»Werdet Ihr das denn?«

Der Zorn verschwand aus Vulkans Gesicht und er trat zurück, um sich zu beruhigen. Als er erneut sprach, war seine Stimme schwer und heiser. »Nein.«

Ein eigenartiges Schweigen fiel über die beiden, das weder der Mann noch der Primarch brechen wollte. Nach einer Weile sagte der Primarch: »Erzähl mir noch einmal, wie der Obelisk aussieht.«

Veraces suchender Gesichtsausdruck wich einem Lächeln, worauf er seine Augen zusammenkniff und sich erinnerte. »Es ist kein richtiger *Obelisk*, eher ein Torbogen.« Er beschrieb ihn mit den Händen in der Luft. »Seht Ihr? Seht Ihr das, Vulkan?«

»Ja.« Seine Stimme klang nicht so selbstsicher, wie er wollte. »Was ist mit den Verteidigern? Wie würdest du ihre Stärke einschätzen?«

»Ich bin kein Krieger, weshalb alle taktischen Einschätzungen, die ich zu bieten habe, wahrscheinlich nur von geringem Nutzen sind.«

»Versuch es trotzdem.«

»Ich bin neugierig, warum ich Euch das persönlich erzähle und nicht einem Eurer Captains.«

Vulkan knurrte. »Weil keiner von ihnen so geduldig ist wie ich. Also, zurück zur Stärke der Xenos …«

Verace verneigte sich kurz, um sich zu entschuldigen. »Also gut. Die Eldarstreitkräfte haben sich in großer Zahl um den Torbogen versammelt. Es waren sehr viel mehr als die Verteidiger des Knotenpunkts. Außerdem habe ich … *Hexen* gesehen und noch mehr von den Reptilienbestien. Die Vierbeinigen waren die Ersten, die uns nachjagten. Das Blätterdach ist voller Nester, ein Vielfaches von denen, die ich bisher gesehen habe. Darüber hinaus sind dort auch noch größere Bestien, allerdings hatte ich kaum Gelegenheit sie genauer zu betrachten, da ich mit Rennen beschäftigt war.«

»Das war ausführlicher, als ich dir zugetraut hätte«, räumte Vulkan ein. Er schüttelte den Kopf.

»Ich verwirre Euch, nicht wahr?«, sagte Verace.

»Du entrinnst unbeschadet einem Massaker und erzählst von deinem Leidensweg, als ob er nichts Besonderes wäre. Du sprichst mit einem Primarchen, als ob er ein Kollege deines Ordens wäre. Ja, dein Verhalten ist ungewöhnlich. Überall liegen Leichen, nicht nur von Soldaten, sondern teilweise auch von Einheimischen.« Nach der Schlacht hatten Gardespäher noch mehr tote Stammesangehörige entdeckt, die in das verheerende Kreuzfeuer geraten waren. Der Anblick des toten kleinen Mädchens bereitete Vulkan insgeheim noch immer Unbehagen und er hatte angeordnet, dass die einheimischen Toten mit derselben Sorgfalt und Respekt behandelt werden sollten wie die der Legion.

»Krieg nimmt keine Rücksicht, Verace«, sagte Vulkan. »Vergiss nicht, wo du bist, sonst müssen wir dich vielleicht als Nächstes begraben.«

»Sie hat Euch berührt, nicht wahr?«

»Wer?«

»Das Mädchen, das in diesem rücksichtslosen Krieg starb, von dem Ihr da redet.«

Vulkans Gesicht verriet sein Unbehagen. »Diese Leute leiden. Sie hat mich daran erinnert. Aber woher wusstest du –«

»Ich habe gesehen, wie Ihr einen Blick auf sie geworfen habt, während wir zum Zelt gingen. Zumindest nahm ich an, dass sie es war, die Eure Aufmerksamkeit auf sich zog.« Verace leckte sich über die Lippen. »Ihr möchtet sie retten, nicht wahr?«

Vulkan nickte, da er keinen Grund sah, ihm auszuweichen.

»Wenn ich kann. Was wären wir denn für Befreier, wenn wir die Welten einfach verbrennen würden, die wir für die Menschheit zurückerobern? Was würde dann aus Ibsen werden?«

»Vermutlich keine besonders guten Befreier. Aber was ist Ibsen?«

»Das ist … diese Welt. Das ist ihr Name.«

»Ich dachte, ihre Bezeichnung wäre Hundertvierundfünfzig-Vier.«

»Das stimmt, aber –«

»Also möchtet Ihr die Menschen von *Ibsen* retten, meint Ihr das?«

»Ibsen, Hundertvierundfünfzig-Vier – Ja, das habe ich gerade gesagt. Was macht das für einen Unterschied?«

»Einen großen. Was hat Eure Meinung geändert?«

Vulkan runzelte erneut die Stirn. »Was meinst du?« Draußen ertönten Stimmen, die ihn ein wenig ablenkten.

Verace ließ sich nicht beirren. »Was hat Euch zu der Ansicht kommen lassen, dass es dieses Volk wert wäre, gerettet zu werden?«

»Anfangs dachte ich das nicht.«

»Und jetzt?«

»Ich weiß es nicht.«

»Findet eine Antwort darauf und Eure sorgenschweren Gedanken werden zur Ruhe kommen.«

»Ich habe keine Sorgen.«

»Wirklich?«

»Ich bin –«

Numeon erschien am Eingang des Zelts und unterbrach Vulkans Antwort.

»Was ist los, Bruder?«, fragte der Primarch und verbarg seine Verärgerung.

»Ferrus Manus ist eingetroffen, Exzellenz.«

Der Sieg der Iron Hands hatte kürzer bevorgestanden, als Vulkan vermutet hatte. Nur wenige Momente nach ihrer letzten Besprechung hatte Ferrus ihn erneut kontaktiert und ihn über den Erfolg der Iron Hands in der Wüste informiert. Im Gegensatz zu seinem Bruder hatte Vulkan Ferrus' angebotene Verstärkung angenommen, nachdem er ihm von dem größeren Obelisken im Dschungel erzählt hatte. Das schien den reizbaren Gorgonen zu besänftigen und die Gelegenheit für seine Legion, den Salamanders zu helfen, war wie Salbe auf seinem zuvor verletzten Stolz. Vulkan freute sich darüber: Er hielt es nicht für nötig, sich oder seine Legion zu beweisen.

»Ich werde mich sofort mit ihm treffen.« Vulkan nahm seinen Drachenhelm von einer Konsole, auf der er ihn abgelegt hatte. Als er ihn aufhob, schaute er wieder zu Verace. »Wir werden uns noch einmal sprechen, du und ich.«

Der Memorator blieb gelassen und ließ sich nichts anmerken. »Das hoffe ich, Vulkan. Das hoffe ich wirklich.«

Heka'tans Feuergeborene, die Vierzehnte, stand neben einigen Trupps der Iron Hands. Die Krieger der X. Legion waren in schwarze Ceramitrüstungen gehüllt, auf deren linken Schulterpanzern ein weißes Handsymbol prangte. Viele von ihnen hatten Augmentationen: Finger, kybernetische Augen, ganze Schädel oder bionische Gliedmaßen als Ersatz für die, die in der Schlacht verloren gegangen waren. Sie boten einen unnachgiebigen Anblick und wirkten so kalt und steinhart wie ihre Heimatwelt Medusa. Doch sie waren tapfer und treu, und Heka'tan begrüßte sie in seinen Reihen.

Ausnahmsweise war seine Kompanie Teil der zweiten Welle und wurde hinter den Feuerdrachen aufgestellt. Vulkan, umgeben von der Brandwache, war als ferner Umriss in ihrer Mitte zu erkennen. Der Rest der Iron Hands, die Elite-Krieger, die sich Morlocks nannten, befanden sich bei ihrem Primarchen auf der anderen Seite des Schlachtfelds. Bevor der Angriffsplan ausgearbeitet worden war, hatte sich Heka'tan kurz mit ihrem Captain unterhalten, einem Iron Hand namens Gabriel Santar. Der Adjutant hatte weitreichende Bioniken; beide Beine und sein linker Arm bestanden aus Maschinenteilen statt aus Fleisch. Anfangs hatte ihn das in Heka'tans Augen entmenschlicht, doch nach wenigen Minuten der Unterhaltung hatte der Salamander gelernt, dass er ein weiser und gemäßigter Krieger war, der tiefen Respekt für die XVIII. Legion hegte. Heka'tan hoffte, dass dies nicht das letzte Mal sein würde, da er an der Seite des edlen Ersten Captains der Iron Hands kämpfte.

Heka'tan hatte gehört, dass der Überlebende des Massakers an den Gardespähern die entscheidenden Informationen geliefert hatte, um den letzten Knotenpunkt der Eldar zu lokalisieren. Wie vermutet war dieser Knotenpunkt vollkommen anders als die anderen. Er konnte ihn mit Leichtigkeit über die vor ihm stehenden Abteilungen hinweg sehen, diesen großen, weißen Steinbogen, der sich wie eine Kralle zum Himmel erhob. Wie schon in den psionischen Knotenpunkt, den Vulkan zerstört hatte, waren auch in ihn geheimnisvolle Runen graviert und Edelsteine eingesetzt. Er stand inmitten einer riesigen Lichtung, die abgesehen von einem groben Dutzend Säulen, die wie die Bauwerke einer uralten oder vergessenen Kultur aus dem Boden ragten, vollkommen leer war. Selbst das Blattwerk des Dschungels war beschnitten worden, um dem Bogen Platz zu lassen. Doch eigentlich schien es vielmehr in natürlichem Einklang mit ihm gewachsen zu sein. Mächtige Wurzeln und Ranken, die dicker waren als Heka'tans gepanzertes Bein, umschlangen den Sockel und hatten sich überall um die Oberfläche gewickelt, sodass es so aussah, als ob er seit vielen Jahrhunderten nicht mehr genutzt worden wäre.

Mehrere kleinere Menhire bildeten einen Kreis um den Bogen. Vor jedem von ihnen stand ein verbleibendes Mitglied ihres Hexenzirkels. Sie schienen vor sich hinzureden oder vielmehr zu ... *singen*. Psionische Energie wogte zwischen ihnen umher und bildete einen Kreis aus knisterndem Licht, der einen schimmernden Schild um den Bogen erzeugte.

Neben ihren Psionikern hatten die Xenos all ihre Streitkräfte versammelt, um dieses letzte Bauwerk zu verteidigen. Den Imperiumstruppen standen reihenweise verhüllte und gepanzerte Eldar gegenüber. Antigrav-Geschützplattformen schwebten zwischen den feindlichen Kohorten, die anhand der Runenzeichen auf ihren Gesichtern und konischen Helmen unterscheidbar waren. Eine große Raptorreiterherde belegte die eine Flanke, eine Schar brutaler Carnodonten sicherte die andere. Die Bestien schnaubten und fauchten einander an und scharrten unruhig im Boden. Über ihnen raschelte das Blätterdach des Dschungels unter den Bewegungen dünnhäutiger Flügel und wurde vom gellenden Geschrei der Pterosaurier übertönt. Die langsameren Stegosaurier begaben sich auf das plötzliche Erscheinen der imperialen Streitkräfte hin behäbig in Position. Auf ihren breiten Rücken waren schwere Kanonen montiert, die von Eldarmannschaften in eleganten Sänften bedient wurden.

Nachdem er inzwischen zwei Mal gegen die Xenos gekämpft hatte, wusste Heka'tan, dass offene Feldschlachten nicht ihre Stärke waren, doch auch ihre Hinterhalte waren gegen die Legion gescheitert und der Primarch hatte ihren Knotenpunkt mit einem ei00nzigen Hammerschlag zerstört. Nun hatten sie kaum noch eine andere Wahl als unterlegen die Position zu halten und zu kämpfen. Offensichtlich waren sie alle bereit, für die Verteidigung dieses Bauwerks zu sterben.

Heka'tan konnte nur mutmaßen, welchen Nutzen der Bogen hatte. Angeblich war er ein Tor, doch es war nicht bekannt, wohin es führte. Er wusste lediglich, dass seine Pflicht darin bestand, die Xenos zu töten, die es verteidigten.

Sie waren noch Hunderte Meter vom Rand der Schlacht entfernt, als der Vorstoßbefehl auf seiner Retinalanzeige aufblitzte. Abgesehen von der Vierzehnten, den Feuergeborenen, unterstanden Heka'tan mehrere Kohorten Phaerianer, deren Zuchtmeistern er knapp die sofortige Entsendung der Truppen befahl. Während die Gardeabteilungen ausrückten, hatte er Zeit für eine letzte Nachricht an einen Freund.

»Bring das Feuer von Prometheus über sie, Bruder«, sagte er über das Vox zu Gravius.

»Jawohl, Vulkan ist mit uns. Wir sehen uns, wenn alles vorbei ist, Heka'tan.«

Heka'tan beendete die Verbindung und wandte sich an seinen Kommandotrupp. Die angeschlagenen, aber vollzähligen Salamanders sahen bereit aus, die Wunden zu vergelten, die sie durch den Hexenmeister erlitten hatten.

»Ins Feuer der Schlacht, Captain«, sagte Bruder Tu'var, der den Klingenstoß in seine Brust dank seiner charakteristischen Unverwüstlichkeit überlebt hatte.

In Heka'tans Holster steckte eine geborgene Boltpistole als Ersatz für die, die er verloren hatte. Sein Kettenschwert war noch immer von der letzten Schlacht beschmutzt. Er hob es in die Höhe und schrie.

»Vierzehnte Feuergeborene, auf mein Kommando … Zum Amboss, Brüder!«

Im Zuge des Trommelfeuers, das dem imperialen Angriff vorausging, legte sich grobkörniger Staub auf die Lichtung. Die

Erde wurde von den anhaltenden Explosionen der Granaten und schweren Kanonen gelockert, aufgewühlt und aufgewirbelt, sodass sich der Schmutz mit der natürlichen, schwülen Atmosphäre des Dschungels vermischte. Die Säulenspitzen ragten wie zerklüftete Inseln in einem Meer aus Schmutz aus dem Nebel. Feinde und Verbündete verschwammen hinter dem Schlammschleier zu gespenstischen Silhouetten. Der Rauch, den zahllose Geschosse und Raketengeschütze beim Abfeuern ausstießen, trieb in trägen Wolken umher. Einzelne Sonnenstrahlen durchdrangen das Blätterdach über ihnen und verschwammen in der verschmutzten Luft, was alles nur noch unübersichtlicher machte.

Das stellte für Vulkan kein Hindernis dar. Er marschierte aufmerksam durch den grobkörnigen Nebel und entledigte sich seiner Feinde, wann immer sie sich ihm zeigten. Seine Brandwache war um ihn herum positioniert und gemeinsam schlugen sie eine blutige Schneise, bis sie die Hälfte des Weges geschafft hatten. Eine taktische Karte, die eine Ecke seiner Retinalanzeige überlagerte, verriet ihm die exakte Entfernung zum Bogen. Das Xenosbauwerk war so groß und ausladend, dass es fortwährend hinter einem schimmernden Kinetschild am nahen Horizont aufragte. Die Symbole, die den Rest seiner Legion repräsentierten, deuteten an, dass sie gute Fortschritte machten, doch der Primarch und seine Prätorianer waren ihnen eindeutig voraus. Die Gardeabteilungen schlugen sich weniger gut.

Der anhaltende Beschuss hatte einen großen Teil der Dschungelvegetation zerfetzt und in einen Nebel verwandelt, der in die Lungen der Phaerianer und ihrer Anführer geriet, die keine Atemschutzmasken trugen. Zwischen den Schreien derer, die von den Salven der Eldar niedergemacht oder vom Schuss eines Scharfschützen getötet wurden, hörte Vulkan Männer, die an den verdampften Pflanzen erstickten, während sie von ihren diensteifrigen Aufsehern in die Bresche getrieben wurden.

Mit dem Einstellen des anfänglichen Gardebombardements klarte die Luft allmählich auf. Durch die sich langsam zerstreuenden Erdpartikel wurde ein Teil einer zerbrochenen Säule erkennbar. Architektonisch war sie dem Knotenpunkttempel, um den sie zuvor gekämpft hatten, nicht unähnlich, was vermuten ließ, dass es hier vor der menschlichen Kolonisierung dieser Welt eine andere Zivilisation gegeben hatte. Wahrscheinlich waren es die Eldar gewesen, allerdings zu friedlicheren Zeiten. Vulkan sah die Leichen der Xenos um den kreisförmigen Sockel herum verstreut. Sie waren eine grausige Erinnerung daran, wie viel sie in den dunklen Jahrtausenden vor dem Großen Kreuzzug und der menschlichen Vorherrschaft in der Galaxis verloren hatten.

Dass die Eldar so lange überdauert hatten, sprach für ihre Beharrlichkeit und Tapferkeit. Jeder Feind, der bereit war, sich der Stärke und Macht zweier Primarchen zu widersetzen, hatte Respekt verdient, ganz gleich, wie widerwillig man ihn gab.

Während er die Reihen der Xenos aufbrach, fragte Vulkan sich allerdings, warum sie angesichts ihrer sicheren Vernichtung so beharrlich blieben. Wenn sie fliehen würden, würden sie überleben. Was bedeutete es für sie, diese Welt zu verlieren? Sie war kaum mehr als eine wilde Grenzwelt voller verfallener Steinruinen, die längst nicht mehr von Bedeutung waren. Warum sollten die Eldar mit solcher Entschlossenheit daran festhalten? Erneut kam es Vulkan in den Sinn, dass da noch etwas Unbekanntes sein könnte, doch er konnte seinen Verdacht nicht präzisieren oder belegen. Vorerst war er mit seinen Gedanken beim Kampf, der ihm ein Ziel vorgab, das alle anderen Bedenken verdrängte.

Nach dem anfänglichen Schusswechsel hatte sich die Schlacht zu einer Reihe von Scharmützeln aufgelöst.

Durch den sich lichtenden Nebel waren Gardeabteilungen zu sehen, die in großer Zahl und von mehreren Seiten mit Bajonetten und Messern angriffen und auf kurze Distanz feuerten. Ihre schiere Überzahl und die sie zielgerichtet antreibenden Aufseher und Zuchtmeister sorgten dafür, dass die Männer kleine, aber immer bedeutendere Siege errangen. Im Zweikampf waren die Eldar ihnen klar überlegen, doch deren Reihen lichteten sich.

Die Trupps der Salamanders und der Iron Hands drangen unerbittlich vor und die Luft roch widerlich nach stinkenden Reptilienleichen. Beide Legionen waren stur und entschlossen. Vulkans Söhne griffen mit reinigenden Flammen an, trieben die Eldar mit Feuer zurück und walzten alle Überlebenden mit einem geeinten Vorstoß nieder, wohingegen Ferrus Manus' Krieger den Feind mit der lodernden Wut ihres Primarchen attackierten und die Xenos mit überraschenden Vorstößen in die Flucht trieben. Insbesondere die Morlocks bewiesen sich als herausragende Kämpfer, die den Feuerdrachen durchaus ebenbürtig waren, und Vulkan war froh, an der Seite seines Bruders und dessen Prätorianern zu kämpfen. Doch er würde sich nicht leicht übertreffen lassen.

Vulkan und seine Brandwache gingen mit solcher Wildheit vor, dass sich um sie herum ein immer größerer Kreis aus toten und gebrochenen Eldar gebildet hatte. Das verschaffte ihnen eine seltene Atempause und in diesem ruhigen Moment schaute sich Vulkan nach Ferrus um. Er war leicht zu finden.

Der Gorgone kämpfte ohne seinen Gefechtshelm und schlug sich einen Weg durch die feindliche Flanke. In seinen silbernen Händen hielt er *Ambossbrecher*, der sich mit der Gleichmäßigkeit eines Metronoms hob und senkte, Schädel zertrümmerte und mit jedem eindrucksvollen Hieb Eldar in die Luft schleuderte. Sein versteinertes Gesicht strahlte Leidenschaft und Zorn aus, während er die Morlocks unerbittlich weitertrieb. Zwischen den Fronten tobte ein heftiger Schusswechsel, doch keiner der Iron Hands wurde langsamer, geschweige denn fiel. Der Eldarverband, der gegen sie kämpfte, wurde schnell überwältigt und ausgeschaltet, doch es näherten sich bereits weitere Feinde.

Von dem Blutvergießen angespornt brüllte ein Rudel rotschuppiger Carnodonten einen kehligen Schlachtruf. Ihre Reiter schrien den Ungetümen einen Angriffsbefehl zu. Die Iron Hands machten noch einige verbleibende Nachzügler nieder, als Ferrus Manus ihnen etwas zubrüllte. Vulkan konnte seine Lippen lesen und sich seinen Zorn vorstellen.

»Bringt es zu Ende!«

In seinem Bestreben, den Kampf schnell zu beenden, durchschlug der Primarch mit einem ausschweifenden Schlag seines Hammers eine Säule, die daraufhin umstürzte. Vulkan stockte, als er sah, in wessen Richtung sie fiel.

Aus dem Nichts tauchte, wie ein Geist, der im Nebel Gestalt annimmt, ein kleiner Junge auf. Sein nackter Oberkörper war von Schweiß und dem Blut eines anderen bedeckt und er rannte blindlings und schreiend herum. Als ob er die plötzliche Gefahr gespürt hätte, erstarrte der kleine Junge im Schatten der umstürzenden Säule und sah hilflos zu, wie sein Tod immer näher rückte. Kraftlos hielt er sich die Arme vor die Augen.

Sieh nicht hin, Kind …

Vulkan rannte los und ließ seine Prätorianer hinter sich zurück. Das würde nicht reichen. Wenn nicht jemand anders eingriff, würde die Säule den kleinen Jungen zerquetschen. Er schrie auf, da schon der bloße Anblick des Todes eines derart Unschuldigen für immer auf seiner unsterblichen Seele lasten würde.

Der Schmerzensschrei seines Bruders riss Ferrus aus seinem Kampfrausch, worauf er sich umdrehte und die Gefahr erkannte.

»Erster Captain!«, brüllte er und Gabriel Santar nahm sich der Sache an.

Auf sein Drängen hin zogen die Morlocks ohne ihn weiter, um sich mit flackernden Boltern den Carnodonten entgegenzustellen. Santar blieb zurück und warf sich gegen die umstürzende Säule. Mit beiden Händen packte er den abgebrochenen Steinbrocken und hielt ihn fest. Die Servos in seinem bionischen Arm und seinen Beinen ächzten protestierend unter der plötzlichen Belastung.

Mit seiner verbleibenden Kraft wandte er den Kopf dem entsetzten Kleinkind zu. In seinen herabstarrenden, grauen Augen tobte ein aufgewühlter Sturm. »Flieh endlich!«

Schreiend rannte der kleine Junge davon.

Und als ob er damit eine regelrechte Flut losgetreten hätte, waren plötzlich überall Hunderte fliehende Menschen. Wie Blätter in einem Wirbelwind huschte die verängstigte Schar von überall her in alle Richtungen davon.

»Bei Terra und dem Imperator«, flüsterte Ferrus Manus ungläubig über diese wahnsinnige Flucht.

»Exzellenz …«

Trotz seiner Augmentationen ging Gabriel Santar in die Knie und beugte seine Ellbogen unter dem gewaltigen Gewicht der Säule. Rasch entlastete ihn der Gorgone, nachdem er *Ambossbrecher* verstaut hatte, und hob den abgebrochenen Felsbrocken von seinem Adjutanten, als ob er kaum mehr als ein Bolter wäre.

»*Runter!*«, brüllte er den Morlocks zu, die kurz davor waren, sich in den Nahkampf zu stürzen, und schleuderte die zertrümmerte Säule wie einen Speer. Das vorderste Carnodon wurde von dem improvisierten Geschoss getroffen und schrie schmerzerfüllt auf, als seine Vorderbeine brachen. Es schlug mit der Schnauze voran auf dem Boden auf und behinderte damit die Bestien hinter ihm, sodass sie stolperten und der Schwung ihres

Ansturms verloren ging. Bald darauf waren die Morlocks unter ihnen, denen sich Santar wieder angeschlossen hatte.

Ferrus Manus funkelte Vulkan wütend an und warf dem anderen Primarchen inmitten des Getümmels stechende Blicke zu.

»Ich nehme an, du willst mir sagen, dass ich versuchen soll, sie nicht zu töten?«, fragte er über das Vox.

Das war leichter gesagt als getan. Der kleine Junge war zwar vorerst in Sicherheit gelangt, doch Vulkan sah Hunderte, die nach ihm flohen. Die Einheimischen rannten kopflos und ohne auf die Gefahren zu achten über das gesamte Schlachtfeld. Die panikgetriebene Menschenmenge, die ihre Nester und Verstecke verließ, schien von der Heerschar der Eldar aus einer großen Siedlung vertrieben worden zu sein. Oder es war ein verzweifeltes Manöver der Xenos, mit dem sie den unausweichlichen Sieg des Imperiums verhindern wollten.

Vulkans Zorn auf die Eldar wurde von neuem entfacht. Die schmerzlichen Erinnerungen an Nocturne während der Zeit der Unruhen, als Feuer vom Himmel geregnet und die Erde aufgebrochen war, kamen ihm in den Sinn. Er erinnerte sich an ihre Furcht und die trostlose Resignation darüber, dass alles, wofür sie gearbeitet hatten, alles, was sie geschaffen hatten, dem Untergang geweiht war. Vielleicht waren die Stämme von Ibsen doch nicht so anders.

Schon wieder *Ibsen*. Er sah diese Welt mit neuen Augen, aber warum?

Ferrus hatte recht: Fleisch *war* schwach, doch weil er selbst stark war, verlangte es Vulkans Pflicht, dass er sie beschützte.

Unabhängig davon, was diese panische Flucht ausgelöst hatte, waren die Menschen in großer Gefahr. Ganze Familien rannten wie vom Wahnsinn getrieben durch den sich lichtenden Nebel, schrien und jammerten, während die allgegenwärtige Hysterie von ihnen Besitz ergriff. Einige griffen auf ihrer verzweifelten Flucht sogar Einheiten der Garde an, bewarfen sie mit Steinen oder schlugen mit Fäusten auf sie ein. Aus Angst vor den Konsequenzen wagte es aber niemand, sich den Legionären zu nähern.

Und wenn sie Karabiner und Gewehre statt Stöcke und Steine hätten?

Die Stammestätowierungen, die scheinbare Leichtigkeit, mit der sie unterworfen worden waren, und die Allgegenwärtigkeit der Eldar – trotz seines Mitgefühls fragte sich Vulkan allmählich, wie weit sich die Einheimischen vom Licht des Imperators entfernt hatten.

Eine Mutter trat mit ihrer Tochter unbeschadet aus der Rauchwolke einer explodierten Granate. Vulkan beobachtete sie beim Rennen; sie waren nur ein paar Meter vom Primarchen entfernt, als er vor ihnen einen Blindgänger bemerkte. Das kleine Mädchen schrie, als eine zweite Granate aus der Hand eines toten Soldaten zu dem Sprengsatz heranrollte.

»Brandwache«, brüllte Vulkan. »Schützt sie!«

Die Prätorianer schlossen zum Primarchen auf und kümmerten sich um die Gefahr. Heiße Splitter durchschlugen das Gehäuse des Sprengsatzes, aus dem ein Feuersturm hervorbrach. Numeon und Varrun stellten sich zwischen ihn und die niederkauernden Menschen, hockten sich vor sie und hüllten sie in ihre Drachenumhänge. Der Regen aus Feuer und Schrapnell verebbte, ohne Schaden angerichtet zu haben.

Numeon schüttelte den Staub von seinen Helmlinsen, als ein Kleinkind eine winzige Hand an seinen Brustpanzer legte. Er schaute in die neugierigen Augen des kleinen Mädchens und war sofort wie gelähmt.

Dann waren sie fort und gingen in dem Chaos verloren. Die Mutter würde wohl nicht riskieren wollen, dass ein Querschläger oder ein anderer Blindgänger sie tötete. Für Numeon verging dieser Moment der Verbundenheit so schnell, wie er gekommen war.

Kurz darauf erreichte Vulkan sie. »Ich danke euch, meine Söhne.«

Beide nickten, doch Numeons Augen richteten sich kurz auf die Stelle im Nebel, an der das kleine Mädchen verschwunden war.

»Beschützt sie«, sagte Vulkan sanft und folgte dem Blick seines Adjutanten.

»Bis zum letzten Atemzug, Primarch«, antwortete Numeon. »Bis zum letzten Atemzug.«

Vulkan stellte eine Komm-Verbindung her. »Ferrus, sie mögen in Panik sein, aber sie sind unschuldig. Sei achtsam.«

»Kümmere dich lieber darum, den Feind zu töten, statt die Einheimischen zu retten, Vulkan.« Der Gorgone machte ein finsteres Gesicht, das sich aber aufhellte, bevor er die Carnodonten angriff. »Ich werde tun, was ich kann.«

Der eiserne Ring um den Verteidigungsstützpunkt der Eldar zog sich zusammen. Vulkan sah, dass er wieder mit Ferrus zusammentreffen würde, wenn er weiterhin zum Zentrum vorstoßen und Ferrus seine Geschwindigkeit an der Flanke beibehalten würde. Gemeinsam würden sie den Bogen zerstören und die Eldarbesatzungszeit von Ibsen beenden. Doch er hoffte, dass das ohne einen unerträglichen Verlust von Menschenleben möglich war.

Bisher hatte noch nichts den psionischen Schild des Eldarhexenzirkels durchdrungen, der den Torbogen umgab. Außerdem hatte Vulkan noch immer nicht die Prophetin gesehen, die seine Legion im Dschungel fast besiegt hatte. Sie war die Anführerin der Eldar. Wenn man sie ausschaltete, würden die Xenos so gut wie besiegt sein. Der Sieg war nah. Doch irgendetwas beunruhigte den Primarchen noch immer. Das Blätterdach des Dschungels über ihm war dicht, dunkel und verworren. Wie seine Brüder verfügte auch Vulkan über gute Instinkte und ihn überkam das Gefühl, dass ihn irgendetwas von den hohen Wipfeln aus beobachtete; etwas Angriffslustiges. Doch das allein erklärte sein Unbehagen nicht. Ungeheuer konnte er mit Leichtigkeit töten. Er war beunruhigt, seit er mit Verace gesprochen hatte. Dieses Gefühl war er nicht gewohnt, genauso wenig wie die Weise, in der der Mensch mit ihm gesprochen hatte, und doch hatte der Primarch es geschehen lassen. Verace verbarg etwas. Erst jetzt, als seine Gedanken auf dem Amboss des Krieges klarer wurden, begriff er das. Mit ernster Miene entschied Vulkan, dass er sich von dem Memorator Antworten holen würde.

Vorerst mussten sie jedoch warten.

Aus dem Nebel trat eine kleine Gruppe Eldar, um den Primarchen anzugreifen. Ihre Rüstungen unterschieden sich von denen der anderen. Sie waren himmelblau und sahen kriegerischer aus. Ihre verzierten Helme, die kunstvoller gestaltet waren als die ihrer Brüder, verbargen ihre Gesichter, und aus den Falten ihrer zinnoberroten Umhänge zogen sie lange, kantige Schwerter. Ein tiefes Brummen deutete an, dass die Klingen von knisternder Energie gespeist wurden.

Vulkan gab seinen Prätorianern ein Zeichen.

Mehrere Eldarverbände waren zu dem Primarchen vorgestoßen, um diese offensichtliche Gefahr aufzuhalten oder sogar zu bannen, doch sein Gefolge tötete alles um ihn herum.

»Brandwache … Beeilt euch.«

Nachdem sie ihre letzten Feinde getötet hatten, stürmten sie Vulkan voraus die Klingenmeister der Eldar an.

Sie waren nicht allein. Ein heulender Kriegsschrei kündigte eine riesige Raptorenherde an, die durch den zunehmend lichteren Nebel stürmte. Mit gesenkten Energielanzen donnerten sie von der Seite auf Vulkan zu. Die Klingenmeister, die sich mit der Brandwache einen blitzschnellen Schlagabtausch lieferten, hatten die Prätorianer bewusst auf sich gelenkt.

»Ziemlich hinterlistig«, murmelte Vulkan.

Er wandte sich den Raptoren zu und hob *Donnerkopf*. »Diese winzigen Speere können nichts gegen mich ausrichten!«, brüllte er und schlug mit der Waffe auf den Boden.

Die Erde … *zerbrach* unter dem unglaublichen Hammerschlag, riss auf, zerbröckelte und bildete einen immer größeren Krater. Durch seine enorme Stärke breitete sich die knochenzertrümmernde Kraft in immer weiterem Umkreis als Erdbeben aus und hielt auf die Raptoren zu. Zerstobene Felsbrocken brachen als steinige Gischt aus Kies und Splittern aus dem Boden. Die Raptoren schrien, strauchelten und bäumten sich auf, als das Beben sie erreichte. Ihre Reiter wurden abgeworfen oder von der erdigen Flut aus den Satteln gespült. Die entsetzten, so gut wie vernichteten vorderen Reihen verschwanden in dem Schlammsturm und wurden von der Wucht der Stampede hinter ihnen erfasst und zermalmt.

Da sie von den Toten und Sterbenden behindert wurden, konnten die Überlebenden nur hilflos aufschreien, als Vulkan sich aufrichtete und zwischen sie sprang.

Die Eldar und ihre Saurier überlebten nicht lange. Als Vulkan schließlich mit seiner grausigen Arbeit fertig war, hatte die Brandwache den letzten Klingenmeister erschlagen. Ganne hatte eine große Delle in seiner Gefechtsrüstung und Igataron hatte während des Kampfs seinen Helm verloren, doch davon abgesehen waren die Prätorianer unversehrt.

»Wir verlieren an Boden«, sagte Vulkan, als er sah, dass Ferrus den letzten der riesigen Carnodonten getötet hatte.

Numeon zeigte mit der blutigen Klinge seiner Hellebarde nach vorn. »Uns stehen nur noch versprengte Überreste im Weg, Primarch.«

Der Adjutant hatte recht. Die Eldar waren so gut wie erledigt. Sie hatten hartnäckig und erbittert gegen das Imperium gekämpft, doch jetzt, da die Carnodonten vernichtet waren, waren sie gebrochen.

Nur noch eine Tat musste vollbracht werden, um einen vollständigen Sieg zu erringen.

Der monumentale Bogen stand unbeschädigt hinter dem psionischen Schild, hinter dem sich der Hexenzirkel aufgestellt und seit Beginn der Schlacht ununterbrochen gesungen hatte. Vulkan suchte durch den psionischen Energieschleier hindurch in ihren Reihen nach der Prophetin, konnte aber keine Spur von ihr finden. Doch das Gefühl, von oben beobachtet zu werden, blieb.

»Irgendwo hier muss sie sein«, murmelte er und wandte seinen Blick von dem dichten Blätterdach des Dschungels auf das Schlachtfeld. »Die Xenos haben noch ein letztes Ass im Ärmel.«

Inzwischen waren die anderen Salamanders ganz in der Nähe. Sogar die Gardeabteilungen näherten sich den Außengrenzen des Bogens. Ferrus Manus würde keine Verstärkungen abwarten; er rückte zum Hexenzirkel vor. Vulkan wandte sich an sein Gefolge. »Los jetzt.«

Trotz ihres Mutes zerschellten die letzten Eldarverteidiger an der brutalen Entschlossenheit Vulkans und seiner Prätorianer. Hinter ihnen lagen entstellte, verstümmelte, erkaltete Xenos. Unwillkürlich kamen ihm die Erinnerungen an Breughars Tod in den Sinn, wie er den grausamen Klingen der Eldarhexe zum Opfer gefallen war, und das fachte seinen flammenden Zorn noch weiter an. Er sah seine Feinde kaum noch. Für ihn sahen sie alle gleich aus und trugen alle das Gesicht der Sklavenhändlerin.

»Primarch.« Es war Numeon, der ihn zurückholte. Der treue, unerschütterliche Numeon.

Vulkan fasste ihn an der gepanzerten Schulter. »Entschuldige, mein Sohn, die Feuer der Schlacht haben mich kurzzeitig übermannt.«

Numeon brauchte keine Erklärung. »Wir sind da.«

Leuchtende Energieblüten blitzten auf dem Schild auf, während die Iron Hands versuchten es aufzubrechen. Ihre Boltgeschosse explodierten wirkungslos auf der undurchdringlichen Oberfläche, während Flammenwerferstöße und der Beschuss mit schweren Geschützen ähnlich wenig Wirkung zeigten.

Ferrus Manus schwang *Ambossbrecher* und die Waffe prallte wirkungslos ab. Als er aus den Augenwinkeln Vulkan sah, wandte er sich ihm zu.

»Hast du eine Idee, wie wir dieses Ding ausschalten können?«

Vulkan schaute durch die durchsichtige, psionische Membran. Obwohl sie ihren Gesang ununterbrochen fortsetzten, schienen die Eldarhexen allmählich zu erschöpfen. Schweiß rann über ihre blassen Gesichter, die sie vor Konzentration verzerrten. Ihre Kräfte ließen nach.

Er hob *Donnerkopf* und genoss es, den Griff und diese Macht zu spüren. »Ich hätte einfach solange darauf eingeschlagen, bis es Risse bekommt.«

Ferrus grinste, was bei seinem üblicherweise ernsten und verschlossenen Gesicht ein seltener Anblick war. »Als würde man einen neuen Amboss einweihen.«

Er wollte gerade erneut ausholen, als von oben ein ohrenbetäubender Schrei ertönte, der das gesamte Blätterdach des Dschungels in kilometerweitem Umkreis erzittern ließ. Die Erde erbebte, während der Schrei in ein raues, bestialisches Gebrüll überging, und im selben Moment erlosch das Licht, als ob eine Wolke die Sonne verdunkeln würde. An der Grenze zum Bogen fielen Lichtpunkte auf den Schild und verliehen ihm einen gleißenden Schimmer – der in dem Moment verschwand, in dem er von etwas Gewaltigem und Schrecklichem verdeckt wurde.

Ein widerlicher Gestank hatte die Luft erfüllt, sodass sie schwül und stickig war. Als er in den verdunkelten Himmel schaute, rümpfte Vulkan die Nase. Ein Ungetüm verströmte diesen Geruch. Der gewaltige Schatten, der zu ihnen herabstieg, hatte die Form eines Pterosauriers, allerdings war er viel, viel größer. Obwohl er seine dünnhäutigen Flügel kaum bewegte, zwang der Abwind die vorrückenden Phaerianer in die Knie. Einige verharrten so oder sanken noch tiefer, bis sie entsetzt niederkauerten. Die Legionäre und die Primarchen blieben stehen und betrachteten die Bestie ungerührt durch ihre Helmlinsen. Zahlreiche Reptilienstimmen gellten durch die Luft, als ein Schwarm kleinerer Pterosaurier hinter den unglaublich weiten Flügeln des Pteradons auftauchte.

Ferrus Manus richtete seinen Hammer auf sie.

»Mäht sie nieder!«

Die Morlocks entfachten einen Boltersturm. Unter Tosen und Geschrei wurden die Pterosaurier zerfetzt. Mehrere verirrte Geschosse explodierten auf der ledrigen Haut des Pteradons, was das Ungetüm nur noch rasender machte. Es war knorrig und so alt wie ein fleischgewordenes Mythenwesen. Sein ledriger Oberkörper war mit einer Vielzahl von Narben überzogen und aus seiner knochigen Schnauze ragte ein gewaltiges Horn, das Blut und Zeit geschwärzt hatten. An seinen grobhäutigen Zehen befanden sich Krallen, die so lang waren wie der Primarch. Umbrabraune Schuppen, die dicker waren als jede je geschmiedete Gefechtsrüstung, bedeckten seinen Rücken und seine Gliedmaßen, und sein langer Wickelschwanz endete in einem axtköpfigen Stachel.

Trotz der Imposanz des Monsters galt Vulkans Aufmerksamkeit seiner Reiterin.

»Da bist du also ...«

Die Prophetin hatte dieses Geschöpf an ihren Willen gebunden und es gesattelt. Unglaublicherweise ritt sie freihändig auf dem Ungetüm und trug in der einen Hand einen Geisterstab, in der anderen eine funkelnde Runenklinge. So für den Krieg gerüstet war offensichtlich, was sie vorhatte, als sie die beiden Primarchen mit einem wütenden Blick anfunkelte.

Vulkan nahm seinen Drachenhelm ab, um dem Ungetüm von Angesicht zu Angesicht zu begegnen, und verzerrte sein Gesicht zu einem Zähnefletschen. »Wir müssen dieses Ding gemeinsam töten.«

Ein urzeitliches Gebrüll übertönte die Antwort des Gorgonen und überströmte die Feinde des Ungeheuers mit heißem Speichel und Reptiliengestank. Die Menschen erzitterten vor Angst. Manche besudelten sich und flohen. Die Legionäre eröffneten das Feuer. Ihre Boltgeschosse explodierten auf seinem geriffelten Bauch mit feurigen Blüten. Die Bestie stellte sich auf und spreizte die Flügel wie eine Art Saurierengel, um das dünne Gewebe anschließend donnernd zusammenzuschlagen. Von dem Zusammenprall ging ein tiefer Puls aus, der als dumpfes Dröhnen durch die Luft hallte.

Über die imperialen Streitkräfte brach ein Sturm herein. Phaerianer und Offiziere wurden schreiend zurückgeschleudert, während ihre Innereien von der mächtigen Druckwelle zermalmt wurden. Wie Puppen wirbelten sie mit wild um sich schlagenden, gebrochenen Gliedmaßen durch den Orkan. Bäume neigten sich, gaben nach und zerbrachen. Ein verheerendes Durcheinander aus Trümmern, losgerissenen Baumstämmen und Klumpen aus zerstobenem Laub spießten Panzer auf und machten ganze Kohorten dem Erdboden gleich. Obwohl sie entschlossen dagegen ankämpften, wurden sogar die Legionäre umgeworfen, worauf sich eine grobkörnige, schmutzige Wolke über sie legte.

Ferrus biss die Zähne zusammen und blieb mit Vulkan aufrecht stehen. Sein Zorn stand ihm überdeutlich ins Gesicht geschrieben.

»Dagegen habe ich nichts einzuwenden, Bruder.«

Vor ihnen lag eine Arena aus zerfetzten Baumstümpfen und eingeebneten Dschungelpflanzen.

Ein grobkörniger, grünlicher Patinaschleier zog über ihre Rüstung und umgab die Bestie wie tief liegender, erdiger Nebel. Mit uraltem Hass und Bösartigkeit in den Augen funkelte sie die Primarchen an, die deutlich kleiner waren als sie.

»Netter Versuch, Ungetüm«, sagte Vulkan mit der tiefen, grollenden Stimme eines Raubtiers.

Er hörte den tiefen Knall verdrängter Luft und bemerkte die plötzliche, rasend schnelle Bewegung rechtzeitig, um sich auf Ferrus Manus zu stürzen und ihn umzuwerfen. Eine geschuppte, knorrige Masse rauschte über ihnen vorüber, als der Axtkopfschwanz des Pteradons knapp den freiliegenden Hals des Gorgonen verfehlte.

Vulkan kam rasch wieder auf die Beine und blieb in Bewegung. »Pass auf deinen Kopf auf, Bruder.«

Ferrus machte ein finsteres Gesicht. »Sorge dich um deinen eigenen. So leicht lässt sich meine Haut nicht durchdringen.« Er setzte sich ebenfalls in Bewegung, um das Pteradon von der Seite anzugreifen.

Seine ungeheure Größe und Stärke verliehen ihm einen beträchtlichen Vorteil, doch da sich seine Feinde aufteilten, konnte es sie nicht gegen beide nutzen. Mit einem gellenden Schrei setzte es Vulkan nach.

Die Jagd auf Ungeheuer war dem Primarchen der Salamanders in Fleisch und Blut übergegangen. Auf Nocturne waren viele schuppenbesetzte und chitingepanzerte Schrecken beheimatet. Als Junge hatte Vulkan sie alle erschlagen. Auch der Drache, dessen Haut er als Umhang trug, war riesig gewesen, aber dieses Ding … das war ein *Koloss*.

Er verlor Ferrus hinter dem massigen Pteradon aus den Augen, blieb aber nah bei der Bestie, damit sie ihre größere Reichweite nicht nutzen konnte. Aus dieser Nähe war der verpestende Reptiliengestank äußerst stark. Sterbliche Menschen hätten bei diesem verdorbenen Geruch würgen müssen, doch Vulkan war durch die Steppen des Todesfeuerbergs gestreift und hatte dessen schweflige Dämpfe ertragen. Das hier war nichts dagegen.

Ein heißer Funkenregen flog von der Rüstung des Primarchen, als das Ungetüm ihn mit seinen Krallen traf, worauf er sich umdrehte und *Donnerkopf* in dessen Seite schmetterte. Seine Schuppen knickten ein und zerbrachen. Die Risse in der natürlichen Panzerung des Ungetüms füllten sich mit Blut und entlockten seiner Kehle einen Schmerzensschrei. Ein stickiger Kupfergeruch verpestete die Luft noch weiter, sodass Vulkan wusste, dass er es verletzt hatte.

In Bewegung bleiben, ging es dem Primarchen unaufhörlich durch den Kopf, während er weiter um das Pteradon herumrannte. *Wenn du stehen bleibst, sterben wir*.

Kein Mensch könnte vor einem solchen Ungetüm bestehen, geschweige denn es bekämpfen. Primarchen waren mehr als Menschen, mehr als Space Marines. Sie waren regelrechte Götter, doch auch Götter konnten fallen.

Als ob es seine Gedanken gehört hätte, ging das Ungetüm wieder auf ihn los. Es stürzte sich auf ihn und Vulkan entging nur knapp seinen rasiermesserscharfen Zähnen. Er richtete sich für einen Vergeltungsschlag auf, doch die Bestie schnappte erneut nach ihm und er duckte sich, um ihr auszuweichen. Mit ihrem massigen Körper krachte sie gegen ihn und Vulkan taumelte zurück, ehe er langsam wieder vortrat.

Speichel tropfte von Zähnen so lang wie Kettenklingen, die sich dem Primarchen bedrohlich auf Augenhöhe näherten.

Er schwang *Donnerkopf* in einem engen Bogen, um sein Handgelenk zu lockern, und machte sich bereit, den Hals des Ungetüms zu zerschmettern, als eine Wurzelkralle aus dem Boden brach, um ihn festzuhalten.

Vulkan knurrte.

Die Hexe versuchte das Kräfteverhältnis mithilfe von Zauberei anzugleichen.

Als er seinen Arm losriss, schlängelten sich weitere Ranken um ihn und hielten ihn fest. Vulkan brüllte und die Bestie brüllte mit ihm, da sie spürte, dass ihr Mahl kurz bevorstand. Das Pteradon riss sein Maul weit auf, um Vulkan den Kopf abzubeißen, als es sich plötzlich vor Schmerzen aufbäumte. Es drehte seinen ledrigen Hals herum, um über die Schulter zu blicken und einen zweiten Angreifer anzuschreien.

»Wie ich schon sagte, Bruder, achte auf deinen eigenen Kopf …«

Hinter dem Ungetüm tauchte Ferrus Manus auf, der zwischen dessen gewaltigen Beinen zu sehen war. Er hatte einen Knochen zertrümmert, der die Flügelhaut hielt, und sprang davon, als es verspätet mit seinem Schwanz nach ihm schlug. Nachdem er sich von seinen Wurzelfesseln befreit hatte, schlug Vulkan mit *Donnerkopf* gegen den ungeschützten Bauch der Bestie. Muskeln rissen und Knochen brachen, was ihr einen weiteren, gellenden Schmerzensschrei entlockte. Mit einem Schwung seiner scharfen Flügelkralle verhinderte das Pteradon einen Folgeangriff und zwang ihn zum Zurückweichen, während es Ferrus Manus mit ruckartigen Stößen seines scharfen Schwanzes fernhielt.

Als er sich wieder vorwagte, schlug Vulkan ihm einen Schuppenbrocken vom Rücken ab. Nach dem zweihändigen Schlag sickerte wie zuvor Blut aus den Knoten und Narben an seinem Körper und er spürte seine beträchtliche Stärke schwinden.

»Wir haben es fast!«, rief er.

Ferrus stürmte an, um das Standbein des Ungetüms zu zertrümmern. Es schrie und wankte unter Schmerzen. Ein Blutstrahl strömte auf Vulkans Brustpanzer, als er einen Teil der Schnauze des Pteradons einschlug. Es schwankte, worauf Ferrus einen seiner Flügel zerschnitt und das dünnhäutige Gewebe zerfetzte. Unbarmherzig zerstückelten die Primarchen das Ungetüm, das zwischen ihnen stand. Ein panischer Schrei entwich seiner Kehle, bei dem es mit dem Blut in Nasenhöhle und Mund gurgelte. Plötzlich erkannte das Pteradon, wer der Jäger und wer der Gejagte war.

Es versuchte zu fliehen, doch die Primarchen waren erbarmungslos, zertrümmerten seine Flügel mit unaufhörlichen Hieben und hämmerten auf seinen Körper ein, als ob er ein Stück Fleisch wäre, das weichgeklopft werden musste. Über ihnen leuchtete ein Blitz auf, der Ferrus in die Brust traf und ins Wanken brachte. Er taumelte zurück, sodass das Ungetüm sich aufrichten konnte. Trotz seiner Verwundungen hob es mit kräftigen Flügelschlägen allmählich ab. Ein weiterer psionischer Blitz fuhr auf Vulkan herab, doch der wich ihm aus und packte das Pteradon an der Seite.

»Es gibt kein Entkommen«, murmelte er und hielt sich an den Schuppen des Ungetüms wie an Griffen fest, während er sich immer weiter vom Boden entfernte und hinaufgetragen wurde.

»Vulkan!«

Ferrus' Ruf wurde vom Wind verschlungen, der in Vulkans Ohren toste. Er peitschte um ihn her und pfiff und heulte immer lauter, je schneller das Ungetüm hinaufstieg. Während die unerbittlichen Winde auf ihn einschlugen, biss Vulkan die Zähne zusammen und hielt sich fest. Inmitten des Sturms, der ihn umgab, hörte er das Hämmern von Metall auf Metall. Der Amboss rief.

Er drückte sich an die raue Seite der Bestie, während die Welt um ihn herum unter Tosen verschwamm, und begriff, dass er höhersteigen musste. Als er seine Hand herauszog, waren die Finger seines Panzerhandschuhs, die er in dem Ungetüm vergraben hatte, blutbedeckt. Vulkan packte eine andere gepanzerte Schuppe und kletterte. Langsam kam er vorwärts. Jeden Moment konnte er den Halt verlieren und in die dicht bewachsene Tiefe stürzen. Zersplitterte Äste regneten herab, als sie das Blätterdach des Urwalds erreichten und durchbrachen. Sie zerkratzten sein Gesicht wie Klauen und einige Sekunden lang war er blind, da er nichts als auseinandergedrücktes Blattwerk sah. Doch Vulkan hielt sich fest.

Der Schlag auf den Amboss läutete ihm in den Ohren.

Nachdem sie das Dschungeldach durchbrochen hatten, konnte er sich ein wenig weiter oben am Körper des Pteradons festkrallen und erreichte den knochigen Stumpf seines Vorderbeins. Er kämpfte gegen ein erdrückendes Gefühl der Orientierungslosigkeit an, da ihm der tosende Aufstieg Sicht und Gehör raubte. Nur sein Wille sich festzuhalten und zu klettern waren ihm geblieben. Die Bestie flog höher.

Die Sonne brannte noch immer vom Himmel, doch sie war von einer Wolke verhüllt, während das Ungetüm immer weiter hinaufstieg. Es konnte ihn nicht abschütteln. Es hatte kaum noch genug Kraft, um höher zu fliegen, sodass Vulkan nur dem tosenden Wind standhalten musste, der an seinem Körper zog und an seinen Fingern zerrte.

Er krallte sich fest und kämpfte sich langsam die verbleibenden Meter zu seiner Beute hinauf. In Gedanken kehrte er zu der Lavakluft zurück, über der er vor all diesen Jahren gehangen hatte.

Wie ein anderes Leben.

Als er die Muskelverbindung zwischen den Flügeln des Ungeheuers erreichte, sah er seinen Feind.

»Hexe!«, rief er laut, damit sie ihn hörte.

Sie schaute über die Schulter. In ihren Augen flackerte psionisches Feuer und ein Blitz schoss an Vulkans Gesicht vorbei.

»Da wirst du dich mehr anstrengen müssen«, rief er.

Sie richtete ihren Stab auf den Primarchen und entfesselte einen Gewittersturm, der seine Rüstung versengte und ihm eine Brandnarbe auf der Wange beibrachte. Vulkan verzerrte das Gesicht, rückte aber unverzagt weiter vor. Mit jedem mühsamen Umgreifen kam er ihr näher. Er spürte, wie das Ungetüm unter ihm ermüdete, wie es immer schwerer atmete und seine zitternden Muskeln mit ihrer Ausdauer allmählich am Ende waren.

Als es nicht mehr weiter aufsteigen konnte, begab sich das Pteradon in eine waagerechte Position, sodass die Eldarprophetin ihren Sattel verlassen und auf seinem breiten, muskulösen Rücken stehen konnte. Sie stellte sich dem Primarchen entgegen und leitete Energie in die Klinge ihres Schwerts.

Vulkan war auf den Beinen. Er zog seinen Hammer langsam und entschlossen, damit die Prophetin Zeit hatte, um zu begreifen, was es bedeutete, gegen einen der Söhne des Imperators zu kämpfen.

»Ergib dich und es wird schnell vorbei sein«, versprach er.

Stattdessen rannte sie auf ihn zu.

Vulkan stürmte los.

Auf dem unebenen Rücken des Ungetüms hatte der Primarch

keinen festen Halt, doch er erreichte die Prophetin, ohne zu stolpern. Die Runenklinge zischte wie die Zunge einer Viper und streifte *Donnerkopfs* dicken Griff. Sie schlug erneut zu und traf eine Platte seiner Brustpanzerung. Vulkan holte aus, doch sie sprang mit unfassbarer Geschicklichkeit vor dem tödlichen Hieb davon und landete sicher auf dem Rücken des Pteradons. Sie sprang nach vorn und zielte auf Vulkans Herz. Der Primarch schaffte es nicht, sich gegen den Stoß zu verteidigen, doch er wurde von seiner Rüstung abgewehrt. Daraufhin bekam ihr Schwert einen Riss und zerbrach. Die Prophetin keuchte unter dem psionischen Rückstoß, zuckte instinktiv zurück, als die Energie sie traf, und griff sich an ihren geschwärzten Arm.

Vulkan packte sie mit einem Panzerhandschuh am Hals und drückte sie nieder.

»Diese Welt gehört dem Imperium.«

Sie hatte ihren Stab verloren und ihr Schwert war nur noch ein rauchender Griff, den sie wegwarf. Alles, was ihr blieb, war ihr Trotz.

Sie spuckte ein schleimiges Blutgemisch auf Vulkans Rüstung.

»Barbar!« In ihrer melodiösen Aussprache klang die Sprache des Imperiums regelrecht primitiv. »Du ahnst nicht, was du getan hast …« Ihre blassen Lippen waren rot gesprenkelt und die Lebenskraft in ihren Augen erlosch allmählich. »Wenn du es zerstörst, wirst du diese Welt noch mehr verdammen, als du es ohnehin schon getan hast.«

Vulkan lockerte seinen Griff und wurde mit Verrat belohnt. Ein Stoß psionischen Feuers blitzte zwischen ihnen auf und er wich zurück, wobei er die Prophetin losließ. Ein zweiter Stoß warf ihn um und er konnte sich nur mit Mühe festhalten.

Die panische Prophetin setzte sich in den Sattel und lenkte das Pteradon in einem selbstmörderischen Sturzflug nach unten. Bei dieser ruckartigen Richtungsänderung fiel Vulkan seitlich vom Pteradon und griff verzweifelt um sich, um Halt zu finden.

Sie sang. Ihr trällernder Gesang ließ speerdicke Stacheln aus dem Urwald unter ihnen heraufschießen. Vulkan kniff die Augen zusammen und vergrub seine Finger zwischen den Panzerschuppen. Mit dem Bauch flach an die eiskalte Haut des Pteradons gedrückt ertrug er den Trümmersturm, der plötzlich auf ihn einprasselte.

Sie sanken schnell. Der Druck, der dadurch auf dem Körper des Primarchen lastete, glich einer gepanzerten Faust, die sich langsam schloss. Die Bestie lag im Sterben und stürzte wie ein Stein hinab. Sie durchbrach das aufgebrochene Blätterdach wie die Atmosphäre einer fremden Welt, nur ohne das Feuer, ohne die Hitze des Wiedereintritts. Der Wind toste, während der Boden auf sie zuraste. Beim Absturz des Ungetüms lockerte sich Vulkans Halt. Durch die zunehmende Beschleunigung und das ungewohnte Gewicht drohten die Sehnen zu reißen, die die Schuppen zusammenhielten.

Der harte Boden kam bedrohlich näher und würde allein durch Schwerkraft ihr Fleisch zermalmen und ihre Knochen zertrümmern. Die Prophetin schien sie beide töten zu wollen. Vulkan hielt sich fest und hoffte, dass seine transhumane Zähigkeit ihn retten würde. Dreißig Meter vor dem Aufprall übernahmen die Überlebensinstinkte des Pteradons die Kontrolle. Es gab einen wehleidigen Aufschrei von sich und versuchte den tödlichen Sturzflug zu beenden, doch es war zu spät. Vergeblich drehte das Ungetüm seinen mächtigen Körper und schlug in die Erde ein.

Durch den Aufprall wurde ein gewaltiger Erdschleier aufgewirbelt, der alles in Dunkelheit hüllte. Vulkan wurde von dem Rücken des Ungeheuers losgerissen und fortgeschleudert, landete aber kurz darauf auf den Beinen. Er war nicht weit von der Absturzstelle des Pteradons entfernt. Die Bestie hatte die volle Wucht des Aufpralls erlitten und ihr zertrümmerter Kadaver war aufgerissen. Ihre Flügel bestanden nur noch aus zerfetzten Streifen. Die fleischige Haut war widerstandsfähiger als eine Splitterschutzrüstung, doch ihre zertrümmerten Knochen hatten sie wie Messer zerschnitten. Aus der gekrümmten Schnauze troff eine zähe Flüssigkeit und ihr Hals war unnatürlich angewinkelt. Vulkan rannte auf sie zu, da die Prophetin den Absturz ebenfalls überlebt haben könnte.

Sie kämpfte sich aus dem zertrümmerten Leichnam, während sich die Staubwolke, die sie einhüllte, langsam legte. Ihre Robe war von Blut bedeckt und ihr Bein war offensichtlich gebrochen. Sie funkelte den Primarchen wütend an, als er sich näherte, und fletschte ihre rotbenetzten Zähne. Sie beschwor einen Kranz aus Blitzen herauf und hob ihre offene Hand für einen letzten Tötungsversuch. Vulkan schwang seinen Hammer, bevor der einsetzende Psisturm entfesselt werden konnte, und schlug ihr den Kopf von den Schultern.

Das Blut spritzte noch aus ihrer zerfetzten Halsöffnung, als der Körper reagierte und die enthauptete Prophetin erst auf die Knie fiel und dann nach vorn kippte. Bald lag sie in einer blutigen Pfütze ihrer eigenen, austretenden Lebenssäfte.

Ferrus Manus betrachtete stumm den Xenoskopf, der vor seinen Füßen liegen blieb.

»Es ist vorbei, Bruder«, sagte Vulkan zu ihm.

Als der Gorgone aufschaute, machte er ein nachdenkliches Gesicht.

»Wir haben gesiegt.«

Legions- und Gardeabteilungen zogen über das Schlachtfeld und suchten es nach Feinden ab. Die verwundeten Eldar wurden schnell ausgeschaltet, während die imperialen Verletzten entweder gerettet wurden oder, wenn ihre Verwundungen zu schwerwiegend waren, den Gnadenstoß gewährt bekamen. Das war schmutzige Arbeit, Kriegsarbeit, doch sie war nötig. Kleine Gruppen von Einheimischen streiften noch immer verwirrt und scheinbar ängstlich über das Schlachtfeld. Die Bemühungen, sie für medizinische Untersuchungen zusammenzutreiben, wurden zunächst feindselig aufgenommen, doch mit der Zeit fügten sich die Stammesleute.

Der Tod der Prophetin hatte den Widerstand völlig gebrochen. Die Eldar waren vollständig zerschlagen und würden nicht mehr zurückkehren. Exekutionstrupps waren bereits in den Dschungel ausgesandt worden, um die letzten von ihnen zur Strecke zu bringen. Ferrus Manus hatte das Gleiche getan, bevor er die Wüste verlassen hatte, und Mortarion hatte zweifellos jeden Feind in den Eisebenen vernichtet.

Die Zuchtmeister der Garde hatten die Phaerianer den verrottenden Kadaver des Pteradons anzünden lassen. Es würde eine Weile dauern, bis eine solche Fleisch- und Knochenmasse verbrannt war. Vulkans Blick verfinsterte sich, als er sah, wie die wagemutigeren Soldaten in ihrem Übermut höhnische Siegerposen auf der Leiche einnahmen. Das war würdelos. Respektlos.

»Wie war es?«, fragte Ferrus Manus. Der Primarch der Iron Hands stand neben ihm und verfolgte das Treiben.

Vulkan wandte sich ihm zu. »Wie war was?«

»Auf dem Rücken dieser Bestie zu reiten. Ich hätte nie gedacht, dass einer aus der Achtzehnten so impulsiv sein könnte.« Er lachte, um zu zeigen, dass er das nicht böse meinte.

Vulkan lächelte. Er hatte noch zu viele Schmerzen, um zu lachen. »Erinnere mich daran, so etwas nie wieder zu tun.«

Als der Gorgone ihm auf den Rücken klopfte, zuckte er zusammen. »Du alter Haudegen.«

Nachdem der Sieg errungen worden war, hatte sich Ferrus' Laune gebessert. In seinen Augen lagen neue Stärke und Zuversicht und seine Legion hatte dabei geholfen, Hundertvierundfünfzig-Vier die Konformität abzuringen. Es war ein guter Tag.

Sie standen vor dem Torbogen. Der psionische Schild war ausgeschaltet. Nach seiner Zerstörung hatten die Eldar des Hexenzirkels so heftig gebrannt wie ölgetränkte Kerzen. Nun waren sie kaum mehr als verkohlte Leichen, die vor den kreisförmig angeordneten Menhiren in sich zusammengefallen waren.

Ferrus trat mit dem Stiefel gegen die Asche. »So wird es all unseren Feinden ergehen.«

»Sie haben ziemlich lange standgehalten«, sagte Vulkan. Er sah sich einen männlichen Xenos genauer an, dessen knöcherne Hände zu Fäusten geballt waren. Vor seinem Tod hatte der Hexenmeister getobt. »Ich begreife noch immer nicht, warum sie diesen Ort so erbittert verteidigt haben.«

»Wer versteht schon die Beweggründe von Xenos?« Ferrus klang desinteressiert. »Die wichtigere Frage lautet, was wir damit anstellen sollen.« Er zeigte auf den gewaltigen Bogen, der nun ohne seinen psionischen Schutz dastand. »Oder möchtest du noch mal aus einem Stormbird springen und ihn zertrümmern?«

Vulkan teilte die Belustigung des Gorgonen nicht. Er betrachtete den Bogen. Verace hatte vermutet, dass es sich dabei um ein Tor handeln könnte.

Aber wo führt es hin?

»Ich denke, es wäre ein Fehler, ihn vorschnell zu zerstören. Zumindest, so lange wir seinen Zweck noch nicht verstanden haben.«

Ferrus' unbeschwerter Gesichtsausdruck verschwand und er wurde ernst. »Er *muss* zerstört werden.«

Vulkan blieb hartnäckig. »Damit könnten wir ein noch größeres Übel entfesseln.«

»Was ist los mit dir, Bruder?«, fragte Ferrus mit zusammengekniffenen Augen.

»Irgendetwas …« Vulkan schüttelte den Kopf. Als sein Blick auf den Sockel unter dem Bogen fiel, sah er ein vertrautes Gesicht. »Was macht *der* denn da drüben?«

Ferrus packte Vulkan am Arm, um ihn davon abzuhalten, zu dem Sockel hinüber zu gehen. »Wir werden Sprengsätze anbringen und das Ding zerstören.«

Vulkan riss sich los und erwiderte den wütenden Blick seines Bruders. »Wenn du gestattest, Ferrus.«

Der Gorgone machte ein finsteres Gesicht, ließ ihn aber ziehen.

Als Vulkan den Sockel erreichte, war er verlassen. Verace war fort. Der Primarch suchte das gesamte umliegende Gebiet ab. Von dem Memorator fehlte jede Spur, doch in dem Runenmuster um den Sockel fiel ihm eine Unregelmäßigkeit auf.

Er rief die Brandwache herbei und zog seinen Hammer.

»Siehst du das?«, fragte er seinen Adjutanten.

Numeon zog seine Hellebarde. »Ja, Primarch. Eine Öffnung.«

Es war wenig mehr als ein Spalt, eine Unterbrechung des Runenmusters, das den Sockel umgab, aber definitiv ein Eingang.

Der Adjutant nickte Ganne und Igataron zu. »Aufmachen.«

Die beiden Prätorianer steckten ihre Klingen weg und stemmten sich mit den Schultern gegen die Sockelmauer. Leodrakk und Skatar'var gingen mit gezogenen Waffen neben ihnen in Stellung. Wenn irgendetwas aus dem Inneren kommen und angreifen sollte, würde es einen schnellen Tod sterben. Der Eingang bestand aus einer runenversehenen Platte, die hoch genug für die Legionäre war und aus dem gleichen Gestein bestand wie der Bogen. Unter dem Mahlen von Stein über Stein öffnete sie sich nach innen und enthüllte eine flache Treppe, die in eine Kammer *unterhalb* des Bogens führte.

»Senkt eure Klingen«, sagte Vulkan.

Die Prätorianer gehorchten. Numeon und Varrun zögerten am längsten und spähten misstrauisch ins dunkle Sockelinnere.

»Was für Schrecken mögen uns noch erwarten?«, fragte der Adjutant.

Vulkan erinnerte dies an die kleine Kammer unter dem Amboss in der Schmiede, die N'bel auf seinen Wunsch hin versiegelt hatte.

»Es gibt nur eine Möglichkeit, das herauszufinden«, sagte der Primarch. »Ich gehe vor.«

Dann trat er durch den Eingang und die Dunkelheit umhüllte ihn.

»Ich habe so viele Fragen.«

»Mit der Zeit wirst du die Antworten auf sie erhalten. Viele wirst du selbst finden müssen.«

Sie saßen beisammen und schauten auf die Flammenwüste, hinter der gerade die Sonne unterging. Es war ein ödes, karges Land, doch es war seine Heimat. Das hatte Vulkan zumindest geglaubt. Was er in den letzten Stunden erfahren hatte, hatte alles verändert. Zumindest dachte er nun anders darüber.

Er wandte sich dem Außenweltler zu und betrachtete sein Gesicht. Es war alt und jung zugleich; weise und doch unschuldig. In seiner Stimme lag eine Güte, die von Verständnis zeugte, aber auch eine Schwere, die von Sorgen oder belastendem, bedeutsamem Wissen herrührte. In seinen Augen loderte ein Feuer, doch es war anders als Vulkans; es entsprang einem tiefgründigeren Schmelzofen und war die Flamme des Willens, ein großes Werk zu vollbringen.

Vulkan wusste nicht, wie viel davon er selbst erkannte und was der Außenweltler ihn sehen ließ. Er wusste nur, dass er sich zu den Sternen aufmachen und sein Leben auf Nocturne hinter sich lassen musste. Als der heiße Wind, der von der Wüstenebene heranwehte, sein Gesicht wärmte und den Geruch von Asche mit sich trug, wusste er, dass er diese Welt schmerzlich vermissen würde. Der Gedanke, sie zu verlassen, machte ihn traurig.

»Und ich habe Brüder?«, fragte er.

Der Außenweltler nickte. »Viele. Einige warten bereits so vorfreudig wie ich auf deine Rückkehr.«

Das gefiel Vulkan. Obwohl das Volk von Nocturne ihn so bedingungslos aufgenommen hatte, hatte er sich immer einsam gefühlt. Zu wissen, dass es in der Galaxis andere von seinem Fleisch und Blut gab und dass er bald mit ihnen vereint sein würde, war tröstlich.

»Was wird mit meinem Vater – ich meine N'bel – geschehen?«

»Du musst keine Angst haben. N'bel und alle deines Volkes werden sicher sein.«

»Wie das, wenn ich nicht hier bin, um sie zu beschützen?«

Der Außenweltler lächelte und die Wärme, die von ihm ausging, vertrieb Vulkans Sorgen.

»Du hast ein großartiges Schicksal vor dir, Vulkan. Du bist mein Sohn und wirst dich mir und deinen Brüdern bei einem Kreuzzug anschließen, der die Galaxis einen und sie für die Menschheit sicher machen wird.« Plötzlich wurde sein Gesichtsausdruck melancholisch und bei dem Anblick wurde Vulkans Herz von Kummer befallen. »Aber du musst Nocturne verlassen, und das tut mir ehrlich leid. Ich brauche dich, Vulkan, mehr als du ahnst, vielleicht sogar mehr, als du jemals verstehen wirst. Von all meinen Söhnen bist du der Mitfühlendste. Dein edler Geist und deine Demut werden dafür sorgen, dass deine so unterschiedlichen Geschwister nicht überheblich werden. Du bist die Erde, Vulkan, ihr Feuer und ihre Beständigkeit.«

»Ich verstehe nicht, um was du mich da bittest, Vater.« Es war eigenartig, den Außenweltler so zu nennen – diesen Mann oder dieses Wesen, das er kaum kannte, obwohl er eine unbestreitbare Verbindung zu ihm spürte.

»Das wirst du noch. Es schmerzt mich zwar, doch ich werde euch alle allein lassen müssen, wenn ihr mich am meisten braucht. Aber ich werde über euch wachen, wann immer ich kann.«

»Ich wünschte, ich würde verstehen, was all das bedeutet und was aus mir werden soll.« Vulkan schaute zum Himmel und betrachtete die brennende Sonne, die ganz Nocturne mit ihren erbarmungslosen Strahlen verbrannte.

»Das wirst du noch, Vulkan. Ich verspreche dir, dass du es verstehen wirst, wenn die Zeit dafür gekommen ist.« Goldenes Licht erfüllte den Außenwelter und brach aus seiner Haut hervor, als er seine Tarnung abwarf und die Wahrheit enthüllte …

Unter dem Sockel lag eine riesige und hallende Katakombe verborgen. Irgendetwas zog Vulkan vorwärts, während er wie benommen die Treppe hinabstieg. Was er sah, als er den Fuß erreichte, ließ ihm das feurige nocturnische Blut in den Adern gefrieren.

»Was ist das für ein Ort?«, zischte Numeon.

Die Wände waren mit merkwürdigen Symbolen fremdartiger Herkunft beschmiert und in den Nischen befanden sich Schreine, die befremdlichen Göttern geweiht waren. Eine Reihe primitiver Statuen säumte einen unterirdischen Gang, der tiefer in den Komplex hineinführte. An dessen Ende bewegten sich Schatten im Schein eines rituellen Feuers.

»Ein Tempel.« Vulkan sprach mit tiefer und zornerfüllter Stimme. Er zog seinen Gladius.

Darauf folgte das leise Kratzen von Metall, als jeder aus der Brandwache sein eigenes Kurzschwert zog. Keiner von ihnen wollte seine Hauptwaffe mit dreckigen Götzenpriestern beschmutzen.

»Folgt mir leise«, sagte Vulkan und bewegte sich auf das flackernde Licht zu.

Ein abscheuliches Gefühl machte sich im Magen des Primarchen breit, etwas, das in ihm geschwärt hatte, seit er im Dschungel den kleinen Jungen getroffen hatte. Heimtückische Krallen hatten sich tief in ihn hineingebohrt und zerrten an seiner Entschlossenheit. Er erinnerte sich daran, was ihm in den Sinn gekommen war, als er darüber nachgedacht hatte, was auf Ibsen vor sich gegangen sein musste, bevor das Imperium eingetroffen war, um es zu erleuchten.

Wie weit hatten sich die Einheimischen vom Licht des Imperators entfernt?

Vulkan erreichte den Eingang zu einer weiteren Kammer. Sie war einigermaßen kreisförmig, grob aus der Erde gehauen und mit Lehm verputzt. Wie zuvor waren Zeichen an die Wände gemalt und Totems an bestimmten Punkten im Raum platziert. In der Mitte befand sich ein Ring aus Feuer. Eine Gruppe in Roben gekleideter Gestalten tanzte um ihn herum und sang. Es waren die gleichen melodischen Mantras, die die Prophetin gesungen hatte. Hinter den wogenden Flammen des Ritualkreises war eine Person erkennbar, die an eine hölzerne Säule gefesselt war, die die Decke der Kammer stützte. Auch in ihre Oberfläche waren Runenzeichen, Xenossymbole, geritzt.

Als Vulkan hinein und ins Licht trat, drehte sich einer der Priester um. Er trug die Maske irgendeiner verdammenswerten Eldargottheit und in die Haut seiner nackten Brust war eine Rune geritzt. Als er den Primarchen sah, diesen dunklen

Riesen mit den leuchtenden Augen eines Dämons, schrie der Priester auf. Sofort endete der Gesang. Stattdessen ertönte Geschrei und alle zogen gezackte Klingen. Ein Kampf wäre für sie so aussichtsreich wie einen terranischen Bären mit einer Nadel zu bekämpfen. Als sie erkannten, dass ihr einziger Fluchtweg versperrt war, flohen die Gläubigen zur Rückseite der Höhle und kauerten sich nieder. Einige fauchten ihnen Flüche entgegen, hatten aber ihre Dolche gesenkt, als ob sie sie nicht provozieren wollten.

Numeon trat vor und ein leises Knurren entfuhr seinen Lippen.

»Warte!« Vulkan hielt ihn auf. Die Prätorianer sahen so aus, als ob sie die Menschen sofort töten wollten, hielten sich aber zurück und warfen ihnen stattdessen vernichtende Blicke zu.

»Sie wollten nie gerettet werden«, sagte Vulkan vor sich hin. »Sie *sind* bereits gerettet worden, aber nicht von uns –«

»Primarch, sie sind nicht besser als die Eldar«, platzte es aus Numeon heraus, der noch immer darauf wartete, sie töten zu dürfen.

»Ich bin so blind gewesen.«

Da hier keine echte Gefahr drohte, steckte Vulkan seinen Gladius weg und näherte sich dem Feuerring. Als er sah, wer dort an die Säule gefesselt war, geriet er ins Wanken.

Hinter ihm klirrten die Rüstungen der Brandwachen, die zu ihrem Herrn eilten, doch Vulkans erhobene Hand ließ sie innehalten.

»Es geht mir gut.« Seine Stimme war kaum mehr als ein Flüstern. Seine gesamte Aufmerksamkeit war auf diese Gestalt gerichtet, während die Höhle um ihn herum zusammenzuschrumpfen schien und den Primarchen unter der Last seines Schicksals erdrückte.

Er erkannte sie an den Augen, denn der Körper war längst verkümmert und im Lauf der Zeit verfallen.

Er würde diese Augen nie vergessen, die so dünn wie Dolche und von abscheulicher Langeweile gefüllt waren.

Ein kräfteraubender Schmerz wallte in Vulkans Brust auf, als die Erinnerungen wie erneut geöffnete Wunden zu ihm zurückkehrten.

»Breughar …«

Die Gedanken an den toten Metallformer trieben dem Primarchen feurige Tränen in die Augen, als ihm klar wurde, wem er da gegenüberstand. Sie erkannte ihn ebenfalls, doch ihr leichenhaftes Gesicht konnte keine Gefühle mehr ausdrücken.

»Die Sklavenhändlerhexe.«

Plötzlich schien ihm die Schlacht vor den Toren Hesiods nicht mehr so lange her zu sein.

Die Phantome der Dämmerung waren hier gewesen, auf Ibsen, genau wie damals auf Nocturne, das sie jahrhundertelang heimgesucht hatten. Unerbittlich und schonungslos offenbarte sich ihm die entsetzliche Wahrheit. Die Menschen verehrten die Eldar, weil *sie* ihre Retter waren. *Sie* hatten sie vor den Sklavenhändlern gerettet, vor ihren eigenen, finsteren Vettern. Und jetzt hatten sie diese hier aus irgendeinem grausamen Grund gefoltert, vielleicht, um zukünftige Überfälle abzuwenden oder um dem Mythos seinen Schrecken zu nehmen. Unwillkürlich kochte Wut in Vulkan hoch, als ob er ein Feuerberg wäre, der kurz vor dem Ausbruch stand.

Ein letztes Mal wandte er der Hexe den Rücken zu.

»Diese Welt ist verloren.« Er fühlte sich wie betäubt, fast wie benommen. Er atmete schnell und wütend, biss die Zähne zusammen und ballte seine Fäuste. Er murmelte einen Befehl: »Niemand darf diesen Ort lebend verlassen.« Dann wurde er so laut, dass die Priester in Panik gerieten. »Erschlagt sie alle.«

Schweren Herzens ging Vulkan davon und ließ den Lärm des Gemetzels hinter sich.

Meine Augen sind offen, Vater.

Er wusste, was er zu tun hatte.

Von den Hügeln aus, die den großen Runentorbogen umgaben, betrachtete Vulkan die brennenden Feuer. In der Ferne durchbrachen schwere Landungsflieger die äußere Atmosphäre und transportierten die Scharen des Gardeverbandes zum nächsten Kriegsgebiet. Die Feuersbrunst unter ihm verschlang langsam den gesamten Dschungel. Alles brannte. Diese Welt würde eingeäschert und ihre Mineralflöze vollständig abgebaut werden, um im Großen Kreuzzug Verwendung zu finden. Aus Ibsen war eine Todeswelt geworden, war Nocturne geworden.

»Heute habe ich die Ermordung unbewaffneter Menschen

bewilligt«, sagte Vulkan zu dem Hitzeschleier, der über dem Brand wogte. Er war strahlend hell, wunderschön, entsetzlich.

Ferrus Manus antwortete. »Lieber ein Neuanfang, nachdem dieser Ort gesäubert wurde, als ein Geschwür zu hinterlassen, das sich ausbreiten kann.« Der Gorgone war gekommen, um sich bis zum nächsten Feldzug von ihm zu verabschieden. Seine Morlocks und der Rest der Iron Hands waren bereits auf den Schiffen; nur der Primarch und Gabriel Santar blieben zurück.

»Das weiß ich, Bruder.« In seiner Stimme schwang Resignation mit.

»Du riskierst deine Männer und dein Leben; du kannst nicht jeden retten, Vulkan.«

»Die Knotenpunkte, die wir eingerissen haben, haben dafür gesorgt, dass dieses Ding inaktiv bleibt.« Er zeigte auf den Bogen. »Es ist ein Tor. So etwas habe ich vor langer Zeit schon einmal gesehen. Sie führen in endlose Dunkelheit, in der nur Grauen und Qualen warten. Ich habe das getan, Ferrus. Ich habe dieses Planeten zu dem gleichen Schicksal verdammt wie meinen eigenen. Wie soll ich mit diesem Wissen leben?«

»Es werden noch mehr Welten brennen, bevor dieser Kreuzzug beendet ist – unschuldige Welten. Es geht um die ganze Galaxis, Bruder. Was ist da schon ein einziger Planet?«, fuhr Ferrus ihn an und verriet damit seine Wut und Verärgerung darüber, dass er ihn nicht wirklich verstand. »Dein Mitgefühl ist eine Schwäche. Sie wird dich noch umbringen.«

Ferrus schritt zu seinem abflugbereiten Stormbird davon und Vulkan blieb allein zurück, um nachdenklich in die tobenden Flammen zu schauen.

Er blieb nicht lange allein.

»Primarch, die Flieger starten.« Es war Numeon, der gekommen war, um seinen Lehnsherrn zu holen.

Vulkan wandte sich dem Adjutanten zu. »Hast du den Memorator gefunden, nach dem ich gefragt hatte?«

Numeon trat zur Seite, worauf eine gelehrt aussehende Gestalt in einer Robe zum Vorschein kam. »Das habe ich, Exzellenz.«

Vulkan runzelte die Stirn. »Das ist nicht Verace.«

»Primarch?«

»Das ist nicht Verace«, wiederholte Vulkan.

Der Memorator verbeugte sich nervös. »Mein Name ist Glaivarzel, Exzellenz. Ihr habt angeboten, mir vom Anfang Eures Lebens zu erzählen, damit ich es für die Nachwelt festhalten kann.«

Vulkan ignorierte den Menschen und schaute weiterhin Numeon an.

»Bring mir den Memorator Verace. Ich werde später mit diesem Mann sprechen.«

Hastig schickte Numeon Glaivarzel davon, warf Vulkan dann aber einen verwirrten Blick zu.

»Ich weiß nicht, von wem Ihr sprecht, Primarch.«

»Willst du mich wütend machen, Adjutant?« Vulkan wurde zornig. »Bring mir den anderen –« Er hielt inne. In Numeons Augen lag keinerlei Verständnis, überhaupt keins.

Da kamen ihm die Worte eines Fremden wieder in den Sinn.

Ich werde über euch wachen, wann immer ich kann.

All sein Zorn verflog. Vulkan fasste Numeon an der Schulter wie ein Vater seinen Sohn.

»Entschuldige. Mach den Flieger bereit. Ich werde gleich da sein.«

Falls Numeon verstand, was gerade geschehen war, zeigte er es nicht. Er nickte nur und ging seiner Pflicht nach.

Vulkan blieb mit seinen Gedanken allein zurück.

Ein feuriger Ozean überschwemmte den Dschungel. Seine Bäume würden sich schwärzen und sterben, seine Blätter zu Staub zerfallen. Aus dem fruchtbaren Land würde eine trockene Wüste werden und seine Einwohner in Vergessenheit geraten. Er stellte sich die Siedler vor, die nach ihnen kommen würden, die zahlreichen imperialen Landungsflieger, die vor Menschen überquellen würden. Sie würden eine neue Welt vorfinden, die bewohnt werden und von Pionieren kartiert und kolonisiert werden wollte. Hundertvierundfünfzig-Vier. Sie würden es nicht leicht haben.

Die Phantome der Dämmerung würden zurückkehren, da war sich Vulkan sicher, doch die Kolonisten würden die Waffen ergreifen und sie bekämpfen, wie es sein Volk ebenfalls getan hatte. Sie würden ein hartes Leben führen, doch ein gutes und edles. N'bel hatte ihn gelehrt, wie wichtig das war.

Als Primarch war er verstimmt und orientierungslos nach Ibsen gekommen. Er hatte dieses Volk retten wollen, und auch wenn er das nicht gekonnt hatte, hatte Vulkan einen Teil von sich wiederentdeckt, den er verloren geglaubt hatte. Manche sahen Mitgefühl als Makel an. Ferrus Manus dachte mit Sicherheit so. Doch ein Außenweltler hatte Vulkan die Augen geöffnet und ihm gezeigt, dass es seine größte Stärke war.

»Ich werde diesen Planeten Caldera nennen«, sagte er laut und schwor, ihn ebenso erbittert zu beschützen wie Nocturne. Er sollte nicht einfach eine weitere konforme Welt werden, eine Zahl ohne ein Herz. Vulkan hatte ihm viel genommen, doch zumindest das konnte er ihm geben.

Die Flammen des Flächenbrands schlugen immer höher. Dicke Aschewolken zogen zum Beginn eines neuen Höllenanbruchs über den rötlichen Himmel. Vulkan wandte sein Gesicht himmelwärts und schaute in die grelle, unheilvolle Sonne. Eine prometheische Sonne.

VERBRANNTE ERDE

~ DRAMATIS PERSONAE ~

Die XVIII. Legion ›Salamanders‹

RA'STAN	Legionär
USABIUS	Legionär

Die X. Legion ›Iron Hands‹

ERASMUS RUUMAN	Eisengeschmiedeter
ISHMAL SULNAR	Kommandant
TARKAN	Legionsscharfschütze

Die XIX. Legion ›Raven Guard‹

MORVAX HAUKSPEER	Apothecarius

Die III. Legion ›Emperor's Children‹

LORIMARR	Legionär

Verzweiflung ist der Moment, in dem alle Hoffnung stirbt und das unausweichliche Ende auf dich zurast wie ein Schwerthieb, der direkt auf deinen Hals zielt, oder wie die heiße Mündung eines Gewehrs, die an deine Schläfe gedrückt wird. Wenn du Glück hast, wenn das Schicksal gnädig ist, dann währt diese Verzweiflung nicht lange. Aber nicht jeder von uns hat solches Glück; einige begreifen ihre Verzweiflung nur langsam und hören erst im Lauf der Zeit auf, sie zu leugnen, wie Fleisch, das der Zeit erliegt oder Metall dem Rost. Sie höhlt dich aus, reißt alles heraus, was du warst, und ersetzt es mit Schwärze. So wurde es mir erzählt.

In meinem ganzen Leben hatte ich noch nie Verzweiflung nachgegeben. Nicht einmal während der Prüfungen auf meinem Heimatplaneten aus Feuer und Asche, wenn die Hitze meinen Rücken wie die Zange eines Schmieds verbrannte oder mir die Sa'hrk auf den Fersen waren und nach meinem Fleisch lechzten, habe ich je daran gezweifelt, dass ich Erfolg haben würde. Ich hatte stets Hoffnung.

Damals war ich lediglich Fleisch und Blut, nur ein Mensch, dessen Knochen sich nicht innerhalb weniger Minuten wieder verwoben, dessen Blut nicht innerhalb weniger Sekunden gerann, dessen Haut nicht so hart wie Onyx und ebenso schwarz war. Jetzt habe ich die feurigen Augen der roten Welt, auf der ich geboren wurde. Das erste Mal als Sterblicher, und dann erneut, während meiner Apotheose, als Legionär. Ich erinnere mich nicht mehr an den Namen, den ich damals hatte. Jetzt werde ich von meinen Brüdern Ra'stan genannt und von meinen Männern Captain. Dieser Rang hat nun kaum noch Bedeutung, da es keine Krieger mehr gibt, die mich mit dieser Bezeichnung ansprechen, sodass ich jetzt nur noch Ra'stan bin. Kein Mensch, sondern ein Übermensch: in jeglicher Hinsicht transhuman und mit all den Vorzügen ausgestattet, die mein Vater mir weitergab.

Als Mensch habe ich der Verzweiflung nie nachgegeben. Als Mensch habe ich immer an meinen Erfolg geglaubt. Ich hatte Hoffnung.

Ich bin ein Space Marine der XVIII. Legion, der Salamanders, einer der Feuergeborenen und ein wahrer Sohn Vulkans, und zum ersten Mal in meinem Leben überkommt mich Verzweiflung.

Eine Explosion erhellte den fernen Kamm und beleuchtete eine weite, dunkle Ebene. In dem grellen Magnesiumweiß wirkten unsere dunkelgrünen Rüstungen einfarbig grau. Nur unsere Augen loderten noch immer wie Schmiedefeuer. Usabius und ich duckten uns instinktiv und wappneten uns für das darauffolgende Erdbeben, obwohl das hässliche Aufleuchten von Explosionen seit Tagen zu unserem Alltag gehörte. Oder waren es Wochen, Monate gar? Zeit hatte schnell an Bedeutung verloren, nachdem wir begriffen hatten, dass der Sand in unserem Stundenglas nur geborgt war.

Wer eine verdrehte Perspektive hat, könnte behaupten, dass wir uns glücklich schätzen sollten; dass es unser Glück war, dass uns überhaupt Zeit gewährt wurde, doch damit würde man falschliegen. Wir leben in der Hölle, einer Hölle aus schwarzem Sand, in der nichts so ist, wie es sein sollte, und alles dem Wahnsinn anheimgefallen ist. Angesichts all dieser Schändlichkeit konnte ein Krieger, selbst ein so abgehärteter wie ein Space Marine, den Verstand verlieren. Für solch ein Ereignis gibt es in vielen verschiedenen Kulturen viele verschiedene Worte. Ich habe gehört, dass Russ' Söhne es *Ragnarok* nennen. Andere bezeichnen es als Armageddon. Wir Salamanders nennen es *Tempus Infernus* oder Zeit des Feuers, doch ich nehme an, dass viele es später einfach als Ketzerei bezeichnen werden.

In diesem Moment hieß es Isstvan.

Wir legten unsere Last ab, während wir zu Boden gingen, und krochen hinter Felsen und die ausgebrannten Wracks von Landungsfliegern. Diese riesigen Militärmaschinen konnten ganze Schlachtkompanien und deren zugehörige Unterstützungsfahrzeuge, Leibeigene, Mechanicumsadepten und Dreadnoughts transportieren. Jetzt lagen sie abgeschossen und mit herausgerissenen Eingeweiden da, die der raucherfüllten Luft ausgesetzt waren. Außerdem wurden sie von Leichen geschmückt, sodass sie durch und durch wie Schlachthäuser aussahen. Der schmutzige kleine Fleck Erde, auf dem wir uns versteckten, war ein regelrechter Schrottplatz … Land Raider, gepanzerte Rhino-Truppentransporter und ausgebrannte Gleiterüberreste übersäten neben den gewaltigen Landungsfliegern das Umland und bildeten einen Friedhof aus Eisen.

Obwohl der verkohlte, schwarze Rumpf eines Landungsfliegers zwischen uns und unseren Verfolgern stand und die Schüsse und Explosionen noch weit von uns entfernt waren, fühlte ich mich nicht sicher. Nirgendwo war es sicher und irgendwann würden auch wir von der wütenden Flut hinfort gespült werden, die sich wie eine Wolke auf die Urgall-Senke gelegt und alles mit Brudermord überzogen hatte.

»Sorg dafür, dass er ruhig bleibt«, sagte ich zu Usabius, obwohl ich wusste, dass mein Bruder nicht zulassen würde, dass unsere Bürde unsere Position verriet.

Selbst in der Wüste, weit weg von den Urgall-Hügeln, lag noch immer eine Menge schwarzer Sand vor uns, ehe wir aufatmen könnten.

Ich warf einen Blick zurück und sah, dass er dem halbtoten Raven Guard, den wir trugen, irgendetwas Beruhigendes zuflüsterte. Der Landungsflieger, hinter dem wir uns versteckten, hatte seiner Legion gehört. Das Schwarz war weiter geschwärzt worden und das schreckliche Feuer, das ihn schließlich zerstört hatte, hatte die weißen Krähensymbole auf dem Flügel und dem aufgerissenen Rumpf verschlungen.

Ich arbeitete mich langsam zum Bug des Landungsfliegers vor, der halb im dunklen Sand vergraben war, um herauszufinden, wie groß die Gefahr war, die uns außerhalb unserer unsicheren Zuflucht drohte.

Ich sah eine Gruppe von acht Kriegern in meeresgrünen,

schwarz geränderten Gefechtsrüstungen, die verschiedene Energiestreitkolben, Gleven und Kettenklingen trugen. Die Kettenwaffen surrten laut und im Einklang mit dem düsteren Gelächter dieser Mörder und dem mechanischen Gebell ihrer begleitenden Bestien.

»Ein Todeskommando«, sagte ich zu Usabius, der nicht antwortete. »Mit Doggen. Keine Blindjäger.«

Ich konnte fast spüren, wie mein Bruder bei dieser Anmerkung aufatmete.

Ich war noch lange nicht beruhigt, allerdings konnte ich auch sehen, was jenseits des Landungsfliegerbugs in einer flachen, ellipsenförmigen Schlucht geschah.

Drei Krieger wurden von dem Todeskommando umzingelt. Zwei von ihnen trugen pechschwarze Rüstungen, auf deren linken Schulterpanzern eine weiße Hand prangte, und einer trug eine noch dunklere Rüstung und einen aufgerissenen Helm, unter dem ein kreideweißes Gesicht zu sehen war.

Ich sah eine zweite Gruppe von Jägern, die aus sechs Männern von der gleichen verdammten Legion bestand und ihre Bolter bereithielt. Einer trug einen Raketenwerfer, der die Explosion verursacht haben musste, die uns hatte erstarren lassen.

Nach einigen Sekunden gespannter Stille fragte Usabius: »Können wir weiter?«

Ich schüttelte den Kopf und bedeutete ihm, ruhig zu bleiben.

Es wäre sinnlos gewesen, Usabius sehen zu lassen, was geschah. Er würde kämpfen wollen, um die Krieger zu retten, die ihren Verfolgern in die Falle gingen. Das wäre sein Todesurteil und ich hatte ihn nicht vor dem Tod gerettet, damit er sein Leben nun sinnlos fortwarf. Ich wollte sie ebenfalls retten, krallte mich mit meinen Füßen aber entschlossen am Boden fest, damit ich mich nicht bewegen würde.

Also wartete ich ab und schaute zu, wie die Schlinge sich zuzog und die Verfolger vorrückten. Und hasste mich dafür.

Sie waren schwer verwundet, die drei in Schwarz. Doch zwei griffen trotzdem an und schwangen ihre Energiehämmer. Unwillkürlich zuckte ich zusammen, als drei Boltgeschosse wie eine Paradetrommel in einem tödlichen Takt ertönten, der die Iron Hands erschütterte.

Einer fiel mit aufgerissener Brust und an der Schulter abgerissenem Arm zu Boden. Ich sah Funken fliegen und Kabel ausschlagen, da ihre Verbindungen zu seinem bionischen Arm durchtrennt worden waren. Die Hand löste sich vom Handgelenk, da auch sie von den einschlagenden Boltgeschossen abgetrennt worden war.

Meine Muskeln waren straff und so schwer wie Bleiplatten. Ich bemerkte, dass ich sie anspannte. Mein Blut pochte heftig gegen die Innenseite meines Schädels, da mein verbesserter Stoffwechsel die elektrischen Signale verstand, die mein Gehirn aussandte, und sich für den Kampf bereit machte. Ich beruhigte mich und wiederholte meinen Befehl an Usabius, ruhig zu bleiben, da er nach dem Ertönen der Schüsse ein winziges Stück vorgetreten war.

Bleib stehen, befahl ich ihm wortlos, als ich den zweiten Iron Hand sterben sah. Er wurde von einer Kettenklinge durchbohrt und dann zu Tode geprügelt. Er gab einen mechanischen, von Rauschen durchzogenen Schrei von sich, der mir das lavaheiße Blut in den Adern gefrieren ließ.

»Bruder …«, drängte Usabius hinter mir. Er sprach mit zusammengebissenen Zähnen und ließ das Wort wie eine Verwünschung klingen.

Der Letzte entschlüpfte dem Netz, da das Opfer der anderen beiden ihm eine Fluchtmöglichkeit erkauft hatte. Ich sah, wie er rasend schnell zwei seiner Verfolger aus dem Weg räumte, indem er mit seinen Krallen die Eingeweide des einen durchbohrte und dem anderen das halbe Gesicht abschnitt.

Die Sons of Horus schrien und fluchten, während sie an ihrem eigenen Blut erstickten … Das verschaffte mir mehr Befriedigung, als ich mir eingestehen wollte, und einen Moment lang scheute ich mich vor meiner eigenen Veränderung.

Als der Raven Guard die Flucht ergriff, wagte ich zu hoffen und wollte trotzig eine triumphierende Faust ballen.

Ich wartete und beobachtete, wie Mündungsfeuer die Dunkelheit erhellten, wie die Verfolger umhereilten und riefen, um ihre Falle erneut zu stellen.

Dann erkaltete mein Blut wieder, als ein vogelartiger Schmerzensschrei ertönte. Irgendwo vor uns starb jemand. Ein paar Minuten später sah ich, wie der Raven Guard auf einem achtzackigen Kreuz aufgerichtet wurde und verfolgte seine Kreuzigung im flackernden Licht von Brandsätzen und dem trüben Schein der züngelnden Flammen eines Scheiterhaufens. Am Horizont sah ich eine lange Reihe dieser brennenden Hügel, die mit Leichen befeuert wurden; den Leichen meiner Brüder. Sie waren groß, teilweise sogar größer als die Urgall-Hügel. Ich glaube, einer bestand ausschließlich aus Schädeln, doch ich schaute weg, da mich eine eigenartige Mischung aus Zorn und Übelkeit überkam. Irgendwo dort oben lag die Festung, von der aus der verlorene Sohn des Imperators seine List geplant und zugesehen hatte, wie sie durchgeführt wurde.

Ich wendete meinen Blick ab, versuchte, die gequälten Geräusche zu ignorieren, die der Raven Guard von sich gab, und sah etwas auf mich zu krabbeln. Es sah aus wie eine Spinne, doch durch seine ruckartigen Bewegungen fiel es mir schwer, sofort zu erkennen, was es wirklich war. Ich zuckte sofort zurück, als ich erkannte, dass es eine Hand war – die Bionik, die einem der toten Krieger während seiner Hinrichtung abgerissen worden war. Ohne darüber nachzudenken, zerquetschte ich sie unter meinem Stiefel, da mich ihr bloßer Anblick entsetzte, und schaute hoch.

Die massigen und stachelbesetzten Silhouetten des Todeskommandos verweilten vor dem tosenden Scheiterhaufen, während ihre angeleinten Hunde knurrten. Sie genossen die Qualen ihres Opfers. Ich kannte Schmerzen, hatte sie meinen Feinden zugefügt und selbst erlitten. Ich hatte sogar gefangene Gegner damit gequält, um ihre Schlachtpläne oder Missionsziele zu erfahren, wenn sie nicht offensichtlich waren. Das hatte jedes Mal den faden Nachgeschmack der Schlackeebene in meinem Mund hinterlassen, aber das hier war anders. Mit meinen Taten, so abscheulich sie mir auch vorkamen, hatte ich ein Ziel verfolgt. Die Grausamkeit, mit der das Todeskommando den gekreuzigten Legionär behandelte, war animalisch, würdelos. Nur mit Mühe konnte ich mich davon abhalten, nach meinem Bolter zu greifen und den armen Bastard von seinem Leid zu erlösen. Denn das hätte unsere Position verraten und dann würden wir diejenigen sein, die an dem achtendigen Kreuz hingen.

Wir mussten hierbleiben und zuhören, wie sie sich vergnügten. Ich konnte Usabius' Wut wie elektrische Ladung in der Luft spüren. Warnend streckte ich meine Hand aus. »Warte.«

»Vielleicht schafft er es nicht«, knurrte er mit schäumender Wut und meinte damit unseren eigenen verwundeten Raven Guard.

Wir waren ebenfalls auf der Jagd, nach Überlebenden, nach Überlebensmöglichkeiten, nach allem, was unsere Sanduhr mit mehr Körnern füllen würde. Mit dieser gewonnenen Zeit konnten wir zurückschlagen, um uns zu rächen, weil wir niemals das Warum verstehen würden. Für Usabius und mich ging es außerdem noch um etwas anderes, um jemand anderen, den wir suchten. Wir waren ganz in der Nähe gewesen, als wir aus dem Inneren eines Landungsfliegers ein Stöhnen gehört und den Sohn des Corax gefunden hatten, der in seinem eigenen Blut gelegen hatte. Inzwischen stöhnte er nicht mehr, sondern war meistens still und leise. Das machte mir mehr Sorgen, als ich vor Usabius zugab, denn wenn wir uns eingestehen würden, dass unsere Bemühungen, ihn zu retten, vergeblich waren, mussten wir auch andere Tatsachen akzeptieren, für die wir noch nicht bereit waren.

Ich habe nicht gesehen, wie Ferrus Manus starb.

Ich glaube, ich habe seinen Tod in dem Zorn und dem Leid seiner Söhne gespürt. Die Iron Hands waren normalerweise ziemlich stoisch und ihre Gefühlswelt so mechanisch wie das Metall, das sie im Laufe ihres Lebens in ihren Körpern verbauten.

Das Fleisch ist schwach, so lautet das Mantra ihrer Legion.

Wir sind alle schwach. Als wir mit unfassbarem Verrat konfrontiert wurden und die Geschütze, die uns hätten decken sollen, sich auf uns richteten, waren wir schwach …

Ich war dort, auf der linken Flanke. Als Teil einer ganzen Legion, die sich für die Schlacht aufgestellt hatte und von unserem Vater in einen unrühmlichen Kampf geführt wurde, den wir nicht führen wollten, aber nicht vermeiden konnten. Es ging nur darum, zu töten, für sie und für uns. Drei Primarchen hatten sich Horus' Sache verschworen, sowie seine eigene, ergebene Legion. Vielleicht hätten wir es ahnen können, als sich ein Personenkult um ihn entwickelte, als sich der Titel *Kriegsherr* zum *Kriegstreiber* wandelte, der nicht länger die Ehre war, die sein dankbarer Vater ihm erwiesen hatte, sondern das Recht eines unzufriedenen Sohns. Er hatte ihren Namen geändert, da er den wölfischen Aspekt nicht länger mit einer offensichtlich wilderen Bruderlegion teilen wollte, die diese Bezeichnung mehr verdiente, und hatte seine Blutserben auch dem Namen nach zu seinen Söhnen gemacht.

Vielleicht hätten wir es da schon wissen sollen, doch trotz dieser Zeichen hätten wir nicht ahnen können, was als Nächstes geschehen würde.

Wir hatten viele Verluste erlitten und unsere Brüder in einem scheinbar sinnlosen Gemetzel getötet. Doch all das verblasste angesichts dessen, was folgte, als wir uns zum Landungsplatz zurückzogen, um unsere Wunden zu lecken und unsere Streitkräfte zu sammeln, damit andere an unserer Stelle weiterkämpfen konnten. Hinter uns befanden sich die Banner der Hydra und des Eisens, der einsatzbereiten Verstärkungen, die der greifbare Beweis dafür waren, dass Horus sich irrte. Doch das Undenkbare geschah: Sieben Legionen hatten sich vom Imperator abgewandt und Horus angeschlossen. Unsere zahlenmäßige und taktische Überlegenheit löste sich wie Fleisch bei einem nuklearen Sonnenaufgang auf. Unsere Verstärkungen wurden zu dem Hammer, der auf Horus' Amboss schlug. Und so hatten sich ihre Waffen auf uns gerichtet.

Über Isstvan war die Nacht hereingebrochen, obwohl es sich auch lediglich um umhertreibende Asche und gewaltige Rauchsäulen handeln konnte, die die Sonne verhüllten. Das war egal. Nur in völliger Finsternis konnten wir darauf hoffen, unbemerkt weiterzuziehen. Fern im Norden, dort, wo uns unsere verräterischen Feinde ihr wahres Gesicht gezeigt hatten, war es noch hell. Ich korrigierte meine Einschätzung – die Nacht brach herein. Krieger, oder manchmal auch nur so etwas Ähnliches wie Krieger, beendeten ihre ruchlosen Jagden, um Ritualen beizuwohnen und dunklen Göttern zu huldigen.

Dies hätte ein Zeitalter der Erleuchtung sein sollen, in dem aller Aberglaube vom Licht der Imperialen Wahrheit verbannt worden war. Ich fragte mich, wo dieses Licht war, während ich in die Dunkelheit starrte, die sich auch in meiner Seele festgesetzt hatte.

Nachdem sich das Todeskommando ausreichend vergnügt hatte, ging es johlend und grunzend weiter. Ihre Stimmen waren kaum noch als menschlich zu bezeichnen.

»Wir gehen«, sagte ich zu Usabius und griff nach unten, um mich unter dem Raven Guard einzuhaken.

»Sollen wir eine Markierung setzen?«

Als ich mich zu meinem Bruder umdrehte, sah ich den kurzen Metallstab, den er in seiner linken Hand hielt. An dessen Ende befand sich ein kleines Gehäuse, dessen zahlreiche dunkle Dioden darauf warteten, angeschaltet zu werden. Ruuman hatte uns die seismischen Kartierungsstäbe gegeben und gesagt, sie würden bei der Triangulierung helfen. Ehrlich gesagt glaube ich, dass er uns mit seiner Hilfe nur aufheitern wollte, doch Usabius und ich waren trotzdem dankbar.

»Tu das«, sagte ich und schaute zu, wie mein Bruder den Stab tief in den Boden steckte und das Gehäuse drehte, um die Signalübertragung zu beginnen.

Angeblich waren sie für Belagerungen entwickelt worden, doch wir hatten etwas völlig anderes mit ihnen vor.

»Fertig?«, fragte ich, da ich mich endlich in Bewegung setzen wollte.

Die Nacht verhüllte uns zwar, brachte aber auch Schrecken mit sich, auf die man unter der Sonne nicht stieß.

Usabius hielt inne. »Ich glaube, er atmet nicht mehr«, antwortete er. Ich sah das Gesicht meines Bruders nicht, da es hinter dem ramponierten Gefechtshelm verborgen war, den er trug, doch ich wusste, dass er ernst schaute.

»In Bewegung bleiben«, sagte ich, als wir hinter dem Landungsflieger hervortraten und versuchten die Mordgeräusche auszublenden, gleichzeitig aber nach Anzeichen einer Gefahr lauschten.

Wir schafften es weitere achtzig Meter, als Usabius zischte: »Panzer!«

Innerlich fluchte ich. Wir waren zu lange geblieben und jetzt würde unser Rückweg lang und gefährlich werden, falls wir es überhaupt zurückschaffen sollten.

Ein Krater, der mit Leichen in Servorüstungen übersät war, deren Symbole größtenteils weggebrannt waren, war unsere einzige Hoffnung, unbemerkt zu bleiben.

Wir warfen uns hinein und zwischen die verkohlten Skelette der Krieger, die wir vielleicht einst gekannt und neben denen wir gekämpft hatten. Abgerissene, schlaffe Arme und Beine schlugen gegen meine Beinschienen. Die Finger einer knöchernen Hand berührten mein Gesicht. Eine andere strich über meinen Schulterpanzer und plötzlich tauchten vor meinem geistigen Auge Bilder der Toten auf; wie sie in ihren Rüstungen verfaulten und verrotteten, uns stumm für unser Überleben verdammten und verurteilten. Ich verdrängte die Gedanken – sie waren mir hier nicht dienlich – und schob sie auf meine Erschöpfung und mein Trauma. Der eigene Verstand war oft das erste, das von Zeiten anhaltender und extremer geistiger Belastung beeinträchtigt wurde und die Tauglichkeit eines Kriegers untergrub. Keine Feuerprobe, die ich je durchgemacht habe, war so schwer wie Isstvan.

Während ich über die Leichen krabbelte, rutschte ich ab und landete bis zur Armschiene in einem aufgerissenen Loch in der Brust eines gefallenen Legionärs. Sofort zog ich meine Hand heraus, brach ein Stück einer bereits zertrümmerten Rippe ab und versuchte mich nicht zu lange mit dem Blut aufzuhalten, das meinen Panzerhandschuh bedeckte. In dieser Totengrube gab es keine Ehre, keinen Ruhm. An diesen Ort kamen Helden, um vergessen zu werden und unbetrauert zu sterben. Wir waren wie Grabwürmer, die zwischen ihnen hindurchkrochen. Wir schleiften den leblosen Körper des Raven Guards hinter uns her, legten uns flach auf die Erde und versuchten uns tiefer hineinzuwühlen.

Mit pochenden Herzen in meiner Brust spürte ich das tiefe Grollen der Panzerkompanie, die über die erzitternde Erde auf uns zu rollte. Bevor ich meine Augen schloss, um ihr lebhaft brennendes Feuer zu verbergen, bemerkte ich, wie durch die Erschütterung schwarze Sandkörner vom Rand des Kraters herabrieselten, die mich erneut an das Stundenglas erinnerten. Dann umfing mich Dunkelheit und ich hoffte, dass das nicht das Letzte war, was ich je sehen würde.

Usabius' Ankündigung der eintreffenden Panzerkompanie rettete uns beide. Auf Isstvan wurde man schnell vom Tod geholt, normalerweise sofort. Jegliche Ordnung, die in diesen Streitkräften einst geherrscht haben mochte, war fort. Die Legionskommandanten hatten nur ihre Schlimmsten, ihre Hunde, zurückgelassen, um uns zu jagen und den schwachen Widerstand, den wir leisteten, zu beenden. Bald würden sich auch die Legionärshunde zurückziehen und alles, was ihren Zähnen und Klauen entkommen war, würde vom Orbit aus pulverisiert werden.

Ich versuchte mich auf meine Tarnung zu konzentrieren, die für mein Überleben nötig war, ganz gleich, wie gern ich mit Bolter und Klinge über diese Verräter hergefallen wäre. Das hatten bereits andere versucht, die jetzt in ähnlichen Kratern wie dem ruhten, in dem ich mich versteckte. Über die vielen Arten nachzudenken, auf die mich der Tod ereilen könnte, würde ihn nur noch schneller herbeiführen. Deshalb ließ ich mich von meinen Sinnen zurück in die Gegenwart holen.

Eine unangenehme Gegenwart.

Der Geruch von altem, noch feuchtem Blut kroch in meine Nase. Der Geschmack von Metall brannte auf meinem Gaumen. Die heiße Luft, die die Panzer ausstießen, brachte den Gestank von verrottendem Fleisch mit sich. Die Bilder der rastlosen Toten mit den offenen Mündern, zwischen deren kaputten, schwarzen Zähnen die Zungen heraushingen, kehrten zu mir zurück. Den Albtraum in meinem Kopf konnte ich unterdrücken, doch den Gestank konnte ich nicht so leicht ignorieren. Ohne die Luftfilter meines Gefechtshelms musste ich fast würgen.

Quietschende Bremsen und eine erdrückende Hitzewoge aus den heißen Motoren verrieten, dass die Panzerkompanie abrupt angehalten hatte.

»Ich dachte, ich hätte in dieser Richtung Bewegung gesehen«, sagte eine raue, eiserne Stimme, die wie zwei rostige Tragbalken klang, die aneinander schrammten.

Einer von Perturabos Söhnen.

Der Legionär verströmte seinen Hass regelrecht. Ich erwartete, das Scheppern gepanzerter Stiefel auf der Hülle des Panzers zu hören, die dumpfen Klänge, wenn sie die Sprossen einer Leiter hinabkletterten, die an dem Geschützturm befestigt war, und schließlich das Knirschen der Erde unter ihren schweren Füßen.

Gegen eine genauere Untersuchung mit dem Ende eines Bajonetts waren unsere Bemühungen nutzlos. Mein Gladius war in Griffweite und kurz genug, um ihn ziehen zu können, ohne, dass ich aufstehen musste. Ich entschied mich, nicht ohne einen Kampf zu sterben …

Stattdessen hörte ich ein metallisches Quietschen und das leise Zischen einer Lampe, als sie angeschaltet wurde.

Einige Sekunden später drang kaltes, grelles Licht in den Krater und ich widerstand dem Drang, tiefer in den Sumpf aus Leichen zu kriechen. Trotz meiner geschlossenen Augen bemerkte ich die veränderten Lichtverhältnisse und hoffte, dass die minimale Reaktion meiner Augenlider uns nicht verraten würde. Es bewegte sich so langsam wie Öl, das an schmierigen Fingern über meine Rüstung strich. Ich blieb still, stellte mich tot und ließ den Suchscheinwerfer umherziehen. Einen Moment lang fragte ich mich, ob ich nicht schon tot war.

Ich hörte, wie die Panzer in der Nähe tief und animalisch brummten. Der Promethiumgestank war widerlich. Die Besatzungen unterhielten sich miteinander, doch durch das Voxrauschen konnte ich nicht verstehen, was sie sagten. Es klang wie eine Frage an den, der den Suchscheinwerfer am Geschützturm bediente.

Die Antwort des Legionärs war gut zu hören.

»Die meisten von ihnen hat das Feuer getötet. Einige sind allerdings noch frisch. Wir könnten sie noch mal verbrennen.«

Ich bin ein Salamander und dem Feuer entsprungen, doch trotz meiner Zähigkeit würde ich kein Promethiumbad überleben.

Es gab eine Pause, in der jemand aus dem Inneren des Panzers antwortete.

»Zu Befehl, Sergeant«, antwortete der Mann am Geschütz und Erleichterung überströmte mich wie eine Salbe.

Der Suchscheinwerfer wurde von mir weggedreht und mit ihm fiel mir eine spürbare Last von den Schultern. Ich ließ mein Herzen wieder im normalen Rhythmus schlagen, als sich der Raven Guard plötzlich zu regen begann.

Unser Bruder, der vor Schmerzen wie im Delirium war, konnte nicht ahnen, in welcher misslichen Lage wir steckten, oder dass er uns mit seinem ungelegen wiedererlangten Bewusstsein alle in Gefahr brachte.

Als ich es wagte, meine Augen ein winziges Stück zu öffnen, sah ich, dass der Raven Guard versuchte, sich zu bewegen, doch ich war zu weit weg, um etwas dagegen zu tun. Die Panzer, die gerade erst abgerückt waren, schienen anzuhalten. Ich hörte den

Legionär am Geschützturm und das Knacken seines Vox, als er dem Fahrer befahl, anzuhalten.

Durch die eingerissene linke Linse seines Helms warf Usabius mir einen stechenden Blick zu. Sie war fast vollständig zersplittert und darunter konnte ich deutlich den feurigen Schein seines Auges sehen. Bei unserem hektischen Versteckversuch war unser verwundeter Begleiter direkt neben ihm gelandet.

Die Panzerketten zermahlten Erde, Sand, Knochen …

Die Iron Warriors kehrten um!

Usabius hörte nicht auf, mich anzustarren. Zunächst dachte ich, dass er mit seiner bloßen Entschlossenheit verhindern wollte, dass wir entdeckt wurden, als ob allein sein Wille uns unsichtbar machen könnte. Erst, als ich quälend langsam nach meinem Bolter griff, begriff ich, dass er meine Erlaubnis einholen wollte.

Wenn er das tat, wären wir beide dafür verantwortlich. Er konnte diese Last nicht allein tragen.

Langsam, kaum wahrnehmbar, nickte ich.

Das Geräusch der Panzer über uns hatte sich verändert – der Leitpanzer kehrte allein für einen letzten Blick mit dem unheilvollen Auge seines Suchscheinwerfers zurück. In den wenigen Sekunden, die uns blieben, bis er den Rand des Kraters erreichen und den verwundeten Krieger finden würde, der sich darin regte, griff Usabius mit der Energiefaust, die er über seiner rechten Hand trug, nach dem Hals des Raven Guards, packte ihn und drückte zu.

Der Kampf dauerte nur einen Moment. Usabius musste seine Hand dort lassen, da der Schein der Lampe zurückkehrte.

Niemand stöhnte mehr, niemand regte sich. Unsere Tarnung war undurchschaubar, unser Versteck direkt vor ihren Augen sicher …

… unser Gewissen unauslöschlich befleckt.

Wir warteten mehrere Minuten in der Dunkelheit, bis das Licht fort und das Mahlen der Panzerketten verklungen war, während die Iron Warriors nach weiteren Überlebenden suchten, die sie töten konnten. Gestern hätten wir noch Pech haben müssen, um beim Durchstreifen dieser Region Isstvans auf eine andere Seele zu treffen, doch die Lage änderte sich fortwährend. Das Suchgebiet wurde ausgedehnt, womit die Wahrscheinlichkeit unserer Entdeckung stieg. Der Hang der Todeskommandos, bei ihren Opfern zu verweilen, war der einzige Grund dafür, dass wir noch nicht von unseren Feinden bemerkt und hingerichtet worden waren.

Das würde jedoch nicht ewig so weitergehen und ich hatte das Gefühl, dass uns nur noch wenige Tage blieben, vielleicht sogar weniger.

Horus oder vielmehr seine tollwütigen Hunde würden uns holen.

Wir mussten uns immer weiter vom Schiff entfernen und näher an die Urgall-Senke heranwagen, in der schon so viel Blut vergossen worden war. Das einzige, was uns noch blieb, war Zeit, und die schwache Hoffnung, zu finden, was wir so verzweifelt suchten. Was, wenn wir es gefunden hatten? Mein nocturnischer Pragmatismus sagte mir, dass wir das entscheiden würden, sobald es so weit war.

Erst, als ich mir sicher war, dass die Iron Warriors fort waren, drehte ich mich auf den Rücken und biss die Zähne zusammen, um nicht aufzuschreien. Ich schaute Usabius, der mich noch immer von der anderen Seite des Leichenhaufens aus anstarrte, in die Augen, und sah meine eigenen Qualen darin gespiegelt. Wir hatten die grausige Verlustliste gerade um einen weiteren Namen verlängert.

»Ich will sie …«, murmelte er, »… alle töten.«

»Lass uns einfach zurück zur *Fegefeuer* gehen.« Ich spürte eine neue Last auf meinen Schultern, als ich mühsam auf die Beine kam und zu Usabius ging, um ihm meine Hilfe anzubieten, doch er lehnte ab.

»Los jetzt«, sagte ich und griff stattdessen dem Raven Guard unter die Arme.

»Er ist tot.« Nie war ich auf eine offensichtlichere Tatsache aufmerksam gemacht worden.

»Haukspeer kann seine Gensaat entnehmen«, antwortete ich.

Wenn Usabius dazu etwas zu sagen hatte, behielt er es für sich. Er griff dem toten Krieger unter den anderen Arm.

Während wir ihn mit dem Blut und der Asche unserer verstorbenen Brüder auf unseren Rüstungen aus der Grube schleppten, verzerrte ich das Gesicht.

»Dein Bein?«, fragte Usabius.

Fast unwillkürlich glitt meine Hand zu dem einfachen Gestell, das mein linkes Bein umfasste.

»Ruuman leistet hervorragende Arbeit, aber in diesem Drecksloch stößt sogar er an seine Grenzen«, sagte ich.

Mein Bein war an drei Stellen gebrochen. Haukspeers Diagnose zufolge waren es vier Oberschenkelfrakturen, und das Wadenbein war, wie auch das Schienbein, stark zersplittert. Ich musste oft daran denken, wie der Knochen unter meiner Rüstung aus der Haut ragte. Die Schmerzunterdrücker in meinem Kreislauf, die von dem verstärkt wurden, was unser Apothecarius geborgen hatte, hielten mich bei Bewusstsein; mithilfe von Ruumans Metallbeinschiene konnte ich gehen, doch Schmerzen und Funktionsstörungen erschwerten mir die Fortbewegung.

In der Ferne verpesteten die wogenden Abgaswolken der Panzerkompanie die Luft. Doch es bewegten sich noch weitere Schatten durch die Dunkelheit, teilweise in unsere Richtung. Ich nahm an, dass es sich dabei um noch mehr Todeskommandos handelte. Außerdem war da noch etwas Größeres, das ungelenk auf langen, stielartigen Beinen dahinschritt. Ich sah dessen Empfängervertiefungen rot aufblitzen, als die Stimme meines Bruders mich rief.

»Ohne den Leichnam hätten wir es leichter.« Es war überdeutlich, was Usabius damit sagen wollte, und ähnelte meinen eigenen Gedanken.

Meine Antwort war ungewollt schroff. »Ohne all den Wahnsinn, der geschehen ist, hätten wir es auch leichter.«

Selbstmitleidiger Schicksalsglaube war sinnlos. Ich hatte gesehen, wie ihm mehrere Iron Hands erlegen waren, die daraufhin bei unnötig selbstmörderischen Heldentaten gestorben waren. Sulnar wäre es beinah ebenso ergangen, wenn Haukspeer ihn nicht auf unseren Landungsflieger gezerrt hätte. Ich glaube nicht, dass der Meduser ihm das wirklich verziehen hatte. Er hatte ehrenvoll sterben wollen, aber jetzt konnte er nicht einmal mehr das. Ich nahm an, dass der Tod eines Elternteils einen Sohn zu solch wahnsinnigen Taten trieb, und versuchte mich dann davon abzuhalten, über das Schicksal meines eigenen Vaters nachzudenken.

»Ich kann es schaffen«, sagte ich und kletterte vollständig

aus dem Krater. Ich wusste, dass wir irgendetwas zurückbringen mussten.

»Auch, wenn wir denen da aus dem Weg gehen müssen?«, antwortete Usabius und zeigte in Richtung zweier Läufer, die sich ohne Vorwarnung zu uns herumdrehten.

Wir duckten uns gleichzeitig, legten uns diesmal aber nicht hin, da die Läufer ihre roten Augen schnell auf etwas anderes richteten. Wir hatten sie in einer Mischung aus Maschinencode und Tierlauten miteinander ›sprechen‹ hören und es fiel mir schwer, diese Scheusale als Schöpfungen des Mechanicums anzusehen. Selbst die Todeskommandos und die blutrünstigen Cybermastiffs mieden diese Blindjäger. Die anderen Schatten huschten vor ihnen davon oder, wenn sie kühn genug waren, traten zur Seite, damit die Läufer ungestört ihrer grausigen Arbeit nachgehen konnten. Während der Schlacht hatte ich keine Blindjäger gesehen und nahm daher an, dass sie erst später eingesetzt worden waren, um alles zu säubern und zu verbrennen.

Verbrannte Erde, die gesalzen wird.

Ich zeigte nach Osten. Auf diesem Weg würden wir länger brauchen, was an sich schon gefährlich war, doch zumindest würden wir uns von den Blindjägern entfernen und ihnen nicht noch näherkommen. Außerdem gab es dort keine abgestürzten Landungsflieger, abgesehen von unserem eigenen. Die meisten Flieger und das, was von ihren Besatzungen übrig war, befanden sich im Westen.

Usabius stimmte zu, sodass wir die von mir vorgeschlagene Richtung einschlugen und erschöpft durch den schwarzen Sand stapften.

In diesen unerschlossenen Ebenen, in die sich die Todeskommandos noch nicht vorgewagt hatten, würde es ruhiger sein. Obwohl ich meinem inneren Chrono schon eine Weile nicht mehr traute, schätzte ich, dass es etwa fünfzehn Minuten so weiterging, bis die flache Wüste schroffen Felsen und schließlich Klippen wich. Die Berge, die wir die Schwarzzähne getauft hatten, kamen in Sicht.

Fast eine Stunde später, in der wir durch enge Pässe, Schluchten und Hohlwege geschlichen waren, erreichten wir die *Fegefeuer*.

Sie war in Grau und Weiß gehüllt, sodass sie wie ein weiterer klobiger Fels unter vielen aussah und das Grün der Salamanders gut verborgen war. Ihre Flügel waren längst abgebrochen und in die tiefen Schluchten weiter unten gestürzt. Früher war sie ein Stormbird mit der Bezeichnung ›Kriegsfalke VI‹ gewesen, doch die Tage, in denen sie zum Himmel hinaufstieg und Todesengel transportierte, waren vorbei. Selbst wenn die Flügel intakt gewesen wären, waren die Triebwerke des Landungsfliegers vollständig ausgebrannt und verkohlt. Entlang der eingedrückten Bugspitze war die Panzerung vollständig abgeplatzt. Nur ein paar Panzerglasscherben waren wie die Reißzähne im Maul einer erschlagenen Bestie zurückgeblieben. Ich erhaschte einen Blick auf einen einsamen Krieger, der in einer Fliegerkabine stand, die zu nichts mehr zu gebrauchen war. Tarkan hob eine eiserne Hand, um uns mit einem langläufigen Scharfschützengewehr auf seinem Schoß zu begrüßen. Dann war er wieder fort und verschmolz mit den Schatten, um weiter Wache zu halten. Unser geduldiger Wachmann befand sich auf diesem Posten, seit nach dem Absturz so etwas wie Ordnung eingekehrt war.

Er war es, der unseren Flieger und unsere Zuflucht in einem sarkastischen, humorvollen Moment *Fegefeuer* getauft hatte.

Niemand hatte ihm widersprochen. Haukspeer hatte ihm sogar ironisch applaudiert.

Während unser toter Begleiter mit jedem verstreichenden Moment kälter wurde, gingen Usabius und ich unter einem Felsbogen hindurch, der die beiden Gipfel miteinander verband, zwischen denen unser Schiff eingeklemmt war. Hier, am hinteren Ende, grenzte die Tür der Ladebucht an einen breiten Felsgang, der sich durch den Berg wand. Wie eine Burg aus uralten, einfacheren Zeiten überblickte unsere metallene Festung die unten liegende Ebene und die fernen Feinde, die sich allmählich sammelten, um sie schließlich zu belagern.

Usabius zeigte in den Himmel.

»Schnee?«, sagte er, als er die weißen Flocken betrachtete, die sich auf seine Rüstung legten. »Vielleicht wechseln die Jahreszeiten.«

»Nein, Bruder«, korrigierte ich ihn. »Das ist bloß Asche. Auf den Hügeln brennen wieder Scheiterhaufen.«

Usabius antwortete nicht.

Ein kalter Wind kam auf und blies die Asche hoch zu den Gipfeln.

Mit gesenkten Köpfen gingen wir die letzten Meter zum Tor der *Fegefeuer*. Die Schreie der Toten und Sterbenden folgten uns selbst in die verhältnismäßig einsamen Berge, obwohl sie weit von der Urgall-Senke entfernt waren.

Unter dem Quietschen wartungsbedürftiger Zahnräder öffnete sich die Tür zum Laderaum des Landungsfliegers, um uns beide in eine weite Bucht voller Krieger eintreten zu lassen.

Ich nickte Vogarr von den Iron Hands und E'nesh von den Salamanders zu, die meinen Gruß erwiderten, ihre Bolter aber auf die Leere hinter der gesenkten Rampe gerichtet hielten. Als die zischend entweichende Druckluft bestätigte, dass der Eingang zum Landungsflieger versiegelt war, entspannten sie sich.

Die beiden Legionärswachen waren angeschlagen und ihre Rüstungen wurden nur noch von notdürftigen Schweißarbeiten und Hoffnung zusammengehalten. Außerdem trug jeder von ihnen einen Granatengürtel. Nur ein einziger Stift musste herausgezogen werden, um den gesamten Vorrat explodieren und die Frachtraumtür zusammen mit einem Großteil der Decke auf jeden herabstürzen zu lassen, der sich unerlaubt Zutritt verschaffen wollte.

Die flackernden Lumenröhren über uns sahen nicht gerade einladend aus, doch nachdem Vogarr uns durchgewunken hatte, traten Usabius und ich mit schweren, geräuschvollen Schritten über das Metalldeck ins Licht.

Wir wurden von Haukspeer begrüßt, der durch eine Allee aus Tragbahren und zusammengeschusterten Kojen entlang auf uns zu ging und kühl auf die Leiche herabblickte, die wir mitgebracht hatten.

»Du weißt aber, dass er tot ist?«, fragte der Apothecarius, während er sich einen Schweißtropfen von der alabasternen Stirn wischte. In der düsteren Beleuchtung des Frachtraums legten sich dunkle Schatten auf seine kreideweiße Haut. Seine samtschwarzen Augen waren unergründlich.

Behutsam legten wir den verwundeten Krieger ab, damit der andere Sohn des Corax ihn untersuchen konnte. Auf dem Gesicht des Apothecarius befanden sich rote Spritzer; hinter ihm wurde die Blutspur eines todgeweihten Patienten aufgewischt, der fortgeschleppt worden war.

Mit einer schnellen Bewegung aus dem Handgelenk fuhr Haukspeer die speerförmige Spritze seines Reduktors aus. »Kannst du bitte die Brustplatte öffnen?«

Haukspeer hatte einen Arm verloren. Kurz vor der Stelle, an der einmal sein Ellbogen gewesen war, befand sich ein verbrannter Stumpf. Das schien ihn in seiner Tätigkeit als Apothecarius nicht einzuschränken. Mit seinen Fähigkeiten hatte er nicht weniger als siebzehn Legionsbrüder vor dem Tod bewahrt. Viele andere – die etwa sechzig auf den behelfsmäßigen Betten, die uns umgaben – lebten dank seiner fortwährenden Fürsorge immer noch. Wir befanden uns in Haukspeers Krankenstation, die vollständig belegt war. Viele der Verwundeten hatten Gliedmaßen verloren oder litten unter schweren Verbrennungen. Andere waren blind oder gelähmt. Haukspeer hielt sie am Leben, doch die meisten konnten nicht mehr kämpfen. Das war keine Armee; das war eine zukünftige Leichenhalle. Und das wusste Haukspeer. Ich konnte es in seinen Augen sehen, diese erschöpfte Resignation, die mit jedem verstreichenden Tag zunahm. Hier ging es nicht um Widerstand, sondern lediglich um Fortbestand. Die wenigen Soldaten der Imperialen Garde, die wir gerettet hatten, waren schnell gestorben, und jene, die überlebt hatten, waren vor Furcht wie gelähmt. Manche wurden als Krankenwärter eingesetzt, holten und trugen Dinge und wischten Blut auf, aber zu mehr waren sie nicht zu gebrauchen.

Den Raven Guard, den Usabius und ich mitgebracht hatten, konnte nicht einmal der Apothecarius heilen.

Ich nahm ihm die Brustplatte ab und Haukspeer entnahm die Gensaat. Als sie sicher in einer Röhre an seinem Panzerhandschuh verstaut war, betrachtete er die schwere Halsverletzung seines Legionsbruders. Nachdem er einen Blick auf Usabius' Energiefaust geworfen und die steife Körperhaltung meines Bruders bemerkt hatte, wusste ich, dass er verstanden hatte, was geschehen war, und ich dachte, Haukspeer würde etwas sagen.

Das tat er auch, aber nicht das, was ich erwartete.

»Ruuman erwartet dich in der Waffenkammer«, sagte er, wandte uns den Rücken zu und vertiefte sich wieder in seine Arbeit.

Wir verließen Haukspeer und gingen durch die Kojenreihen zur Rückseite des Laderaums, hinter dem die Waffenkammer lag.

»Er weiß Bescheid«, zischte Usabius, nachdem wir den Apothecarius hinter uns gelassen hatten.

Ich nickte. Aufgrund meiner Mitschuld und Zustimmung fühlte ich mich so schlecht, wie Usabius aussah, sprach aber nicht weiter darüber. Das alles war jetzt nicht mehr wirklich wichtig. Ich war mir nicht einmal sicher, warum wir uns überhaupt die Mühe gemacht hatten, den armen, toten Raven Guard durch Isstvans Wüsten zu schleifen, womit wir seine Lage nicht gerade verbessert hatten.

Ich erschrak, als plötzlich ein Legionär nach mir griff und mich am Handgelenk packte.

Ich erkannte ihn nicht, wusste aber, dass er meiner Legion angehörte. Ihm fehlte ein Auge, das grobschlächtig entfernt worden war, und sein rechtes Bein war knapp unterhalb des Unterleibs abgetrennt. Eine Arzneimittelmischung, die fortwährend in seinen Arm geleitet wurde, hielt ihn bei Bewusstsein, wenn auch nicht vollständig bei Verstand. So erging es vielen überall im Laderaum, der jetzt als Krankenstation diente.

»Ihr seid Lord Ra'stan«, flüsterte er schwach.

»Ich bin kein Lord«, sagte ich. »Nur noch Ra'stan.« Ich legte ihm die Hand auf die Brust, um ihn zu beruhigen. »Bleib ruhig, Bruder.«

»Ich habe in Eurer Kompanie gedient«, keuchte er und versuchte sich mit der Faust auf seinen kaputten Brustpanzer zu schlagen, bis ich ihn davon abhielt.

Ich kniff die Augen zusammen, während ich versuchte, mich an seinen Namen zu erinnern. »Ik'rad«, sagte ich. Er nickte. Lächelte. So eine kleine Sache, die so viel bedeutete.

»Habt Ihr …«, fragte er, »habt Ihr *ihn* gefunden?«

Kälte drang aus meinen Eingeweiden und packte mein Herz. Ich war überrascht, wie erstickt meine Stimme klang, als ich endlich ein Wort hervorbrachte.

»Nein.« Dann fügte ich törichterweise hinzu: »Noch nicht.«

Ich hatte einem sterbenden Mann gerade ein falsches Versprechen gegeben.

»Findet ihn«, flüsterte der verwundete Legionär mit schwindender Stärke, worauf er mich losließ und zurück auf die Bahre sank.

»Ich werde es versuchen.«

Der Salamander hatte mich losgelassen, aber ich hielt noch immer seinen Unterarm fest, als ich Usabius' Hand auf meiner Schulter spürte.

»Ruuman erwartet uns«, sagte er leise.

Ich ließ meinen sterbenden Bruder los, nickte langsam und gemeinsam gingen wir ohne weitere Vorfälle bis zur Rückseite des Laderaums. Ich hielt meine Augen nach vorn gerichtet, um eine weitere Begegnung wie die mit Bruder Ik'rad zu vermeiden.

Als wir am Ende des Raums angekommen waren, wo die Kojenreihen voller zusammengesackter Krieger endlich endeten, standen wir vor einer Druckplatte in der Wand. Es war eine recht simple Metallplatte, die sich neben einer anderen, kleineren Tür befand.

Ich drückte sie.

Darauf drang ein metallisches, unangenehmes Knirschen an unsere Ohren, während sich vor uns der Eingang zur Waffenkammer ein Stück weit öffnete. Die Tür hielt auf halber Strecke an und ihre längst abgenutzten Servos quietschten protestierend. Durch die Öffnung schaute ich in tiefe Dunkelheit, die noch weniger ausgeleuchtet wurde als die Krankenstation, und eine einsame Gestalt, die in ihrer Werkstatt arbeitete.

»Eintreten«, sagte die Gestalt mit blecherner, hallender Stimme, die mehr nach Stahl und Zahnrädern als nach Fleisch und Blut klang. Andererseits war Erasmus Ruuman tatsächlich mehr Maschine als Mensch.

Ich schlug erneut auf die Druckplatte, diesmal mit größerer Kraft. Ein tiefes, mechanisches Grollen ertönte, doch die Tür öffnete sich.

Wir gingen hinein.

»Sie klemmt wieder.«

»Ja, Eisengeschmiedeter«, antwortete ich.

»Du verwechselst eine Feststellung mit einer Frage, Bruder Ra'stan.« Ruuman unterbrach seine Arbeit. Er zerlegte und reparierte den Waffenvorrat. Ich sah sechs Bolter und die teilweise auseinandergenommenen Überreste einer Rapier-Halterung, doch der Eisengeschmiedete beschäftigte sich mit einem kaputten Konversionsstrahler. »Ein Kundschafter hat ihn gefunden«, erklärte er. »Ich bin zuversichtlich, dass ich ihn bis zu dreiundsechzigprozentiger Effektivität wiederherstellen kann. Du hast Probleme mit der Schiene«, fügte er hinzu, wandte sich von dem Strahler ab und uns zu.

Die gesamte untere Hälfte von Ruumans Gesicht bestand aus Bioniken, wie auch ein Großteil seines Oberkörpers. Sie gingen perfekt in seine Rüstung über und verliehen dem Eisengeschmiedeten ein eindrucksvolles, unverwüstliches Äußeres.

Ich nickte. »Ist das eine weitere Feststellung, Eisengeschmiedeter?«

»Ja.« Er kniete sich hin, um meine Beinschiene zu untersuchen. Ruuman griff tief in eine Werkzeugtasche, die an seinem Gürtel magnetarretiert war, und machte sich an die Arbeit. Mithilfe seiner Erinnerung ertastete er die Werkzeuge, die er brauchte, ohne ein einziges Mal hinzusehen. Kurz, aber verkraftbar flammten in meinem Bein Schmerzen auf, während er das Gestell anpasste, das er gefertigt hatte.

Nach einigen Minuten fragte er: »Hat das ihre Funktionsfähigkeit verbessert?«

Ich überprüfte es. Lächelte.

»Viel besser.«

»Ich stelle eine Verbesserung um achtzehn Prozent fest, doch ihre Tauglichkeit als Ersatzbein wird siebenundsechzig Prozent nicht übersteigen können. Wunder kann ich«, fügte er hinzu, »leider nicht bewirken.«

Ich legte ihm eine Hand auf die Schulter. »Trotzdem bin ich dir dankbar, Bruder.«

Er stand auf, ohne auf meine Dankbarkeit zu reagieren.

Erasmus Ruuman war kein Eisenvater und verfügte nicht über das technische Geschick dieses erlauchten Rates, doch er kannte sich mit Waffen aus und hatte dieses Wissen auf andere Maschinen übertragen, die repariert werden mussten. Neben meinem Bein hatte er auch den Landungsflieger instandgehalten und wartete die meisten seiner beschädigten Systeme, einschließlich der Beleuchtung, Heizung und Sauerstoffaufbereitung, obwohl sie katastrophale Schäden erlitten hatten, als wir in den Bergen abgestürzt waren. Nur flugtauglich konnte er den Flieger nicht mehr machen.

Der Todesstoß war uns aus unseren eigenen Reihen versetzt worden. Als es zu dem Angriff auf dem Landungsplatz kam, waren wir völlig unvorbereitet. Gefühlt hatte es nur wenige Sekunden gedauert, bis Ferrus Manus erschlagen, sein viel gerühmter Klan der Avernii so gut wie ausgelöscht und die Raven Guard und die Salamanders stark dezimiert waren und nicht wussten, ob ihre Lehnsherren noch lebten oder schon tot waren.

Wir wussten es noch immer nicht.

Ich erinnere mich an den Lärmausbruch im Vox, als es geschah. Zunächst hatte ich es für irgendeine elektromagnetische Störung gehalten, doch inzwischen weiß ich, dass es Schreie waren. Eintausend verschiedene Befehle waren gleichzeitig erteilt worden. Daraufhin war völliges Chaos ausgebrochen. Zunächst sammelten wir uns und schlugen zurück. Kurz darauf verschlammte die Erde durch unser vergossenes Blut, sodass ein Rückzug die einzige praktikable Vorgehensweise war. Ich erinnere mich daran, wie wir uns zum Landungsplatz zurückfallen ließen, während über uns Leuchtspuren und die Kondensstreifen von Raketen vorüberzogen. Aber ich kann mich nicht daran erinnern, ein Schiff betreten zu haben. Doch irgendwie haben wir das alle; einige Überlebende schafften es durch den Spießrutenlauf und entkamen der ersten Welle des Gemetzels. Gemeinsam flohen die Krieger der Salamanders, Iron Hands und Raven Guard durch das Chaos um ihr Leben. Jegliche Ordnung löste sich auf. Das war kein kämpfender Rückzug, wir wurden in die Flucht geschlagen, massakriert.

Mit donnernden Schubdüsen stiegen wir in die Luft, während Flammen unseren Schiffskörper und die Flügel überströmten und die Bugschnauze Rauchwolken durchbrach. Ein paar Sekunden später wurden wir von etwas getroffen. Ich spürte es in dem Frachtraum, in dem ich mit dreiundvierzig Salamander-Brüdern und mehreren anderen kauerte, die nicht aus meiner Legion waren. Einige Rhinos, die wir in Reserve gehalten hatten, rutschten aus ihren Verankerungen und über das Deck. Zwei Legionäre wurden von den Fahrzeugen zerquetscht, die über das Deck schlitterten. Die Schwerkraft zog sie aus der weit geöffneten Rampe, wobei sie noch ein halbes Dutzend weiterer Krieger in die draußen tobende Hölle rissen. Einige krochen umher, doch wir hatten nicht genug Zeit, um den bauchseitigen Korridor und unsere Halterungen im Truppenladeraum zu erreichen, sodass ich mich einfach festhielt.

Das Deck … wölbte sich – ich kann noch immer die Stelle erkennen, an der Ruuman es mit Lötmetall und Industrieklammern wieder zusammengeflickt hat – und brach auf. Durch eine aufgerissene Spalte im Rumpf, zwischen funkensprühenden Kabeln und dampfausstoßenden Rohren, die in der Panzerung des Landungsfliegers verbaut waren, sah ich Isstvan.

Es war wie ein dunkler Ozean aus Tausenden, mordhungrigen Kriegern, der mit Inseln aus Feuer übersät war. Als einige Titanen das Feuer eröffneten, fielen ganze Panzerkompanien Kettenexplosionen zum Opfer. Legionäre wurden reihenweise ausgelöscht und großkalibrige Explosivgeschosse rissen den Boden auf. Mein Verstand konnte das Grauen, das ich sah, kaum verarbeiten.

Ich richtete meinen Blick zum Himmel, als der Schatten eines weiteren Landungsfliegers über mein flammenversengtes Gesicht zog. Als er über mir auftauchte und die Sonne über der Wolkendecke verbarg, auf die wir so erbittert zuhielten, kam er mir gewaltig vor. Wir schrammten aneinander vorbei, glaube ich – sein Bug streifte unsere Flanke, doch das reichte, um uns abstürzen zu lassen. Der andere Landungsflieger war nur noch ein Feuerball. Ich sah in Flammen gehüllte Körper, die von der Hitze verschleiert wurden und im Innern gefangen waren. Einige sprangen hinab, obwohl die Fallhöhe tödlich war. Ein paar Legionäre hatten Sprungmodule. Die meisten explodierten infolge der Detonationen der überhitzten Turbinen. Raben stürzten mit brennenden Federn herab. Eisen fiel vom Himmel. Drachen brannten. Der Rest wurde von Salven verschanzter Luftabwehrkanonen am Boden zerfetzt, noch bevor sie dem Wrack entkommen konnten.

Ich sah, wie eine gemischte Gruppe aus Salamanders und Raven Guards Seilwerfer bereitmachte, um sich auf unser Schiff zu retten. Durch das Getöse der vernichtenden Salven und die Explosionen konnte ich sie nicht hören, doch mit ihren Gesten machten sie ihre Absicht überdeutlich.

Aber der Plan schlug fehl, bevor mit der Umsetzung begonnen werden konnte. Eine Raketensalve irgendeiner Batterie unter uns riss den Landungsflieger in der Mitte auseinander und entfesselte einen Feuersturm in dessen Bauch, der die Krieger aus dem Laderaum warf und ins Nichts schleuderte.

Ich wandte mich ab und versuchte, einen meiner Brüder mit mir zu ziehen, doch die Feuersbrunst schoss schneller, als ich gedacht hatte, aus dem sterbenden Schiff, verbrannte mich unter meiner Rüstung und äscherte meinen langsameren Bruder ein. Als ich zurückschaute, war er fort, und nur die Spuren seiner Fingerspitzen, mit denen er sich im Stahl festgekrallt hatte, deuteten auf sein Schicksal hin.

Wir schlingerten. Der Schiffskörper knarrte und teilte sich weiter, sodass das Metalldeck von kleinen Rissen durchzogen wurde.

Ich hielt mich an einer Panzertür fest und spürte einen Moment lang, wie mich die Schwerkraft verließ und mich eine unnatürliche Ruhe überkam.

Wie ein Komet stürzte unser Stormbird vom Himmel, schlug aber weit weg von der Urgall-Senke ein. Schlagartig kehrte die Schwerkraft zurück, warf meinen Körper heftig gegen das Deck und zertrümmerte mein Bein. Wir hatten einen Berg getroffen und ganze Klippen abgebrochen, die in den abgrundtiefen Spalt unter uns stürzten. Doch das Schiff zerschellte nicht, sodass wir dalagen wie ein verwundetes Raubtier, das bereit war für den Gnadenstoß.

Fast bereit war, aber noch nicht ganz.

»Wie viele Stäbe hast du diesmal platziert?«, fragte Ruuman und holte mich damit aus meinen Gedanken zurück in die Gegenwart.

»Sechs«, antwortete Usabius.

Der Eisengeschmiedete nickte und sah beinahe beeindruckt aus.

»Es war ein großes Risiko, das zu tun.«

»Hoffen wir, dass es sich auszahlt«, warf ich ein. »Wir würden hierfür jedes Risiko eingehen.«

»*Wir?*«, fragte der Eisengeschmiedete. »Deine Legion?«

Obwohl mir bewusst war, wie leidenschaftlich ich sprach, war ich mir nicht sicher, ob ich Ruuman klar machen konnte, wie fest ich an unser Ziel glaubte. Andererseits waren dem Eisengeschmiedeten Emotionen ohnehin weitestgehend fremd.

»Ja«, antwortete ich, »alle von uns, die noch leben.«

Ruuman schaute mir einen Moment lang in die Augen und

wandte uns dann den Rücken zu, um hinter sich einen kleinen Abtaster einzuschalten, der auf einer Bank neben den Waffen lag. Der beengte Raum war so voll, dass unmöglich mehr als drei Personen hineingepasst hätten. Als flackernd das grelle, neongrüne Licht des Pictschirms anging, ertönte hinter uns eine Stimme. »Du bist spät dran.«

Ishmal Sulnar wartete mit verschränkten Armen an der Eingangstür der Waffenkammer. Der Legionär der Iron Hands war ein breit gebauter Rohling, der den Eingang, abgesehen von der Höhe, mit Leichtigkeit ausfüllte. Sulnars Kopf war noch ein gutes Drittel von der Oberseite des Türrahmens entfernt. Das lag daran, dass der stolze Legionär auf einem behelfsmäßigen Rollstuhl saß, der aus einer Tragbahre und einer Lafette bestand, an der die Räder eines kaputten Munitionstransporters angebracht waren.

Beim Kampf und beim Absturz waren einige seiner Rüstungsteile kaputtgegangen. Er trug nur noch seine linke Schulterplatte und keine Armschienen an den Armen oder Panzerhandschuhe an den Händen. Der rechte Arm war vollständig bionisch, genau wie seine linke Hand und sein rechtes Auge. Die rote Netzhaut flackerte, da ihre Fokussierringe beschädigt waren. Das sorgte dafür, dass Sulnar schielte und manchmal einer seiner Mundwinkel zu einem missbilligenden Gesichtsausdruck hochgezogen wurde.

Oberhalb der Knie fehlte ein großer Teil seiner Beinschienen, sowie seine Beine.

»Was ist da draußen geschehen?«, fragte er.

Usabius schaffte es nicht, seine Wut zu unterdrücken.

»Ein Blutbad ist geschehen, Sulnar!«

»Brüder sind aufeinander losgegangen und Tausende sind gestorben. Das haben wir gemeinsam erlebt, falls du dich erinnerst.«

Vielleicht sprach da sein Schuldgefühl aus ihm. Wir bekamen keine Gelegenheit mehr, darüber zu reden.

Sulnar löste die Arme aus der Verschränkung und für einen Sekundenbruchteil dachte ich, dass er meinen Bruder schlagen könnte, obwohl er seine Augen auf mich gerichtet hielt. Vielleicht konnte er Usabius' Blick nicht erwidern, weil er sich davor fürchtete, was er dann tun würde. Der Legionär der Iron

Hands mochte nicht mehr gehen können, aber seine Fäuste hatten nichts von ihrer Schlagkraft verloren.

Sulnar bewahrte die Fassung und hob beschwichtigend die Hand.

»Ich erinnere mich«, antwortete er leise. »Wir alle haben Verluste erlitten, Bruder. Unsere Väter sind verschollen und wir werden von Feinden belagert, die wir einst Verbündete nannten … sogar Freunde.«

»Dein Vater ist –«

Mit einem ermahnenden Blick brachte ich Usabius zum Schweigen. Sulnar redete sich ein, dass Ferrus Manus nicht tot war. Keiner von uns hatte den Gorgonen fallen sehen, doch die Berichte, die wir gehört hatten, ließen kaum Zweifel zu. Nichtsdestotrotz würde mit einer Diskussion darüber nichts gewonnen werden.

»Nichts«, lenkte Usabius ein. »Es tut mir leid, Bruder. Heute Nacht fällt es mir schwer, besonnen zu bleiben.«

»Du mutest dir zu viel zu«, sagte Sulnar. Er neigte ein wenig den Kopf, doch in seinen bionischen Augen bemerkte ich ein unwillkürliches Zucken und begriff, dass seine Fassung an einem seidenen Faden hing. Auch wenn er den Stuhl gleichmütig ertrug, war er doch entwürdigend. Jeder Beitrag, den er jetzt noch leisten konnte, würde nur von geringem Nutzen sein, und bei einem letzten Gefecht würde er ganz bestimmt nicht in der ersten Reihe stehen, was ihm sicherlich zu schaffen machte. Wir alle waren Krieger. Und als solche stand es uns nicht zu, zu entscheiden, wie wir starben. Von einem Dutzend Klingen zerfetzt, von einem guten Freund geköpft, der zum Feind geworden war, von den Ketten schwerer Kriegsmaschinen zermalmt – während des Landungsplatzmassakers hatte ich all diese Tode und viele weitere gesehen. Ich glaube, dass Sulnar tief in seinem Innersten diese Tode dem Schicksal vorgezogen hätte, das ihn erwartete. Er winkte meinem reumütigen Bruder ab.

»Und eine Entschuldigung ist nicht nötig«, ergänzte er. »Es sind für alle von uns harte Zeiten. Unerträgliche sogar. Also frage ich nochmal, was ist geschehen?«

Ich erzählte es ihm und ließ aus, dass Usabius dem Raven Guard das Genick gebrochen hatte, um unsere Tarnung zu bewahren. Sulnar schien sich besonders für die feindlichen Patrouillen und ihre Posten zu interessieren.

»Seid ihr auf weitere Widerstandsgruppen gestoßen? Irgendwelche anderen Schiffe, die nicht flugtauglich sind oder vor Anker liegen, denen wir uns anschließen können?«

»Es gibt keine, Bruder«, antwortete ich.

Sulnar schaute nachdenklich zu Boden. »Dann versuchen wir es morgen noch mal. Nur, wenn wir eine Streitmacht aufstellen, können wir es wagen, die Verräter anzugreifen. Wenn wir zu einem der Primarchen Kontakt aufnehmen könnten …«

Usabius verlor erneut die Geduld und die Gegenstände auf Ruumans Werkbank erzitterten unter seiner psionischen Wut. »Bist du auf beiden Augen blind, Sulnar? Es gibt keinen Widerstand. Wir führen keinen Guerillakrieg. Wir überleben nur, solange wir können, und mehr nicht.«

Dabei wussten er und ich, dass das nicht ganz stimmte. Wir hatten uns in den letzten Tagen nicht zum bloßen Zeitvertreib mit Ruumans Stäben nach draußen und in Gefahr begeben. Wir verfolgten ein weit größeres Ziel.

Usabius marschierte aus der Waffenkammer und drängte sich an Sulnar vorbei, der das entweder nicht bemerkte oder sich nicht darum kümmerte und fortfuhr, als ob nichts geschehen wäre.

»Wurdest du verfolgt?«, fragte er.

Ich schüttelte den Kopf. »Aber die Routen der Patrouillen dehnen sich mit jeder Stunde weiter aus. Es wird nicht mehr lange dauern, bis sie sich entschließen, in die Berge zu ziehen, und danach … Nun, wir alle wissen, was danach geschieht. All das hier findet ein Ende«, fügte ich hinzu.

Mit seinem konzentrierten Schweigen forderte Sulnar mich zum Fortfahren auf.

»Unsere Zeit ist fast abgelaufen. Wir können nicht länger hierbleiben. Wenn doch, werden sie uns finden und vernichten. Wir müssen weiterziehen.«

Sulnar sprach mit entschiedener Nachdrücklichkeit. »Das können wir nicht.« Er drehte seinen Rollstuhl herum, damit er auf die Krankenstation hinter ihm zeigen konnte. »Wir können nicht weiterziehen. Die meisten dieser Legionäre werden die Reise nicht überstehen.« Mit leiserer Stimme fügte er hinzu: »*Ich* werde die Reise nicht überstehen. So geht es den meisten dieser Krieger, Ra'stan. Verrat und Täuschung haben unseren Kreuzzug vorzeitig auf dem schwarzen Sand von Isstvan beendet. Ich halte das nicht für angemessen, aber ich bin pragmatisch genug, um zu verstehen, dass das unser unabwendbares Schicksal ist.«

»Und was ist mit dem Schicksal von Lord Manus? Warum streitest du das ab?«

Sulnar schaute zu Boden. »Weil ich an irgendetwas glauben muss. Ich bin nicht mehr der Legionär, der ich einst war. Ich kann nicht wiederhergestellt werden, nicht in dieser Umgebung und nicht mit unseren Vorräten. Also muss ich sitzen, obwohl ich stehen möchte. Ich muss warten, obwohl ich mit dir herumziehen möchte. Diese Dinge kann ich nicht leugnen, obwohl sie mich sehr belasten. Doch den Tod meines Vaters? *Den* kann ich leugnen. Solange ich ihn nicht mit eigenen Augen gesehen habe, solange ich seinen enthaupteten Leichnam nur in meinen Albträumen sehe, ziehe ich Hoffnung der Verzweiflung vor. Das tust du doch auch, warum also nicht ich?«

Dagegen ließ sich kaum etwas sagen, und selbst wenn, hätte ich es nicht über mich gebracht. Doch das änderte nichts an einigen wichtigen Tatsachen.

»Aber sie *werden* kommen«, bekräftigte ich. »Und zwar bald. Ihr müsst dafür bereit sein.«

»Da kannst du unbesorgt sein«, verkündete Sulnar und beugte sich in seinem Stuhl vor, um seinen Worten Nachdruck zu verleihen. »Wir werden uns diesen verräterischen Bastarden entgegenstellen, Ra'stan, komme, was wolle. Wir *sind* bereit, weil uns außer Vergeltung nichts mehr bleibt.«

Ich wollte noch etwas sagen, begriff dann aber, dass es sinnlos war, weiter zu diskutieren. Sulnar würde bleiben, genau wie die anderen, und auf diese Weise einen Heldentod sterben. Wer gab mir das Recht, ihnen das zu verwehren? Ich nickte.

Sulnar erwiderte die Geste und fuhr nach einigen Momenten mit seiner Einsatzbefragung fort. »Bist du noch tiefer in feindliches Territorium vorgestoßen?«

»Wir haben auf dem Weg zur Urgall-Senke gute Fortschritte gemacht. Dort sind noch immer die meisten feindlichen Truppen versammelt, doch allmählich schwärmen sie aus. Es wird Lücken zwischen ihren Wachposten geben, durch die eine kleine Spähtruppe schlüpfen könnte.« Ich leckte mir über die Lippen, da mein Mund plötzlich trocken war. »Außerdem glaube ich, dass wir seinem Schiff ziemlich nahegekommen sind. Ich denke, wir könnten es finden, wenn wir noch einmal so weit vordringen.«

Sulnar rollte auf seinen Rädern vorwärts, um mir eine Hand auf den Unterarm zu legen.

»Du musst das nicht tun, Ra'stan.«

Natürlich musste ich das.

»Lieber sterbe ich da draußen voller Hoffnung, als hier drinnen mit unserer schicksalsergebenen Verzweiflung eingesperrt zu sein.«

Ich schaute zu Ruuman, der eifrig dabei war, die seismischen Daten unserer Stäbe aufzuzeichnen und die ferne Region zu kartieren.

»Die Reichweite der Sensoren beträgt in alle Richtungen fünf Kilometer«, erklärte er vor dem Bildschirm, auf dem langsam eine grobe Geländekarte von Isstvan skizziert wurde. Die Daten, die an einer Seite des Bildes hereinströmten, zogen zu schnell vorbei, als dass mein Auge sie verfolgen konnte, doch der Eisengeschmiedete konnte das.

Eine Sekunde später verschwand das Bild und der Bildschirm schaltete sich aus, sodass er nur noch eine einfarbige, neongrüne Fläche zeigte.

»Was ist passiert?«, fragte ich.

»Signalstörung.«

Mindestens ein Stab war zerstört worden.

»Hast du irgendetwas erfassen können?« Ich klang drängender, als ich wollte.

»Ja«, antwortete Ruuman. Es schien fast so, als ob er nicht fortfahren wollen würde.

Diesmal war mein Tonfall gewollt ungeduldig. »Und?«

»Ich habe seinen Landungsflieger gefunden, ja.«

Meine Herzen schlugen höher, doch ich zwang mich mit eisernem Pragmatismus zur Ruhe.

»Intakt?«

»Er ist mehrere Kilometer von der Urgall-Senke entfernt abgestürzt, nördlich von deiner letzten aufgezeichneten Position, Bruder Ra'stan.«

Es fiel mir schwer, die Fassung zu bewahren, sodass ich meine Hoffnung hinter plötzlichem Tatendrang verbarg.

»Ich muss sofort losgehen«, sagte ich.

Usabius würde diese Neuigkeiten hören wollen.

»Wir sollten diese Angelegenheit zunächst besprechen«, sagte Sulnar, während ich mich an ihm vorbeizwängte. »Wir brauchen eine Strategie. Müssen Ausrüstung sammeln. Nicht einmal ein Legionär streift durch derartiges Feindgebiet, ohne zunächst innezuhalten und sich über die weitere Vorgehensweise Gedanken zu machen. Wir müssen uns unseren nächsten Schritt überlegen.«

Ich sah ihn ungläubig an. »Unseren nächsten Schritt?«, sagte ich und blieb vor ihm stehen, um auf den verkrüppelten Krieger herabzuschauen. »Es ist doch völlig klar, was wir tun müssen. Wir gehen los und finden den Primarchen. Wir retten Vulkan.«

Ich versuchte, meine Hoffnung zu unterdrücken. Auf Isstvan war Hoffnung grausam und unbeständig. Sie schlich sich ins Herz, in die Seele, und breitete sich schleichend aus, um dem Körper Wärme und Lebenskraft zu schenken. Aber sie war nicht real. Die Hoffnungsvollen verstanden nicht, dass die Hoffnung eine Flamme war, die jemanden von innen nach außen verbrannte und dessen Geist und Willen einäscherte, sodass nichts als eine leere Hülle zurückblieb, wenn sie unweigerlich erlosch.

Für den Fall, dass Vulkan so tot war wie Ferrus Manus, schwor ich mir, es im Gegensatz zu Sulnar nicht zu leugnen. Ich würde es so stoisch ertragen wie jeder Feuergeborene Nocturnes es gelernt hatte, Unglücke zu ertragen.

Falls mein Vater erschlagen war, würde ich ihn betrauern und meinem Gram mit einer letzten, gewalttätigen, blutrünstigen Tat gegen meine Feinde Ausdruck verleihen.

Aber falls er lebte …

Hoffnung entflammte und ich wusste, dass ich ihr williger Sklave war.

Ich fand Usabius beim Bug. Es war nicht schwer, ihn aufzuspüren. Landungsflieger sind ziemlich groß, aber unserer war zum größten Teil unbewohnbar. Abgesehen von Haukspeers Krankenstation, der Waffenkammer und dem ›Strategium‹, wie Sulnar es fälschlicherweise nannte, gab es nur noch einen Ort, an den man gehen konnte.

Der Bug war aufgerissen und scharfkantig. Das Dach war längst fort und bildete einen Teil der Schlachttrümmer, die Isstvan übersäten. Ein langer Gang führte zur Fliegerkabine des Landungsfliegers, den ich wie einen trostlosen Prozessionsweg entlangging. Auf den Seiten befanden sich die gespiegelten Truppenräume, deren Halterungen zertrümmert und herausgerissen waren. Als ich die halbe Strecke hinter mich gebracht hatte, sah ich den Scharfschützen. Der Sohn Medusas trug eine schwarze, eisenberänderte Rüstung, auf der stolz eine weiße Hand prangte, und schien mit seinem Posten bemerkenswert zufrieden zu sein.

Tarkan verneigte sich vor mir, während ich den grauen Korridor zur Fliegerkabine entlangging. Er kniete, ritzte mit seinem Kampfmesser etwas in die Metallwände des Schiffs und stand auf, als ich mich näherte. Ich hielt inne, als ich mich an die Annäherungsminen erinnerte, doch Tarkan hatte sie schon deaktiviert, bevor ich den Bugbereich, der dem Wind ausgesetzt war, erreicht hatte. Ich spürte, wie er mich anschließend mit seinem Zielfernrohr beobachtete, bis ich vollständig ins Zwielicht trat.

Es war nicht das erste Mal, dass ich hierherkam. Normalerweise war ich allein und Tarkan überließ mich meinen Gedanken und Sorgen. Er hatte mich kein einziges Mal nach dem Grund für mein Kommen gefragt oder versucht ein Gespräch zu beginnen.

Über mir hing ein zunehmender, roter Mond. Er sah aus wie eine blutige Iris, deren große, schwarze Pupille aus aufsteigenden Rauchschleiern bestand. Die zertrümmerten Mechanismen und freiliegenden Maschinenteile des Landungsfliegers waren von grau-weißer Asche bedeckt. Sie verstopfte die Rohre und begrub die Cogitatoren und Bildschirme. Es war, als ob das Feuer unseren Flieger zu sich holen und in ein Meer aus Staub hinabzerren wollte, wo es für immer ruhen würde. Vielleicht wurden wir mit ihm hinabgezerrt, nur dass der Staub sich so langsam bewegte, dass wir die uns drohende Gefahr erst erkennen würden, wenn es zu spät war.

Während Tarkan wie so oft in die Schatten zurückkehrte, trat ich neben Usabius und folgte seinem Blick über die Berge und das dahinterliegende Isstvan.

Im Süden erstreckte sich eine weitere Bergkette, die unseren Schwarzzähnen ähnelte. Dahinter befand sich eine weite und leere Salzebene, die so verlassen war, wie ich mich fühlte. Die Scheiterhaufen brannten noch immer, höher und wilder als je zuvor. Sie kamen mir wie Schmelzöfen irgendeiner höllischen Maschine vor, die von Verrat und Betrug angetrieben wird. Bei ihrem Anblick fiel es mir schwer, meine Wut zu unterdrücken, sodass ich wegschaute.

»Es gibt eine neue Mission, mein Freund«, sagte ich.

Usabius schaute mich von der Seite an. »Hat Ruuman etwas gefunden?«

Scheinbar hatte auch mein Bruder Hoffnung gehegt.

»Den Landungsflieger des Primarchen. Er hat es bestätigt.«

Ich lächelte, als Usabius mich anblickte. Trotz seines Gefechtshelms konnte ich sehen, dass seine Augen wie Leuchtfeuer aufflammten.

»Vulkan lebt?«, sagte er zunächst noch zweifelnd, doch dann mit größerer Zuversicht. »Vulkan lebt!«

Er klopfte mir auf die Schulter und seine Stimme zitterte vor Aufregung.

Ich riet ihm zur Vorsicht, obwohl diese grausame Hoffnung allmählich auch von mir Besitz ergriff.

»Es ist nur ein Stormbird, Bruder.«

»Wie nah ist der Feind?«

»Ziemlich nah, aber möglicherweise so weit weg, dass er ihn noch nicht entdeckt hat.«

»Das ist ein Zeichen, Bruder. Ich spüre es.« Usabius ballte eine Faust und die glühende Asche in seinen Iris loderte himmelblau auf. »Wir müssen sofort gehen.«

Ich legte ihm eine Hand auf den Arm. Nachdrücklich.

»Nein. Inzwischen wird die Senke vor Verrätern wimmeln. Die größte Aussicht auf Erfolg haben wir, wenn wir wieder bis kurz vor Nachteinbruch warten.«

Usabius blieb hartnäckig. »Dann könnte es zu spät sein!«

Ich hielt seinen Arm fest. »Bisher hat er überlebt, Bruder. Wenn wir jetzt versagen, werden wir keine weitere Gelegenheit bekommen. Wenn wir oder der Primarch aufgrund unserer mangelnden Vorsicht und Vorbereitung entdeckt werden, sterben wir alle.«

Usabius zeigte sich einsichtig und ich ließ ihn los.

»Wie wollen wir dann vorgehen?«

»Sulnar möchte das im Strategium besprechen.«

»Der Krüppel hat den Verstand verloren, Ra'stan. Er glaubt immer noch, dass Ferrus Manus lebt und nicht erschla–« Usabius hielt inne, als ihm Tarkan einfiel. Er senkte die Stimme. »Er bestimmt über diesen Einsatz?«

»Er ist der ranghöchste Offizier.«

»Und nur noch ein halber Lieutenant. Macht ihn das zu einem vollwertigen Captain?«

»Beruhige dich. Du lässt dich von deinen Gefühlen übermannen.«

Usabius wandte sich von mir ab.

»Ich werde nicht an dieser Besprechung teilnehmen«, sagte er ausdruckslos. »Ich werde abreisefertig an der Laderampe auf dich warten.«

Ich verneigte mich. »Wenn du das wünschst.«

»Das tue ich.«

Ich gewährte uns eine Schweigepause, um die Bedeutsamkeit dieser Entdeckung verarbeiten zu können.

Der Primarch.

Vulkan.

»Ich war kurz davor, zu verzweifeln, Bruder«, gab ich zu.

»Ich auch«, antwortete Usabius, dessen Stimme kaum lauter als ein Flüstern war. »Wenn ich nur meine Gaben einsetzen könnte …«

Durch das Edikt von Nikaea war Usabius zu einem einfachen Soldaten degradiert worden, einem Krieger, der mir untergeben war, obwohl er mir vorher gleichgestellt gewesen war. Er trug diese Last mit Würde und war ein vorbildlicher Soldat. Doch er hielt seine Kräfte nicht aus Achtung vor einem überholten Eid zurück – seit dem Verrat waren viele Scriptoren bereit gewesen, ihre Macht erneut zu entfesseln –, sondern weil er sich fürchtete.

Es war weniger ein Gefühl der Furcht oder eine Sorge vor Bestrafung als vielmehr eine Unwilligkeit, sich den unzähligen Qualen auszusetzen. All dieser Schmerz, all dieser Tod würde ihn mit einem einzigen Schlag psionischer Kraft treffen. Hätte er versucht, unseren Vater auf diese Weise zu *finden*, wären er und alle um ihn herum von den Nachwirkungen der psionischen Energie wahrscheinlich getötet worden.

Selbst im besten Fall hätte es Usabius in den Wahnsinn getrieben. Ich war überrascht, dass er noch nicht verrückt geworden war.

»Wir werden ihn finden, Bruder«, murmelte ich leise.

»An der Rampe des Laderaums«, sagte er. »Ich werde auf dich warten.«

Ich nickte und ließ Usabius mit seinen Gedanken allein.

Tarkan hielt mich an, als ich durch den Korridor an ihm vorbeiging. Er legte mir die Hand auf die Schulter, schaute mir aber nicht in die Augen.

»Hast du da draußen gefunden, was du gesucht hast?«, fragte er mit tiefer, rauer Stimme.

Ich starrte ihn verwirrt an.

»Mein Bruder kommt später nach«, antwortete ich.

Er sah aus, als ob er noch etwas sagen wollte, klopfte mir dann aber lediglich auf den Schulterpanzer und ließ mich gehen.

Ich schaute nach unten, wo er etwas in die Wände des Landungsfliegers geritzt hatte.

»Was ist das?«, fragte ich, als ich die Worte sah, die er in das Metall gearbeitet hatte. Ich las einige von ihnen: *Desaan, Vutlich, Konn'ador, Tarsa, Igataron, Mendenach*. Es waren viele Namen, doch sie waren nicht nach Legion oder Kompanie sortiert, sondern nach ihrem Todeszeitpunkt. Damit beantwortete sich meine Frage. Das war eine Gedenkstätte.

»Hier weht ein rauer Wind«, erklärte Tarkan. »Er lässt die Buchstaben verwittern. Und die Asche verdeckt sie ebenfalls. Ich sorge dafür, dass sie nicht vergessen werden.«

»Ich wusste, dass es auf der *Fegefeuer* einen Totenschrein gibt«, sagte ich. »Aber ich hatte keine Ahnung, dass er sich hier befindet und du ihn pflegst.«

»Nicht alle von ihnen sind tot«, antwortete Tarkan. »Einige werden nur vermisst.« Er strich einen breiten Streifen Asche weg, wodurch zwei Namen enthüllt wurden, die mir schmerzlich vertraut waren.

Corax.

Vulkan.

Beide wurden vermisst und je nachdem, wen man fragte, waren sie tot oder lebendig.

»Ich denke, wir alle sollten vor unserer letzten Schlacht unseren Frieden finden«, sagte Tarkan. »Ich hoffe, du findest deinen. Ich hoffe, er wird dich heilen, Bruder.«

Ohne wirklich zu verstehen, was er meinte, bedankte ich mich und ging davon.

»Möge der Imperator dir beistehen«, hörte ich ihn rufen, als ich den Gang verließ.

»Und dir, Tarkan.«

Auf Usabius' Wort war Verlass.

Nach unserer Unterhaltung am Schiffsbug hatte ich ihn die ganze Nacht und den folgenden Tag nicht mehr gesehen, bis der Moment gekommen war. Er wartete an der Rampe des Laderaums, trug einen Bolter an einem Gurt über der Schulter und seine rechte Hand steckte samt Unterarm in einer Energiefaust. Außerdem hatte er irgendwo Granaten gefunden, die dicht gedrängt an seinem Kampfgeschirr befestigt waren. An seiner rechten Seite steckte eine Boltpistole im Holster und an seinem Waffengürtel befanden sich einige zusätzliche Magazine. Der ramponierte Helm mit der eingerissenen Helmlinse und den Verbrennungsspuren verhüllte weiterhin sein Gesicht.

Er nickte, als er mich sah.

Als ich die Geste erwiderte, nickten Vogarr und E'nesh mir ebenfalls zu. Die Wachmänner hatten ihre Posten nicht verlassen. Nur der Tod würde sie davon vertreiben. Wie Sulnar hatten auch sie ihr Schicksal akzeptiert und würden hier auf das Ende warten.

Ich wollte gerade etwas sagen, als Usabius den Kopf anlegte und ein dritter Legionär zu uns stieß.

»Was machst du denn hier, Apothecarius?«, fragte ich.

Haukspeer war bewaffnet und für den Krieg gerüstet aus den Schatten getreten. Er hatte seinen Reduktor abgenommen und durch eine Energieklaue ersetzt, und der pechschwarze Gefechtshelm, den er trug, hatte eine vogelkopfähnliche Form.

»Ist das nicht offensichtlich?«, sagte er durch das Voxgitter seines Vogelhelms.

»Ich sehe einen Legionär, der sich von seinem Eid des Heilens abgewendet und die Haltung eines Kriegers eingenommen hat.«

»So poetisch ist es bei Weitem nicht«, antwortete Haukspeer, den meine unbeabsichtigt spitze Bemerkung nicht zu beeindrucken schien. »Ich möchte mit ausgebreiteten Flügeln und einem Kriegsschrei auf den Lippen sterben, nicht hier drin, eingesperrt mit den Verwundeten und Toten.« Er schwenkte seine Energieklaue, um auf den gesamten Frachtraum zu deuten. »Ich bin als Heiler nicht länger von Nutzen. Wenn es wahr ist, was du über das Vorrücken des Feindes gesagt hast, dann habe ich für diese Legionäre alles getan, was ich kann. Ich wurde nicht zum Apothecarion gerufen, um jemanden am Leben zu halten, nur, damit er später abgeschlachtet werden kann. Wenn ich also nicht heilen kann, dann will ich *zerstören*. Ich möchte die Feinde meiner Legion und die Feinde des Imperators ein letztes Mal töten, bevor ich in die lange Dunkelheit hinübertrete und nie mehr fliege.« Er ballte seine Faust und entlang seiner Krallen versprühte ein Energiestoß Funken. »Auch, wenn diese Feinde meine ehemaligen Vettern sind.«

Ich warf Usabius einen Seitenblick zu. Er neigte leicht den Kopf.

Ich freute mich, denn auch ich wollte den Raven Guard bei unserer Mission dabeihaben.

»Abgesehen davon«, fügte Haukspeer hinzu, »wirst du ohne mich sterben.«

Der Klang von Sulnars näherkommendem Rollstuhl unterbrach meine Antwort und ich drehte mich zu unserem verkrüppelten Kommandanten um.

»Der Plan steht fest«, sagte er. »Ich komme, um euch eine gute Jagd zu wünschen.«

Ich verbeugte mich vor dem Iron Hand, der das mit einem freudlosen Lächeln erwiderte.

»Wir werden sie herlocken und aufhalten«, fuhr er fort. »Aber unser Opfer muss etwas bedeuten.«

»Wenn Vulkan lebt, werden wir ihn finden«, sagte ich. Ich starrte ihn einen Augenblick lang an. Sulnar, der sich so entschieden weigerte aufzugeben, der trotz seiner Verwundungen so viel Haltung bewies und dessen Stolz so unangebracht war. »Bist du sicher, dass du nicht mit uns kommen willst? Wenn du von hier fortgehst, kannst du eine andere Zuflucht finden. Zieh weiter und überlebe, Sulnar.«

»So, wie ihr gehen müsst, Ra'stan, müssen einige von uns zurückbleiben. Je mehr Verräter hierherkommen, desto ungefährlicher wird euer Weg sein. Ich möchte das für euch tun. *Wir* möchten das für euch tun.«

Ich packte seinen Unterarm zum Kriegergruß. Ruuman, der hinter ihm stand, nickte ich zu.

»Lasst den Abschaum jenseits dieser Berge für jeden Tropfen eures Bluts bezahlen«, sagte ich zu ihm.

»Das schwöre ich auf Ferrus Manus' Leben.«

Unglücklicherweise war Sulnars Eid alles andere als beruhigend.

Und dann öffnete sich das Tor der *Fegefeuer*, um uns wieder hinaus in die Hölle zu entlassen.

Ich erinnerte mich an die Einsatzbesprechung. Sulnar hatte die Hololithprojektion des Landungsplatzes lange und eingehend betrachtet. Trotz der gewaltigen Truppenmenge, die dort gelandet war, war die Urgall-Senke, verglichen mit der Bergkette, in der wir Zuflucht gesucht hatten, ein überschaubares Gebiet mit einem Durchmesser von etwa zwanzig Kilometern.

Ein von Ruuman platziertes Leuchtsymbol hatte auf der aufgerufenen Darstellung euphorisch geblinkt. Es befand sich an der Absturzstelle von Vulkans Landungsflieger, die die seismischen Kartierungsstäbe ermittelt hatten, bevor sie zerstört worden waren. Der Landungsflieger befand sich ein beträchtliches Stück von der *Fegefeuer* entfernt. Es waren mehrere Routen geplant worden, die als aufleuchtende, gestrichelte grüne Linien aufgrund von Bildstörungen kaum zu erkennen gewesen waren. Die Linien, die uns zu nah an die bekannten Feindstellungen und die Urgall-Senke geführt hätten, wo sich der Großteil der Verräterlager befand, waren verworfen und rot eingefärbt worden, da es zu gefährlich war, ihnen nachzugehen.

Während der Besprechung hatte ich wenig gesprochen, da ich wegen meiner Ungeduld, endlich loszuziehen, kaum noch einen klaren Gedanken hatte fassen können. Die ganze Zeit über hatte ich die Blicke der anderen auf mir gespürt, wie sie abwägten und einschätzten, ob ich für die Aufgabe geeignet war. Ich bin einer der Feuergeborenen, wie könnte ich denn *noch* geeigneter sein? Vielleicht hatte Usabius sich mit seinem Fortbleiben richtig entschieden, andererseits musste einer von uns dort sein, um die Legion zu vertreten.

Vulkan war *unser* Primarch. Wenn er lebte, würden wir ihn finden und zurückbringen.

Als wir zum Abschluss gekommen waren, hatte Sulnar zufrieden gewirkt, wollte für unseren Einsatz aber keine weiteren Ressourcen bereitstellen. Als größere Gruppe würden wir nur ungewollte Aufmerksamkeit auf uns ziehen und ein Scheitern des Einsatzes riskieren. Daher war Haukspeers Erscheinen an der Rampe umso überraschender.

Und so hatten wir vier Legionäre schließlich um ein flimmerndes Hololith gestanden und ein gestricheltes grünes Licht betrachtet, als ob die Farbe es sicherer machen oder den Erfolg garantieren würde.

Die Route, die wir gewählt hatten, war nicht unbedenklich. Zunächst verließen wir – zwei Krieger, die sich in Schatten hüllten, und einem, der mit der Dunkelheit verschmolz – die Berge und gingen nach Süden. Unser Pfad führte uns direkt durch Trümmerfelder voller kaputter und ausgeweideter Fahrzeuge, abgestürzter Schiffe und gespaltener Gehäuse toter Kampfpanzer. Die Wracks standen hier dicht an dicht und die Laderäume und Truppenabteile waren sorgfältig von allem Leben gesäubert worden, sodass hier kaum Feinde anzutreffen waren.

Nur selten behinderten Jägergruppen unser weiteres Fortkommen. Die Todeskommandos der World Eaters riefen in Haukspeer eine Wut hervor, die er schnell niederringen musste, um unsere Position nicht zu verraten. Die Raven Guard war schon einmal im Isstvan-System gewesen. Sie war auf dem dritten Planeten im Redarth-Tal gelandet und hatte schließlich die Konformität einer weiteren Welt und deren Erleuchtung durch die Imperiale Wahrheit feiern können. Ihr Licht war nun von Schatten befleckt und schmutzig wie eine alte Lumenröhre, die an den Rändern schon braun war und nur noch flackerte.

Bei ihrer Rückkehr kämpften sie gegen die World Eaters, die ehemaligen War Hounds. Das wusste ich, weil ich an den Einsatzbesprechungen beteiligt gewesen war und wie viele der anderen Bruder-Captains ernst schweigend vor mich hingestarrt hatte, während beschrieben wurde, wie wir gegen unsere einstigen Brüder kämpfen und sie töten würden. Ich wusste es außerdem, weil Haukspeer mir den Angriff beschrieben hatte, die unglaubliche Wildheit von Angrons Legion und die darauffolgende Niederträchtigkeit der Night Lords, als sie ihr wahres Gesicht gezeigt hatten.

Statt einstiger Rivalen und Verbündeter, mit denen wir uns früher gemessen hatten, die wir uns zum Vorbild genommen und mit denen wir gewetteifert hatten, hatte jeder von uns nun einen Erzfeind. Es sprach viel dafür, dass Curzes Söhne unsere waren, vor allem die Ereignisse in den frühen Jahren des Kreuzzugs. Ich hatte nur davon gehört und sie nicht selbst erlebt, doch ich wusste, dass sie unauslöschliche Spuren an uns hinterlassen und unsere Beziehungen zu der nachtschwarzen VIII. Legion geprägt hatten.

Bei Einbruch der Nacht verließen wir das Trümmerfeld und das Geheul der wahnsinnigen Kriegsscharen verfolgte uns durch die Dunkelheit. Wir zogen nach Westen, umgingen die Urgall-Hügel und erreichten unwegsameres Gelände, in dem der Vulkansand wie schwarze Wellen eines einsamen Ozeans gegen den Rand eines kargen Ödlands schlug.

Nach einer weiteren Anhöhe ging die Steppe in eine weit felsigere, hügligere Umgebung über. Wir erklommen einen langen dunklen Kamm und schauten auf ein weites Tal hinab, das sogar noch dunkler war.

»Ich erinnere mich an diesen Ort«, sagte Haukspeer gerade so laut, dass wir ihn noch hören konnten. Der Apothecarius war Teil eines Erkundungstrupps gewesen, der auf Isstvan V gelandet war, aber nur Asche und nichts von der natürlichen, idyllischen Schönheit von Isstvan III vorgefunden hatte.

Einige Meter vor uns führte eine Klippe fast senkrecht in die Tiefe, doch unüberwindbar war sie nicht. Während er Usabius und mir vorausgegangen war, um sich im Tal umzuschauen, war mir aufgefallen, dass er sehr darauf achtete, kein Geröll vom Gipfel des Kamms loszutreten. Winzige, herabrollende Steine mochten harmlos wirken, doch wir wussten noch nicht, was in der Dunkelheit des Tals lauerte und ob es schlief oder auf Beute wartete.

»Auch wenn wir uns nach unserer Ankunft die größte Mühe gaben, es auszulöschen, hat es hier einst Leben gegeben«, sagte der Raven Guard. »Grünes und violettes Heidekraut und kobaltblaue Flechten, die sich fest an die blanken Felsen klammerten.

Dunkler, lehmiger Boden, der reif war für die Bepflanzung. Wir haben es verwundet, aber das hier … jetzt …«

Was sich da vor uns erstreckte, war eine Wüste: blanker Fels, harter Sand, tote Erde. Hier würde nie wieder etwas leben.

»Das war das Redarth-Tal«, versicherte ich ihm. »Auf Isstvan Drei, Bruder. Nicht hier. Nicht auf dieser Welt.«

»Natürlich …«, stammelte Haukspeer. Die langen Nächte hatten uns alle strapaziert und unsere Wahrnehmung verzerrt. »Du hast recht. Das hier ist nicht das Redarth-Tal.«

Er nickte ernst und schien eine Weile zu gerührt zu sein, um weiterzureden.

»Warte hier, während ich vorausgehe und mich umsehe«, sagte er schließlich. Dann war er fort, wie ein Gespenst, das mit den Schatten verschmolz und ein Teil von ihnen wurde.

Erst, als der Raven Guard schon mehrere Minuten fort war, meldete sich Usabius zu Wort.

»Es ist ein Wunder, dass wir es so weit geschafft haben, Bruder.«

»Und doch stehen wir hier. Sulnar war überzeugt davon, dass ihr Opfer uns ein Tor in feindliches Territorium öffnen würde. Es scheint, als hätte er recht gehabt.« Ich schaute hinter uns, Richtung Norden, und dann nach Westen zur Urgall-Senke. Die Feuer brannten heller und höher als je zuvor und schlugen mit ihren Flammenkrallen nach dem Himmel. Todeskommandos zogen umher und ich hörte ihre lauten, misstönenden Hörner durch die Nacht schallen. Ein Ruf zu den Waffen, ein Aufruf zum Morden, oder verkündigten sie lediglich, dass Überlebende gefunden worden waren, die nun Teil der Jagd waren?

Usabius' Stimme holte mich aus meinen finsteren Gedanken. »Auf der anderen Seite des Tals liegt das Schiff unseres Vaters. Vulkan könnte zum Greifen nah sein.«

»Hast du schon darüber nachgedacht, was wir tun, falls wir ihn finden?« Ich wandte mich meinem Bruder zu und betonte die Ungewissheit meiner Frage.

»*Wenn* wir ihn finden, meinst du wohl.«

»Nein, *falls*.«

Usabius murmelte irgendetwas. Einen Moment lang dachte ich, dass seine Wut und Verärgerung wieder auflodern würden, wie das an Bord der *Fegefeuer* geschehen war, doch er beruhigte sich.

Geschlagen ließ er ein wenig die Schultern hängen.

»Ich hatte gehofft, dass der Primarch wissen würde, was zu tun ist.«

»Wir sind mehr denn je auf seine Führung angewiesen.« Ich zögerte, meinen nächsten Gedanken laut auszusprechen, doch solange ich ihn mied, würden wir nicht darüber reden. »Und falls wir seine Leiche finden, falls er *doch* tot ist, was dann, Usabius?«

Mein Bruder atmete lang und tief seufzend aus, um seiner Sorge und Ungewissheit Luft zu machen. »Dann werden wir weitermachen, solange wir können, Vulkans Andenken ehren und unsere Feinde zu Asche verbrennen.«

Das war eine gute Antwort.

»Auf den Amboss, Bruder«, sagte ich voll feuriger Zuversicht.

»Auf den Amboss«, wiederholte Usabius.

Eine Sekunde später bemerkte ich Haukspeer, der von seiner Erkundung zurückkehrte. Nachdem er mir einen merkwürdigen Blick zugeworfen hatte, bei dem er wie ein Vogel den Kopf leicht angewinkelt hatte, sagte er: »Soweit ich sehen kann, sind zumindest die ersten Kilometer des Weges frei. Aber irgendetwas stimmt nicht mit diesem Ort …« Er zögerte und als er fortfuhr, hörte ich die Beunruhigung in seiner Stimme. »Ich halte es für unklug, länger als nötig in diesem Tal zu verweilen. Meine Instinkte schreien mir regelrecht zu, es zu meiden.«

»Wie bei einem Hinterhalt?«, fragte ich.

»Nein«, sagte Haukspeer. »Da ist etwas anderes, irgendetwas, das ich nicht ganz zuordnen kann.«

»Wir könnten das Tal umgehen und uns an die Ausläufer der Urgall-Hügel heranwagen?«

Haukspeer schüttelte den Kopf und drehte sich bereits um, um ein zweites Mal hinabzusteigen. »Zu gefährlich«, sagte er. »Wir gehen hier runter und halten Augen und Ohren offen.« Er warf einen Blick über die Schulter, über das lautlose Energiemodul, das seine Rüstung versorgte. »Ich gehe voraus.«

Usabius schaute mich schulterzuckend an und wir folgten dem Raven Guard in die Dunkelheit.

Nachdem wir den Fuß der Klippe erreicht hatten, verloren wir Haukspeer fast sofort aus den Augen. Wir befanden uns in einem tiefen, verwinkelten und engen Einschnitt, wie von einer gezackten Klinge, der aber für drei Legionärskrieger mehr als breit genug war.

Schon in den ersten Minuten überkam mich das gleiche, schwer greifbare Gefühl, das Haukspeer beunruhigt hatte. Nach weniger als einhundert Metern spürte ich eigenartige, grauenvolle Dinge. Als wären Klingen in meinem Mund, obwohl kein Blut floss, oder Steinsplitter unter meinen Fingernägeln, obwohl meine Hände in Ceramit eingeschlossen waren. Am ehesten konnte ich es als *Juckreiz* beschreiben, als ob ein Zielfernrohr auf meinen Hinterkopf gerichtet oder ein Messer nur eine Haaresbreite von meinem freiliegenden Hals entfernt wäre.

»Spürst du das?«, fragte ich flüsternd Usabius.

»Als würde man auf rostigen Nägeln kauen oder über Glasscherben laufen.«

»Ja«, sagte ich, als mir auffiel, dass wir stehen geblieben waren. Ich schaute auf die Retinalanzeige meines Gefechtshelms. Die gemessene Entfernung seit dem Betreten des Tals betrug achtundachtzig Komma acht-acht Meter.

Exakt.

»Eigenartig …«, murmelte ich.

Das Vox in meinem Ohr knisterte.

»Ich habe etwas gefunden.« Haukspeer klang angestrengt.

»Geht es dir gut, Bruder? Du klingst nicht wie –«

»Komm schnell und leise. Folge genau der Route meines Ident-Symbols und weich nicht von ihr ab«, sagte er und fügte dann hinzu: »Ich kann nicht glauben, dass ich das vorher nicht gesehen habe.« Dann beendete er die Verbindung.

Haukspeer war nicht weit weg. Er hockte neben einem Hügel aus Steinen, die er der Reihe nach mit den Spitzen seiner Energieklaue untersuchte.

Sobald wir ihn erreicht hatten, überprüfte ich meine Retinalanzeige: fünfhundertzwölf Meter. Wieder war ich genau in dem Moment stehen geblieben, in dem eine exakte Zahl ohne endlose Nachkommastellen angezeigt wurde.

»Acht mal acht mal acht …«, flüsterte ich.

Haukspeer drehte sich abrupt um. »Was hast du gesagt?«

»Ich weiß nicht, warum ich das gesagt habe.« Ich zeigte auf den Steinhügel. »Was schaust du dir da an?«

Der Hügel war doppelt so hoch wie ein Legionär, unten breit und lief nach oben spitz zu. Da er von schwarzem Vulkanstaub und der Asche von Isstvan bedeckt war, war es schwer zu erkennen, woraus er bestand.

Zaghaft wischte Haukspeer einigen Staub weg und ich sah einen Schädel darunter.

Mein Herz stockte, während ich die Galle niederrang, die aus meinem Magen aufstieg, und den glühenden Zorn unterdrückte, der mein Gesicht und meinen Körper wärmte.

»Ist es das, was ich denke?«

Haukspeer konnte nur nicken. Er ballte die Fäuste und ein Energiestoß schoss seine Krallen entlang.

Usabius war zunächst ähnlich sprachlos.

Es war ein Hügel aus Schädeln, aus den Köpfen unserer Legionsbrüder. Ihre Anzahl verschlug mir den Atem.

»Dafür werden wir uns rächen«, zischte Usabius.

»Schau dich um«, sagte Haukspeer, der ebenfalls in Verzweiflung zu versinken schien.

Ich gehorchte.

Bis zu diesem Moment hatte ich nicht bemerkt, dass wir von Schädelgebilden umgeben waren, die wie die knöchernen Überreste einer riesigen, uralten Ruine wirkten. Sie waren in schwarze Vulkanasche gehüllt und unterschieden sich in Größe und Form. Manche waren säulenförmig, andere bildeten flache Knochenflächen oder gewundene Wege, die aus unseren toten Brüdern gebaut worden waren.

Der Boden unter unseren Füßen knirschte wie Schiefer oder eine muschelbesetzte Sandbank an einem Strand. Doch es war beides nicht; wir gingen über die Skelette unserer erschlagenen Brüder und zermahlten sie mit jedem Schritt unserer Stiefel zu Staub.

Zielloser Zorn stieg in mir auf. Als hätte jemand in meinem Kopf einen Schalter umgelegt, wurde ich plötzlich von dem Drang erfüllt, jene zu töten, die für das hier verantwortlich waren. Hasserfülltes Rot verschleierte meine Sicht und ich genoss es. Ich hörte den Puls meiner wütenden Herzen in meinem Kopf – nach einer Weile klangen sie wie Gesang.

Nein, Moment … Da war *wirklich* Gesang.

»Hört ihr das auch?«, fragte ich durch zusammengebissene

Zähne. Mein Kiefer war so angespannt, dass ich glaubte, er würde durchbrechen.

Usabius nickte.

»Ich höre es«, gurgelte Haukspeer mit schäumendem Speichel in den Mundwinkeln.

Mein eigener Mund schäumte ebenfalls und schmeckte nach Blut.

»Da lang«, sagte Usabius und ich folgte seinem ausgestreckten, zitternden Finger.

»Es kommt aus dieser Richtung«, sagte Haukspeer. Ich fragte mich, ob er meinen Bruder wegen des pochenden Bluts in seinem Kopf nicht gehört hatte.

Das würden wir nicht mehr herausfinden. Er machte sich zu dem Gesang auf und wir folgten ihm.

Alte, grobe Klingenverletzungen bildeten ein Gitter auf der von verschorften Einschusslöchern übersäten Haut des gebeugten Kriegers. Hämatome erstreckten sich wie Kontinente auf einer Karte voller Narben über seinen breiten Rücken. Selbst für einen Legionär war er ungewöhnlich muskulös und unnatürlich breit gebaut. Er saß in der Hocke und kratzte unaufhörlich an einem gespaltenen Schädel, den er in seinen fleischigen Fingern hielt. Aus seinem Gefechtshelm quoll eine prächtige, schwarze Haarmähne hervor, die seine Wirbelsäule hinab verlief und bis zum oberen Rand seiner Beinschienen reichte. Statt Armschienen waren seine Handgelenke von Ketten umschlossen, und obwohl er den Schädel mit dem Eifer eines Schlächters bearbeitete, verfügte er über das Geschick eines Metzgers.

Wir waren ins dunkle Tal hinabgestiegen, das Haukspeer zu besseren Zeiten schon einmal betreten hatte. Wie viel sich doch geändert hatte, dass dieser Rohling nun der einzige Bewohner des Tals war. Und er war *wahrhaftig* ein Rohling. Ich wusste, dass die World Eaters tollwütige Hunde waren, aber wenn Angrons Legion inzwischen schon ihren Brüdern die Haut abzog und ihre Erfolge mit solch makabren Trophäen zur Schau stellte, war sie wirklich tief gefallen.

In der Nähe steckte eine Axt im Boden, deren Klinge rostig rot verfärbt war. Daneben lag ein Haufen aus Leichen, denen Rüstung und sonstige Ausrüstung als Vorbereitung auf das Zerlegen abgenommen worden waren. Gegenüber von dem World Eater befand sich seine blutige Ernte, die Knochen, die vorbereitet waren, um in seinem nächsten Hügel verbaut zu werden.

Auch ein ahnungsloser Beobachter hätte erkennen können, dass hier ein Ritual im Gange war, und es drehte mir den Magen um, als ich es sah. Bald wich meine Abscheu meinem Zorn, bis mein Blut kochte und ich ein groteskes Verständnis dafür entwickelte, wie man jemandem diese Grausamkeiten antun konnte, die ich vor mir sah.

Da sprang Haukspeer aus der Deckung und schaltete seine Energieklaue ein, worauf himmelblaue Energie aus ihr hervorbrach.

Der World Eater schnüffelte, als ob er die plötzliche Ozonwoge gerochen hätte, und stand auf. Er war einen Kopf größer als ich, womit er anderthalb Köpfe größer als Haukspeer und knapp größer als Usabius war. Den Schädel, den der World Eater bearbeitet hatte, ließ er wie Unrat zu Boden fallen und griff stattdessen nach seiner Axt. In der anderen Hand hielt er noch immer das breite Häutungsmesser.

Der Metzger war seiner Arbeit so eifrig nachgegangen, dass sein nackter Oberkörper ebenso rot gefärbt war wie sein gehörnter Gefechtshelm, dessen vertraute Legionsfarben, Weiß und Blau, von dem Blut fast vollständig verdeckt wurden. Ich sah Zeichen, die dort hineingeritzt worden waren: Jeweils acht Kerben an den Schläfen, und auf der Stirn prangte ein eigenartiges Bild. Es schien ein unvorstellbar altes Stammessymbol zu sein – ein zähnefletschendes, kantiges Gesicht.

Der Gesichtsausdruck des brutalen World Eaters ähnelte diesem Zeichen. Er hatte das Mundstück seines Helms abgerissen, sodass ich sehen konnte, wie er seine geschärften Zähne mit einem wilden Lächeln entblößte.

Es war ungewöhnlich für Haukspeer, dass er so kühn angriff; es entsprach nicht den üblichen Taktiken seiner Legion, andererseits war nichts an dieser Begegnung gewöhnlich. Obwohl auch ich mich meiner Wut hingab, konnte ich das Gefühl nicht abschütteln, dass wir von irgendetwas in diesem Tal manipuliert wurden, von etwas, das unter der Oberfläche gelauert hatte und von unserer Anwesenheit aufgeweckt worden war. Ich wusste nicht, warum mir das bewusst war, oder warum meine Begleiter es nicht zu wissen schienen, doch ich konnte dieses nagende Gefühl nicht abschütteln.

Es war egal. Ich wollte einfach nur töten.

Haukspeer griff den World Eater wie wildgeworden an und sprang ihm mit einem fluchenden Vogelschrei auf den Lippen entgegen.

Der World Eater parierte den riskanten Hieb der Energieklaue, der die Axt des Kriegers zwar spaltete, ihn selbst aber nicht traf. Er antwortete mit einem heftigen Schlag in Haukspeers Magen, durch den der Krieger der Raven Guard sich vor Schmerzen krümmte, sein Bauchpanzer einriss und er einige Zentimeter vom Boden gehoben wurde. Er taumelte zurück und atmete schwer durch sein schnabelförmiges Mundgitter.

Der benommene und atemlose Haukspeer knurrte und stürzte sich erneut auf den World Eater, doch der schwere Krieger bewegte sich mit erstaunlicher Schnelligkeit, duckte sich unter dem übereilten Hieb hinweg und schmetterte seinen dicken Unterarm gegen den Hals des Raven Guards, womit er ihn zu Boden warf.

Bevor der World Eater ihm den Todesstoß versetzen konnte, sprang ich Haukspeer zu Hilfe, der liegen blieb und nach Luft rang.

Aus der Nähe roch ich den Gestank des World Eaters. Blut, Schweiß, Metall – ein berauschender Geruch, der schwarze Funken durch mein Gehirn fliegen ließ. In meinen Augenwinkeln flimmerte ein rötlicher Wutschleier. Ich holte aus und traf die Schulter des Kriegers, spürte aber zugleich den Stich seines Häutungsmessers unter meinen Rippen. Er knurrte, als sein Schlüsselbein meinem Angriff erlag, und ich spürte, wie sein linker Arm erschlaffte. Mit dem rechten, mit dem er das Messer hielt, sägte er. Das Messer fraß sich durch die Gefechtsrüstung und die surrenden Zähne der brutalen Klinge schienen so hungrig wie der Krieger, der sie führte.

Ich traf ihn erneut und schlug mit der Faust auf den World Eater ein. Der Schlag war stark genug, um Knochen zu brechen und mehrere verschmolzene Rippen zu zersplittern.

Doch der World Eater sägte weiter und ich konnte mein eigenes Fleisch riechen, das unter den rasenden Bewegungen des Messers zu kochen begann.

»Usabius!«, schrie ich, ohne zu wissen, was mit meinem Bruder geschehen war. Doch da erhaschte ich aus den Augenwinkeln einen Blick auf den Salamander, wie er niederkniete, sich an den Kopf fasste und schrie.

Das bestätigte meine Befürchtungen – irgendetwas Düsteres hatte in diesem Tal von uns Besitz ergriffen; wir mussten so schnell wie möglich hier raus.

Immer und immer wieder schlug ich auf den World Eater ein, bearbeitete seinen Körper mit meinen Fäusten und zertrümmerte seine Brust. Schließlich ließ der Druck nach, das Messer bewegte sich nicht mehr und ich konnte vor meinem tot daliegenden Feind auf die Knie sinken.

Nein, er war nicht nur tot … er war *vernichtet.*

Bei all dem Blut war der World Eater kaum noch als menschlich zu erkennen. Sein Gesicht und sein Oberkörper waren nur noch blutbespritzte Knochensplitter. Ich hatte schon oft getötet, manchmal auf brutale Weise, aber niemals so. Ich konnte es kaum fassen, dass ich mit meinen eigenen Händen solche Zerstörung angerichtet hatte, und schaute ungläubig auf meine blutbeschmierten Finger herab.

»Er ist to–«, setzte ich an, als Haukspeer mich mit einem Schlag umwarf.

Mit unverständlichem Knurren stürzte sich der Raven Guard auf mich. Zwar kämpfte er einhändig, doch er war wie wildgeworden und ich spürte den Stich seiner Energieklaue, als sie meine rechte Seite streifte. Während wir fielen, drehte ich mich und nutzte mein größeres Gewicht, um Haukspeer in der Drehung fortzuschleudern.

Er kam zuerst wieder auf die Beine. Ich kniete kaum, als er seine Klaue erneut schwang und Blitze mit ihr schleuderte.

»Hör auf!«, rief ich ihm zu, nachdem ich dem Stoß knapp ausgewichen war. Das gelang mir nur, weil die Raserei den anderen Legionär ungeschickter machte und er noch immer von dem erbitterten Angriff des World Eaters benommen war. Er schien den Kampf fortsetzen zu wollen, allerdings war ich jetzt sein Gegner.

Und einige Sekunden lang wollte ich das auch. Ich wollte den Krieger der Raven Guard ausweiden, ihm die zerbrechlichen Flügel stutzen und sie ihm zu fressen geben, seinen vogelartigen Schädel in meiner Faust zerquetschen, seine Gliedmaßen zertrümmern, sei–

Ich schüttelte diese Gedanken ab. *Schüttelte* sie wortwörtlich ab. Der Wutschleier löste sich nicht auf, doch er verblasste, sodass ich nicht mehr durch eine rotumrandete Linse schauen musste.

»Du bist nicht bei Sinnen!«, schrie ich, nahm eine Verteidigungshaltung ein und schaute mich nach Usabius um.

Haukspeer schrie und holte weit aus, um mir den Kopf abzuschlagen.

Ich trat ihm entgegen und verhinderte den Hieb mit meinem Arm. Mit meiner freien Hand ohrfeigte ich ihn, dellte dabei eine Seite seines Gefechtshelms ein und warf ihn zur Seite.

»Haukspeer«, brüllte ich, »du bekämpfst einen Verbündeten. Ich bin es. Ich bin Ra'stan«, flehte ich. Nicht, weil ich fürchtete, dass er mich töten könnte, sondern weil ich ihn nicht töten wollte.

Doch der Raven Guard hörte nicht. Er riss sich den beschädigten Helm vom Kopf, dessen rechte Helmlinse aufgrund des erlittenen Schadens zischte, und enthüllte ein alabasternes Gesicht, das in reinem Zorn erstarrt war.

»*Gütiger Vulkan* …«, flüsterte ich, als er auf mich losging.

Wenn ich ihn nicht von seiner Raserei befreien konnte, würde ich ihn töten müssen.

Diesmal stach er mit seiner Klaue nach mir, als ob sie vier Gladiusklingen wären. Ich verlagerte mein Gewicht, trat im letzten Moment zur Seite, erlitt durch meine späte Bewegung eine Fleischwunde und schlug ihm mit dem Ellbogen in den ungedeckten Rücken. Das Energiemodul zerknautschte. Mit einem zweiten Hieb entfernte ich einen Teil des Gehäuses, mit dem ein Bündel Kabel herabfiel. Sofort wurde Haukspeers Rüstung nicht mehr von seiner externen Energiequelle gespeist. Das plötzliche Gewicht zog ihn nach unten und verlangsamte ihn, indem es Druck ausübte und ihn der unnachgiebigen Schwerkraft aussetzte.

Mit meinem Gewicht rang ich ihn zu Boden und hielt seinen Klauenarm mit meinem Knie und seinen Hals mit meinem Vorderarm unten.

»Usabius!«, schrie ich erneut, obwohl ich mir nicht sicher war, ob mein Bruder nicht von einem ähnlichen Gewaltausbruch heimgesucht wurde. Es kam keine Antwort und ich konnte ihn nicht sehen, mich aber auch nicht richtig umschauen, um zu überprüfen, was mit ihm geschehen war.

Jetzt, da er lahmgelegt war, beruhigte sich Haukspeer. Mit dem Ende des Kampfes verlangsamte sein Stoffwechsel sich wieder und versetzte ihn in die ›Bereitschaftshaltung‹, in der sich alle Legionäre befanden, wenn sie nicht im Kampf waren.

»Friede«, sagte ich und versuchte ihn mit meinem Tonfall zu beruhigen.

Seine Brust hob und senkte sich nicht mehr so schnell, der Speichel in seinem Mund floss ab und mit jeder Sekunde verengten sich seine weit geöffneten Augen weiter.

»Friede«, wiederholte ich und ließ ein wenig lockerer, um abschätzen zu können, ob ich Haukspeer wieder trauen konnte.

Er atmete ruhig, nickte leicht, leckte sich über die trockenen Lippen und schluckte seinen Speichel herunter, um seinen brennend trockenen Hals zu befeuchten.

»Es geht mir gut«, krächzte er. »Lass mich aufstehen.«

Ich musste sicher sein.

»Wer ist dein Primarch?«, fragte ich, während ich den Druck aufrechterhielt.

»Corax.«

»Und wie heißt deine Heimatwelt?«

»Deliverance.«

»Und wer bist du?«

»Morvax Haukspeer, Apothecarius, Achtzehnte Kompanie der Raven Guard.«

»Das soll mir genügen.«

Ich ließ ihn aufstehen, wobei Haukspeer meine angebotene Hand aus Stolz ablehnte. Sein beschädigtes Energiemodul machte ihm Schwierigkeiten. Es ratterte und gab ein tiefes, gut hörbares Brummen von sich. Vorher war es gedämpft und unhörbar gewesen. Diesen Vorteil hatte ich ihm soeben genommen.

»Es tut mir leid, Bruder.«

»Du hattest keine Wahl«, antwortete der Raven Guard, doch ich spürte, dass der Verlust seiner Tarnung ihn verärgerte und sah, wie er das Gesicht verzerrte, als er versuchte, sich in seiner

Rüstung zu bewegen. »Als wäre sie aus Blei«, murmelte er und ächzte angestrengt.

Aus den Augenwinkeln erhaschte ich einen Blick auf Usabius, der sich ebenfalls erholte. Da bat mich Haukspeer: »Hilf mir, einige Sachen abzunehmen. Sie sind jetzt nur noch Ballast.«

Wir nahmen ihm den beschädigten Generator, die Armschienen und die Schulterpanzer ab. Auch seinen Helm holte er sich nicht zurück, sondern rieb sich lieber mit einer Handvoll dunkler Erde das blasse Gesicht ein, um es zu verdunkeln.

Nachdem wir fertig waren, sah ich zu, wie Haukspeer seine neue Bewegungsfreiheit und Einschränkungen ermittelte. Unglaublicherweise war er noch immer schnell und totenstill.

»Du hast Talent«, sagte ich zu ihm, während ich Usabius anschaute, der sich hinter dem Krieger der Raven Guard näherte. Usabius' Blick verriet mir, dass alles in Ordnung war, ihn das eben Erlebte aber erschöpft hatte. Ich würde mit meinen Fragen warten.

»Dann lass es uns nutzen«, antwortete Haukspeer.

Wir wussten, dass wir hier nicht verweilen konnten, doch bevor wir weitergingen, hockte ich mich neben den Schädel, den der World Eater bearbeitet hatte. Ich hob ihn nicht auf und berührte ihn nicht – irgendein Selbsterhaltungstrieb, ein warnender Urinstinkt, hielt mich davon ab –, doch ich sah das Zeichen, das er in den Knochen geritzt hatte. Es war das Gleiche, das der tote Verräter auf seinem Helm trug: ein kantiges, zähnefletschendes Gesicht.

»Zerstör ihn«, zischte Usabius in mein Ohr.

Ich stand auf und zerstampfte den Schädel mit meinem Stiefel.

Sofort keimte Wut in mir auf und drohte mich zu übermannen. Selbst dieser einfache Akt emotionsloser Zerstörung erzeugte ein zunehmendes Verlangen, mehr Schaden anzurichten.

»Wir sollten gehen«, sagte Usabius.

»Ja, lasst uns diesen Ort verlassen«, antwortete ich.

Haukspeer nickte. »Ich will ihn nie wiedersehen.«

Hier gab es jetzt nur noch den Tod, der bis in die Erde gesickert war; Tod und Hass und Zorn.

Erleichtert ließen wir das Tal der Knochen schnellstmöglich hinter uns.

* * *

Ich hockte auf einer Felssäule und beobachtete aus der Ferne, wie Haukspeer sich der Absturzstelle näherte. Von meinem Aussichtspunkt aus konnte ich die Urgall-Region ausgezeichnet überblicken, einschließlich der Hügel, der Vulkanaschewüste und der unheilvollen Senke.

Außerdem konnte ich im Westen Kriegerscharen sehen – ich wüsste nicht, wie ich sie sonst beschreiben sollte –, die als Verräterhorde ausschwärmten. Irgendetwas hatte ihr Interesse geweckt und als sie sich nach Norden zu wenden schienen, fragte ich mich, ob Sulnar seinen aufopfernden Plan umgesetzt hatte.

»Wir können von Glück reden, dass es bei unserer Reise zu keinen größeren Gefechten gekommen ist, Bruder«, sagte Usabius, der neben mir hockte. Es war, als ob er meine Gedanken gelesen hätte, und ich nickte.

»Doch zu welchem Preis? Wie viele Legionäre werden für diese Sache ihr Leben verlieren?«

Über die ganze Ebene hinweg strömten die Verräter wie Ameisen zusammen. Einige marschierten stumm und zielgerichtet; andere sangen oder fuhren auf den Rücken der Panzerfahrzeuge mit. Es war eine gewaltige Streitmacht, die mit Leichtigkeit jeden verbleibenden Widerstand der in den Bergen versteckten Loyalisten zerschlagen konnte. Glücklicherweise hatte *Dies Irae* den Planeten längst verlassen. Zweifellos, um einer anderen üblen Sache des Kriegsherrn zu dienen, doch selbst die Abwesenheit des Titanen würde die Vernichtung unserer Brüder nicht hinauszögern.

Usabius sprach mir Trost zu, als ob er meine Schuldgefühle und meinen Kummer darüber spürte, unsere Verbündeten dem Tod zu überlassen. »Ihre Leben waren bereits verloren, Ra'stan. Sie verloren sie in dem Moment, in dem die Verräter ihre Waffen auf uns richteten und das Feuer eröffneten.«

Ich wusste, dass Usabius recht hatte, doch das machte den Anblick der vergnügten Mörder meiner Brüder nicht erträglicher.

Ich wandte den Blick ab und richtete ihn wieder auf die Absturzstelle.

Ohne seine Rüstung war der Krieger der Raven Guard nicht mehr so unsichtbar wie früher, doch er bewegte sich noch immer unglaublich verstohlen, sodass ich ihn mehrmals aus den Augen verlor, während er sich einen Weg durch die Trümmer suchte.

»Wie ein Gespenst«, sagte ich vor mich hin.

»Sind sie das nicht im wahrsten Sinne des Wortes geworden? Sind das nicht alle zerschlagenen Legionen geworden?«, sagte Usabius.

»Aber nur die Raven Guard ist so geschickt und verstohlen, dass sie das zu ihrem Vorteil nutzen kann.«

Haukspeer hatte seine Energieklaue anbehalten; im Gegensatz zu seiner sonstigen Ausrüstung funktionierte sie noch immer und war eine beachtliche Waffe. Er hielt sie gesenkt an seiner Seite, bereit, etwaige Wachen auszuschalten. Während meiner Militärlaufbahn hatte ich nicht oft Gelegenheit gehabt, die XIX. Legion im Kampf zu beobachten, doch ich schauderte bei dem Gedanken, zu was ihre Sturmtruppen fähig sein mussten, wenn ihre Apothecarii schon derart tödlich waren.

»Er wandelt durch die Schatten, als ob er ein Teil von ihnen wäre«, fügte Usabius hinzu.

»Weshalb es unser Glück ist, dass wir ihn als Späher haben«, sagte ich und warf einen Seitenblick auf die Urgall-Hügel rechts von uns, durch die inzwischen lauter, ritueller Gesang hallte. Die Kriegerscharen näherten sich. »Was ist mit ihnen?«, fragte ich.

»Eine dunkle Saat wurde in ihnen gesät, Bruder«, antwortete Usabius. »Sie ist in Geist und Körper aufgegangen, und so zeigt sie sich. Sie ist das *Böse*.«

Ich schaute meinem Bruder kurz in die Augen. »Du hast diese durchdringende Macht im Tal gespürt. Haukspeer hätte mich wegen ihr fast getötet.«

»Aber wir sind ihr nicht erlegen, noch wurden wir von unseren eigenen Gewaltinstinkten übermannt. Wenn man dagegen ankämpfen kann, dann haben wir genau das getan. Ich glaube, deshalb halten sich unsere Brüder noch immer an ihre Treueeide.«

Ich kniff die Augen zusammen, während ich versuchte zu verstehen, auf was Usabius hinauswollte. »Dann hältst du das für keine normale Rebellion?«

»War das, was in diesem Schädeltal passiert ist, *natürlich*?«

»Nein«, sagte ich, als ich mich an diesen Wahnsinn erinnerte. Wenn ich jetzt daran zurückdachte, war mir, als ob etwas von mir Besitz ergriffen oder zumindest auf meine innersten Instinkte eingewirkt hätte. Vielleicht war das gar nichts Fremdes, sondern ein fundamentaler Bestandteil meiner Psyche, den ich verbarg oder unter Kontrolle hielt. Die Legiones Astartes hatten schon früher mit Gedankenkontrolle von außen Erfahrungen gemacht, doch sie war immer irgendwie erklärbar gewesen. Obwohl sich das im Tal Erlebte ähnlich *fremd* angefühlt hatte, war es doch ganz anders. Es war mir mehr wie ein Gefühlsausbruch erschienen, als ob ein immer schon bestehender Teil von mir entfesselt und nicht länger gezügelt worden wäre. Eigenartigerweise beunruhigte mich diese Erkenntnis mehr als meine vorherige Ahnungslosigkeit.

Ich überlegte, ob Usabius die gleichen Gedanken gehabt hatte, und fragte: »Was hast du im Tal gespürt, als die Raserei von uns Besitz ergriff?«

Usabius wandte den Blick von mir ab, als ob er beschämt wäre, dass er mir nicht zu Hilfe gekommen war oder hatte kommen können.

»Ich weiß es nicht«, sagte er. »Etwas Rotes und Nasses. Und Hitze … Eine solche Hitze, dass es sich anfühlte, als ob mein Hirn in meinem Schädel gekocht werden würde. Ein Brummen in meinen Ohren und tausend Mal tausend Kriegsschreie, die zu einem einzigen, unerträglichen Ton verschmolzen.«

»Tausend Mal tausend?«

Usabius hielt inne, als ob er nicht verstand, was ich meinte. Dann antwortete er: »Nein. Acht mal acht mal acht mal acht … Immer und immer wieder. Was bedeutet das?«

»Ich weiß es nicht, Bruder.«

Unterhalb meines Aussichtspunkts gab Haukspeer uns das Zeichen, dass alles in Ordnung war, und wir zogen ab.

Zur Absturzstelle ging es nicht so tief hinab wie in das Schädeltal. Der Großteil des beschädigten Landungsfliegerrumpfs lag auf einem flachen, dunklen Steinkamm, und die kleineren Trümmerteile waren ringsum verstreut. Ich zählte die Leichen, die zwischen ihnen lagen. Einige waren Krieger der Raven Guard und der Iron Hands, doch hauptsächlich waren es Salamanders. Es waren zerstörte, verbrannte Überreste, die kaum noch als die stolzen Legionskrieger erkennbar waren, die sie einst waren. Space Marines waren unvergleichliche Kämpfer und stark genug, um jeden Feind unabhängig von dessen Rasse oder Kampfkraft zu töten. Doch diese Unverwüstlichkeit war niemals zuvor gegeneinander ausgespielt worden, noch hatte sie sich gegen einen verheerenden Absturz vom Rand der Atmosphäre behaupten müssen.

Es war ein schonungsloser Beleg für unser aller Verwundbarkeit, der da wie eine schreckliche Lektion über Demut und die Gefahren von Überheblichkeit vor mir verstreut war.

All die Verwundeten in der Krankenstation der *Fegefeuer* waren schon schwer zu ertragen gewesen, doch das hier war noch weit schwerer zu verarbeiten.

Usabius kniete sich neben einen unserer gefallenen Brüder und wollte dessen Kopf anheben, um zu überprüfen, ob er noch lebte. Als sich dessen Hals locker und lose zu einer Seite verdrehte, wusste ich, dass dem nicht so war.

»Ich sehe keine Überlebenden«, flüsterte ich.

»Ich habe keine gefunden«, antwortete Haukspeer, der sich gerade erst hinter mir zu materialisieren schien, um uns von seiner Anwesenheit wissen zu lassen.

Ich versuchte, mir meinen Schreck nicht anmerken zu lassen. »Das musst du mir eines Tages beibringen«, sagte ich scherzhaft.

Umringt von den Toten war dem Raven Guard nicht nach Scherzen zumute. »Uns bleibt kein Tag. Unsere Lebenszeit bemisst sich jetzt in Stunden, vielleicht sogar Minuten. Wir sollten uns drinnen umsehen«, sagte er und ging auf den offenen Laderaum zu.

Usabius und ich folgten ihm. Mein Bruder warf mir einen düsteren Blick zu, als ob er sagen wollte, dass unser Weggefährte nicht so gefasst war, wie wir beide gedacht hatten. Schließlich *hatte* Haukspeer im Knochental kurzzeitig den Verstand verloren und vielleicht wirkte das immer noch nach. Da ich nicht wusste, was da auf uns eingestürmt war, konnte ich mir nicht sicher sein. Auch als Apothecarius würde ihm der schreckliche psychische Schaden, den wir als Überlebende des Massakers alle erlitten hatten, nicht erspart geblieben sein. Tod in solchem Ausmaß zu erleben stellte selbst die innere Stärke eines Space Marines auf die Probe.

Anfangs, in den ersten Tagen, in denen wir alle um Fassung gerungen und vergeblich nach einem Sinn gesucht hatten, hatte ich Geschichten von Legionären gehört, die sich sogar das Leben genommen hatten, weil sie ihr Leid nicht mehr ertragen konnten. Nicht, in dem sie sich eine Pistole in den Mund steckten oder an die Schläfe anlegten, und auch nicht mit einer Klinge durch den Oberkörper wie in den Tagen des antiken Reichs der Romanii, sondern indem sie nachts allein nach dem Feind suchten. Meiner Ansicht nach war das nichts anderes als Selbstmord. Wessen Körper nicht so gebrochen war wie Sulnars, der trug stattdessen andere Wunden mit sich herum, geistige Wunden.

Ich beobachtete den Raven Guard aufmerksam, als er durch die offene Rampe ein Reich der Schatten betrat. Als ich ihm hinterherging, warf ich Usabius einen kurzen Blick zu, um ihm zu bedeuten, dass er die rechte Flanke beobachten sollte, während ich mich auf die linke konzentrierte. In diesem Landungsflieger könnte alles Mögliche sein, alles. Mein starkes Verlangen danach, meinen Vater Vulkan zu finden, war beinah überwältigend, doch ich ließ mich davon nicht zur Unvorsichtigkeit verleiten. Langsam, präzise, methodisch: So hatte es uns der Primarch gelehrt; so würden wir vorgehen.

Von außen sah es so aus, als ob im Landungsflieger vollkommene und undurchdringliche Dunkelheit herrschte, doch sobald wir drinnen waren, änderte sich das. Die Lumenröhren an der Decke funktionierten noch. Zumindest einige. Sie flackerten unregelmäßig, erinnerten mich an den Laderaum der *Fegefeuer* und offenbarten völlige Verwüstung. Abgebrochene Rohre, freiliegende Kabel, eingedrückte Wände, gespaltene Türen und zertrümmerte Magnetharnische – es sah aus wie die Eingeweide eines metallischen Ungetüms, das von einer heftigen und plötzlichen Gewalteinwirkung zertrümmert und vernichtet worden war.

Beim Aufprall des Stormbirds auf der Erde war der bauchseitige Korridor eingedrückt worden. Die Fliegerkabine war zerknautscht und völlig auseinandergebrochen, und der bei dieser Zerstörung entstandene Druck hatte den Hals nach hinten gedrückt, wodurch sich nun die meisten Truppenabteile im Frachtraum befanden.

Ich stieg über eine Metallstrebe, die an einer Stelle aus dem Boden ragte, an der die Deckplatten zur Hälfte zerschmolzen waren. Darunter war ein verbogenes, kaputtes Gitter zu sehen, unter dem ich die erste Leiche erblickte.

Es war ein Legionär der Salamanders und einen Moment lang rang ich meine aufsteigende Panik nieder, da ich dachte, dass es sich um Vulkan handeln könnte. Er war es nicht und ich verfluchte mich für die Erleichterung, die ich darüber verspürte.

Je tiefer wir zwischen langen, funkensprühenden Kabeln und sporadischen Blitzen hineingingen, desto mehr Leichen sahen wir. Einen Krieger der Raven Guard, der verdreht und mit gebrochenem Rücken auf einem umgestürzten Träger lag; einen Iron Hand, der unter einem eingestürzten Deckenteil zerquetscht worden war; einen Salamander, der durch die Dampfwolke eines kaputten Kühlungsmittelrohrs kaum zu sehen und von flüssigem Stickstoff fast gefroren war. Eine genauere Untersuchung offenbarte aber, dass drei Eisenstangen, die ihn durchbohrt hatten, die Todesursache waren.

Einen Moment lang dachte ich darüber nach, ob wir vielleicht nur deshalb nicht so viele Körper am Eingang gefunden hatten, weil sich irgendein Raubtier – vielleicht ein einheimisches – hineingeschlichen und die leichte Beute fortgezerrt hatte. Vielleicht hatte es nicht weiter hineingehen wollen, weil es sich davor fürchtete, was in der Dunkelheit lauern könnte. Schnell verdrängte ich den Gedanken, da ich ihn für gefährlich hielt.

Der Tod hatte sie auf zahlreiche verschiedene Arten ereilt. An manchen Legionären fanden sich keinerlei Hinweise darauf, wie sie gestorben waren, und sie saßen immer noch aufrecht und gesichert in ihren Halterungen, obwohl sie definitiv tot waren. Überall war der Tod. Und diese Erkenntnis entsetzte mich weit über das Maß hinaus, das meine Konditionierung zuließ.

Wenn es hier so viele Gefallene und keine Überlebenden gab, konnte das sicherlich nur eins bedeuten …

»Geh weiter.« Usabius war direkt hinter mir und blieb abrupt stehen, worauf ich bemerkte, dass ich mich ebenfalls nicht bewegte.

»So viel Tod …«, flüsterte ich und erhielt einen zustimmenden Blick von Haukspeer, der uns vorausging.

Wir hatten es kaum hundert Meter hinein geschafft, doch es hatte fast eine halbe Stunde gedauert, um diesen Teil des Laderaums zu erreichen.

Usabius klopfte mir einfach auf die Schulter. »Das bedeutet nicht, dass er ebenfalls erschlagen ist. Es könnte sein, dass –«

Haukspeer hob seine Energieklaue, um darauf hinzuweisen, dass er etwas gefunden hatte.

Ich ging zu ihm.

»Bewegungen«, zischte er und kauerte sich hin, so sehr es seine beschädigte Rüstung zuließ, ehe er einen Augenblick später in die Schatten trat und verschwand.

In der Stille hörte ich dampfablassende Rohre, knisternde Elektrizität und das Ächzen sich langsam verlagernden, abkühlenden Metalls. All das waren Geräusche, die ich in einem leeren, unbelebten Landungsflieger erwartete. Doch dann bemerkte ich ein anderes Geräusch, ein fernes Stöhnen. Es hallte durch die engen, zusammengedrückten Schiffsräume, wand sich durch die Korridore und erreichte schließlich den Laderaum, wo es kaum hörbar gewesen war, bis wir nah genug herangekommen waren.

Ein Verwundeter. Jemand lebte.

Ich wollte losrennen, doch Usabius hielt mich zurück.

»Bleib ruhig, Bruder. Wir wissen nicht, mit was wir es hier zu tun haben.«

»Das könnte Vulkan sein.« Ich keuchte die Worte regelrecht und sprach in einem hoffnungsvollen Flüsterton.

»Bleib ruhig.«

Ein Teil der Decke war in den Laderaum herabgestürzt und hatte Metallplatten, Säulen und Teile der Aufbauten des Landungsfliegers mit sich gerissen. Dadurch war eine zerklüftete Wand entstanden, durch die ein weiter Bereich, an dessen Rand wir hockten, nicht einsehbar war.

Es war schwierig, den nächsten Teil des Schiffs zu durchqueren, da er aus einem Korridor voller Leichen bestand, die sich in den Trümmern verfangen hatten. Wir mussten unseren Weg sorgfältig wählen und alle paar Sekunden innehalten, um sicherzugehen, dass das Geräusch weiter ertönte und unser Vater noch lebte.

Ich redete mir ein, dass es Vulkan war. Ich *wollte*, dass er es war. Irgendeinen anderen Gedanken zuzulassen hätte bedeutet, der Verzweiflung nachzugeben, vollständig aufzugeben, und dafür war ich zu weit gekommen und hatte zu viel ertragen.

Der Weg durch den Landungsflieger wurde immer enger und beschwerlicher. Ein Treffer hatte einen Teil des eingestürzten Truppenabteils an der Seite des Stormbirds eingedrückt. Hinter zahlreichen verwüsteten Leichen und Trümmern sah ich die gestiefelten Füße eines Kriegers, die von einem umgestürzten Balken halb verdeckt wurden. Haukspeer schwebte mir wie ein Geist voraus, verschwand und tauchte wie auf einer beschädigten Pictaufnahme wieder auf, während eine einzelne Lumenröhre flackernd über uns von der Korridordecke baumelte. Er hatte seine Klaue gehoben, um uns zu bedeuten, dass wir warten sollten.

Dafür musste ich all meine Entschlossenheit zusammennehmen, denn ich sah, wie sich diese Stiefel rührten. Sie bewegten sich minimal und es war leicht zu übersehen, doch wir standen vollkommen still, lauschten und beobachteten sie genau. Vor meinem geistigen Auge sah ich die geschuppten Beinschienen meines Vaters, seine meeresgrüne Rüstung, seinen wogenden, smaragdgrünen Umhang, die Fangzähne seines furchteinflößenden Gefechtshelms, seine roten Helmlinsen, die Macht und Mitgefühl ausstrahlten …

Vulkan …

Es war unmöglich, in dieser Dunkelheit diese Einzelheiten zu erkennen, doch ich hörte, wie die Gestalt stöhnte, und dann ertönte über uns ein anderes Geräusch.

Der Raven Guard schaute hoch.

Ich bemerkte, dass die Lumenröhre heftiger zitterte, da die Erschütterungen von etwas, das sich über uns bewegte, durch den Landungsfliegerkörper an sie übertragen wurden.

»Haukspeer, wir müssen sofort zu ihm!«

Ich warf Usabius einen Blick zu. Uns trennten nur noch wenige Sekunden von Vulkan.

»Warte …«, zischte der Raven Guard. »Irgendetwas stimmt hier –«

Das Kreischen von reißendem Metall durchbrach die Stille, worauf grelles, künstliches Licht durch die Decke hereinströmte, die gerade von der Hülle des Landungsfliegers abgerissen worden war. Das helle Weiß färbte sich rubinrot, als ein Blindjäger sich über den Riss beugte, den er in der Decke geschaffen hatte. Ein misstönendes, aufgeregtes Alarmgeheul ertönte aus seinem Schreckenshorn, da er Beute entdeckt hatte.

Uns.

»Tötet ihn!«, brüllte ich und feuerte mit meinem Bolter.

Die Explosionen der einschlagenden Geschosse wogten über den Nasenkegel des Blindjägers, brachten ihn ins Taumeln und ließen ihn seine Nasenflügel zusammenziehen. Er schwankte zurück, als ich eine weitere Salve abfeuerte, wankte wie ein betrunkener Schläger nach hinten und begab sich außer Sichtweite.

Während dieser kurzen Atempause packte ich Usabius am Arm.

»Geh zu Vulkan!«, drängte ich ihn. »Beschütz ihn und hol ihn raus, wenn du kannst. Haukspeer und ich werden dieses Ding ablenken.«

Es gab keine Diskussion. Usabius tat wie von mir gebeten und rannte den zertrümmerten Korridor entlang, passierte die gähnende Öffnung in der Decke und lief weiter.

»Haukspeer!«, rief ich, doch der Raven Guard kam bereits auf mich zu.

»Wir müssen wegrennen«, sagte er.

»Genau. Wir müssen ihn ablenken, damit –«

»Sag mal, Salamander«, fuhr er mich an und unterbrach mich. »Bist du noch mein Verbündeter? Schaffst du das hier?«

Ich war mir nicht sicher, was Haukspeer meinte. Vielleicht hatte er in seinem behelfsmäßigen Apothecarion schon zu viel erlebt, hatte gesehen, wie eisenharte Krieger wie sprödes, rostiges Metall gebrochen waren und deshalb generell sein Vertrauen in Soldaten in Stresssituationen verloren.

»Du kannst auf mich zählen, Bruder«, versicherte ich ihm, als gerade die roten Lampen des Blindjägers zurückkehrten. »Immer.«

Haukspeer warf einen kurzen Blick über die Schulter und zeigte auf einen eng zusammengedrückten Korridor, der vom Laderaum fortführte. »Da lang.«

Ich ging ihm nach, während das wütende Geheul des Schreckenshorns in meinen Ohren tönte.

Plötzlich spürte ich eine brennende Hitzewelle in meinem Rücken. Abgesehen von ihren Klauen hatte das Dunkle Mechanicum die Blindjäger mit vielen weiteren Waffen ausgestattet. Der unten angebrachte Flammenwerfer war speziell für Säuberungen angefertigt worden und im flackernden Mündungslicht meines Bolters glaubte ich, undeutlich zwei schultermontierte Waffen zu sehen.

Das könnten Maschinenkanonen sein; aber vielleicht auch etwas anderes, etwas Schlimmeres. Ich wusste, dass einige der Läufer Netzwerfer trugen, die mit schneidenden, dünnen Fäden gefüllt waren; andere verfügten über schwächende Strahlungswaffen. Der dicke Ceramitpanzer beherbergte irgendeine unbekannte biologische Scheußlichkeit, wodurch die Blindjäger teils organisch und teils Maschine waren. Gegen konventionelle Waffen waren sie so gut wie unverwundbar. Während Haukspeer und ich durch den verwüsteten Laderaum eilten, über Leichen stolperten und unsere Rüstungen sich an dem halb zerstörten Schiff verhakten und zerkratzten, wünschte ich mir inständig, über etwas Leistungsfähigeres als einen Bolter zu verfügen.

Nachdem er uns mit dem Flammenmeer nicht hatten töten können, verfolgte uns der Blindjäger nicht mehr. Das konnte er nicht, da die Räume des abgestürzten Stormbirds zu eng waren. Stattdessen hastete er über das Dach. Ich hörte, wie seine Krallen Furchen in die Hülle schnitten, während er uns mit seinen Sensoren verfolgte. Obwohl sie Blindjäger hießen, waren diese Läufer alles andere als blind. Aus schmerzlichen und oft tödlichen Erfahrungen hatten wir gelernt, dass die Suchscheinwerfer, die sie nutzten, irgendeinen Bioabtaster und eine Wärmebildansicht enthielten. Ich wusste nicht, warum die Lichtstrahlen ihre Farbe von Weiß zu Rot änderten, doch ich nahm an, dass das an einer genetischen Eigenart des organischen Teils des Läufers lag. All das war jetzt egal. Die einzig wichtige Tatsache war, dass kein Legionär jemals zu Fuß einem von ihnen entkommen war und ein Zusammentreffen nur mit dem Tod des Läufers oder dem seiner Beute enden konnte. Soweit ich wusste, war Ersteres noch nie geschehen. Demnach waren unsere Überlebenschancen äußerst gering.

Ich spürte, wie die letzten dunklen Körner in meiner Sanduhr auf die Engstelle zu rutschten. Bald würde sie abgelaufen sein, also schwor ich mir, dass ich Usabius genug Zeit erkaufen würde, um Vulkan zu befreien und in Sicherheit zu bringen. Wenn mein Leben auch sonst nichts mehr bedeutete, hätte es so zumindest noch einen Nutzen.

Haukspeer blieb am Rand des Korridors stehen und schaute hoch.

»Was machst du da?«, fragte ich. »Wir müssen dafür sorgen, dass er uns verfolgt. Wenn wir uns von ihm einholen lassen –«

»Zu spät. Hör mal«, sagte er und zeigte mit einer seiner Krallen auf die Decke.

Ich runzelte die Stirn. »Ich höre nichts.«

»Ganz genau«, antwortete der Raven Guard. »Er hat angehalten.«

Während ich seinem Blick folgte, flüsterte ich: »Über uns?«

Haukspeer nickte langsam und trat zurück, während ich meinen Bolter hob.

Es war höchst unwahrscheinlich, dass meine Schüsse die zerfetzten Überreste der Decke durchdringen würden, doch ich wollte ihn nicht treffen, sondern provozieren.

Aus den Augenwinkeln sah ich, wie Haukspeer eine Fragmentgranate von seinem Gürtel löste.

»Bereit.« Ich wartete keine Antwort ab und betätigte den Abzug.

Die massereaktiven Geschosse schlugen in die Decke ein, rissen Teile des zertrümmerten Metalls ab und brachen die zahlreichen Risse in der Hülle auf. Ein großes Rohrstück, das zertrümmerte obere Deck und die versengte Plattenpanzerung regneten herab. Der Blindjäger fiel mit ihnen nach unten und schien überrascht, dass der Boden unter ihm plötzlich nachgegeben hatte. Als er sich halb zusammengefallen umschaute, fiel das heimtückische, rote Licht seiner Suchscheinwerfer auf mich. Auf einen Stoß in sein Schreckenshorn hin feuerte ich eine weitere Salve ab. Dieses Mal nahm ich seine unten angebrachte Waffe unter Beschuss und durchschoss den Tank des Flammenwerfers, worauf eine tosende Welle brennenden Promethiums über seinen rautenförmigen Körper wogte.

Die Feuersbrunst traf teilweise auch mich, sodass meine internen Temperaturmesswerte in die Höhe schossen und meine Retinalanzeige rot umrandet wurde. Ich ignorierte sie. Wenn ich jetzt von ihm abließ, wenn ich zögerte oder wankte, würde ich sterben.

»Jetzt!«, schrie ich und hoffte, dass Haukspeer mich gehört hatte.

Ein ohrenbetäubendes Dröhnen, gefolgt von einer kraftvollen Druckwelle, bestätigte meine Hoffnung. Der Boden entfernte sich von meinen Füßen – oder vielmehr wurde ich in die Höhe gehoben –, als die Granatenexplosion mich hochwarf und gegen eine kaputte Truppenhalterung schleuderte. Während ich mich aus einem Leichenhaufen kämpfte, gab ich eilig einen Schuss ab. Da ich mit nur einer Hand schoss, war er ungenau, doch in seinem aufblitzenden Licht sah ich Haukspeer gegen das Ungetüm kämpfen und seine Energieklaue wie eine Fackel des Widerstands in der Dunkelheit leuchten.

Das Feuer, das den Blindjäger einhüllte, erstarb allmählich. In seinem Panzer befand sich eine Beule und mehrere Granatsplitter steckten tief in ihm. Er war zwar verwundet, aber noch lange nicht bewegungsunfähig. Auch wenn sein Flammenwerfer in Trümmern lag, war seine verbleibende Bewaffnung noch intakt, sodass der Läufer kaum an Gefechtstauglichkeit eingebüßt hatte. Als Haukspeer sich auf ihn stürzte, schaltete sich brummend eine schultermontierte Waffe des Blindjägers ein.

Ich hatte mich geirrt. Das waren keine Maschinenkanonen. Projektilgeschosse wären im Vergleich zu dem, was als Nächstes geschah, geradezu gnädig gewesen. Aus der linken Schulter des Blindjägers schoss ein Melterstrahl und ließ die Luft vor Hitze flimmern. Aufgrund seiner weiten Streuung war es kaum möglich, ihm auszuweichen. Haukspeer versuchte es, doch die äußeren, pulsierenden Mikrowellen trafen ihn in die rechte Seite, was besonders grausam war, da er an der linken bereits verwundet war. Seine Energieklaue wurde zerstört und abgerissen, wobei sie einen Großteil seines verbleibenden Arms mit sich riss. Der Angriff endete mit einem Schmerzensschrei des Apothecarius. Er stürzte, rollte davon, überschlug sich und sackte schließlich als pulsierender Haufen in sich zusammen. Als er den Kopf hob, um trotz allem weiter zu kämpfen, fuhr der Blindjäger seine zweite Waffe hoch.

Aus der geriffelten Mündung eines Netzwerfers schoss ein Brocken Monofilament und breitete sich zu einem tödlichen, funkelnden Kristallnetz aus. Seine Instinkte und brennenden Nervenenden ließen Haukspeer strampeln, als er von dem Netz eingeschnürt wurde. Bei jeder minimalen Bewegung – ob Atmen, eine Muskelzuckung oder sogar Blinzeln – zog sich das Netz weiter zusammen. Normalerweise starb das Opfer an Erstickung, da auf Lunge und Kehlkopf schnell ein extremer Druck lastete, doch Haukspeer war ein Legionär und somit weit zäher als ein sterblicher Mensch. Zum Verhängnis wurden ihm die scharfen Zähne des Netzes, die so dünn waren, dass sie im Gegensatz zu ihrer Wirkung mit bloßem Auge nicht zu sehen waren.

Ich wandte den Blick ab, während der Raven Guard samt Rüstung in kleinste Teile aufgelöst wurde, und merkte kaum, dass ich immer noch feuerte, bis mein Bolter dumpf klickte, da das Magazin leergeschossen war. Statt Stille war sofort Haukspeers letzter Schrei zu hören. Ich glaubte, Trotz und Raserei darin zu hören und war ein wenig stolz auf ihn.

Nachdem ich meinen nutzlosen Bolter weggeworfen hatte, zog ich meine Kettenklinge. »Komm her, du Bastard ...«

Der Blindjäger drehte sich im Licht, das durch die gähnende Öffnung im Dach hereinfiel, langsam um und fixierte mich mit seinen roten Scheinwerfern. Unter seinem Torso fuhr er zwei Kampfklauen aus, die sich eigenartig gleichmäßig öffneten. Er schlug die Scheren einmal zusammen und versetzte seine schultermontierten Waffen in eine Ruheposition, da er wusste, wie leicht er mich töten konnte.

Nie zuvor hatte ich eine hämische Maschine gesehen. Nicht bis zu diesem Augenblick.

Der kurze Stoß in sein Schreckenshorn klang beinah wie surrendes, sadistisches Gelächter.

»Vulkans Feuer schlägt in meiner Brust«, setzte ich an und machte mich für mein letztes Gefecht bereit, während der letzte, dunkle Sand davon rieselte.

Als von oben ein grelles Geheul ertönte, kniff ich die Augen zusammen, da es trotz des Schutzes, den mein Helm bot, in meinen Ohren schmerzte. Kurz darauf blitzte etwas auf, das wie ein gleißender Stern aussah, und ein funkelnder Energiestrahl stieß direkt durch den Torso des Blindjägers. Das Licht stach in das Metall, zerstörte und durchdrang es. Unaufhaltsam.

Aus dem Surren wurde ein abgehacktes, zitterndes Husten, während der Jäger sich unter dem einschlagenden Strahl wand. Die schultermontierten Waffen schwangen auf der Suche nach einem Angreifer ruckartig hin und her, doch es war zu spät. Die organischen Bestandteile des Blindjägers waren tot oder so gut wie tot. Seine Beine gaben nach und die Wunde im Torso glühte.

Ich hörte das tiefe Brummen eines Kondensators, der erneut aufgeladen wurde, worauf ein zweiter Strahl in die Dunkelheit schoss, den Nasenkegel des Jägers traf und seine Nasenlöcher verbrannte. Da machte ich den Schützen ausfindig; die Silhouette eines Legionärs, der mit einer Kanone über der Schulter unerschütterlich dastand. Der Strahl stammte aus seiner Waffe und obwohl ihr gelegentliches Flackern eine unbeständige Energiezufuhr andeutete, war sie äußerst leistungsfähig. Die Panzerung, gegen die meine Boltgeschosse wirkungslos gewesen waren, erlag dem Konversionsstrahler, und in diesem Moment erkannte ich, wer mein Retter war.

Als der Jäger schließlich zu einem Trümmerhaufen aus geborstenem Metall und verbrannter organischer Materie in sich zusammenfiel, hob der Legionär seine Kanone und rief zu mir herunter. Seine Stimme hallte durch die trümmerübersäte Kammer und klang dadurch noch kälter und mechanischer.

»Bist du verwundet, Bruder?«

»Nein, Eisengeschmiedeter«, antwortete ich Erasmus Ruuman, »aber Haukspeer ist tot.«

Ruuman hielt inne, als ob er über eine angebrachte Erwiderung nachdenken würde.

Schließlich kam er zu einer angemessenen Entscheidung.

»Das ist ein schwerer Verlust für seine Legion.«

»Er starb ehrenvoll«, sagte ich, schaute aber bewusst nicht auf die Überreste von Haukspeers Leiche. Das Klingennetz musste ihn inzwischen stark verunstaltet haben. Es würde wenig zu sehen geben und ich wollte einen edlen Krieger und Freund anders in Erinnerung behalten.

»Komm nicht hier runter«, warnte ich Ruuman. »Man kann leicht den Halt verlieren. Viele der Erschlagenen sind hier drin einen jämmerlichen Tod gestorben, Bruder.«

»Ich habe eine Bioabtastung des Schiffs durchgeführt«, antwortete der Eisengeschmiedete, »und ein einziges weiteres Lebewesen aufgespürt, doch es ist schwach.«

»Das haben wir auch. Ich gehe jetzt zu ihm.«

»Also gut. Ich werde über das Dach dorthin gehen«, sagte Ruuman. »Wir treffen uns am Ausgang des Truppenabteils.«

»Was für ein Ausgang?« Seit ich in dem Landungsflieger war, hatte ich keinen gesehen.

»Es gibt einen klaffenden Riss im Schiffskörper. Wenn du ihn siehst, wirst du wissen, was ich meine.«

Ich wollte gerade weiterziehen und in die Dunkelheit zurückkehren, wo mich hoffentlich Usabius und mein Primarch erwarten würden, als ich ein weiteres Mal hinaufblickte.

»Ruuman, ich weiß nicht, wie und warum du hierhergekommen bist, aber für die Rettung meines Lebens stehe ich in deiner Schuld.«

»Ich werde es dir auf der anderen Seite des Fliegers erklären«, antwortete der Eisengeschmiedete und verließ mein Blickfeld.

Mit vor Aufregung und Adrenalin gleichermaßen pochenden Herzen stürmte ich wieder durch den Flieger zu dem Korridor, in dem wir den Überlebenden gefunden hatten.

»Ich hoffe, du fliegst nun frei wie ein Rabe, mein Freund«, murmelte ich unterwegs den Schatten zu.

Usabius war nicht da. Er war irgendwo anders hingegangen und wartete nicht mehr. Die gestiefelten Füße des Überlebenden waren noch dort, doch mein Legionsbruder fehlte. Einen Augenblick lang befürchtete ich das Schlimmste, dass Usabius und der Überlebende tot waren. Kurz malte ich mir in Gedanken aus, wie der Blindjäger sie zuerst getötet hatte, bevor er uns eingeholt hatte. Nicht, dass er dafür genug Zeit gehabt hätte, doch inzwischen war auf mein Zeitgefühl nicht mehr so viel Verlass wie früher. Vielleicht hatte es länger gedauert, als ich ursprünglich gedacht hatte. Panik ergriff mich und trieb meine Beine zur Eile, sodass ich zu rennen begann.

Erst, als ich mich dem Überlebenden näherte, nahm ich mich zusammen, wurde langsamer und blieb schließlich stehen.

Das war nicht Vulkan. Das war nicht einmal ein Salamander.

Der violett gerüstete Überlebende mit einer kaputten Aquila auf der Brustplatte war nicht einmal ein Verbündeter.

Der Sohn Fulgrims lehnte zusammengesackt an einer eingedellten Zellenwand und war von seinem eigenen Blut bespritzt. Emperor's Children. Ein Gefangener. Mein Feind.

Usabius musste ihn ebenfalls gesehen haben und in mir keimte Hoffnung auf, dass er noch lebte.

Mein Feind stöhnte. Er bewegte seine gestiefelten Füße, obwohl sie nur noch über dünne Fäden mit seinem Körper verbunden waren. Seine linke Seite war weitestgehend eingedrückt, die Rüstung eingedellt und aufgerissen. Vor allem anderen strebten Fulgrims Krieger nach Perfektion und während ich meinem

Gegenüber beim Stöhnen zuhörte, fragte ich mich, ob er das nicht vor Schmerzen tat, sondern weil ihn sein jämmerlicher Zustand plagte.

»Wer bist du?«, fragte ich forsch, während ich mich langsam mit nach vorn gehaltener Kettenklinge näherte.

Er öffnete ein Auge. Nur eins; das andere war zugeschwollen. Der Legionär der Emperor's Children drehte den Kopf, was meiner Einschätzung nach qualvoll hätte sein müssen, doch er schien es zu genießen.

»Ein Salamander …?«, krächzte er und lächelte, wodurch er seine rotgefärbten Zähne enthüllte. »So einer wie du lebt noch?« Er fand das lustig, bis ich mich in die Hocke und auf seine Augenhöhe begab und ihm mit der Faust gegen den Brustpanzer schlug. Da ich ihn noch nicht töten wollte, war es ein leichter Schlag, aber trotzdem bildeten sich auf seinem unverdienten Adlersymbol weitere Risse.

»Beantworte die Frage, Verräter«, knurrte ich und versuchte Ruhe zu bewahren.

Nachdem er einen Klumpen Blut ausgespuckt hatte, holte der Krieger genug Luft, um zu sprechen.

»Lorimarr.«

Er versuchte zu lachen, was aber bald in abgehacktes Husten überging. Blutige Spucke spritzte auf seinen zertrümmerten Brustpanzer, doch inmitten des restlichen Schadens fiel sie kaum auf.

»Wo ist Usabius?«, fragte ich und trat näher, während ich über mir deutlich Ruumans schwere Schritte hörte.

»Wer?«, fragte Lorimarr. »Du bist der Erste, den ich sehe.«

»Lüg mich nicht an.« Ich wollte ihn meine Klinge kosten lassen, war mir aber sofort bewusst, wie vergeblich Folter sein würde. Dieser räudige Hund würde sie nur genießen. »Der Krieger, mit dem ich dieses Schiff betreten habe. Ein anderer Legionär der Salamanders, wie ich. Wo ist er?«

»Vor dir war niemand hier.«

»Lügner!« Ich schwang meine Kettenklinge, damit er ihre Zähne sehen und sich vorstellen konnte, wie sie sein Fleisch zerfraßen. Wenn es der Wahrheitsfindung dienen würde, würde ich den Verräter so verstümmeln, wie er zahllose meiner Legionsbrüder verstümmelt hatte.

Lorimarr brachte ein kurzes Lachen zustande, um sich über meine Drohung lustig zu machen. »Was kannst du schon tun, außer mich zu töten?«, sagte er. »Keine Klinge wird meine Zunge lockern. Es gibt nichts, womit du mir drohen kannst. Außerdem«, fügte er in ernsterem Ton hinzu, »lüge ich nicht. Du bist der Erste, den ich sehe«, wiederholte er, während er seine Mundwinkel zu einem leichten Lächeln hob, »aber nicht der Erste, den ich höre. Deine Brüder starben langsam ... haben nach ihrem Vater geschrien.«

Da ich mit meiner Geduld am Ende war, wollte ich ihn niederstrecken und sein jämmerliches Leben beenden, als eine Stimme sagte: »Bruder ...«

Ich drehte mich um und sah am Ende des Korridors Usabius, der in Schatten gehüllt dastand.

»Ich dachte, du wärst to–«

»Hier lang«, sagte er traurig und ging fort, als ob er mir etwas zeigen wollte.

Lorimarr folgte meinem Blick in die Dunkelheit und als er mich wieder anschaute, brach er in unkontrolliertes Gelächter aus.

»Köstlich«, keuchte er unter Schmerzen und vor Vergnügen mit Tränen in den Augen. »Vorzüglich.« Sein Wahnsinn brachte ihn um, doch ich bezweifelte, dass ihn das kümmerte.

Ich ignorierte den Schuft und ging Usabius hinterher.

Ruuman hatte mit dem Ausgang aus dem Truppenabteil recht gehabt, doch als ich durch die aufgerissene Öffnung trat, wartete er dort nicht auf mich. Stattdessen sah ich Usabius, der weniger als fünfzig Meter vom Landungsflieger entfernt auf mich wartete.

Er stand stocksteif mit dem Rücken zu mir da und schaute auf etwas hinab, das im dunklen Sand steckte.

Während ich zu ihm ging, versuchte ich das wahnsinnige Gelächter auszublenden, das aus dem Innern des Landungsfliegers hallte, und wünschte mir, dass Lorimarr sterben würde.

»Ich wollte ihn auch töten«, sagte Usabius, als über seiner Schulter gerade die Umrisse eines Gegenstands in mein Blickfeld gerieten.

»Warum hast du es nicht?«, fragte ich und stellte fest, dass ich einen Gefechtshelm betrachtete, der teilweise in Isstvans Boden vergraben war.

»Weil ich das hier gefunden habe.«

Der Helm war unglaublich kunstvoll und so detailreich und vollkommen geschaffen, dass mir sein bloßer Anblick Tränen in die Augen trieb. Ich begriff, was meinen Bruder so vereinnahmt hatte.

Vor uns lag der Gefechtshelm eines Primarchen. Vulkans Gefechtshelm.

Einen kurzen, makabren Moment lang hoffte ich, keinen Kopf darin zu finden, doch als ich mich bückte, um ihn aufzuheben, bemerkte ich, dass kein Blut an ihm war, kein Zeichen einer Verletzung oder irgendwelche Kampfspuren.

Es war einfach nur ein wunderschöner Gefechtshelm, der unpassenderweise im Dreck lag.

Als ich ihn berühren wollte, zitterten meine Finger und ich konnte die Aura meines Vaters, die von dem feuergehärteten Metall ausging, förmlich spüren. Vulkans Hände hatten dieses Rüstungsteil geschaffen und ein Teil seiner Präsenz und Macht erfüllte es noch immer. In den edelsteinartigen Helmlinsen, dem vergoldeten Maul und der platten Schnauze des furchterregend gestalteten Antlitz sah ich ein Gesicht. Es war Vulkans Gesicht, dass ich ihn viele Male auf dem Schlachtfeld hatte tragen sehen, sein Kriegsgesicht, und als ich es jetzt des Lebens beraubt sah, überkam mich ein Schaudern. Obwohl er schon viele Stunden, vielleicht sogar Tage, im Sand gelegen haben musste, war der Helm noch immer so warm, als ob er gerade erst geschmiedet worden wäre. Selbst durch das Ceramit meines Panzerhandschuhs hindurch spürte ich seine Hitze. Sie vertrieb die Kälte und schenkte mir Kraft.

Auf meine anfängliche Euphorie folgte Verzweiflung. Während ich Vulkans Gefechtshelm behutsam an meinem Gürtel magnetarretierte, begriff ich, warum Usabius ihn nicht aufgehoben hatte.

Als ich aufstand, sagte ich: »Unsere Primarch hätte seinen Gefechtshelm nicht willentlich hiergelassen. Und wenn seine Leiche nicht hier ist und es keinen Hinweis auf seinen Tod gibt, dann …« Ich drehte mich um.

»Dann wurde er vom Feind gefangen genommen und befindet sich anderswo«, schloss Usabius.

»Wie können wir ihn finden?«

Usabius schüttelte langsam den Kopf, wodurch ich mich umso niedergeschlagener fühlte.

»Ich weiß es nicht, Ra'stan. Der Landungsflieger war unser Kompass. Ohne ihn haben wir keinen Kurs, nichts, was uns leiten könnte. Ohne ihn sind wir …«

»Verloren, Bruder«, sagte ich.

Ruuman machte sich mit schweren, klirrenden Schritten auf dem Dach des Landungsfliegers bemerkbar. Der Eisengeschmiedete hatte lange gebraucht. Als ich das Magnafernglas in seiner Hand sah, verstand ich, weshalb.

»Die Verräter sind in Bewegung«, sagte er mit eiserner Stimme, die zu uns herüberhallte. »Die *Fegefeuer* ist zerstört.«

Mit angespanntem Kiefer biss ich die Zähne zusammen.

Was konnten wir jetzt noch anderes tun, als unbedeutende Vergeltung zu üben?

»Einer von ihnen ist im Schiff«, sagte ich, und es war offensichtlich, was ich damit andeutete.

Ruuman senkte den Blick ein wenig, als er den Gefechtshelm sah, der an meinem Gürtel befestigt war.

»Ich denke, Rache wäre nachvollziehbar.« Der Eisengeschmiedete nickte, als ob er meiner Entscheidung zustimmen würde. »Beeil dich damit«, fügte er hinzu und wandte sich ab. »Ich werde Ausschau halten.«

Mit Usabius hinter mir betrat ich das Schiff erneut.

Lorimarr erwartete uns. Er hatte den Kopf an die Rückseite seiner kaputten Zelle gelehnt und die zertrümmerten Bruchstücke seines Brustpanzers hoben und senkten sich im Takt seiner flachen Atmung.

»Ich bin sowieso tot«, zischte er in die Dunkelheit und machte sich diesmal nicht die Mühe, sein Auge zu öffnen. Aus seinem linken Mundwinkel rann Blut, sowie aus seiner Nase und einem Ohr.

Ich wollte ihn vernichten und diesen Verräter für all den Tod und die Qualen leiden lassen, die er und seine Sippe uns angetan hatten. Vielleicht hätte ich das auch getan, wenn wir uns noch im Tal der Knochen befunden hätten, doch meine Mordlust war verflogen und nur Mitleid und Selbstmitleid waren geblieben.

»Aber du leidest viel größere Schmerzen als ich«, sagte Lorimarr, der ein Auge öffnete, um mich und dann den von mir getragenen Gefechtshelm anzustarren. »Nicht wahr, Salamander?«

Ich wollte ihm das hochmütige Lächeln aus dem Gesicht schlagen.

»Töte ihn«, sagte Usabius.

»Kaltblütig?«, antwortete ich mit nachlassendem Zorn. »Dann wären wir nicht besser als sie.«

Lorimarr lachte erneut.

»Du bist wirklich gebrochen, was?«, sagte er zu mir.

Ich funkelte ihn verächtlich an. »Mir scheint, du bist hier der Gebrochene ohne Beine, *Bruder*.«

Mit spöttischem Schnauben antwortete Lorimarr: »Ich weiß.«

»Was?«

Der Verräter kniff das Auge zusammen. »Ich weiß«, wiederholte er.

»Raus mit der Sprache«, warnte ich ihn.

»Was du suchst«, sagte er.

»Töte ihn, sofort!«, knurrte Usabius.

Ich drehte mich zu ihm um und sagte: »Warte! Warte einfach ...«, bevor ich mich wieder unserem Gefangenen zuwandte. Ich zeigte ihm den Gefechtshelm. »Den hier? Meinst du den?«

Unendlich langsam neigte Lorimarr den Kopf.

Ich schaute ihn naserümpfend an und unterdrückte ein gemischtes Gefühl aus Hoffnung und Abscheu.

»Warum solltest du uns helfen wollen?«

»Er lügt«, beharrte Usabius und machte einen Schritt nach vorn, worauf ich meinen Arm hob, um ihn am Weitergehen zu hindern.

»Warte.«

Ich richtete meine Aufmerksamkeit wieder auf Lorimarr und ging in die Hocke, um auf seiner Augenhöhe zu sein.

»Nein«, sagte ich, da ich verstand, welche Grausamkeit er uns antun wollte, »tut er nicht. Du *willst*, dass wir ihn suchen. Du willst uns Hoffnung machen.«

»Das stimmt nicht, Bruder!«

Ich schüttelte Usabius' Hand von meiner Schulter ab und beobachtete, wie Lorimarrs Blick zwischen uns hin und her zuckte, während sein Lächeln immer breiter wurde.

»Sag es mir«, forderte ich. »Ich werde es schnell machen.«

»Du hast mir nichts zu bieten, Salamander. Aber ich werde *dir* ein Geschenk machen …« Er ächzte, beugte sich vor und streckte eine Hand aus.

Ich zuckte zurück, da ich mit einem Angriff rechnete, sah dann aber, dass der Krieger der Emperor's Children unbewaffnet war und ihm zwei Finger fehlten. Er streckte sich mit den verbleibenden Finger nach mir aus, als ob er mich segnen wollte.

»Lass dich nicht von ihm berühren!«, fuhr Usabius mich an, doch ich beugte mich bereits vor und schloss die Augen …

Zu spät erkannte ich die Gefahr, in der ich mich befand.

Lorimarr war ein Psioniker und hatte mich seinem boshaften Willen unterworfen.

Als seine metallenen Finger leicht über meinen metallenen Gefechtshelm strichen, stürmte eine Reihe schmerzlicher Bilder auf mich ein.

Feuer … Eine endlose Feuersbrunst und die Zerstörung von einhundert Kampfpanzern.

Wütendes Gebrüll, ein Fluch, der einem Primarchen über die Lippen ging, der damit einen Bruder beschuldigte.

Schmerz und Licht, das so heiß war, dass es mir das Fleisch von den Knochen brannte und mich einäscherte.

Als ich mich Lorimarrs Berührung entzog, klingelte es in meinen Ohren und Blut tropfte aus meinem Mundwinkel. Ich wischte es ab und wollte den Verräter gerade töten, als ich sah, dass das Auge des Legionärs offen und erstarrt war. Bei seinem letzten Mordversuch hatte er sein eigenes Ende gefunden.

»Ra'stan …«

Die Stimme klang gedämpft und in den Augenwinkeln war meine Sicht noch immer verschwommen, während merkwürdige Nachbilder, die sich auf meine Vision bezogen, wie die Bruchstücke eines Kaleidoskops auf mich einstürmten.

»Ra'stan, bist du verletzt?«

Usabius hielt mich aufrecht. Ohne sein Eingreifen wäre ich durch Lorimarrs heftigen psionischen Angriff umgefallen.

Ich nickte, während ich wieder zu Sinnen kam.

»Er hat versucht, dich zu töten«, fügte er hinzu und ließ mich los, damit ich mich selbst stützen konnte.

»Ein Scriptor …«

»Wohl eher ein Zauberer, aber ja.«

»Ich hätte diesen Angriff nicht überleben sollen«, sagte ich und schaute meinen Bruder an. »Wie konnte ich das?«

»Ich weiß es nicht, aber das hast du. Vulkan beschützt auch seine eigensinnigeren Söhne.«

»Damit wir unsere Mission fortsetzen können?«

Ich glaubte nicht daran, wollte die glückliche Fügung, die mir das Leben gerettet hatte, aber nicht hinterfragen. Vorerst genügte es mir zu wissen, dass Lorimarrs Pläne durchkreuzt worden waren und er den Aasvögeln überlassen wurde, die an diesem Ort am Himmel kreisten.

»Ich habe etwas gesehen«, sagte ich zu Usabius, während wir beide vor dem zusammengesackten Körper des Verräters standen. »Ich nehme an, dass es ein Bruchstück dessen war, was der Legionär wusste.«

»Hüte dich vor Unwahrheiten, Ra'stan, vor allem, wenn sie dir von einem derart hinterlistigen Boten mitgeteilt wurden.«

»Es hat sich nicht unwahr angefühlt. Ich glaube nicht, dass er wollte, dass ich das sehe. Ich glaube, er hat die Wahrheit gesagt.«

Ruumans Stiefel stampften über uns über das Dach und beendeten unsere Diskussion vorzeitig.

Usabius warf mir einen ermahnenden Blick zu, doch ich war überzeugt.

»Ich weiß, Bruder«, flüsterte ich, als ob ich durch zu lautes Sprechen die Visionen vertreiben und diesen Leitstern verlöschen lassen könnte.

Mit scheppernder, schwerer Rüstung sprang der Eisengeschmiedete vom Dach des Landungsfliegers herunter und landete mit dem Rücken zu mir. Er stand schnell und mit surrenden Bioniken auf und als er sich umdrehte, fixierte er mich mit einem durchdringenden Blick.

»Wir haben keine Zeit mehr. Die Kriegsmeute kommt zurück, mit Himmelsjägern als Vorhut.«

Das waren Jetbikes, die unglaublich schnell und für eine kleine Gruppe wie uns tödlich waren. Ich hatte gesehen, wie sie draußen in den Ebenen als Rudel agierten und ihren Geschwindigkeitsvorteil eingesetzt hatten, um versprengte Gruppen von Überlebenden einzukreisen und auszuschalten. Als Ruuman sie erwähnte, erinnerte ich mich mit Grauen daran, wie einer meiner Brüder zu Tode geschleift worden war. Vom Rücken eines Jetbikes aus waren Ketten in seinem Fleisch verhakt worden und während des grausigen Spektakels hatte der Fahrer gelacht.

Manchmal fuhren sie auch allein umher, doch diese Späher konnten ebenso tödlich sein. Wenn wir von einem bemerkt würden, wäre es fast unmöglich, den Kundschafter auszuschalten, ohne ungewollte Aufmerksamkeit auf uns zu ziehen. Wenn das geschah, würden die Geier zum Festmahl herbeiströmen und sich an unserem Fleisch laben.

Daher stellte das Auftauchen der Himmelsjäger ein Problem dar.

Der Eisengeschmiedete fragte: »Hast du gefunden, was du gesucht hast?«

»Ja. Eine Art Karte«, sagte ich und tippte mir seitlich an den Gefechtshelm.

Ruuman starrte mich an und schien mehr zu erwarten.

Also bekam er mehr. »Ich weiß es«, sagte ich. »Ich weiß, wo sie Vulkan hingebracht haben.«

Es war nicht leicht, Lorrimars schmerzhaftem Angriff auf meinen Geist ein klares Bild zu entnehmen. Hinter dem Feuer, den Schmerzen und dem Licht sah ich eine Höhle. Oberflächlich betrachtet war sie ein unscheinbarer – überaus gewöhnlicher – Teil der Ebenen von Isstvan, die voller Spalten und Klüfte waren. Doch auf dieser prangte ein Zeichen. Ein achtzackiger Stern, bei dessen Anblick, selbst vor meinem geistigen Auge, sich mein Magen zusammenzog und meine Zunge juckte. Es war ein ähnliches Gefühl wie jenes, welches uns im Knochental überkommen hatte, weshalb ich wusste, dass es von Bedeutung sein musste.

Schemenhaft drangen ein verdorbener Altar und ein Ritualmesser mit der entsetzlichen Fähigkeit, die Realität zu zerschneiden, in mein Bewusstsein, und plötzlich graute mir davor, was meinem Vater geschehen sein könnte. Dieser Ort, diese Höhle, war für ihn vorbereitet worden; das *wusste* ich.

Und ich hatte sie schon einmal gesehen, von unserem Aussichtspunkt in der Nähe von Tarkans Posten auf der *Fegefeuer* aus. Damals war sie nur ein weiterer, klobiger Brocken unter vielen in einer schwarzen Wüste gewesen, die von Galgen, Scheiterhaufen und Todesgruben übersät war. Jetzt war sie ein Signalfeuer, das mich rief.

Anhand der detaillierten Hololithkarte, die ich während Sulnars Besprechung betrachtet hatte, konnte ich die relative Position der Höhle zur *Fegefeuer* ermitteln, und von dort aus zum Standort von Vulkans abgestürztem Landungsflieger.

Ich fand die Höhle und führte uns dorthin, womit der leichte Teil geschafft war. Dabei ein Lager zu durchqueren, das vor Iron Warriors wimmelte, würde schwieriger werden.

Ruuman senkte sein Fernglas und machte ein finsteres Gesicht. Die Bioniken seines Gesichts brummten angestrengt.

»Ich sehe keinen sicheren Weg, der uns zwischen ihnen hindurchführt.«

Von Norden wehte ein heißer Wind, der Ascheböen aufwirbelte, die unsere Rüstungen schmutzig grau färbten. Ich stellte mir vor, dass die Hitze von der *Fegefeuer* und den Knochen der armen Seelen stammte, die wir dort dem Feuer überlassen hatten. Ruuman hatte nicht viel darüber gesagt, warum er fortgegangen war. Scheinbar hatte Sulnar ihn geschickt. Vielleicht hatte Tarkan gesehen, was auf sie zugekommen war, und wegen der drohenden Gefahr hatte der Lieutenant Verstärkungen ausgesandt? Vielleicht hatte der Eisengeschmiedete einfach entschieden, dass es Zeit für ihn war zu gehen? So oder so, er hatte uns irgendwie gefunden und jetzt waren wir hier, wo wir über eine weitere Verzweiflungstat nachdachten.

Wir hatten hinter einer schützenden Felsgruppe auf einem Obsidiansockel, der ein wenig aus dem Wüstenboden ragte und von dem aus wir den Großteil des Lagers überblicken konnten, Stellung bezogen.

Die Krieger saßen um kleine Feuer herum, redeten, säuberten ihre Waffen und schärften ihre Messer. Einige saßen allein da und starrten reglos in die Dunkelheit. Andere saßen vornübergebeugt oben auf ihren Kampfpanzern und hielten ihre Waffen locker in der Hand. Die Fahrzeuge bildeten eine Art Wagenburg, in der die Iron Warriors ihre Zelte aufgeschlagen und Lagerfeuer entfacht hatten. Ich nahm an, dass sie so die wilden Tiere fernzuhalten versuchten, die in der Nacht herumstreunten. Von allen mordlustigen Verbrechern, die zurückgelassen worden waren, um Isstvan V zu säubern, benahmen sich nur Perturabos Söhne nicht wie der Abschaum des Kriegsherrn. Die Primarchen hatten für diese schmutzige Aufgabe ihre schlimmsten und unberechenbarsten Krieger zurückgelassen, die sich wie tollwütige Hunde benahmen. Die IV. Legion hatte nie etwas anderes als schmutzige Aufgaben erledigt, sodass es keine derartigen Unterschiede zwischen ihnen gab. Außerdem bedeutete das, dass sie geordneter und vorhersehbarer vorgingen als ihre wilderen Brüder. Da sie sich hier verschanzt hatten, war es unwahrscheinlich, dass sie die Zelte abbrechen würden, bevor Perturabo den Befehl gab. Und das würde erst geschehen, wenn wir alle tot waren.

Meine Sanduhr war ein wenig aufgefüllt worden, doch sie war wieder gefährlich nah am Ablaufen.

»Das müssen über fünfzig Krieger sein«, flüsterte Usabius.

»Ich habe fast einhundert gezählt«, antwortete ich.

Ruuman nickte. »Wir müssen ihre Reihen ausdünnen«, sagte er. »Sie auseinanderziehen, damit wir unbemerkt an ihren Wachen vorbeischlüpfen können.«

Ich beobachte aufmerksam das Lager, wie die Krieger zueinander standen, die Späher, Aussichtspunkte, versammelten Fahrzeuge und Männer. Und dann schaute ich zur Höhle, die fast vollständig umringt war, auch wenn sich die dort postierten Soldaten nicht wie Wachen verhielten oder wie jemand, dem die Bedeutung seines Wachpostens bewusst ist. Wir hatten einfach Pech.

»Unmöglich«, sagte ich und sank wieder hinter die Deckung.

Ruuman folgte mir.

»Die Erfolgsaussichten dieses Einsatzes sind gering«, gab er zu. »Hiermit könnte ich vielleicht ein Loch in ihre Fahrzeuge schlagen.« Er klopfte auf den Konversionsstrahler, den er sich über die Schulter gehängt hatte.

Ich schüttelte den Kopf. »Sie würden diesen Kamm mit jeder verfügbaren schweren Kanone beschießen. Nach wenigen Sekunden wären wir nur noch Staub, eine weitere brutal umgekommene Erinnerung, wie der Rest unserer Brüder.«

»Es muss eine Lücke zwischen ihren Patrouillen geben, eine Schwachstelle in dem Netz, die wir ausnutzen können. Vielleicht, wenn wir einfach warten …«, sagte Usabius.

»Wir können nicht warten.« Ich zeigte auf den nächtlichen

Horizont, der sich in der Ferne rot und violett färbte. »Es dauert nicht mehr lang bis zur Dämmerung, und so, wie wir hier im Freien stehen, werden wir entdeckt werden.«

Wie zur Hervorhebung der Gefahr, in der wir uns befanden, ertönte das tiefe Brummen eines vorbeirasenden Himmelsjägers und unterbrach unsere Diskussion.

»Was glaubst du denn, wie lange es dauert, bis uns eins dieser Jetbikes zwischen diesen Felsen findet?«, fragte ich.

»Wenn wir nichts tun, ist uns unser Tod gewiss«, antwortete Ruuman.

»Wenn wir jetzt da rausgehen, läuft das auf das gleiche hinaus, Eisengeschmiedeter«, sagte Usabius.

Ruuman schien ihn nicht zu hören; sein Blick war auf den Feind gerichtet.

Nach einigen Sekunden des Schweigens fragte ich: »Was ist los?«

»Sie brechen die Zelte ab.«

Schnell spähte ich über den Felsrand. Auch ohne das Fernglas konnte ich erkennen, dass der Eisengeschmiedete recht hatte.

Die Feuer wurden gelöscht, die Zelte abgebaut und verstaut. Ihre Offiziere brüllten Befehle und die Panzerbesatzungen sprangen von den Wannen ihrer Fahrzeuge und machten sich abfahrbereit. Die Iron Warriors bereiteten sich auf den Abmarsch vor.

»Was könnte das bedeuten?«

»Vielleicht haben sie neue Befehle erhalten«, sagte Ruuman. »Vielleicht reagieren sie auf eine andere Bedrohung?«, fragte er sich laut.

»Ist das nicht egal?«

Er wandte sich mir zu. »Nur, wenn nicht *wir* diese Bedrohung sind.«

Aber dem Anschein nach waren wir das nicht.

Am Horizont flammte ein roter Strich auf, der die Umgebung erhellte und einen weiteren, feurigen Sonnenaufgang ankündigte. Ich beobachtete, wie sich die Schatten vor dem zunehmenden Licht zurückzogen, die Dunkelheit uns preisgab und uns unbarmherzig ins Tageslicht stieß.

»Wie lange noch bis zur Dämmerung?«, fragte ich, während mein Blick zwischen der aufgehenden Sonne und dem abgebauten Lager unserer Feinde hin und her wanderte.

»Einige Minuten«, errechnete Ruuman.

»Und das Lager?« Ich kannte die Antwort bereits – ebenfalls einige Minuten.

Zwischen uns und dem Eingang zur Höhle lagen mindestens vierhundert Meter. Es gab ein wenig natürliche Deckung: vereinzelte Felsen, kleinere Hohlwege und das, was die Iron Warriors zurückließen.

Die Dämmerung rückte näher ... Immer näher.

»Wir müssen sofort los«, drängte ich.

Usabius stand abmarschbereit auf, sodass sein Kopf über die Felsen ragte.

Ruuman packte mich an der Schulter und drückte mich nach unten.

»Sie werden dich sehen. Warte noch ein wenig.«

Neben dem pochenden Blut in meinen Ohren hörte ich wieder das tiefe Dröhnen des kreisenden Himmelsjägers, der an uns vorbeirauschte, ohne uns zu bemerken.

Der grelle Schein des Dämmerlichts erlosch, sodass alles in düsteres Zwielicht getaucht wurde.

Ich drehte mich verwirrt und mit pochenden Herzen um.

»Das war nicht die Dämmerung ...«, keuchte Usabius und sank erneut nieder, wobei er glücklicherweise nicht von den Spähern und Wachen gesehen wurde.

Die Iron Warriors machten sich weiterhin langsam und geordnet abmarschbereit und bildeten eine Kolonne, deren Anfang und Ende die schweren Panzer schützten.

Ich begriff, warum ihnen der Abmarsch befohlen worden und was diese scheinbare Dämmerung gewesen war.

»Ein nuklearer Sonnenaufgang«, sagte Ruuman und sprach damit aus, was ich dachte. »Die Verräter haben einige kleinere Atomwaffen eingesetzt. Der Wind wird den Atomstaub hierhertragen.«

»Sie rücken wegen der Strahlung ab?«

»Ja.«

»Was bedeutet ...«

»Dass diese Region betroffen sein wird, während wir noch hier sind.«

Ich schüttelte den Kopf, da ich mich von einer solch kleinen Gefahr nicht beirren lassen wollte.

»Das wird uns nicht umbringen«, sagte ich.

»Nicht sofort, nein.«

Unter uns befestigten die Iron Warriors zusammengepackte, schwere Waffen an ihren Rhinos und Spartans. Ich sah Rapiergeschütze, Tunnelmörser und mehrere Maschinenkanonen. Es würde eine Weile dauern, bis all diese Waffen und Panzerfahrzeuge abfahrbereit waren. Das Lager wurde nur langsam aufgelöst. Mit ihren Fahrzeugen konnten sie dem Atomstaubsturm noch entkommen. Wir konnten das nicht.

»Falls Vulkan da unten ist, müssen wir ihn retten«, sagte ich bestimmt.

»*Falls?*«, fragte Ruuman forsch. »Also gibst du zu, dass er vielleicht nicht in dieser Höhle ist?«

»Ich …« Ich schaute zu Usabius, doch dessen Aufmerksamkeit war vollständig auf das Lager gerichtet. »Nichts ist gewiss, Ruuman. Aber wenn die Chance besteht, dass –«

»Hast du schon einmal in Erwägung gezogen, nicht dort hinabzugehen?«

Ich funkelte den Eisengeschmiedeten wütend an und unterdrückte den unwillkürlichen Drang, ihm für seinen Vorschlag Gewalt anzutun.

»Ihn aufgeben? Allem abschwören, was wir gelobt haben?«

»*Wir* gelobt haben?«, fragte Ruuman skeptisch. »Sprichst du jetzt für deine ganze Legion, Ra'stan von den Salamanders?«

»Für uns«, fuhr ich ihn an und zeigte auf Usabius.

Ruuman schaute zu ihm herüber und dann wieder zu mir.

»Sulnar hat mich nicht als Verstärkung zu dir geschickt«, sagte er. »Ich sollte dich von diesem Vorhaben abbringen und zurückholen. Es gefiel dem Lieutenant Commander ganz und gar nicht, dass du mit Haukspeer auf diese tollkühne Mission gegangen bist.«

»Besser törichte Hoffnung als gar keine«, zischte ich leise, obwohl die Iron Warriors uns über das Brummen ihrer Panzer, die sich unter Knirschen in Position begaben, nicht hören konnten. »Vulkan lebt! Er lebt und wir haben die Möglichkeit, ihm zu helfen.« Ich atmete tief durch, rang meine Wut mit meiner Entschlossenheit nieder und beruhigte mich schließlich. »Hilf uns«, flehte ich. »Es gibt jetzt nichts, zu dem wir zurückgehen könnten. Wenn du Lord Manus' Schicksal hättest verhindern können, hättest du es getan. Wenn dir eine Gelegenheit geschenkt worden wäre, sein Leben zu retten –«

»Dann hätte ich sie genutzt«, sagte Ruuman mit kaltem, eisenhartem Pragmatismus. »Aber mein Primarch ist tot und du hast jetzt die Möglichkeit, das Schicksal deines eigenen zu erfahren.« Er nickte in Richtung des Gefechtshelms, der an meinem Gürtel magnetarretiert war. Vulkans Helm, dessen leere Helmlinsen ausdruckslos vor sich hinstarrten.

Auch wenn der Primarch größer als alle seine Legionäre war, war er nicht so gewaltig, dass ich mich nicht mit den noch funktionstüchtigen Systemen des Rüstungsteils verbinden könnte, das ich wie ein heiliges Relikt bei mir trug.

Unsere Gefechtshelme enthielten visuelle Aufzeichnungen. Sie nahmen alles auf, was wir sahen, damit wir bei Einsatznachbesprechungen aus den Daten strategischen Nutzen ziehen oder sofort die Taktik und Aufstellung anpassen konnten. Die Aufzeichnungen konnten an andere Legionsbrüder, Offiziere anderer Kompanien oder ganze Bataillone übertragen werden. Das war nützlich und sorgte dafür, dass wir alle das Gleiche sahen, was für die Ausbildung oder die Verbreitung entscheidender Kriegsinformationen enorm wichtig war.

Ich hatte nie darüber nachgedacht, was die visuelle Aufzeichnung eines Primarchen zeigen könnte. Ich fürchtete mich davor, was ich sehen könnte, und wagte es kaum, durch Vulkans Augen zu schauen. Denn wenn ich es einmal gesehen hatte, konnte ich es nie wieder *ungesehen* machen.

»Ich wünschte, diese Bürde wäre mir nicht auferlegt worden«, sagte ich zu Usabius, obwohl ich tief in meinem Innersten wusste, dass ich es tun musste.

Ein beschämender Teil von mir wollte, dass der Gefechtshelm kaputt war, dass die Verbindung nicht hergestellt werden konnte und mich nur Leere erwarten würde.

Ich löste die Verschlüsse meines eigenen Helms und legte ihn auf einen nahegelegenen Felsen. Meine Finger zitterten. Ich schaute zu Usabius und versuchte zu erkennen, wie er sich fühlte, doch er starrte weiterhin reglos auf die Panzer.

Vulkans Helm löste sich mit einem tiefen, magnetischen Summen und es klirrte leise, als ich das Metall berührte. Ich hob ihn in die Höhe wie eine Krone, deren unwürdiger Träger ich werden sollte. Er war schwer, schwerer als ich gedacht hatte, schwerer als er es gewesen war, als ich ihn aus dem Sand gezogen hatte. Ich wusste, dass es das Gewicht der bevorstehenden Enthüllung war, die Schwere der unerbittlichen und unbequemen Wahrheit, die auf mir lastete.

»Wird das überhaupt funktionieren?«, flüsterte ich. Er war deutlich größer als mein eigener Gefechtshelm und ich konnte ihn nur auf dem Kopf halten, indem ich ihn hochhielt. »Das fühlt sich so verboten an …«

»Ich kann dabei helfen, die Verbindung herzustellen«, antwortete Ruuman. »Einen Teil der Kabel herausreißen und die Anschlüsse neu verdrahten. Wenn er noch funktioniert, solltest du dann Zugriff auf die visuellen Aufzeichnungen haben.«

»Er ist ein Relikt. Ich sollte das nicht tun.«

»Er ist nur ein Relikt, wenn Vulkan bereits tot ist und er das Letzte ist, was von ihm bleibt.«

Ich verdrängte diese Möglichkeit, nahm den Gefechtshelm des Primarchen ab und machte mich bereit, die letzten Augenblicke zu sehen, bevor er ihn verloren hatte.

Ruuman machte sich mit seinen Werkzeugen an die Arbeit. Es fiel mir schwer, seine Modifikationen nicht als entweihend anzusehen, doch wir lebten in einem Zeitalter der Erleuchtung, in dem Glaube und Religion als ketzerisch galten. Ich wollte nicht allzu lange darüber nachdenken, wie ironisch das war. Ein großer Teil meines Weltbilds war durch die Feuerprobe von Isstvan erschüttert worden. Geringere Menschen wären angesichts dieses Grauens zerbrochen, das die Vorstellung von der Realität auf so brutale Weise aufgelöst und zerrissen hatte.

Doch wir waren keine geringeren Menschen; wir waren Legionäre. Also ertrugen wir es.

»Nichts, ich kann nichts sehen«, sagte ich und schämte mich dafür, wie erleichtert meine Stimme klang. »Hier drin ist alles dunkel. Die Systeme funktionieren nicht.«

»Einen Moment«, murrte Ruuman. Ich konnte hören, wie der Himmelsjäger wieder an uns vorbeisauste und wie in weiterer Ferne Panzerfahrzeuge rumpelten, während das Lager aufgelöst wurde.

Warum brauchte ich einen Beweis für Vulkans Schicksal?

Warum konnte ich nicht einfach voller Vertrauen daran glauben, dass er lebte und auf unsere Hilfe wartete?

Ich wollte den Gefechtshelm abwerfen, mich über Ruumans Argumentation hinwegsetzen, das Lager stürmen und meinen Vater retten. So malte ich es mir aus. Aller Zweifel, aller Wahnsinn und alle Verunsicherung würden in seiner strahlenden Präsenz zu Asche zerfallen. Vulkan würde siegreich sein und die Verräter vom Angesicht dieser schwarzen Welt tilgen, ehe er zu den Sternen zurückkehren und an der Seite seiner Brüder den Kriegsherrn von seinem geraubten Thron schmettern würde, und dann –

Aus dem Inneren des Gefechtshelms drang ein schwaches Leuchten, das die Einzelheiten an der Innenseite in rötliches Licht tauchte. Aus den Augenwinkeln konnte ich sehen, dass Ruuman einige Kabel und Drähte mit den Anschlussstellen an der Halsberge meiner Rüstung verbunden hatte. Ich richtete meine Augen so gut ich konnte auf die Helmlinsen aus und aktivierte mit einem Blinzeln die visuelle Übertragung.

Zunächst war da nur Rauschen, ein roter, knisternder Schleier, der mich glauben ließ, dass die Linsen beschädigt und alle Bildaufnahmen unlesbar geworden waren. Es dauerte nur wenige Momente, bis sich mir ein vertrauter Anblick bot …

Er geht eine dunkle, schwarze Vulkansanddüne hinauf. Zahllose Boltgeschosse fliegen durch die Luft und unzählige, flackernde Mündungen bilden ein gewaltiges Blitzgewitter. In der Ferne lodern größere Explosionen auf und bilden Wolken aus Feuer und Rauch. Blut und Erde spritzen vor seinen Augen auf.

Es gab keinen Ton. Offenbar war das dafür zuständige Bauteil beschädigt worden. Doch es reichte mir, es zu sehen … und mir den Lärm vorzustellen.

Durch den Rauch und den Schnee, der unerklärlicherweise zu fallen begonnen hat, wird eine Schlachtreihe aus eisern gepanzerten Legionären erkennbar. Ihren ausdruckslosen, gesichtslosen Gefechtshelmen ist kein Mitleid und keine Reue abzulesen. Sie sind zu einer Schützenlinie aufgereiht und wollen uns töten. Hinter ihnen rücken drohend die großen Umrisse von Panzern näher …

Vulkan hebt seinen Panzerhandschuh und eine Flammenwoge treibt die Verräter den Hügel hinauf. Sie prallen mit den vorrückenden Fahrzeugen zusammen und werden unter den unerbittlichen Ketten ihrer eigenen Panzer zermalmt. Diejenigen, die ihre Stellung halten, werden von einem Feuersturm eingeschlossen, der so heftig tobt, dass ihre Servorüstungen ihnen keinen Schutz davor bieten. Langsam fallen ihre braunen, unscharfen Umrisse in der Hitze seines Drachenfeuers in sich zusammen. Fleisch und Knochen werden zu Asche, die vom Wind aus den versengten Rüstungen geweht wird.

Falls seinerseits noch brüderliche Bande existieren, zeigt er das nicht. Er rennt, dicht gefolgt von der Brandwache, die Düne hinauf, bis er den Gipfel erklimmt. Geschosse prallen hart an seiner Rüstung ab, wie Mückenbisse an einer Festungsmauer. Die Explosivladung einer Rakete erzeugt bei ihrem niederschmetternden Einschlag ein gleißendes Licht, doch er bleibt standhaft.

Eine Schar entschlossener Krieger stürzt sich mit surrenden Kettengleven auf ihn. Geschickt greift er nach Morgendämmerung *und schwingt ihn. Einmal. Vier Iron Warriors werden mit zertrümmerten Körpern in die Luft geschleudert. Drei weitere unglaublich mutige oder lediglich dumme Legionäre greifen ihn an, obwohl sie gerade erst gesehen haben, wie er ihre Kameraden vernichtet hat.*

Wie mit dem Hammer eines Gottes schmettert Vulkan sie nieder. Er spaltet eine Brustplatte und drückt die darunterliegende Brust ein, sodass Rippen und Eingeweide freiliegen. Er zertrümmert eine Schulter, deren Panzerung so leicht nachgibt wie Pergament. Er zerdrückt einen Gefechtshelm und zerquetscht den Kopf im Innern mit seiner riesigen, gepanzerten Faust.

Die Iron Warriors verteidigen sich weiter hartnäckig, obwohl sie ihm nichts entgegenzusetzen haben. Als wären ihnen Kapitulation und Niederlage völlig fremd.

So, wie er weiter tötet, scheint für Vulkan beides ebenfalls unvorstellbar zu sein. Schließlich holt die Brandwache zu ihm auf und überwältigt den Rest, der den Weg zu den Panzerfahrzeugen versperrt …

Vulkan erreicht den ersten Kampfpanzer, einen Belagerer, den der Primarch mit bloßen Händen hochhebt und umwirft. Einen Augenblick später ist Morgendämmerung *wieder in seiner gepanzerten Faust, um in ein zweites Fahrzeug ein Loch zu schlagen. Er reißt die Frontpanzerung mit seinen Fingern auf und zerrt die Besatzung heraus, während sie ihn mit wirkungslosem Pistolenfeuer beschießt.*

Draußen wirft er sie wie Abfall fort, während sie wild um sich schlagen, und überlässt sie den Klingen der Krieger seines inneren Zirkels, bevor diese den Panzer mit Granaten füllen.

Vulkan geht bereits weiter, als aus dem Rücken des Belagerers, den er gerade hinter sich gelassen hat, eine Wolke aus Feuer, Rauch und Granatsplittern aufsteigt. Grüngepanzerte Salamanders rücken an der Seite des Primarchen vor. Die Schlacht ist ein Durcheinander aus Nahkämpfen und kurzen Salven.

In der Ferne wird hinter einer Schlachtlinie aus Tremorgeschützen eine Gestalt erkennbar. Vulkan fixiert sie mit der Zielstrebigkeit einer zielsuchenden Rakete. Sein eiserner Bruder lacht und winkt ihn heran. Ein Panzer rollt Vulkan in den Weg und er schmettert ihn mit der Schulter zur Seite. Einen anderen packt er bei dessen klobiger Räumschaufel und stellt ihn wütend auf den Kopf. Er zittert und brüllt dem Herrn des Eisens etwas zu, der für einen Angriff jedoch noch zu weit weg ist …

… worauf er zu einem Raketenschwarm hinaufschaut, der aus mehreren Batterien abgefeuert wird und gleißend helle, feurige Kondensstreifen hinter sich herzieht. Es dauert einige Sekunden, bis die Salve einschlägt. Vulkan ruft unaufhörlich, bis ein greller, weißer Blitz sein Sichtfeld ausfüllt und er nichts mehr sieht.

Das knisternde Rauschen kehrte zurück, da das Ende der Aufzeichnung erreicht worden war. Ich starrte sprachlos vor mich hin, fassungslos, dass ich aller Wahrscheinlichkeit nach gerade den Tod meines Primarchen gesehen hatte.

»Bruder …?« Ich wandte mich Usabius' Stimme zu, die kaum lauter war als ein Flüstern. »Was hast du gesehen?«

»Den Tod«, sagte ich und versuchte den Gefechtshelm abzunehmen, wobei ich feststellte, dass mich die Kabel daran hinderten, die ihn mit meiner Rüstung verbanden. »Nimm ihn ab«, sagte ich aufgebracht. »Nimm ihn ab!«

»Einen Moment«, sagte Ruuman und ich merkte, wie er die improvisierte Verbindung trennte. Als er fertig war, zog ich den Helm aus und legte ihn ab, als ob ich mich bei seiner Berührung verbrannt hätte und nun argwöhnisch geworden war.

Ich musste Ruuman nicht erzählen, was ich gesehen hatte. Er sah es mir an meinem Gesicht an.

»Dann ist es vorbei?«, fragte er.

»Vulkan lebt …«, keuchte ich verzweifelt, trotzig, verblendet. »Er muss.«

Usabius war noch immer am Felsrand, beobachtete das Lager und bot mir keine Unterstützung.

Der brummende Himmelsjäger zog ein viertes Mal vorüber.

»Er kommt näher«, sagte Ruuman. »Der Fahrer scheint etwas zwischen den Felsen bemerkt zu haben, muss es aber noch genau orten.«

»Ein Vortrupp ist eingetroffen, um die Kolonne fort zu führen«, sagte Usabius. Noch immer verunsichert von dem, was ich gesehen hatte, folgte ich mit meinen Blicken seinem ausgestreckten Finger und sah zwei Himmelsjäger, die schnell ins zügig schrumpfende Lager rasten, um sich vor den Iron Warriors zu postieren. Die Fahrer hatten nur die Hälfte ihrer Rüstung angelegt, keine Helme oder Armschienen. Dafür trugen sie Visiere und Panzerhandschuhe, mit denen sie die gehörnten Lenker ihrer Fahrzeuge drehten, worauf die dicken Abgasrohre Dämpfe und Rauch ausstießen. Sie flogen tief, lehnten sich zurück und lachten und brüllten einander an. Vielleicht gab es in den Reihen von Perturabos Söhnen doch einige Wahnsinnige.

Endlich zogen sie ab. Nach dem, was ich gerade erst ungefiltert durch Vulkans Augen gesehen hatte, fiel es mir schwer, diesem Vorgang eine Bedeutung beizumessen oder ein Gefühl des Sieges zu empfinden.

Ruuman beobachtete die Iron Warriors ebenfalls.

»Zwei Himmelsjäger. Das bedeutet, dass der dritte fehlt. Ich vermute, er ist der Schatten, der sich an uns annähert.«

»Er lebt«, sagte ich zu dem Eisengeschmiedeten, während mein Blick über das abgebaute Lager zur Höhlenöffnung schweifte. »Vulkan lebt.«

»Du hast selbst gesagt, Legionär, dass dem nicht so ist.«

»Der Helm war nicht da, wo er gefallen ist«, sagte ich und stürzte mich auf diese kleine Ungereimtheit. »Das bedeutet, dass er überlebt und ihn aufgehoben haben könnte.«

»Es gab keine weitere Aufzeichnung«, versicherte mir Ruuman. »Er ist tot, Ra'stan. Akzeptier das, damit wir von hier fortgehen und noch ein wenig länger leben können.«

»Nein.«

Inzwischen dämmerte es wirklich und die Sonne kam hinter den Hügeln hervor, um die Schatten zu vertreiben. Den Atomstaubsturm, der sich uns schnell von Norden näherte, konnte sie nicht davonjagen, doch der war nun kaum noch von Belang. Ich stand auf und trat zu Usabius an die Felskante.

Unter uns zog die Panzerkolonne vorbei.

»Wir müssen jetzt gehen, diesmal wirklich«, sagte ich und Usabius nickte.

»Dort erwartet dich nur der Tod«, sagte Ruuman, der sich ebenfalls erhob, aber in die gegenüberliegende Richtung ging.

»Dann wählen wir den Tod!«, fauchte ich. »Was bleibt uns denn sonst noch auf dieser verfluchten Welt?«

»Auf diesem Weg kann ich dir nicht folgen, Sohn Vulkans«, antwortete der Eisengeschmiedete. Er drängte mich, mit ihm zu gehen. »Opfere dich nicht für ein so törichtes Ziel. Lebe und lass sie für deinen Kopf teuer bezahlen. Das werde ich tun. Solange wir leben, gibt es Hoffnung. Bitte, komm mit mir, Ra'stan.«

Ich schüttelte langsam den Kopf und senkte den Blick. Mein Pfad lag deutlich vor mir und ich würde nicht von ihm abweichen. Als ich wieder aufschaute, war Ruuman fort, hinter den Felsen auf der anderen Seite verschwunden.

»Keine Sorge, Bruder«, sagte Usabius mit einem leichten Anflug von Schicksalsergebenheit. »Wir haben uns jetzt um eine Angelegenheit der Salamanders zu kümmern. Es ist besser, wenn nur wir dabei sind.«

»Ja … Nur wir.«

Im Osten stieg die Sonne über den Horizont und färbte die Vulkanebenen rot.

Ich schaute auf den schweren Weg, den wir vor uns hatten, und auf unsere Jäger, die uns noch nicht bemerkt hatten, aber noch immer zu nah waren, um ihnen vollständig aus dem Weg gehen zu können. Es war alles andere als sicher, dass wir es überhaupt durch das Lager schaffen würden, geschweige denn überleben würden, was uns in der Höhle erwartete.

»Wir machen einen Bogen um das Lager«, sagte ich und zeigte auf eine zerklüftete, zahnförmige Felsreihe. Ich schaute Usabius in die Augen. In ihnen brannte Entschlossenheit. »Bleib unten und sei schnell«, sagte ich.

»Vulkan lebt«, sagte er.

»Vulkan lebt«, antwortete ich. Dann sprangen wir gemeinsam über die Felswand und rannten, als ob die Höllendrachen Nocturnes hinter uns her wären.

Wir hatten kaum die Hälfte der Strecke geschafft, als ein Ruf erschallte, der ohrenbetäubender war als ein Bolterschuss.

Ruuman hatte recht gehabt. Die Iron Warriors hatten uns gesehen.

Ich warf einen flüchtigen Blick zurück und sah, dass die Panzerkolonne noch immer in Bewegung war, doch die beiden Himmelsjäger hatten sich abgesetzt und eilten auf uns zu. Die plattnasigen, massigen Jetbikes rasten durch die sich lichtende Dunkelheit. Ihre eckigen Bugschürzen verliehen ihnen ein eisernes und unnachgiebiges Erscheinungsbild. Aus der Nähe wirkten ihre vor Mordgier johlenden Fahrer, die stachelbewehrte Ketten über ihren Köpfen schwangen, wie Wahnsinnige. Der Rest der Iron Warriors schien uns ihnen zu überlassen und zog weiter vor dem näherkommenden Sturm davon.

Anhand ihrer höllischen Geschwindigkeit schätzte ich, dass wir noch dreißig Meter schaffen konnten, bevor sie über uns herfallen würden. Die Kanonen, die unter dem Bug beider Himmelsjäger glänzten, könnten uns in Stücke reißen, noch bevor wir drei Meter geschafft hatten, doch die Fahrer schienen auf einen Nahkampf aus zu sein.

Außerdem hielten beide auf mich zu.

»Geh zur Höhle. Los!«, brüllte ich.

Usabius rannte voraus, während ich verlangsamte und mein Kettenschwert zog.

Zwei Krieger auf Jetbikes gegen einen zu Fuß. Die Chancen standen nicht gerade gut für mich.

Ich hatte meinen Gefechtshelm oben auf dem Felssockel neben dem von Vulkan zurückgelassen. In meiner Eile und anhaltenden Erschütterung hatte ich beide vergessen. Der beißende Geruch ihrer Abgase eilte den Himmelsjägern voraus. Sie wirbelten schwarzen Sand auf, der in meinen Augen brannte. Ich schmeckte den petrochemischen Gestank ihrer Triebwerke und spürte, wie sie die Erde erzittern ließen, obwohl sie mit ihren Antigrav-Fahrzeugen knapp über ihr schwebten.

»Vulkan lebt!«, brüllte ich und berührte für einen letzten Kriegergruß mit dem Kettenschwert meine Stirn. Als ich es wieder senkte und eine Kampfhaltung einnahm, verschwammen seine Zähne bereits.

Nachdem die Himmelsjäger sich auf zwanzig Meter genähert hatten, teilten sie sich auf.

Da ich eingekreist war, würde ich mich für einen Kämpfer

entscheiden müssen. Das war keine wirkliche Entscheidung, jedenfalls keine, die einen Unterschied machte. Wenn ich den einen wählte, war dem anderen mein ungeschützter Rücken zugewandt. Ich konnte ihre schweren Klingen schon fast spüren, wie sie meine Rüstung und mein Fleisch durchstießen …

»*Vulkan lebt …*«, flüsterte ich ein letztes Mal und warf einen Blick zur Seite, zu Usabius und dem Höhleneingang. Ich konnte ihn nicht sehen und hoffte, das bedeutete, er hatte es geschafft.

Zu meiner Rechten brach plötzlich greller Lärm aus, eine stakkatohafte, vierschüssige Salve, die sich in einem tödlichen Dickicht aus dunkelroten Strahlen manifestierte. Zur selben Zeit erfüllte eine aktinische Ladung die Luft, sodass sie flimmerte. Eine Sekunde später schrien die Fahrer auf, während der Todesstrahl ihre Bikes zerfraß, ihr Fleisch einäscherte und sie schlagartig ausschaltete.

Zwei Himmelsjäger krachten zertrümmert und brennend zu Boden. Einige Rüstungsteile der Iron Warriors fielen neben ihnen herab – ein leerer Brustpanzer, Beinschienen, Stiefel und Panzerhandschuhe, die nichts als Asche enthielten.

Ich kannte die verheerende Wirkung von Volkit-Waffen. Die Marsianer hatten sie speziell für den Einsatz gegen biologische Materie entwickelt. Ruuman fuhr das dritte Jetbike, unter dessen Bug sich eine flackernde Kalverine befand. Als sich die Strahlenwaffe herunterfuhr, aktivierte er die Reservewaffen des Fahrzeugs. Ratternd eröffnete ein in der Verkleidung verbautes Bolterpaar das Feuer, worauf die Mündungen im Zwielicht wie Sterne funkelten.

Ich weiß nicht, ob er das geplant hatte. Vielleicht hatte sich einfach die Möglichkeit ergeben und er hatte sie ergriffen. Der Konversionsstrahler war nirgends zu sehen, war für den Transport auf einem Jetbike aber ohnehin zu klobig und unpraktisch. Vermutlich hatte er ihn eingesetzt, um den vorherigen Fahrer auszuschalten.

»Möge der Imperator dich schützen, du heldenhafter Narr«, murmelte ich, als er mit aufheulenden Triebwerken an mir vorbeirauschte und die Ablativpanzerung eines Rhinos beschoss. Während er die Flanke des Fahrzeugs beharkte, traf er die Treibstofftanks, worauf der Rhino zu einem Promethiumfeuerball explodierte.

Mit gesenktem Kopf fuhr der Eisengeschmiedete weiter, während die pivotierten Waffen der Kampfpanzer hinter ihm her feuerten. Die Geschosse schlugen hinter ihm ein und wirbelten vulkanischen Sand auf, doch jetzt rannte ich los und konnte nicht länger warten, um zu sehen, ob mein Retter entkommen würde oder nicht.

Die Iron Warriors jagten ihm nach und ich hörte ihre fernen Schreie und Racheversprechen. Auch mir jagten sie nach. Da die Himmelsjäger zerstört waren, könnte ich entkommen, und ihre Ehre verlangte, dass sie das verhinderten. Doch Panzer sind bei weitem nicht so schnell und wendig wie Jetbikes. Ich war nah genug an der Höhle, um hineinzugelangen, bevor sie mich einholten.

Danach … Ich hatte nicht weiter vorausgedacht.

Das gleiche, abscheuliche Gefühl kehrte zurück, das mich überkommen hatte, als ich den Höhleneingang durch Lorimarrs geistiges Auge gesehen hatte, nur dass es diesmal deutlich intensiver war, da ich wirklich hier war. Ein achtzackiger Stern zog meine Aufmerksamkeit auf sich, lockte mich, widerte mich an, doch ich kämpfte dagegen an, betrat die Höhle und schnappte nach Luft.

Als ich drinnen war, ließ die Wirkung nach und ich fragte mich, ob dieses Zeichen eine Art Schutzvorrichtung war, ein technisches Gerät des Mechanicums, das so gebaut worden war, dass es geheimnisvoll und okkult aussah. Ich war durchgebrochen, hatte mich durch seinen Einflussbereich gekämpft und erholte mich allmählich.

Ich schaute mich um.

In der Höhle herrschte unnatürliche Dunkelheit. Obwohl die Luft in meinem Gesicht kühl war, kribbelte sie auf meiner Haut und erschwerte mir mein Vorankommen, als ob sie keine Luft, sondern zähflüssiger Schlamm wäre.

Die Höhle war weit tiefer, als man von außen vermuten könnte, und zog sich als enger Felsgang dahin. Da ich Usabius nicht sehen konnte, nahm ich an, dass er noch weiter vorgestoßen war. Ich folgte dem einzigen Weg und hoffte, dass ich meinen Bruder am Ende treffen würde. Ich wollte nach ihm rufen, ihn wissen lassen, dass ich unterwegs war und wahrscheinlich nicht allein, doch ich verwarf den Gedanken sofort, als mir klar wurde, dass ich nicht wusste, was noch hier unten lauerte. Außerdem würde die Akustik jedem, der mir folgte, meine exakte Position verraten.

Zeit war der einzige Vorteil, den ich noch hatte; darauf wollte ich nicht verzichten.

Nach gefühlten Kilometern weitete sich der Gang zu einer deutlich breiteren und höheren Höhle. Auch wenn ich das kaum mit Gewissheit sagen konnte, glaubte ich inzwischen soweit hinabgestiegen zu sein, dass ich mich weit unter Isstvans Oberfläche befand, da die Decke dieser neuen Kammer gewölbt war und Stalaktiten von ihr herabhingen.

Außerdem war es hier kälter. Die Höhlenwände waren mit Eis überzogen und auf dem Boden funkelte eine dünne Raureifschicht. Es tropfte von Eiszapfen, die wie gefrorene, lange, knorrige Finger aussahen.

Ich blinzelte. Die Tropfen erstarrten und schwebten reglos in der Luft. Zunächst hielt ich das für eine optische Täuschung, doch als ich nähertrat, sah ich, dass dem nicht so war. An diesem Ort war die Zeit stehen geblieben. Als ob alles in Bernstein konserviert wäre.

Ich blinzelte erneut.

In der Mitte der Kammer stand Usabius und schaute zu einem der erstarrten Tropfen hinauf.

»Ich sehe es, aber ich glaube es nicht«, sagte er. Ich nahm an, dass er mit mir sprach.

»Nichts an diesem Ort fühlt sich richtig an, Bruder«, antwortete ich.

Er drehte sich um und starrte mich durch seine eingerissene Helmlinse an.

»Wo ist deine Energiefaust?«, fragte ich, als ich bemerkte, dass er seine Waffe nicht trug.

»Ich sehe es, aber ich glaube es nicht«, wiederholte er.

Als ich ihm näherkam, bemerkte ich, dass sich sein Aussehen in weiteren, subtilen Einzelheiten verändert hatte. Seine Rüstung war ramponierter; sie war großflächig schwarz verbrannt, als ob er von einem schrecklichen Feuer erfasst worden wäre.

Ich runzelte die Stirn, da ich nicht verstand. »Usabius, was ist dir passiert?«

»Sehe es, aber glaube es nicht«, sagt er und hob die Hände, um sich an den Gefechtshelm zu fassen.

»Wo ist Vulkan?«, fragte ich, während tiefe Übelkeit in mir aufstieg. Ich schluckte die Galle in meinem Hals herunter. »Bruder, ich …«

Usabius … *flimmerte*. Wie eine Luftspiegelung war er manchmal da und manchmal nicht. Ich hatte Pictübertragungen gesehen, bei denen es sich ähnlich verhalten hatte. Das nannte sich ›Geistergleiten‹.

»Ich …« Meine Beine gaben nach und ich streckte meine Hände aus, um mich vom Fallen abzuhalten.

Ich stützte mich ab, stand aber alles anderes als sicher, während die Herzen in meiner Brust laut pochten. Sie schlugen so heftig, dass ich erwartete, sie würden meinen Brustkorb durchbrechen, meinen Bauchpanzer aufreißen und vor mir auf den Boden klatschen. Mein ganzes Weltbild geriet ins Wanken. Usabius war nicht so wie in meiner Erinnerung und durch das Flimmern seines nur scheinbar physischen Körpers erkannte ich etwas Wahres hinter dem Bild, das ich mir geschaffen hatte, um ihn zu verdecken.

In den letzten Jahren des Großen Kreuzzugs hatten noch Memoratoren in unseren Flotten gedient, da es noch etwas gegeben hatte, was es wert war, festgehalten zu werden. Damals hatte ich einen Imagisten über *Pentimento* sprechen hören. Das Wort stammte von den antiken Romanii des alten Terra und bedeutete ›Buße tun‹. Es bezog sich auf einen Vorgang, bei dem ein Künstler einen Fehler übermalt. Mit Geduld, Geschick und dem richtigen Material konnten solche frühen Skizzen unter der Schicht, die sie verdeckte, freigelegt werden. Unwillkürlich wurde mir klar, dass ich Usabius übermalt hatte. Das hier war meine Buße für irgendein Vergehen. Inzwischen war ich vollkommen verunsichert und trotz meiner verbesserten kognitiven Leistungsfähigkeit war es nicht leicht, alles zu verarbeiten, was ich sah. Doch ich wusste, dass ich meinen Bruder auf irgendeine mir unbekannte Weise im Stich gelassen hatte.

Das alles war schon erschütternd genug, doch mir stand eine noch tiefgreifendere Enthüllung bevor.

Während ich unter der Last auf meinen Schultern zusammensackte, fiel mein Blick auf ein eingebranntes Zeichen im Boden. Ich war so auf die Decke und ihre eigenartige Zeitlosigkeit fixiert gewesen, dass ich es nicht bemerkte, bis ich direkt über ihm stand. Ein schwarzer, perfekter Ring war unauslöschlich in den Boden gebrannt worden und wurde von Zacken durchkreuzt, die aussahen, als ob sie von einem Einschlagspunkt im Zentrum ausgehen würden.

So etwas hatte ich schon einmal gesehen. Normalerweise geschah das nach einer Teleportation und war die Auswirkung des extremen Energieaustauschs, der während des Transports durch den Raum stattfand.

Zuerst wusste ich nicht, was das bedeutete, doch dann sah ich ein zweites Zeichen im ersten, das von dem Ring umrandet wurde. Es war schwer zu erkennen. Jemand Breitschultriges schien mit gesenktem Kopf zu knien.

Offensichtlich stellte es eine Person dar. Jemanden, der sich für die Teleportation bereit macht.

»Was bedeutet das?«, fragte ich und schaute von meiner halb liegenden Position auf. Wut stieg meinen Hals hinauf und drohte mich zu übermannen. Doch da war noch ein anderes Gefühl, das mir fremd und vertraut zugleich vorkam. Panik. Angst.

Sie kennen keine Furcht …

Das war unser Mantra, nach dem der Imperator uns geschaffen hatte, indem er die Lebensessenz seiner Söhne, unserer Väter, destillierte. Gentechnik, Erbgut, Transhumanität: all das zählte in diesem Moment nichts mehr.

Usabius starrte noch immer mit den Händen an seinem Gefechtshelm geradeaus, als ob er wie die Eistropfen erstarrt wäre.

»Antworte mir!«

Das brennende Licht im Auge meines Bruders loderte erneut auf und unter dem Zischen entweichenden Drucks nahm er langsam seinen Gefechtshelm ab. Darunter befand sich ein Gesicht, das ich kaum wiedererkannte. Es war verbrannt und von höllischem Feuer verheert. Wir Salamanders sind äußerst hitzeresistent, aber nicht immun.

Obwohl ich dagegen ankämpfte, obwohl ich meine geistigen Schutzmauern mit Lügen verstärkt hatte, war der Damm nun gebrochen und die Wahrheit überströmte mich wie eine Flut.

Usabius war in einem Feuersturm verloren gegangen, einem, der aus den Eingeweiden eines sterbenden Landungsfliegers gebrochen und seine eigenen erfasst hatte. Ich hatte versucht, ihn zu warnen, sein Leben zu retten, doch es war zu spät gewesen. Ich hatte ihn losgelassen und als ich zurückgeschaut hatte, waren nur die Spuren seiner festgekrallten Finger zurückgeblieben, die sich im Metall vergraben hatten.

»Du bist gestorben«, stieß ich heiser hervor.

Da wurde ich vollständig von der Wahrheit übermannt, die mich ergriff wie eine Andockklammer ein Sternenschiff.

Ich dachte an die Grube voller Leichen, in der der Krieger der Raven Guard sein Bewusstsein wiedererlangt hatte und seine Bewegungen gedroht hatten, mich zu verraten. Ich war allein gewesen und hatte ihn über halb Isstvan geschleift, als die Suchscheinwerfer angegangen waren. Ich hatte nicht riskieren können, dass er aufwachte und uns beide verdammte, sodass ich mich hinübergebeugt und ihn mit meiner Energiefaust zerquetscht hatte.

Ich schaute meinen rechten Arm hinab und sah den Panzerhandschuh, der ihn umschloss.

An Bord der *Fegefeuer* hatte ein Streit zwischen mir und Sulnar mit einer angespannten Aussprache geendet. Ich hatte geglaubt, dass jemand anders, Usabius, ihm von dem Blutbad in den Ebenen, dem Leid und dem Elend erzählt hatte, doch das war ich gewesen. Ich hatte diese Worte gesprochen. Der Lieutenant Commander hatte sich nicht gerührt, als Usabius sich an ihm vorbeigezwängt hatte, weil sich *niemand* an ihm vorbei gezwängt hatte. Niemand sonst war dort gewesen.

So war es auch in den Trümmern des Landungsfliegers gewesen, wo ich verzweifelt nach Vulkan gesucht hatte. Auch der Verräter, Lorimarr, hatte die Wahrheit erkannt und sich köstlich darüber amüsiert, wie sehr ich dem Wahnsinn verfallen war. Wie hatte ich seinen psionischen Angriff überleben können? Nur ein Psioniker könnte das.

Sogar mein Rang war eine Lüge. Der sterbende Legionär Ik'rad hatte mich *Lord* genannt. Er hatte mich noch als Epistolarius gekannt. Nur Usabius hat mich jemals Captain genannt. Das war *sein* Rang, nicht meiner. Nach seinem Tod, nach dem Absturz und den Qualen, denen mein Psionikerverstand ausgesetzt gewesen war, war ich zu ihm oder einem Teil von ihm geworden, und das Trugbild, das ich mir geschaffen hatte, war ein Teil von mir, der Teil, den ich nicht vollständig verarbeiten konnte.

Ich bin Usabius, die fast vergessene Erinnerung an eine Leiche, die ich mit meiner eigenen Identität verschmolzen habe.

Wir leben in der Hölle, einer Hölle aus schwarzem Sand, in der nichts so ist, wie es sein sollte, und alles dem Wahnsinn anheimgefallen ist. Angesichts all dieser Schändlichkeit konnte ein Krieger, selbst ein so abgehärteter wie ein Space Marine, den Verstand verlieren.

Die Gedanken, die ich damals gehabt hatte und die mir jetzt wieder in den Sinn kamen, passten eigenartig gut zu meiner derzeitigen Situation.

»Du bist gestorben, Bruder«, sagte ich zu der Erscheinungsform meines Verstands in Gestalt von Usabius' Leiche.

Sie nickte.

»Das tut mir leid.«

Sie reagierte nicht und starrte weiter vor sich hin.

»Ist irgendetwas hiervon real? Die Höhle, die Iron Warriors, die Überlebenden?«

Wie ein Geist aus uralten terranischen Märchen streckte Usabius einen gekrümmten Finger aus, um auf die verbrannte Erde um mich herum zu zeigen.

Das war also real. Wie ein Ertrinkender, dessen Sinne von Wasser getrübt wurden, tauchte ich aus einem dunklen Traum auf und erwachte in einer noch dunkleren Realität.

Während ich über die Bedeutung des Zeichens nachdachte, hörte ich eilig laufende Panzerstiefel, die sich aus dem Korridor hinter mir näherten. Die Iron Warriors waren fast hier und so real wie der Schweiß auf meiner Stirn oder die Erde unter mir.

»Es wird nicht mehr lange dauern –«, sagte ich, hielt dann aber inne.

Usabius war fort und ich war so allein, wie ich es immer gewesen war.

Haukspeer hatte sein Leben verloren, weil er mit einem Wahnsinnigen in die Dunkelheit ausgezogen war; Ruuman wahrscheinlich ebenfalls. Sie mussten es gewusst haben. Irgendwie musste ich es auch gewusst haben, doch tief in meinem Unterbewusstsein vergraben, wo ich es unterdrücken konnte.

Ich drückte mich vom Boden ab und nahm beim Aufstehen mein Kettenschwert in die linke Hand. Ich würde diesen Bastarden aufrecht entgegentreten.

Ob gebrochen oder nicht, ich war noch immer ein Krieger der Legiones Astartes, ich war noch immer ein Salamander.

Nur ein Geheimnis hatte mir die Höhle nicht enthüllt und blieb mir verborgen.

Der Ring aus verbrannter Erde bewahrte dieses Geheimnis. Ich musste ihn nur entschlüsseln, um die Wahrheit zu erfahren. Die Frage war offensichtlich.

Was ist Vulkan widerfahren?

Ich hatte eine Gabe, die ich vergessen und in jemand anderen hineinprojiziert hatte. Mit ihr konnte ich diese Welt bis in die letzten Winkel nach dem grellen und strahlenden Leuchtfeuer absuchen, das mein Vater war. So viel Leid, so viel Tod. Ich sog die Luft um mich herum in mir auf, in der die psionischen Schreie meiner Brüder noch immer nachhallten. In meinen Augen loderte himmelblaues Feuer. Ich spürte, wie es brannte, sah, wie es aus der Höhle strömte und die Umrisse meiner Mörder enthüllte, die immer näherkamen.

Wenn ich meinen Geist vollständig für die Gräueltaten von Isstvan öffnen würde, um meinen Vater zu finden, würde das mich und alles um mich herum wahrscheinlich mit einem Psi-Sturm töten.

Ein Iron Warrior trat aus der Dunkelheit ins himmelblaue Licht. Ich sah, wie er in den wenigen Sekunden, die mir noch blieben, zurückschreckte. Ich warf meinen Kopf zurück, entfesselte meinen Geist, ließ ihn frei und sah alles und jeden. So entschlüsselte ich den Ring aus verbrannter Erde und enthüllte das letzte Geheimnis, das mir noch verborgen war.

Weißes Licht, Hitze und die Orientierungslosigkeit nach einem Standortwechsel.

Er war fort. Vulkan war fort.

Eine Feuersbrunst loderte in meinem Körper und ich senkte den Blick, um die vergebliche Flucht meiner Feinde zu verfolgen. Kurz bevor wir alle sterben würden, würde ich ihnen die Wahrheit verkünden. Bevor die Höhle, der Tunnel und die Ebene von Isstvan in mehreren Kilometern Umkreis von meinem psionischen Schmerz zu einem schwarzen Krater umgestaltet werden würden.

Ich bereute meinen Tod ebenso wenig wie mein Leben. Ich wünschte, ich hätte meinen Vater ein letztes Mal sehen können, doch diese Zukunft stand uns nicht zu.

Wir steuern auf einen finsteren Horizont zu. Dahinter brennt die Galaxis.

Doch es besteht noch Hoffnung …

»Es besteht noch Hoffnung«, sagte ich und wurde dabei immer lauter, bis ich meine Stimme zu einem Schrei erhob.

Der Iron Warrior wurde langsamer und drehte sich um. Ich glaube, als er mir in die Augen schaute, begriff er, dass er dem Untergang geweiht war.

Dies war die Wahrheit, die ich ihm verkündete:

»Vulkan lebt!«

ARTEFAKTE

»Am Rand der Geistersterne, an der äußersten Grenze des Segmentum Ultima, schlossen sich mein Bruder und ich für eine Rettungsmission zusammen. In Ranken aus psionischem Elmsfeuer gehüllt, die sich an den vernarbten Hüllen unserer Schiffe festklammerten, traten wir aus dem Warp aus – doch wir kamen zu spät. Wir waren gekommen, um einen Wahnsinnigen in die Schranken zu weisen, doch stattdessen wurden wir lediglich zu Zeugen einer Gräueltat.«

Das Knistern des Feuers untermalte die Worte des Primarchen, auch wenn es T'kell schwerfiel zu unterscheiden, ob das Geräusch in der Stimme seines Herrn lag oder den brennenden Fackeln an den Wänden entstammte. Unabhängig davon war die Luft von dem Geruch heißer Asche und glühenden Holzes erfüllt, der zusammen mit Vulkans tiefer, grollender Stimme zu ihm herüberdrang.

»Diese Welt war kein besonderer Anblick, auch wenn ich mir nicht sicher bin, ob ich etwas anderes erwartet hatte. Sie war so anders als unsere Heimatwelt, als wären sie Tag und Nacht … Nocturne ist schrecklich anzusehen, doch als ich damals aus meiner Kapsel stieg und die brennende Sonne aufging, überkam mich keine Furcht. Ich mochte ihre prächtige Wildheit. Die hohen Gipfel der Feuerberge, die weiten Ascheebenen und sonnenverbrannten Wüsten, der Schwefelgestank der Ozeane – belebend und tödlich zugleich. Von der Leere aus gesehen war Nocturne eine dunkelrote Kugel, ein loderndes Feuerauge. Seine Welt hingegen war dunkel und unscheinbar. Sie sah aus wie schwarzer Marmor und ihre Atmosphäre war von grauem Smog verschmutzt.« Während er daran zurückdachte, verfinsterte sich Vulkans Gesicht, als ob er die üblen Dämpfe auf seiner Zunge schmecken könnte. »Es mussten dicke Wolken gewesen sein, um vom Orbit aus gesehen werden zu können, doch mir wurde erzählt, dass sie eine Fülle von Sünden verbargen. Trotzdem rechtfertigt das nicht, was er getan hat. Was wir gesehen haben.«

Ein Schatten fiel auf den Primarchen, und die Stille, die auf seine Erzählung folgte, wurde nur von seiner schweren Atmung durchbrochen. T'kell begriff, dass die ruchlose Tat, die Vulkan beschrieb, tiefere Spuren an ihm hinterlassen hatte, als ein Brandeisen das je könnte – doch ob das an dem Täter oder der Tat an sich lag, wusste er nicht.

»Dunkelheit umhüllte sie wie ein Fluch, den ein hässlicher Mond namens Tenebor über sie gebracht hatte. Der Name bedeutete ›Schatten‹, was eine passende Bezeichnung war. In diesem Fall war sie wörtlich gemeint, da dieser Mond die Welt in Dunkelheit hüllte, obwohl sie dringend Erleuchtung benötigt hätte. Bis zu diesem Moment hatte ich noch nie seine Heimat gesehen. Jetzt werde ich es nie, und ich kann nicht behaupten, dass ich das bereue. Nach allem, was ich gehört habe, muss es ein jämmerlicher Ort gewesen sein, der unmöglich verändert werden konnte.

Es begann mit Lichtexplosionen, die lautlos in den Weiten des Alls aufblitzten. Sie kamen aus einem dunklen, dolchförmigen Schiff – seinem eigenen Flaggschiff. Anfangs verstand ich nicht, was ich dort sah. Große Lichtstrahlen bohrten sich in seine dunkle Welt und Torpedoschwärme stürzten auf sie zu. Natürlich scheiterten alle Versuche, sein Schiff zu kontaktieren. Unser Bruder war auf Rache aus, nicht auf ein vernünftiges Gespräch. Er wollte sie zertrümmern, erklärte er später, und sie mit einer einzigen, reinigenden und wahnsinnigen Tat von allen Sünden befreien. Auf der Oberfläche erblühte eine Reihe von verheerenden, auflodernden Explosionen, und zum ersten Mal in der langen, umnachteten Geschichte dieser Welt sah sie Licht. Doch es war das Licht ihres Untergangs.«

Vulkan hielt inne, als ob er seine Worte sorgfältig wählen und sich so gut wie möglich an das erinnern wollte, was geschehen war.

»Du musst verstehen, mein Sohn, dass wirklich Grausame an all dem war, dass dieses Orbitalbombardement präzise durchgeführt wurde. Er ließ nicht einfach seinen Zorn an ihr aus. Er wusste genau, was er tat. Er visierte direkt irgendeine Schwachstelle in der Tektonik an, wie oder wo ist irrelevant. Ich hatte gedacht, dass wir Zeuge seiner Launenhaftigkeit wurden, der unreifen Tat einer unreifen Seele, die tragische Konsequenzen hatte. Doch so war es nicht. Was wir sahen, geschah vorsätzlich.«

Also waren es der Täter *und* die Tat gewesen, die dem Primarchen solches Unbehagen bereitet hatten. T'kell konnte sich nicht vorstellen, wie schwer es gewesen sein musste, diese Erfahrung zu verarbeiten. Vulkan fuhr fort.

»Entlang der Bruchlinien brach die äußere Kruste auf, worauf sich in alle Richtungen Risse ausbreiteten. Feuer zog wie eine Seuche über das Land, bis die gesamte Oberfläche der Welt brannte. Dann verging sie. Nach einer einzigen, verheerenden Explosion waren ihr Mond und jeder kleinere Himmelskörper in Sichtweite der Zerstörung anheimgefallen.«

Mit gesenktem Kopf nahm sich Vulkan einen Moment, um seine Fassung zurückzugewinnen. Als er wieder aufschaute, loderten seine Augen wie die Feuer, die er gerade beschrieben hatte, was der physische Ausdruck seiner Wut darüber war, dass sein Bruder einen planetenweiten Genozid verübt hatte.

»Bruchstücke prasselten auf uns ein, durchbrachen unsere Schilde und schlugen gegen die Panzerung unserer Schiffe. Wir überstanden die Druckwellen, die auf die Detonation folgten, doch die Verwundungen, die wir erlitten, gingen über die Dellen und Kratzer hinaus, die in den Schiffskörper geschlagen worden waren. Eine gewaltige, abkühlende Hitzewoge ging von der Explosion aus und trug Staub und herumtreibende Felsbrocken mit sich.

Eine Weile herrschte Stille, bis Horus schließlich unsere Fassungslosigkeit überwand und uns ein Ziel gab. Die Tat unseres Bruders hatte ihn erzürnt. Außerdem war er entschlossen, ihn zu fangen. Ich nahm mit ihm die Verfolgung auf, ohne zu wissen, dass Horus einen anderen Primarchen damit beauftragt hatte, sich unbemerkt auf die andere Seite zu begeben. Wir drei nahmen den Weltenmörder mit unseren Schiffen in die Zange. Er konnte nicht entkommen. Ich dachte, dass Horus das Feuer eröffnen und ihn für das töten würde, was er getan hatte, doch tatsächlich war er entschlossen, ihn wieder zur Vernunft zu bringen. Ich frage mich, ob die Ereignisse einen anderen Lauf genommen hätten, wenn später einer von uns so etwas mit Horus getan hätte?«

Vulkan unterbrach seine Erzählung erneut, als ob er sich eine Realität vorstellen würde, in der das geschehen war – Horus, der loyale Sohn, nicht der Rebell.

»Doch das macht jetzt keinen Unterschied mehr. In jenen Momenten starb Nostramo und obwohl es niemand von uns zu diesem Zeitpunkt erkennen konnte, starb jede Aussicht auf Curzes Rettung mit ihr. Alles begann mit ihm. Ich glaube, dass es auch mit ihm enden wird.«

T'kell beobachtete seinen Primarchen aufmerksam, um sicherzugehen, dass er nicht sprach, bevor Vulkan fertig war. In der Schmiede herrschte eine beruhigende Atmosphäre und die Hitze und das Zwielicht unterstrichen die Ernsthaftigkeit, mit der der Primarch sprach. Eine leichte Brise trug den Geruch von Asche und warmem Metall mit sich, doch im Moment schlug kein Hammer auf den Amboss; der Schmied hatte seine Arbeit unterbrochen.

»Ich kann mir nicht vorstellen, was er sich dabei gedacht haben muss, Exzellenz. Ich habe schon einmal Zerstörung in diesem Ausmaß gesehen, doch die eigenen Waffen mit der unbeirrbaren Absicht, die eigene Welt zu zerstören, auf sie zu richten … Zwischen uns und unseren Genvätern mag eine Generationenkluft liegen, doch Eure Beweggründe kann ich zumindest nachvollziehen.«

»Aber nicht hierbei?«, fragte Vulkan. »Nicht bei der Aufgabe, um deren Erfüllung ich dich gebeten habe?«

»Ich werde meine Pflicht tun, Primarch«, antwortete T'kell ein wenig abwehrend, da er nicht wollte, dass Vulkan ihn für einen schlechten Sohn hielt.

»Aber du verstehst den Grund nicht.«

T'kell gestand: »Nein. Dafür nicht.«

Vulkan lehnte sich auf seinem Sitz zurück. Es war ein einfacher Steinklotz, der aus einer Bergflanke herausgemeißelt worden war und sich durch Abnutzung an den Körper des Primarchen angepasst hatte. Viele Stunden hatte er schon darauf gesessen und an den Artefakten gearbeitet, die er mit seinem imperatorgegebenen Geschick fertigte. Ein besonders prächtiges, gerade fertiggestelltes Exemplar lag auf seiner Werkbank. Der Hammer war ein wahres Kunstwerk und die Schönheit der Waffe zeigte T'kell die Minderwertigkeit seiner eigenen Handwerkskünste auf.

Vulkan sah, wie er ihn bewunderte.

»Weißt du, warum mein Vater all seine Söhne unterschiedlich gemacht hat?«, fragte er.

T'kell schüttelte den Kopf. Bei der Bewegung surrte und knarrte seine Kriegsrüstung. Er hatte die Rüstung selbst geschmiedet und sie war so kunstvoll gefertigt wie jeder Ceramit- und Adamantiumpanzer der XVIII. Legion. Normalerweise krönte sie ein Drachenkopfhelm, doch T'kell würde nicht einmal im Traum daran denken, ihn während einer Besprechung mit seinem Herrn zu tragen. Der Primarch bestand stets darauf, seine Krieger mit eigenen Augen anzuschauen, und erwartete von ihnen im Gegenzug das gleiche. Er hätte den Schmiedemeister gerügt, wenn er seine Augen hinter Helmlinsen verborgen hätte.

»Ich kann die weitreichenden Pläne oder den gewaltigen Intellekt des Imperators nicht einmal annähernd begreifen«, sagte T'kell demütig.

»Natürlich nicht«, antwortete Vulkan, ohne dabei herablassend zu klingen. »Ich glaube, er hat das getan, weil es zu der Vision gehört, die er für die Galaxis hat. Auch wenn ich weiß, dass mein Bruder Ferrus dem nicht zustimmen würde, spielt jeder von uns eine wichtige Rolle. Guilliman ist der Politiker, der Staatsmann. Dorn der Hüter des Hauses meines Vaters und Russ der pflichtbewusste Wächter, der dafür sorgt, dass wir alle aufrichtig bleiben.«

»Aufrichtig?«

Vulkan lächelte kühl. »Das hat wohl nicht funktioniert.«

»Und Curze?«, fragte T'kell, dessen Wissensdurst seine abgeschlossene Ausbildung auf dem Mars verriet. »Was ist er?«

Vulkans Gesicht verfinsterte sich.

»Nötig. Zumindest haben wir das alle einmal geglaubt.«

Der Mars war auch der Grund für Vulkans Rückkehr nach Nocturne und sein kurzes Wiedersehen mit seinem Schmiedemeister. Die Versorgung durch das Mechanicum war dürftig gewesen und der Primarch hatte einen Teil seiner Flotte auf einen anderen Kurs schicken müssen, um zu dem einen Munitionslager zu gelangen, dass ihn zuverlässig versorgen konnte – seine eigene Heimatwelt. Die Tatsache, dass T'kell auf deren Festungsmond Prometheus stationiert war, sorgte lediglich dafür, dass dies noch zeitnaher geschah.

»Und Horus, und Ihr?«, hakte T'kell nach, der vor lauter Wissensdurst seinen Anstand vergaß.

Vulkan ließ ihn gewähren. »Horus war der Beste von uns. Obwohl wir in den Augen unseres Vaters gleichgestellt waren. In seiner Gegenwart fühlte ich mich immer wie ein Kind. Wenn man ihn nicht selbst getroffen hat, ist das schwer zu beschreiben, doch mein Bruder hatte eine gewisse … *Art* an sich, eine unbestreitbare Ausstrahlung, die dafür sorgte, dass man jedem seiner Worte lauschte und sie bedingungslos glaubte. Damals dachte keiner von uns, dass er irgendetwas anderes als absolute Loyalität in seinem Herzen trug, sonst hätten wir vielleicht verstanden, wie gefährlich seine Ausstrahlung sein konnte.

Ihm war die Rolle des Anführers bestimmt und einst wäre ich ihm überall hin gefolgt, ganz gleich zu welchem Ziel. Doch sein Podest ist gefallen und kann nie wieder aufgerichtet werden. Was mich betrifft …« Vulkan lachte freudlos und breitete die Arme aus, um auf die Schmiede und das dahinterliegende Gewölbe zu deuten. »Ich bin der Waffenschmied meines Vaters, doch im Gegensatz zu Ferrus oder Perturabo bin ich auf Unikate *spezialisiert.*«

T'kells Blick wanderte zu der gewaltigen Gewölbetür, die einen Großteil der Kammerrückwand einnahm, während er sich an die vielen Namen und Formen der Artefakte im Innern erinnerte.

»Wie den Hammer?«, sagte T'kell und zeigte auf die Werkbank.

Vulkan drehte sich um, um ihn zu betrachten, und verlor sich einen Augenblick darin, mit der Hand über den Kopf von *Morgendämmerung* zu fahren, den in Feuerdrachenhaut gewickelten Griff, die Edelsteine und das geheimnisvolle Gerät, das er in den Knauf eingearbeitet hatte.

»Er ist das mit Abstand Beste, was ich je geschaffen habe«, sagte er zu dem Schmiedemeister, »doch er hatte nie mir gehören sollen. Ich habe ihn für meinen Bruder geschmiedet, für Horus, und das ist ein weiterer Grund für die Aufgabe, die ich dir erteilen muss.«

Vulkan ließ ihn los, wandte den Blick aber nicht von dem Hammer ab.

»Das war nach Nostramo, nach Ullanor. Mein Geschenk, um seinen Triumph zu zelebrieren. Mit Jaghatais Hilfe hatten wir Curze gefangen genommen und gefügig gemacht. Du musst verstehen, mein Sohn, dass so etwas noch nie zuvor geschehen ist. Dass ein Primarch so handelt wie Curze, dass er tat, was er getan hat …«

Der Primarch schüttelte den Kopf.

»Das war skrupellos. Doch mein Bruder hatte eine Lösung.«

»Er muss neu geschmiedet werden«, sagte Horus stolz und mit so viel Enthusiasmus und Nachdruck, dass der vor sich hin grübelnde Herr der Drachen aufschaute.

In seiner robusten, elfenbeinfarben und pechschwarz ummantelten Rüstung sah Horus wahrhaft prächtig aus. Sie war so ausgezeichnet, dass sich sogar der große Schwarzhammer seinen Neid eingestehen musste.

Er und Vulkan saßen allein und in geselliger Stille in Horus' Quartier an Bord der Geist der Rachsucht, *als der Primarch der Luna Wolves sprach. Sie hatten gemeinsam ein berauschendes Getränk von Cthonia getrunken – Vulkan kannte seinen Namen nicht, mochte es aber, da es heiß und stark war.*

Er schwenkte die Flüssigkeit in seinem Becher und betrachtete den winzigen Mahlstrom, den er geschaffen hatte, als ob die Antwort, die er suchte, irgendwo in dessen Tiefen auf ihn wartete.

Vulkan schaute auf und seine Augen glühten wie immer, wenn er sich in Horus' Privatgemächern befand. »Sag mir wie, Bruder, denn niemand wünscht sich das mehr als ich.«

»Wir können unseren Bruder rehabilitieren.«

Zunächst konnte Horus ihn mit seinen Worten nicht überzeugen und in den Schatten wirkte Vulkan noch distanzierter. Das Quartier des Primarchen war zweckmäßig eingerichtet, doch gut ausgestattet, geradezu opulent. In einem Ouslithkamin prasselte ein Feuer und Vulkan nahm an, dass Horus ihm damit einen Gefallen tun wollte, damit sich sein Gast wohler fühlte. Stattdessen mied der Herr der Drachen das Licht und die Hitze des Feuers und fragte sich, warum er sich nicht wie Jaghatai von dieser Besprechung ferngehalten hatte, doch gelegentlich wanderte sein Blick zu den Flammen.

»Nach all dem«, sagte Vulkan, zeigte wütend auf die leere Dunkelheit und stellte sich den Schleier aus Atmosphärenstaub vor, der einmal Nostramo gewesen war. »Wie?«

Horus lächelte auf eine Art, die andeutete, dass er bereits wusste, dass es funktionieren würde, und dass er Vulkan nur noch davon überzeugen musste.

»Jeder von uns soll ihn beaufsichtigen und fördern.« Er gestikulierte mit den Händen, um den nächsten Satz zu unterstreichen. »Ihn zu der Waffe formen, die er sein muss, statt das schartige Werkzeug, das er zurzeit ist.«

Vulkan runzelte die Stirn und dachte an ihren in Mitternacht gewandeten Gefangenen. Er zweifelte an der Weisheit des Vorschlags seines Bruders.

»Sieh es doch einmal so«, sagte Horus mit unverändertem Optimismus. »Du bist ein Waffenschöpfer, der *Waffenschöpfer. Curze ist nur eine ungehärtete Klinge, deren Schneide geschliffen werden muss. Schmiede ihn so neu, wie du ein zerbrochenes Schwert neu schmieden würdest, Vulkan.«*

Während Horus seinen Standpunkt erläuterte, lag ein Leuchten in seinen Augen, und seine Gewissheit über die Wiederherstellbarkeit seines irrenden Bruders wirkte ansteckend.

»Ich glaubte ihm«, sagte Vulkan und ließ die Vergangenheit hinter sich. »Curze sollte von dem Hauptteil seiner Legion getrennt werden, in der Hoffnung, dass er sich – frei von Nostramos schädlichem Einfluss – ändern würde. Ich sollte ihn zuerst übernehmen, dann Dorn … sobald er genesen war.«

»Genesen?«

Vulkan machte ein reumütiges Gesicht. Er schaute dem Schmiedemeister in die Augen. »Curze hatte versucht, Dorn zu töten.«

T'kell fluchte leise, als er das hörte.

»Den Prätorianer von Terra?«

»Ich kenne sonst keinen«, sagte Vulkan. »Für den Erfolg von Horus' Plan war es entscheidend, dass die Beziehung zwischen

Dorn und Curze repariert wurde. Doch nach Kharaatan wusste ich, dass wir uns geirrt hatten. Ich weiß nicht, wem Horus Curze als Nächstes anvertrauen wollte, doch soweit sind wir nicht gekommen. Durch den fordernden Großen Kreuzzug und seine neue Position als Kriegsherr war Horus mit seinen Gedanken stets anderswo. Ich konnte seinem Triumph auf Ullanor nicht beiwohnen, sodass ich ihn seit Nostramo nicht mehr persönlich gesehen hatte. Es vergingen Jahre, in denen wir kein Wort miteinander wechselten, doch ich wusste, dass ich ihn wegen dieser Sache stören musste. Ich hatte gesehen, wie es in Curzes Herz aussah. Es war albtraumhaft und gebrochen. Ich bemitleidete meinen Bruder, hasste seine Taten, doch nicht ihn, und fürchtete mich davor, was er tun oder werden könnte, wenn das so weiter ging.

Horus und ich trafen uns als Litographenprojektionen. Ich hatte bereits mit Dorn gesprochen, der inzwischen nach Terra zurückgekehrt war, und wir waren uns einig. Törichterweise glaubte ich, dass Horus uns zustimmen würde. Seine anfängliche Begrüßung war recht warmherzig, wenn auch ein wenig gereizter, als ich es von ihm gewohnt war.«

»Bruder Vulkan, mit welchem äußerst wichtigen Anliegen kommst du zu mir, das meine Zeit erfordert und den Kreuzzug unseres Vaters stört?«

Der Kriegsherr stand inmitten seiner Krieger auf der Brücke seines Schlachtschiffs und an den Rändern des Hololiths waren Sensor- und Augursysteme erkennbar. Er trug eine andere Gefechtsrüstung als bei unserem letzten Treffen an Bord der Geist der Rachsucht, *die im dunklen Meeresgrün seiner gerade umbenannten Legion bemalt war.*

Der Sons of Horus.

»Der herablassende Unterton war kaum zu überhören«, sagte Vulkan zu T'kell. »Ich zweifle nicht daran, dass das Absicht war.«

»Ich bitte um Entschuldigung, Bruder, dass ich dich von deinen Pflichten abhalte, doch ich glaube, dass diese Angelegenheit so schlimm ist, dass du darüber in Kenntnis gesetzt werden musst.«

Horus riss die Augen auf und Vulkan konnte das Gefühl nicht abschütteln, dass sein Bruder ihn verspottete.

»Ich muss? *Nun, dann solltest du mir wohl davon erzählen, Vulkan, damit ich selbst beurteilen kann, wie* schlimm *diese Angelegenheit ist.«*

Es war nicht nur der Ton des Kriegsherrn, der Vulkan Sorge bereitete – da war noch etwas Tiefergehendes, das er nur impliziert und indirekt ausdrückte. Obwohl in dem Hololith abgesehen von Horus nur wenig von dem Schiff zu sehen war, ließ sich erahnen, dass es sich verändert hatte. Teilweise waren Zeichen zu sehen, die vorher nicht dort gewesen waren. Eigenartige Symbole, deren Bedeutung oder Aussage Vulkan nicht kannte. Zunächst hielt er sie für Logenzeichen, da es Horus gewesen war, der diese Tradition in den Legionen eingeführt hatte. Vulkan hatte trotz des Drängens seines Bruders darauf verzichtet, da er solche Verbundenheitsrituale angesichts des Prometheischen Credos der Drachen für überflüssig gehalten hatte.

Doch was er sah, schien nicht direkt etwas mit der Logenkultur zu tun zu haben. Da war noch etwas anderes, etwas Unerklärliches …

»Es war, als ob ein anderes Wesen in der Haut meines Bruders steckte«, erklärte Vulkan. »Doch selbst in seiner mir vertrauten Haut wirkte er düsterer als der, den ich kannte.«

»Ihr dachtet, dass er sich verändert hat?«, fragte T'kell.

»Es war noch mehr als das. Ich erzählte, was auf Kharaatan geschehen war – von Curzes Wahnsinn und seinen selbstmörderischen, nihilistischen Neigungen. Ich erwartete, dass Horus trotz der eigenartigen Stimmung, in der er sich befand, entsetzt sein würde.«

Vulkan hielt inne und biss die Zähne zusammen, als er sich daran erinnerte.

»Doch er lachte«, sagte er und runzelte ungläubig die Stirn. »Ich war wütend und verwirrt.«

»Ich verstehe nicht, was daran lustig sein soll, Bruder«, sagte Vulkan und fragte sich, was aus dem edlen Krieger geworden war, den er einst so bewundert hatte. »Wir haben versagt.«

Horus' Heiterkeit verschwand und er wurde bitterernst. »Ganz im Gegenteil. Du hattest Erfolg.«

»Inwiefern?«

»Curze ist unbezähmbar. Er ist ein notwendiges Übel, ein Ungeheuer, das uns dabei helfen wird, diesen langen Krieg zu gewinnen, ohne, dass wir uns selbst die Hände schmutzig machen müssen.«

»Wieso sollten sie nicht schmutzig sein? Sie sind genauso befleckt wie seine. Vielleicht nicht mit Mord, doch wenn wir Curzes krankhafte Mordlust wissentlich nutzen, machen wir uns mitschuldig.«

Horus beugte sich vor, sodass sein Gesicht das körnige Hololith vollständig ausfüllte.

»Jeder General braucht ein Schreckensinstrument, um seine zähesten Feinde zu bedrohen. Du hast unseres gut geschliffen, Vulkan. Nach allem, was du mir erzählt hast, hat Curze Furcht in eine Klinge verwandelt, die ich führen kann.«

»Das ist keine Waffe, von der wir Gebrauch machen sollten. Er hat den Verstand verloren, Horus. Er braucht Hilfe.«

»Er hat Hilfe erhalten. Deine. Und dafür danke ich dir.« Horus lehnte sich wieder zurück. »Gibt es noch etwas?«

»Ich sah etwas in Horus«, sagte Vulkan zu T'kell. »Etwas, das mich davon abhielt, ihm zu antworten. Deshalb hielt ich das Geschenk zurück, das ich für ihn geschaffen hatte. Ich erkannte, dass meine Bitten nur noch auf taube Ohren stoßen würden. Außerdem hatte mich dies zu meiner Entscheidung bezüglich des Gewölbes getrieben. Manche Waffen sind in den falschen Händen einfach zu gefährlich.«

Trotz allem, was er gerade gehört hatte, flehte T'kell ihn weiter an.

»Ihr seid nicht der Anführer eines Aufstands gegen den Imperator. Es ist nicht *Eure* Armee, die wir auf Isstvan zerschlagen müssen. Ihr seid nicht Horus.«

Vulkans Blick wanderte zu dem Gewölbe. »Warum ist es dir so wichtig, dass wir sie nicht zerstören?«

»Weil sie Euer Werk und Vermächtnis sind. Wenn man sie zerstört, wird die Galaxis nie wieder etwas Derartiges sehen.«

»Wäre das denn so schrecklich, mein Sohn? Als Waffenschmied habe ich ein Arsenal geschaffen, das unvorstellbaren Tod und Leid verursachen könnte. Das ist nicht das Vermächtnis, das ich hinterlassen will.«

»Warum habt Ihr sie dann überhaupt angefertigt?«

Vulkan beugte sich vor, um T'kell eine Hand auf die Schulter zu legen. Die Geste ließ den Schmiedemeister klein wirken, war aber väterlich und beruhigend.

»Weil das meine Bestimmung war, die, die mein Vater mir zugedacht hatte, und damals glaubte ich nicht, dass sie bei irgendeinem von uns in den falschen Händen sein *konnten*. Curze und Horus haben mich traurigerweise eines Besseren belehrt. Dass wir einen einzigen Wahnsinnigen in unserer Mitte haben, dessen Charakter von tragischen äußeren Umständen verdorben wurde, kann ich verstehen und akzeptieren. Aber Horus ist rational. Nicht nur das, er ist mit Abstand der Beste von uns. Ich würde offen zugeben, dass mich der Gedanke entsetzt, dass er diese Rebellion willentlich angezettelt hat. Er ist ein Feind, den ich niemals bekämpfen wollen würde, nicht zuletzt, weil er mein Bruder ist. Und sollten meine Schöpfungen, die hinter dem Tor dieses Gewölbes liegen, in Horus' Hände gelangen … Dafür darf ich nicht verantwortlich sein, T'kell.«

Vulkan erhob sich, um die Sache für beendet zu erklären, und hob in der gleichen Bewegung *Morgendämmerung* auf.

»Komm. Ich werde dir zeigen, was zu tun ist.«

Gemeinsam durchquerten sie die verrauchte Schmiede, deren flackernder Feuerschein sich auf ihren Rüstungen spiegelte, bis sie das Gewölbetor erreichten.

Es war gewaltig, wie auch das Gewölbe selbst, und Vulkan nutzte eine Ikone, die er in seine Rüstung gearbeitet hatte, um es aufzuschließen. Der kleine Setzhammer glitt in eine Vertiefung, die in die kunstvolle Oberfläche des Tors gearbeitet worden war. Sie war kaum zu sehen und T'kell wurde klar, dass er sie nie gefunden hätte, wenn der Primarch sie ihm nicht gezeigt hätte.

Nachdem er sie herumgedreht hatte, hallte das gedämpfte Klirren von Zahnrädern, Rollen und Ketten durch den höhlenartigen Raum – der Klang eines alten Mechanismus, der zum Leben erwachte. Nach einigen Sekunden öffnete sich langsam, doch unaufhaltsam das Tor. Es teilte sich in der Mitte und beide Flügel drehten sich nach außen, in die Schmiede hinein.

Als die Öffnung breit genug war, trat Vulkan ein und führte T'kell hinter sich in das Gewölbe.

Während er das schmale Tor passierte, bestaunte T'kell die dicken Flügel und das unglaubliche Geschick, mit dem sie gebaut worden waren. Trotz ihres praktischen Nutzens waren sie so schön wie alle Werke Vulkans. Hätte Ferrus Manus dieses Tor gemacht, wäre es kalt und hässlich gewesen. Undurchdringlich und fest, doch langweilig.

Während der Herr des Eisens ein Schmied war, war Vulkan ein Kunsthandwerker. Das dachte zumindest T'kell.

»Du bist der Erste und Einzige meiner Söhne, der dieses

Gewölbe sieht«, sagte Vulkan. »Innerhalb seiner schützenden Mauern verwahre ich jedes Artefakt, das ich je geschmiedet habe.«

Vulkan murmelte einen Befehl, worauf die Feuerschalen im ganzen Raum entflammten. Flackerndes Fackellicht warf einen braunroten Schein auf den Inhalt des Gewölbes und Schatten in jede Vertiefung. Die Wunderwerke, die der Primarch geschaffen hatte, waren nur undeutlich zu erkennen.

T'kell erkannte einige, deren Namen er kannte.

Der *Obsidianwagen*.

Die *Zinnoberkugel*.

Das *Licht der Zerschlagung*.

Manche waren wie einfache Klingen geformt; andere waren größere, komplexere Mechanismen. Alle hatten einen Namen.

Namen wohnten Macht inne, sagte Vulkan oft. Indem man einen Gegenstand benannte, verlieh man ihm eine Identität, eine Wirkung. Ein Feind fürchtet keinen Mann, der ein Schwert führt, würde sich aber vor einem in Acht nehmen, der die *Hauerklinge von Ignarak* trägt. Solche Dinge waren dem Herrn der Drachen wichtig und bildeten einen Teil seiner Lehren.

»Welch Wunderwerke …«, flüsterte T'kell, der die überwältigenden Arbeiten seines Primarchen kaum fassen konnte.

Vulkan hatte den Hammer *Morgendämmerung* zwischen den anderen Schätzen abgestellt und wollte gerade nach seinem Speer greifen, als er innehielt, bevor sich seine Hand um den Griff geschlossen hatte. Seit *Donnerkopf* im Großen Kreuzzug zerstört worden war, waren Schwert und Speer seine bevorzugten Waffen gewesen.

»Ich hoffe, Eure Unentschlossenheit bedeutet, dass Ihr Eure Meinung geändert habt, Primarch«, sagte T'kell vorsichtig, nachdem er sich soweit gefasst hatte, dass er wieder sprechen konnte.

»Das habe ich nicht. Diese Artefakte müssen zerstört werden. Ich bin unterwegs nach Isstvan und kann das daher nicht selbst tun, weshalb du das erledigen musst, T'kell.«

»Was beschäftigt Euch denn *dann*?«

Vulkan ließ den Speer an dem Waffenständer stehen und hob *Morgendämmerung* auf.

»Ich dachte, dass ich eine schlechte Wahl getroffen hätte, aber der hier fühlt sich richtig an«, sagte er. »Passend. Vielleicht wird er seinem Namen gerecht werden und meinen Bruder doch noch erleuchten.«

T'kell schaute verzweifelt zu den Artefakten, die er unbedingt als Vermächtnis seines Herrn bewahren wollte.

»Primarch, ich flehe Euch an«, stieß er aus und ging auf ein Knie. »Bitte, lasst mich das nicht tun. Bewahrt wenigstens *irgendetwas.*«

Vulkan schaute zu seinem Schmiedemeister herab und dann im Gewölbe umher.

»Hier drinnen gibt es Waffen, die ganze Welten zerstören können, mein Sohn ...«

»Oder sie vor der Zerstörung retten können«, antwortete T'kell und schaute zu seinem Herrn auf. »In den *richtigen* Händen.«

»In meinen?«, fragte Vulkan und schaute dem Schmiedemeister in die flehenden Augen.

»Ja! Oder Lord Dorns, oder Guillimans. Sogar in Russ' Händen!«

Vulkan blickte T'kell noch einen Moment lang in die Augen und wandte sich dann ab.

»Erhebe dich, Schmiedemeister. Ich möchte nicht, dass mich einer meiner Söhne auf Knien anbettelt.« In Vulkans Stimme lag ein Knurren, das T'kell fürchten ließ, dass er zu weit gegangen sein könnte.

»Es lässt mir einfach keine Ruhe, Primarch.«

»Also gut.«

»Exzellenz?«

Vulkan wandte sich ihm zu.

»Ich sagte: ›also gut‹. Ein Teil sollte erhalten bleiben. Wenn ich alles zerstöre, bedeutet das, dass ich die Hoffnung aufgegeben habe, die Loyalität und Ehre meiner Brüder könnten obsiegen. Das werde ich nicht tun.«

T'kell entspannte sich sichtlich und die Erleichterung über die Worte seines Primarchen war ihm am Gesicht abzulesen.

»Du wirst hierbleiben, T'kell. Du wirst nicht zum Isstvan-System mitkommen – dein Platz ist jetzt auf Nocturne und Prometheus.«

»Aber, Primarch –«

»Widersetz dich mir kein zweites Mal«, ermahnte Vulkan ihn. »*So* nachsichtig bin ich dann doch nicht.«

T'kell verbeugte sich reumütig.

»Du sollst der Schmiedevater und Hüter der Artefakte dieses Gewölbes sein.«

»Schmiedevater?«, fragte T'kell stirnrunzelnd. »Bin ich nicht Euer Schmiedemeister, Exzellenz?«

»Natürlich. Ein Legionär kann mehr als eine Funktion innehaben, T'kell. Ich vertraue darauf, dass du diese Aufgabe erfüllst, wie ich dir auch das Gewölbe anvertraut habe.«

»Welche Aufgabe, Primarch? Sagt es mir und ich werde es tun.«

»Als Wächter zu dienen. Zu schwören, dass du diese Artefakte beschützen wirst, und dass du sie, falls mir etwas zustoßen sollte, gut verstecken wirst. Weit weg von denen, die sie missbrauchen würden.«

T'kell salutierte stramm. »Ich schwöre es, Lord Vulkan.«

»Gut. Wähle sieben, die verschont werden sollen, und nicht mehr. Eines für jedes unserer Reiche auf Nocturne.«

»Hier drin sind Tausende, Primarch. Wie könnte ich –«

»Das stimmt«, sagte Vulkan, verzurrte den Hammer an seinem Gürtel und griff nach seinem Panzerhandschuh. Kesares Drachenschuppenmantel hing bereits von seinen breiten Schultern. »Sieben, Schmiedevater. So lautet die Anordnung deines Primarchen.« Vulkan ging davon und war in Gedanken inzwischen ganz bei der Abrechnung mit Horus.

»Ich gehe jetzt, um mich Ferrus' Flotte anzuschließen«, rief er T'kell zu. »Erledige das, bevor ich zurückkehre.«

Er ging in Richtung Raumhafen davon und ließ T'kell zurück.

Der Schmiedevater betrachtete den Inhalt des Gewölbes und dachte über die unmögliche Aufgabe nach, die vor ihm lag.

»Sieben …«

UNSTERBLICHE PFLICHT

»Ich habe gefehlt, und dafür muss ich büßen.
Ich habe überlebt, obwohl ich hätte sterben sollen, und deshalb muss ich unsterblich werden.«

– Eid der Unsterblichen

Auf den Knien schaute ich auf das Schiffsdeck. Die verzerrten Gesichter meiner Brüder starrten mich mit ihren letzten gequälten Gesichtsausdrücken an.

Ich heiße Ahrem Gallikus und bin ein Unsterblicher, aber dies war der Tag, an dem ich hätte sterben sollen.

Das war mein Recht. Mein Schicksal, das ich allein, lange vor den Feldern unserer größten Schmach, in die Wege geleitet hatte. Lange vor Isstvan.

Ein Schauer ließ meine Nackenhaut zwischen der schwarzen Adamantiumhalsberge und dem kurzgeschorenen, kohlschwarzen Haar kribbeln. Zuerst dachte ich, dass die Atmosphärenzirkulation des Sternenschiffs die Luft abkühlte, bis ich jedoch begriff, dass es die zur Urteilsvollstreckung bereite Axtklinge war.

Gnädigerweise blieb die Schneide abgeschaltet, sonst wäre ich sicher schon tot gewesen. Ohnehin war es unnötig, sie derart zu verstärken, wenn ein einfacher, starker Hieb genügte.

Logik. Effizienz. Besonnenheit.

Zusammengenommen bildeten diese Worte unser Credo. Ein eisernes Band, wie ich immer glaubte. Warum ignorierte unser Vater diesen ehernen Leitsatz, als er ihn am dringendsten brauchte? Wieder einmal, wie so oft während dieser Tage des Verlusts und der Trauer, verfiel ich in melancholische Gedanken.

»Ahrem«, ertönte in den ringsum liegenden Schatten eine Stimme, so scharf wie die nackte Klinge auf meiner Haut. »Erzählt es uns.«

Er verwendete meinen Vornamen, den, den das Oberhaupt vom Klan Garrsak mir verliehen hatte, und er klang misstönend in meinen Ohren. Er hatte nicht das Recht, diesen Namen zu verwenden.

»Ich bin Legionär Gallikus vom Primii-Orden«, erwiderte ich mit minimalem Respekt. Damals sah ich all das als unnötiges Theater an.

»Dann eben Gallikus«, erklang zum zweiten Mal die Stimme, in deren Tonfall unverhohlene Verärgerung mitschwang. »Wir haben Fragen. Ihr werdet sie beantworten.«

Die Axtklinge senkte sich ein kleines Stück und schnitt in meine Haut, sodass ein Blutstropfen heraustrat. Ich sah meinen Atem in der kalten, abgestandenen Luft Wolken bilden; spürte das Brummen der Triebwerke auf den unteren Decks der *Obstination;* hörte jede kleine Bewegung meines Befragers an dem tiefen, raubtierhaften Surren seiner Rüstung.

Ich hatte meinen Frieden gemacht und war bereit für das Ende meiner Dienstzeit. Meiner ewigen Pflicht. Ich senkte ergeben den Kopf ein winziges Stück.

Mein Befrager sah das als Zeichen, fortzufahren, was auch stimmte. Irgendwie.

»Erzählt uns von der *Retiarius*.«

Der Name dieses Schiffs brachte mein Blut zum Kochen und verdrängte die Kälte des Hangardecks, als meine Gedanken zurück zu den heißen, rot-schwarzen Hallen wanderten. Schweiß, Blut, Tod … all das traf in einem einzigen Moment schmerzlicher Erinnerungen aufeinander. Sie halfen nicht, das gefrorene

Fleisch der Legionsbrüder aufzutauen, deren abgetrennte Köpfe mich tot und mit aufgerissenen Augen anstarrten.

Ich fragte mich kurz, ob die Hinrichtungsmethode symbolisch, ironisch oder unbeabsichtigt geschmacklos sein sollte.

»Erzählt uns, an was Ihr Euch erinnert.«

Ich erinnerte mich an Feuer in der äußeren Atmosphäre von Isstvan. Im Himmel war die Hölle los. Aber das war nicht greifbar, nicht mehr als ein Eindruck. Eine emotionale Reaktion.

Ich dachte über die Möglichkeit einer Strafe dafür nach, das zuzugeben. Gefühlsausdrücke sollten der Eisernen Zehnten verhasst sein. Manchmal drängte sich mir die Frage auf, ob das auch auf das Leben an sich zutraf. Doch dann traf mich meine erste Erinnerung wie der Schlag einer gepanzerten Faust, der aber wie die donnernde Breitseite einer Schlachtbarke klang …

»Beim Blut von Medusa!«

Mordan ließ sich selten zu solchen Äußerungen hinreißen, doch unser Weg zur *Retiarius* erwies sich als schwierig.

Meine im Doppelbug der Sturmramme festgegurteten Brüder strahlten die gleiche Stimmung aus, auch wenn sie sie unausgesprochen ließen.

Katus fasste mit beiden Fäusten seinen Brecherschild und hielt ihn wie ein Totem vor die Brust. Das bionische Auge in seiner rechten Höhle flackerte, als über die Nervenverbindung eine automatische Nachjustierung ausgelöst wurde.

Sombrak knirschte mit den Zähnen. Er war mein Schildbruder und tat das vor jeder Schlacht. Das war laut und misstönend, weil sein Kiefer kybernetisch war. Die meisten von uns waren derart zusammengeflickt. Unsere kaputten Körper waren wiederhergestellt worden, damit wir noch ein letztes Mal Krieg führen konnten.

Das war mein achtes ›letztes Mal‹. Manchmal kann das Schicksal grausam sein.

Azoth war der letzte Bruder, den ich gut kannte, doch insgesamt befanden sich zehn in medusischem Schwarz gepanzerte Seelen im Laderaum. Die Verschleißrate in unseren Reihen war hoch und ich verspürte bald keine Notwendigkeit mehr, Namen zu lernen.

Von all meinen Brüdern, den bekannten und den unbekannten, war Azoth jener, der am redegewandtesten war. Als wir zu Unsterblichen gemacht worden waren, hatte uns unser Vater Rang und Titel entzogen. Wir wurden neugeschmiedet und bekamen eine neue Bestimmung, die für alle in unserer Legion eine Schande war und mit der wir unsere alten Identitäten verloren. Ich glaubte, dass Azoth ein *Frater Ferrum* – ein Eisenvater – gewesen war, bevor er in Ungnade fiel. In seiner Rüstung befanden sich noch immer die Löcher seines abgeschraubten Servoarms. Ganz gleich, was er vorher gewesen sein mochte, jetzt war er unser Sergeant.

Er rief uns zu und bellte über den Tumult im Laderaum hinweg. »Todgeweihte! Unsere Reihen wurden noch nie durchbrochen. Seid standhaft.« Ich konnte das Mahlen der Servos in seinem Panzerhandschuh hören, als er den Griff seines Energiehammers packte. »Seid entschlossen. Das verlangt unsere Schande von uns. Der Tod wartet. Wir fürchten ihn nicht! Denn was bedeutet der Tod schon denen …?«

»Die schon tot sind!«, brüllte ich zusammen mit meinen Brüdern.

Der alte Azoth war redegewandt. Ihn würde ich wohl am meisten vermissen.

Im Takt des flackernden, blutroten Lichts, das von der niedrigen Decke auf uns fiel, ertönten Alarmsirenen. Wir waren nah dran, aber es war nicht sicher, dass wir die *Retiarius* intakt erreichen würden.

Über dreißig Sturmrammen waren in die Leere geschleudert worden, die alle mit medusischen Unsterblichen gespickt waren. Ich zweifelte, dass die Hälfte es schaffen würde.

Ein Caestus war ein strapazierfähiges Schiff, das speziell für diesen Zweck geschaffen worden war. Es war auch schnell, doch die schiere Menge an Waffen der beiden größeren Schiffe, die über die Leerenkluft hinweg feuerten, war atemberaubend.

Ein großer Bereich der Leere, der von stummen, nebelfetzenartigen Explosionen und gewaltigen Wolken schnell auseinanderjagender Explosionssplitter übersät war, trennte die *Gorgonentum* von der *Retiarius*. Für uns an Bord unserer winzigen Sturmramme bedeutete das eine lange und gefährliche Reise. Für die beiden großen Ungetüme war es ein Kampf auf kurze Reichweite.

Während unser Schiff bei jedem Treffer in der Nähe erbebte, hielten uns unsere Haltebefestigungen fest. Ich schloss die Augen und stellte mir unser Ziel vor.

Ich hatte die *Retiarius* schon einmal gesehen, während des Großen Kreuzzugs. Damals war sie ein hässliches, ungeschlachtes Schiff gewesen, das gut zu seinen brutalen Bewohnern gepasst hatte. Ihre Flanken waren in Anlehnung an die Gefechtsrüstungen der Legionäre himmelblau und schmutzig weiß beschmiert. Mit ihrem platten Bug, ihren weitläufigen, wehrhaften Fliegerbuchten und ihrer Ablativplattenpanzerung sah sie aus wie ein schiffsgewordener Boxer.

Bei unserem Einschlag spürte ich die Hülle des Caestus erbeben, als würde eine Glasfaust auf einen Stahlkiefer treffen. Ohne die heftig brennenden Magna-Melter, um die kräftige Haut der *Retiarius* aufzuweichen, wären wir innerhalb eines Augenblicks zu Trümmern zerschmettert worden.

Stattdessen drangen wir tief hinein. Unsere Glasfaust war mit Scherben ausgestattet und die schnitten in die Haut des viel größeren Schiffs.

Wir brachen in einer flüchtigen Eisenrauchwolke durch. Unsere kleine Sturmramme hatte sich durch die Hülle des Sternenschiffs gebohrt und sich dort festgekrallt. Derart auf einen dunklen, schwach erleuchteten Hangar geworfen, blieb uns nur wenig Zeit, um uns zurechtzufinden, bevor die Enterbekämpfungstruppen eintrafen und uns abzuwehren versuchten.

»Schildformation!«

Azoth bellte den Befehl, doch wir begaben uns bereits in Formation.

Das war eine altertümliche Taktik, die an die Romanii oder Grecii der Alten Erde erinnerte, aber sie war effektiv. Vieles am Krieg blieb gleich, vor allem bei Bruderkriegen, dachte ich, während wir ein Schiff stürmten, das wir einst als eines unserer Verbündeten angesehen hatten.

Doch es waren sterbliche Krieger und nicht unsere ehemaligen Waffenbrüder, die World Eaters, denen wir auf diesem Deck gegenüberstanden.

Zunächst traf uns eine heftige, entschlossene Salve, ein heißer Laserregen von eilig zusammengestellten Geschützgruppen und vereinzelten Schützenlinien. Wir hielten stand, absorbierten ihre

Schüsse und nahmen alles, was sie uns entgegenwarfen, ohne mit der Wimper zu zucken hin. Dann rückten wir als geschlossene Einheit weiter vor. Der Schutz unserer Brecherschilde war für die mutigen Männer und Frauen, die gekommen waren, um uns aufzuhalten, undurchdringbar.

Trotz ihres offensichtlichen Nachteils kamen die sterblichen Truppen der *Retiarius* näher heran. Drei weitere Sturmrammen hatten diesen Teil des Schiffs getroffen und die vier Trupps vereinten sich, bevor die Schützen uns trafen. Ihre Projektilwaffen und Hämmer erwiesen sich als verhängnisvoll wirkungslos.

Ihr kraftloser Ansturm kam vollständig zum Erliegen, als sie an unserem Schildwall zerschellten und wir den Aufprall absorbierten, ehe wir ihn zehnfach zurückzahlten. Medusische Kriegsschreie zerteilten die Luft so sauber wie jede Klinge.

Und fast ebenso tödlich.

Die Sterblichen verließ angesichts unserer scheinbaren Unverletzlichkeit und Raserei der Mut.

Ich schlug meinen ersten Gegner nieder, sodass sein Blut aus seinem aufgebrochenen Schädel auf meinen Schild spritzte, und gab ihm dann den Rest. Dazu musste ich nur mit meinem Fuß aufstampfen und plötzlich rückte ich mit meinen unsterblichen Brüdern vorwärts. Ich schoss einem Zweiten durch den Wangenknochen und sein Gesicht löste sich in Nebel auf, als das massereaktive Geschoss explodierte. Ich rempelte einen Dritten an und brach ihm die Rippen. Ein Vierter stürzte vor mir, als wir weiter vorstießen, und ich durchtrennte seinen Hals mit der Kante meines Brecherschilds. Den Blutschwall auf meinen Panzerstiefel beachtete ich kaum.

Unsere Bestimmung machte uns rücksichtslos. Eine Blockade um Isstvans äußere Atmosphäre verhinderte, dass die X. Legion ihren Vater erreichte, und die *Retiarius* war nur eines der Schiffe, die uns den Weg versperrten. Unser Auftrag war einfach. Unser Eisenvater hatte sich klar ausgedrückt. Das Schiff mit allen nötigen Mitteln zerstören. Wenn das unseren Tod bedeutete, dann sollte es so sein.

Unerbittlich und unausweichlich zermalmten wir die Abwehrtruppen der *Retiarius*. Dann machten wir die Geschützgruppen nieder und schließlich die Deckarbeiter, bis jedes

Besatzungsmitglied in Sichtweite erschlagen war. Das war eine ehrlose, aber notwendige Tat.

Danach lösten wir unsere Reihen auf, um schnell den Rest auszuschalten. Das Deck war rutschig vom Blut der Feinde, doch in dem dämmrigen Licht war das schwer zu erkennen.

»Wo sind wir?«, fragte Mordan.

»Hinter dem Maschinarium, glaube ich«, antwortete ich. Ich kannte den Aufbau des Schiffs ein wenig, sofern es mit den existierenden Plänen der Expeditionsflotten noch übereinstimmte. »In einer der kleineren Hangarbuchten in der Nähe der Schiffsaußenhaut.«

Die relativ kleine Hangarhalle mit der niedrigen Decke und den blanken Deckplatten wurde vermutlich dazu genutzt, die verschiedenen kleineren Blockadeflieger der *Retiarius* zu beherbergen. Zurzeit waren keine Sternenjäger und Angriffsflieger darin, da die World Eaters ihre gesamte Besatzung zum Duell mit den Schiffen der Iron Hands ausgesandt hatten, die versuchten, die Blockade zu durchbrechen. Stattdessen war der beengte Raum voller Munitionsmagazine und Takler. Takelageketten hingen von hoch hängenden Flaschenzügen und schwangen infolge des Gefechts gemächlich. Dampfwolken traten aus den Schächten in den Wänden und es war drückend heiß. Eine allgegenwärtige, erdrückende Hitze bedeckte jede Oberfläche wie eine dünne Schweißschicht. Es stank.

Das Voxgerät in meinem Ohr knisterte. Der allgemeine Kanal. Wie erwartet drang die Stimme von Bruder-Captain Udris von der *Gorgonentum* durch das Rauschen der Leere.

Azoth berichtete ihm, dass wir uns erfolgreich Zutritt verschafft hatten und uns tiefer ins Schiff bewegten. Dass der Widerstand minimal gewesen war.

Wir alle wussten, dass sich das ändern würde.

»Was ist mit der Blockade?«, fragte Sombrak, nachdem Azoth seine Befehle von der *Gorgonentum* erhalten hatte.

»Die besteht noch«, antwortete Azoth. »Wenn nicht, würden wir das wissen. Diese Hallen würden sich mit Feuer füllen, die Wände würden bersten und wir würden in die Leere gesogen werden. Vorerst steht sie noch. Also müssen wir sie aufbrechen. Die Avernii unter uns sterben, Brüder.«

»Ich hätte gerne noch ein letztes Mal an der Seite des Gorgonen gestanden«, sagte Katus mit hängendem Kopf.

Azoth schlug ihm mit einer gepanzerten Hand auf die Schulter. Im Tonfall des ehemaligen Fraters lag ein wütender Unterton. Das konnte an dem Verrat auf Isstvan oder dem Verlust seines Rangs liegen, oder an beidem.

»Ja, Katus. Das hätte ich auch, aber wir wissen, wo wir hingehören, und das ist hierher, an Bord der *Retiarius*.«

Wir marschierten weiter, ließen die Hitze hinter uns und überließen die Toten der Verwesung.

Als unser Einbruch von der Brückenbesatzung der *Retiarius* bemerkt wurde, waren die Panzertüren verriegelt und alle Sprengtüren geschlossen worden, um uns in einem unwichtigeren Teil des Schiffs einzusperren.

Während sich zwei meiner Brüder daran machten, die Sprengtür des Hangars mit Laserschneidern aufzuschneiden, ging der Rest von uns in Deckung. Azoth nahm mich auf die Seite. Er war ernst.

»Kein Wort von den anderen Trupps«, sagte er zu mir. »Cunaeda, Vorrus, Hakkar …« Er schüttelte den Kopf. »Dreiunddreißig Sturmrammen flogen los. Zurzeit weiß ich nur von vieren, die die *Retiarius* erreicht haben, und die stehen in diesem Hangar. Wie weit ist das Maschinarium entfernt?«

»Es ist relativ nah«, sagte ich und erinnerte mich mit meinem fotografischen Gedächtnis an die Pläne. »Hinter dieser Tür liegt aber ein Labyrinth aus Tunneln und Kammern, das wir durchqueren müssen, ehe wir es erreichen.«

Azoth nickte und schaute mehr an mir vorbei als mich an, als ob ich gerade bestätigt hätte, was er instinktiv schon gewusst hatte. Er sprach mit einiger Resignation weiter. »Das hier war von Anfang an ein Himmelfahrtskommando …«

Von all den Unsterblichen, die ich gekannt und an deren Seite ich gekämpft habe, schien Azoth am wenigsten darauf erpicht zu sein, seine in Zweifel geratene Ehre durch seinen Tod wiederherzustellen. Vielleicht dachte er auch, dass nicht einmal sein Tod seine Ehre wiederherstellen würde. Azoth war so mutig wie jeder Legionär der Iron Hands – einschließlich der edlen Avernii – doch ich vermutete, dass er sich sehnlichst wünschte, wieder in den Orden der Eisenväter aufgenommen zu werden, ehe er in der Schlacht fiel.

Aber jetzt waren wir Geister, wir alle, und Ehre war für uns so wenig greifbar wie Rauch. Wir hatten gefehlt, und deshalb mussten wir büßen. Irgendwie so ging der Eid.

Die Sprengtür des Hangars gab nach und verkündete es mit einem lautstarken Scheppern, als sie auf der anderen Seite auf das Deck aufschlug.

Noch mehr Düsternis, noch mehr tiefste Finsternis. Wie eine Faust traf uns eine glühende Hitze, die sogar noch spürbarer war als zuvor. Das Dröhnen der Antriebe im nahegelegenen Maschinarium war ohrenbetäubend. Der donnernde Knall von Breitseiten ließ das Deck unter unseren Füßen erbeben und die Wände unter dem Rückstoß erzittern. Der mit petrochemischem Gestank verschmolzene aktinische Dunst kürzlich entladener Laserbatterien wehte von den unteren Decks herauf.

Ein Sternenschiff im Krieg war ein ebenso brutales Schlachtfeld wie jedes andere, doch auf die *Retiarius* traf das ganz besonders zu.

Die Krieger in Servorüstungen, die aus den schweißgebadeten Schatten auf uns losgingen, bewiesen das.

Den ersten Treffer landeten die World Eaters.

Mit ihren ramponierten, mit Stacheln und Nieten verzierten Gefechtsrüstungen machten die Söhne Angrons ihrem Namen alle Ehre. Sie waren von Blut und Schmutz überzogen, wodurch sie noch wilder als ohnehin aussahen. Aus ihren Atemgittern trat Schaum und Fieberschweiß lag in der Luft. Wild, knurrend, brutal – ich sah Tiere aus den Schatten auf uns losgehen, keine Menschen. Ihre kriegerischen Fähigkeiten waren selbst für uns einschüchternd.

Ein Unsterblicher, den ich nicht kannte, schrie auf. Sein Schildarm hing schlaff herab, da sein Schultergelenk aufgeschnitten und die darunterliegenden verletzlichen Sehnen durchtrennt worden waren. Ein zweiter Schnitt verlief von der linken Seite des Schlüsselbeins bis zur rechten Seite der Hüfte. Nach kurzer Verzögerung glitten die beiden Körperhälften auseinander und mein Bruder ergoss sich auf das Deck.

Eine auf kurze Reichweite abgefeuerte Plasmapistole ließ den Kopf eines anderen Medusaners verdampfen, der zu langsam reagiert hatte. Drei weitere in den ersten Reihen wurden brutal ausgeweidet. Kettenklingen – sowohl Schwerter als auch Äxte – knurrten wie Bestien.

Wie ein Tier, das plötzlich bemerkte, dass es verwundet worden war, zuckten wir zurück. Zuerst schlossen wir die Bresche in der Tür, um den Feind auf der anderen Seite zu halten, damit er nicht hinausströmen und uns umzingeln konnte. Dann schlugen wir zurück.

Mit einem kraftvollen Vorstoß, der ebenso sehr medusische Zähigkeit und Mut wie die Strapazierfähigkeit unserer Brecherschilde bewies, konnten wir im Korridorbereich direkt hinter der Sprengtür Fuß fassen. Unser Feind wich zurück und gab gezwungenermaßen Boden auf, behinderte dann aber jeglichen weiteren Fortschritt mit seiner Wildheit und der schieren Masse an Körpern.

Es war unmöglich, sie zu zählen, doch ich schätzte, dass sich doppelt so viele, wie wir es waren, in den Korridoren scharten, die vor uns lagen. Wir, jeder Legionär in unserer verdammten Kompanie, schlugen eine Bresche, und dann trafen uns Angrons Söhne mit einem Wirbelwind aus Schwertern.

Heiße Funken stoben wütend vom Rand meines Schilds auf, als die surrende Kettenklinge eines World Eaters darauf traf. Mein Feind trug keinen Helm, sodass ich ein Gesicht voller Narbengewebe und Metallpiercings vor mir hatte. Eine Kette baumelte zwischen seinem Ohr und seiner Nase. Eine Metallstange durchstach beide Wangen. Auf seinem Hals befanden sich Tätowierungen, die wie Tötungsstrichlisten aussahen, doch in der Dunkelheit konnte ich sie nur undeutlich erkennen.

Ich drückte meinen Schild gegen seinen Körper und er taumelte knurrend zurück. Meine Boltpistole drückte ich in das dafür geschmiedete Loch in meinem Brecherschild und schoss ihm aus nächster Nähe in den Hals. Schädelbruchstücke und rote Materie prallten gegen mein Visier, als der Kopf des World Eaters explodierte.

Mit grimmiger Miene machte ich einen Schritt vorwärts.

Das taten wir alle.

Azoth hielt uns zurück.

»Haltet stand!«, brüllte er. »Schilde zusammen!«

Rasend und mit schäumendem Mund gingen sie erneut wie tollwütige Hunde auf uns los. Ich spürte die wildgewordenen, wiederholten Axtschläge, die durch meinen Schild hindurch meine Schulter erzittern ließen. Sie brannte und durch die übermäßige Muskelanspannung breitete sich Taubheit in meinem Arm aus.

Azoth zeigte sich unnachgiebig. »Standhalten!«

Ein paar Sekunden ging der Angriff noch weiter, bis er sagte: »Vorwärts … Marsch!«

Gemeinsam, geordnet und kraftvoll, stießen wir vor und warfen unsere Angreifer zurück. Ihre Mordlust machte sie furchterregend, doch damit verschwendeten sie auch ihre Kraft. Ein Einzelner, so fähig und wild er auch sein mochte, konnte keine Flut aufhalten. Einhundert Männer haben einen ganz ähnlichen Nachteil, wenn sie als Individuen agieren.

Nach ihrem ersten, wilden Vorstoß hatten die World Eaters Mühe, uns zu zerlegen. Nachdem wir sie von der von unseren Laserschneidern geschaffenen Bresche in der Sprengtür vertrieben hatten, fanden wir uns mehrere Meter tief in dem Korridorlabyrinth wieder. Verglichen mit dem Hangar war das beengt, doch breit genug für sechs nebeneinanderstehende Schilde.

»Reihen bilden!«

Azoth versuchte, weiterhin die Ordnung aufrecht zu erhalten. Da wir nicht in solch rücksichtslose Raserei verfallen konnten wie sie, war es die einzige Möglichkeit, um die World Eaters zu brechen.

Ich wurde an die Front gedrängt und befand ich mich nun Schulter an Schulter mit Mordan und Katus. Ersterer war ein ewiger Pessimist, der uns alle mit seinem langen Überleben überrascht hatte. Letzterer war ein Fanatiker, der glaubte, dass uns widrige Umstände nur stärker machten, und der seine Bestimmung als Unsterblicher genoss. Trotz ihrer Unterschiede strahlten beide Brüder eine ansteckende und belebende Entschlossenheit aus. Ich spürte, wie Azoth hinter uns sich danach sehnte, ein Teil der kämpfenden Schlachtreihe zu sein, um zu beweisen, dass seine Demütigung ungerecht gewesen war. Sein Schild befand sich unerschütterlich an meinem linken Schulterpanzer. Sombrak deckte meine Rechte so unnachgiebig wie ein eiserner Pfeiler. Nicht ein einziges Mal hatte ich ihn im Kampf einen Schritt zurückweichen sehen.

Mit dem Entzug unseres Ranges war auch die Loslösung von unserem Klan einhergegangen. Ein Unsterblicher zu sein bedeutete, allein zu sein. Trotz dieser erniedrigenden Form der

Buße fühlte ich mich diesen Kriegern so verbunden, als wären sie alle vom Klan Garrsak und würden nicht aus allen Ecken Medusas stammen.

Die World Eaters schlugen heftig und mit wutgenährter, erneuerter Stärke auf uns ein. Obwohl sie blutig geschlagen waren, machten sie unnachgiebig weiter und erwiesen sich als so zäh und entschlossen, wie wir sie kannten.

Ich hatte selbst gesehen, wie sie kämpften. Nicht als Feinde, sondern als Verbündete.

An diesem Tag auf Golthya, während des Großen Kreuzzugs und kurz nachdem wir mit unserem Vater wiedervereint worden waren, verdiente ich mir meine Schmach …

Im Innern der *Retiarius* erreichten wir eine Kreuzung, an der unser Vorstoß zum Erliegen kam. Ein ungeschlachter Dreadnought füllte mit seiner Masse den vor uns liegenden Korridor fast vollständig aus. Unser plötzlicher Halt ermunterte die World Eaters außerdem dazu, unsere Flanken anzugreifen. Unser stetiger Vorstoß wurde inmitten der Kreuzung aufgehalten, sodass wir eine Keilformation einnehmen mussten.

Katus und drei andere stürmten auf die monströse Kriegsmaschine zu.

Eine ihrer Waffenarme fehlte und ich nahm an, dass sie gerade für den Bodeneinsatz vorbereitet worden war, als wir in das Schiff einbrachen. Stattdessen war sie nun damit beauftragt worden, uns aufzuhalten. Sombrak führte einen Meltersprengsatz mit sich. So wie drei andere Unsterbliche im Entertrupp. Wenn sie im Maschinarium explodierten, würden diese Brandbomben verheerende Schäden anrichten.

Kratus rannte mit dem Schild voraus los und wurde von einem wuchtigen Hieb getroffen, der ihn gegen die Wand schmetterte. Sein Energiemodul riss auf und die kleine Explosion warf ihn vorwärts in die Energieklaue des Contemptors.

Er spuckte Blut. Es spritzte auf die Innenseite seines Helms und lief durch einen Riss in seinem Visier aus. Er war tot, bevor er auf dem Boden aufschlug. Die drei Unsterblichen, die mit Katus losgestürmt waren, feuerten Boltgeschosse auf die gepanzerte Hülle des Contemptors, doch die prallten ab und waren für ihn wenig mehr als ein Ärgernis. Der Dreadnought schlug zwei von ihnen mit seiner Klaue nieder, zerdrückte einen davon durch seinen Schild hindurch und zerquetschte den anderen unter seinem gepanzerten Fuß, als der Iron Hand den Halt verlor.

Der vierte Unsterbliche war Moran, der einzige aus der Gruppe, die auf den riesigen Dreadnought zugestürmt war, der noch übrig war.

Er stand nicht lange allein. Ein erneuerter Schildwall eilte herbei und stieß zu ihm.

Ich versuchte, ein stechendes Neidgefühl über den ruhmreichen Tod meines Bruders zu unterdrücken, als ich gegen den Dreadnought vorrückte. Er schwang erneut den Arm, während das Blut auf seinen energiegeladenen Krallen kochte und den Korridor mit dem stechenden Geruch verbrannten Kupfers erfüllte. Mordan und ich hoben gemeinsam unsere Schilde, doch ich spürte am Zittern meines Körpers jedes einzelne Pfund der kolbenbetriebenen Kraft des Contemptors. Er zwang uns beide auf die Knie.

»Das war ein Fehler …« knurrte ich, als Azoth durch die von Mordan geschaffene Lücke angriff und den Kopf des Dreadnoughts mit seinem Energiehammer einschlug. Sombraks Volkitwaffe bohrte sich im gleichen, koordinierten Angriff durch seine Brust. Er taumelte, als ob er sein plötzliches Ableben nicht verarbeiten könnte, und stürzte als lebloser Metallhaufen nach hinten.

Der Tod des Dreadnoughts fiel den anderen World Eaters kaum auf. Sie waren inzwischen vollständig von Zerstörungswut ergriffen und würden nicht nachgeben, bis sie oder wir tot waren. Zum ersten Mal, seit wir die *Retiarius* geentert hatten, teilten die Eisernen Zehnten die Gedanken der World Eaters.

Wir ließen ihre Raserei über uns ergehen. Ohne den Contemptor, um unsere Reihen aufzubrechen, verschaffte uns die Enge der Korridore einen Vorteil.

»Haltet aus!«, rief Azoth. Inzwischen war er ein Teil der vordersten Reihe, wo er hingehörte. »Haltet alles aus, was sie euch entgegenwerfen!«

Hammerschläge trommelten auf unsere gemeinsame Verteidigung ein, doch wir hielten stand. Der Schildwall hielt und wir konnten vorrücken.

Bei jedem schwer erkämpften Schritt kratzte die Unterseite

meines Schilds über den Boden. Meine Schulter brannte, weil ich sie in die Rückseite meines Schilds stemmen musste, um den Feind davon abzuhalten, uns zu überrennen. Unsere Stärke lag in unserem Zusammenhalt. Wenn ein Glied versagte, würde sich die ganze Kette auflösen.

Sie trafen uns; wir schleuderten sie zurück. Jedes Mal standen wir unerschütterlich da und ertrugen ihre Schläge, während die World Eaters immer rasender und immer waghalsiger versuchten, uns zu brechen.

Es dauerte über achtzehn Minuten, bis wir jeden Berserker in diesem Labyrinth getötet hatten. Als es vorbei war, waren die Wände von Blut bedeckt und das Deck unter uns davon durchnässt. Wir betraten erschöpft, doch siegreich, die nächste Kammer.

Ich hatte erwartet, dass Maschinarium zu sehen. Doch wir fanden etwas völlig anderes vor.

Eine breite Schräge führte von der Korridortür aus nach oben. Wir rasten hinauf, wahrten dabei unsere Schlachtordnung und organisierten währenddessen unsere Reihen neu. Wir kamen an eine Grube, die wenig mehr als ein leeres Becken aus blankem, blutbeflecktem Metall war. Sie war vor kurzem gesäubert worden, doch einige Spuren des unverwischbaren Blutvergießens waren übrig geblieben.

In der Grube erwarteten uns weitere Unsterbliche Brüder, die von der Leiste bis zum Kopf auf hässlichen Eisenstacheln aufgespießt waren. Ich zählte dreißig und stockte, als ich begriff, wie wenige von uns die *Retiarius* überhaupt erreicht hatten, geschweige denn auf ihr gestorben waren.

Ich hörte, wie in ohnmächtigem Zorn Fäuste geballt und rachsüchtige Eide gegen die World Eaters geschworen wurden. Ich verbarg meine Gefühle, spürte aber den tiefsitzenden, aufwühlenden Hass in mir wie einen heißen, quälenden Striemen auf meinem Stolz aufflackern.

Azoth hatte mit seiner Einschätzung recht behalten – das hier war ein Himmelfahrtskommando.

Die Verdammten hatten kein Recht auf Ruhm und Ehre, und wir waren Verdammte. Unsere Schande hatte uns dazu gemacht.

Meine Schande hatte mich zu diesem Schicksal verdammt. Auf Golthya.

Es war eine trostlose, hässliche Welt gewesen. Wir wurden gegen die Kethiden eingesetzt, eine haarlose, pervers humanoide Xenosspezies, die, wie so viele andere zu Beginn der Allnacht, die menschliche Bevölkerung unterworfen hatte. Tief in der gähnenden Einmündung ins Jreth-Tal setzten wir Phosphexwolken ein, um die grauhäutigen Xenos zu töten, doch die Kethiden hatten mithilfe ihres primitiven Wissens Aufwind erzeugt. Der wandte unsere tödlichste, abscheulichste Waffe gegen uns.

Wir brannten. Grüne Flammen zogen uns die Haut ab und verwandelten unser Eisen in verkohlte Materie …

Croen, der Vexillarius unserer Kompanie, starb zuerst. Dann Laeoc, Garric, Maedeg … bis nur noch ich, Sombrak und eine Handvoll anderer übrig waren. Unsere Flanke war verstümmelt worden und wir wären ebenfalls gefallen, wenn die blau-weiß gerüsteten Berserker nicht gewesen wären, die von oben herabstiegen.

Wir kämpften mit ihnen, aber nur als Unterstützung. Das hätte unser Sieg sein sollen. Die World Eaters rühmten uns für unseren Mut. Ich stand an der Seite von Varken Rath, einem außergewöhnlich begabten Legionär, der mir persönlich für meine Mühen dankte. Sombrak und der Rest unserer überlebenden Eisensippe fanden ähnliche Schwertbrüder.

Leider sah unser Vater das nicht so. Seitdem trug ich einen Brecherschild.

Ich habe oft über diese Grausamkeit nachgedacht, wie sich die Verzweiflung und Wildheit der Schlacht von Golthya in der an Bord der *Retiarius* wiederfand.

Am Rand der Grube an Bord der *Retiarius* warteten die World Eaters auf uns. Anders als die, die wir in dem Gewirr der Gänge besiegt hatten, waren diese Legionäre wie Gladiatoren gerüstet.

Ich kannte sie. Ich hatte sie durch den flüchtigen Phosphexnebel, der vor dem Angriff der Kethiden über die Hälfte meiner Kompanie dahingerafft hatte, aus den angesengten, tränenförmigen Landungskapseln treten sehen.

Die schon damals brutalen Wüter hatten sich stark verändert.

Sie trugen ihre Gesichtstätowierungen unverhüllt und offen. Ketten und dicke Schleier aus Eisenringen zierten ihre weißblauen Servorüstungen. Die um die Kettenglieder gewundenen Stacheln verliehen ihnen ein düsteres Erscheinungsbild. Sie waren von Kopf bis Fuß mit Blut beschmiert, das die enorme Hitze des Maschinariums der *Retiarius* an ihren Gefechtsrüstungen festgebacken hatte. Ohne eine Bestätigung zu benötigen, wusste ich mit markerschütternder Gewissheit, dass es medusisches Blut war, das den geschundenen Körpern unserer Brüder in der Grube abgepresst worden war.

Einer der Wüter hob sich von den anderen ab. Er nickte uns zu, dachte ich. Dann begriff ich, dass die Geste an mich persönlich gerichtet war.

»Gallikus ...«, dröhnte seine Stimme durch den hallenden Raum, die von der Grube und den zertrümmerten Brecherschilden, die seine Wände säumten, zurückgeworfen wurde. »Schön, Euch zu sehen.« Das klang fast freundlich, wie ein Gruß.

Das war es auch, irgendwie. Oder vielmehr eine Herausforderung.

Es war Rath. Ich erkannte meinen ehemaligen Waffenkameraden wieder. Nun war das eine kaum passende Beschreibung für das genverbesserte Instrument des Krieges, das alles andere als mein Bruder war. Er war ein außerordentlicher Schwertkämpfer und führte in jeder Hand eine Klinge, als ob er das bekunden müsste. Mir nicht. Er hatte mit diesen Klingen die Kethiden wie Schweine ausgeweidet. Falax wurden sie genannt, das hatte Rath mir zumindest erzählt.

»Wenn ihr das Maschinarium erreichen wollt, dann ist dies das Schlachtfeld, das ihr überqueren müsst«, sagte er und zeigte ruhig auf die Grube, wo sie unsere Brüder zum Sterben aufgespießt hatten. Er nickte mir wieder zu. »Ich werde Euch einen guten Tod gewähren. Das habt Ihr Euch verdient.«

Ich wollte ihn vernichten. Für seine unbeabsichtigte Herablassung und die barbarische Art, mit der seine Sippe meine behandelt hatte. In seinem unbekümmerten Lachen hörte ich fast unsere Schwertbande brechen.

»Einige leben noch!«, schrie Sombak und zeigte auf einen Unsterblichen, der auf seinem Metallspieß zuckte.

»Beim Blut von Medusa!« Mordans Panzerhandschuhe knackten, als sie sich fester um den Griff seines Schilds schlossen.

Rath lächelte. Alle Wüter lächelten.

Azoth hatte genug gesehen.

»Tötet sie! Rächt die Gefallenen!«, brüllte er und jeder Iron

Hand in unserer langsam dahinschwindenden Kompanie zog Schwerter und Streitkolben.

Für das, was die Wüter getan hatten, würden wir uns im Nahkampf rächen.

Unser verzweifelter Angriff war vorbei. Alles, was uns blieb, waren Vergeltung und, wie manche glaubten, eine letzte Chance auf Ehre. Unsere unsterbliche Pflicht.

Die World Eaters waren kampferfahren genug, um zu warten, bis wir die Grube halb durchquert hatten, ehe sie losstürmten, um uns anzugreifen.

Dann prallten wir aufeinander. Da war keine Ordnung, keine Geschlossenheit. Nur Blut.

Wir waren den Wütern zweifach überlegen, doch die ersten acht Sekunden des Kampfes änderten dieses Verhältnis auf drastische Weise.

Während ich mich Rath näherte und kurz mit Mordan zusammentat, um einen der Wüter zu erlegen, sah ich, wie der World Eater dafür einen meiner Brüder ausweidete. Ich dachte über die wahrscheinliche Tatsache nach, dass man uns absichtlich so weit hatte kommen lassen. Das wir für die Aussicht auf einen guten Kampf hergelockt worden waren. Vielleicht mussten sich Angrons Psychopathen erst in Rage versetzen, ehe er sie entfesselte?

Ich entschied, dass diese Arroganz ihr Untergang sein würde.

Rath und ich trafen uns in der Mitte der Arena. Ich hatte noch immer meinen Schild, der mir ein überlebenswichtiger Schutz vor den beiden Falax meines Gegners sein würde, hatte aber mein Gladius gezogen und meine Pistole zurück ins Holster gesteckt.

Klinge gegen Klinge. Das gebot die Ehre.

Zunächst schien Rath die Geste zu würdigen, doch dann erstarrte sein Gesicht in einem Ausdruck reiner, gequälter Raserei. Er riss die Augen auf und die plötzlich darin reißenden Adern färbten die Sklera tief dunkelrot. Von dem Mann blieb keine Spur mehr; jetzt war er nur noch ein Tier.

Fast drei Minuten lang hackte er auf meinen Schild ein, während ich ihn verzweifelt abwehrte. Er hörte erst auf, als Sombrak versuchte, dazwischenzugehen, um mich zu entlasten. Trotz seiner mörderischen Blindheit reagierte Rath instinktiv richtig.

Halb parierte er Sombraks Stoß und ließ sich von der Klinge in die Seite stechen. Mit dem anderen Falax schlug er Sombrak den Kopf ab.

Ich sackte zusammen, zu erschöpft, um Raths Ablenkung zu nutzen. Mein Brecherschild war in der Mitte gespalten, der Arm, der es hielt, betäubt und schwer wie Blei. Ich sah Sombraks Körper auf die Knie sacken und seinen Kopf, der in die Schatten rollte.

Dann drehte sich der über den Mord jubelnde Rath um und ging wieder auf mich los.

Diesmal hielt er sich nicht zurück. Rath war von Mordlust berauscht.

Sein Falax kam von oben und ich drehte mich, damit mein Schulterpanzer den Hieb abbekam. Es fand die verwundbare Verknüpfung zwischen den Metallplatten meiner Rüstung und schnitt durch das darunterliegende Netz in mein Fleisch. Sofort quoll Blut heraus. Ich spürte, wie es in meine Achsel lief und meine Brust verklebte.

Die zweite Klinge parierte ich und lenkte sie zur Seite, bevor ich zu einem Stoß ansetzte, der mein Gladius zu zwei Dritteln in Raths Taille versenkte.

Das war eine schwächende Wunde, die ihn verlangsamen und irgendwann außer Gefecht setzen sollte. Auf Rath schien sie weder den einen noch den anderen Effekt zu haben. Wir waren nah beieinander. Ich konnte seinen Leichenatem riechen. Ein heftiger Kopfstoß zertrümmerte mein Visier, zerbrach die Netzhautlinsen und jagte die Glassplitter in mein Gesicht. Ein Schlag mit dem Ellbogen ließ mich auf ein Knie fallen, bevor Rath das Falax in meiner Seite versenkte, wo es sich wie ein Nagel hineinbohrte.

Ich schrie. Er brüllte.

Das Ende war nah, meine unsterbliche Pflicht endlich so gut wie erfüllt. Ich sah mein Brecherschild, das zertrümmert und weggeworfen auf dem Deck lag. Andere Schilde und die Körper meiner Brüder lagen bei ihm.

Wir hätten niemals ausschwärmen und Hass und Raserei nachgeben sollen. Wir hätten unserer kaltblütigeren Überzeugung folgen sollen, der Vernunft und der Unantastbarkeit taktischer Logik. Wir hatten gefehlt, und nun war es an der Zeit für unsere Buße.

Mit gesenktem Kopf spürte ich, wie mich ein Schauder überkam. Er glich dem kalten Phantomgefühl meiner kybernetischen Teile.

Doch der Schlag kam nicht. Mein Hals blieb mit meinem Kopf verbunden.

Stattdessen hörte ich das Dröhnen der Alarmsirenen, während die Arena in rotes Warnlicht getaucht wurde.

Azoth hatte sich einen Weg aus der Grube erkämpft. Er war verwundet und sein Energiehammer war blutig, doch er stand noch. Er öffnete die Kammer und jagte alles in die Leere.

Die World Eaters hatten die Grube vorher nicht gesäubert, sondern alles in das Vakuum der Leere geblasen. Mein Bruder hatte den Mechanismus gefunden und tat das erneut, nur, dass wir und unsere Feinde anwesend waren.

In den wenigen Sekunden, die mir blieben, sah ich die trostlose Resignation in Azoths Gesicht. So hatte er es nicht enden lassen wollen.

Dann wurde ich von dem Entlüftungsdruck herausgerissen. Ich fühlte mich leicht, und das lag nicht nur an der Abwesenheit von Luft und Schwerkraft. Raths letztes, trotziges Gebrüll ging in dem rauschenden Strom unter, von dem er ins stille, dunkle und sternenlose All gesogen wurde. Von seiner Raserei dazu angetrieben, nicht etwa vor verzweifelter Ohnmacht, schlug er nach mir, doch der langsame Schlag seines Falax ging vorbei.

Laserblitze zerteilten die Dunkelheit und spießten uns auf ihren grellen Strahlen auf. Rath wurde zerfetzt, wie auch meine Brüder. Ich sah, wie Azoths Brust durchschlagen wurde, bevor mich ein Schuss streifte.

Ich wirbelte herum und verschwand wie ein weiteres Trümmerteil in der Leere.

Vor mir entfaltete sich der Ausblick auf die kämpfenden Sternenschiffe, schrecklich und schön zugleich. Die Breitseiten pflügten sich kilometerweit durch das All. Explosionen erblühten in demütiger Stille. Die *Gorgonentum* hatte Schlagseite, ihre Triebwerke waren ausgeschaltet, ihre Schilde und Panzerung fort.

Als sich ihre Warptriebwerke überluden, war das wie der Aufgang einer Miniatursonne. Ein stilles Aufblitzen fürchterlichen Lichts versengte meine Netzhäute. Ich ritt auf der so entstandenen Druckwelle und auf meiner Rüstung bildete sich kristallener Raureif, während ich die Explosionshitze des dramatischen letzten Atemzugs der *Gorgonentum* spürte.

»Danach kann ich mich an nicht mehr viel erinnern«, sagte ich meinen Befragern. Das schwarze Deck der *Obstination* tauchte wieder vor mir auf, während ich die Erinnerung an die *Retiarius* hinter mir ließ. »Abgesehen davon, in eurem Apothecarion aufzuwachen und für ein abschließendes Urteil zu diesem Hangar eskortiert zu werden.« Ich schaffte es nicht, die Verbitterung in meiner Stimme zu verbergen.

»Glaubt Ihr, dass Ihr zu streng behandelt werdet, Legionär Gallikus?«

Ich lehnte es ab, zu antworten. Mein Kopf war unter der kalten Last der Axtklinge in meinem Nacken nach unten geneigt. Die toten, erstarrten Blicke meiner geköpften Brüder auf dem Deck schienen mich zu verspotten. Ich stand kurz davor, mich zu ihnen zu gesellen.

»Bevor Ihr mich tötet«, sagte ich schließlich, »sagt mir, ob wir die Blockade durchbrochen haben.«

Mein Ankläger trat ins Licht. Ich hörte am Surren alter Servos in einem Handgelenk oder Ellbogen, dass er gestikulierte, und spürte, wie der Druck auf meinen Nacken nachließ. Ich hob den Kopf und blickte in das Gesicht eines Eisenvaters, den ich nicht kannte.

Es war stark vernarbt und seine linke Wange und ein Teil seines Schädels schimmerten matt im Halbdunkel. Ein Bart, so fest und grau wie Stahlwolle, war auf einem ausladenden, herrischen Kinn zu einer Speerspitze geformt. Der ehrwürdige Eisenvater schaute auf mich herab, als wäre ich schmutziges Öl, das er von seinen Waffen kratzen musste.

»Wir haben versagt«, antwortete er. »Wir waren schwach.«

Zwei andere waren bei ihm, ein Salamander und einer von der Raven Guard.

»Das ist barbarisch …«, hörte ich Vulkans Sohn murmeln, obwohl das tiefe Summen der Impulstriebwerke der *Obstination* seine Stimme zum Teil übertönte. Seine Augen flackerten wie brennende Kohlen.

Der Raven Guard hob vorsichtig die Hand, um den Salamander zum Schweigen zu ermahnen, und sie traten beide zurück. Das hier war eine Angelegenheit der Iron Hands, mit der sich auf medusische Art befasst wurde, so, wie unser Vater es uns gelehrt hatte.

Es fiel mir schwer, die Situation zu verarbeiten, die unerklärliche Anwesenheit der anderen Legionskrieger und die Untergangsstimmung zu verstehen, die der Eisenvater verbreitete. Dann war da noch die letzte Gestalt, die mit mir im Raum war, mein Henker. Ich hatte das Gefühl, ihn zu erkennen. Das beunruhigte mich auf eine Weise, die ich mir zu der Zeit nicht erklären konnte.

»Wie lauten die Befehle unseres Primarchen? Ist Horus geschlagen? Wird auf Isstvan noch gekämpft?« Ich hatte so viele Fragen. »Was ist mit der *Retiarius*?«

Der Eisenvater schüttelte traurig den Kopf. »Es ist vorbei, Gallikus. Ihr wart der einzige Überlebende des Angriffs auf die *Retiarius*. Der Krieg um Isstvan ist vorbei. Wir haben verloren …« Er zögerte, als ob er den bevorstehenden Stich ankündigen wollte, damit ich für ihn bereit war. »Ferrus Manus ist tot.«

»Tot?« Ich versuchte aufzustehen, doch eine starke Hand hielt mich unten. »Lasst mich los!«, rief ich und drehte mich um. Ich schaute in die gequälten Augen eines alten Freundes. Einen Moment lang verließen mich meine anderen Sorgen. »Azoth?«

Er reagierte nicht auf seinen Namen. Ich dachte, er wäre gestorben, und doch war er hier, an Bord der *Obstination*. Aber irgendetwas war völlig falsch. Seine Haut sah kalt aus, eiskalt, wie die abgetrennten Köpfe vor mir. Azoths Feuer war erloschen. Eis strömte durch seine Adern und bedeckte sein Antlitz. Vor mir stand ein toter Mann mit einer Axt. Tot und lebendig, jeden Denkens beraubt, das ihn zu dem Krieger machte, den ich einst gekannt hatte.

»Was habt ihr getan?«

»Was nötig war. Horus hat uns besiegt, zerstreut. Unsere Legionen *zerschlagen*.«

Als ich wieder den Eisenvater anschaute, sah ich, dass er meinen Brecherschild hielt. Er war neu geschmiedet, ganz gemacht worden, auch wenn wir selbst zerbrochen waren.

»Ihr habt gefehlt«, sagte er, »und dafür müsst Ihr büßen …«

Von den Enthüllungen, die ich gerade gehört hatte, betäubt und sprachlos, nahm ich den angebotenen Schild entgegen.

Der Eisenvater erwiderte meinen Blick und ich sah die Entschlossenheit in seinen Augen, die Bitterkeit und das seelenzermalmende Verlangen nach Rache.

»*Das ist das Schicksal der Unsterblichen …*«, ertönte eine Stimme hinter mir. Die Stimme von Azoth, das Echo unserer Verdammnis.

SÖHNE DER SCHMIEDE

~ DRAMATIS PERSONAE ~

Die XVIII. Legion ›Salamanders‹

VULKAN	Der Herr der Drachen, Primarch der Salamanders
T'KELL	Schmiedemeister, nun zum Schmiedevater von Nocturne ernannt
ZAU'ULL	›Feuervater‹, Igniax-Priester
RAHZ OBEK	›Feuerträger‹, Captain der Feuerdrachen
ZANDU	›Feuerfaust‹, Sergeant der Feuerdrachen
AK'NUN XEN	›Flammhieb‹, Feuerdrache
GOR'OG KRASK	›Lindwurm‹, Feuerdrache
ZEB'DU VARR	›Pyrus‹, Feuerdrache
ASHAX	Sergeant der Feuerdrachen
PHOKAN	Feuerdrache
GAIRON	Feuerdrache
RAIOS	Feuerdrache
BA'DURAK	Feuerdrache
RATH	Feuerdrache
VOTAN	Feuerdrache
FAI'SHO	Feuerdrache, Apothecarius
REYNE	Schiffsmeister der *Kelch des Feuers*

Die Zerschlagenen Legionen

KASTIGAN ULOK	Eisenvater der X. Legion, Kommandant der *Obstination*
AHREM GALLIKUS	Medusischer Unsterblicher
AZOTH	
SAURIER	Apothecarius der XVIII. Legion
MORIKAN	›Der Lautlose‹, Krieger der XIX. Legion

Die XVI. Legion ›Sons of Horus‹

VOSTO KURNAN	Captain
RAYKO SOLOMUS	Legionsfoltermeister
MENATUS	
NEVOK	
UZIEL	
HAJUK	
MORVEK	
EZRIAH	
KREDE	
EZREMAS	
GHODAK	
HARKUS	
RENK	Apothecarius

Das Dunkle Mechanicum

REGULUS	Adept, ernannter Abgesandter des Kriegsherrn
KRONUS VI	Castellax-Kampfautomaton

DER EID

»Worin besteht das Opfer?«

Feuervaters Worte hallten durch eine leere Kammer. Seine tiefe Stimme hallte von den dunklen Obsidianwänden wider.

»Zu leben, wenn andere starben«, antworteten seine Anhänger im Chor. Feierlich, ehrfürchtig … und wütend. »Niemals den Schmerz unseres schlimmsten Verrats zu kennen. Niemals den Stich der Schande zu spüren, die sich im Messer des Verräters spiegelt. Niemals auf den schwarzen Sand von Isstvan Fünf geblutet zu haben.«

Daraufhin wurde es still und ihre Stimmen verhallten als dumpfes, leises Gemurmel.

»Was ist unsere Bestimmung?« Feuervater packte den Griff seiner Waffe und sah zu, wie seine Brüder es ihm gleichtaten.

»Stoisch zu bleiben und allem Stolz zu entsagen. Wächter und Behüter zu sein.«

Feuervater stand auf. Er und seine knienden Brüder, die es ihm gleichtaten, spiegelten sich im Obsidian.

»Und was ist unser Fluch?«, sprach er zu ihnen und erhob dabei seine Stimme, worauf der Kopf seines Crozius-Streitkolbens entflammte. Fünfzig Krieger standen reglos im brennenden Schein der züngelnden Flammen, die ihre Drachenschuppen zum Leben zu erwecken schienen.

»Niemals Ruhm zu erlangen. Niemals Vergeltung üben zu können.«

Feuervater hielt sein brennendes Crozius in die Höhe, bevor er es in eine Eisenschale voll Öl tauchte. Sofort loderte das Feuer in die Höhe und enthüllte mit seinem flackernden Schein die Onyxstatuen gefallener Helden, die stumm über sie richteten.

»Und wer sind wir?«, fragte er lauthals.

»Wir sind die Narbenlosen!«, verkündeten sie brüllend. »Söhne Nocturnes. Salamanders und Feuerdrachen. Vulkans Blut, das niemals seine Pflicht vergessen wird!«

Ein eiserner Deckel legte sich auf die Schale und erstickte die Flamme. Auch die des Crozius in Feuervaters Hand erlosch.

Die Dunkelheit kehrte zurück und mit ihr die düstere Stimmung.

»Darin besteht das Opfer …«, sagte Feuervater leise, während er sich abwandte, um die Kammer durch den einzigen Torbogen zu verlassen. »Wegtreten.«

PROLOG

Ein Artefakt

Sie bezeichneten ihn als Kunsthandwerker, doch Vulkan wusste es besser. Er war ein Kriegsschmied, nichts anderes als seine Brüder Ferrus und Perturabo. Im Gewölbe befanden sich entsetzliche Wunderwerke, die er alle dieser Berufung entsprechend gefertigt hatte. Wunderwerke, die T'kell nun zerstören sollte.

»Du bist der Erste und Einzige meiner Söhne, der dieses Gewölbe sieht«, sagte Vulkan zu seinem Schmiedemeister. »Innerhalb seiner schützenden Mauern verwahre ich jedes Artefakt, das ich je geschmiedet habe.«

Indem er den Namen des ersten Drachen murmelte, entzündete Vulkan die Fackeln in der Kammer, und in den Schatten wurden die Wunder, die er geschaffen hatte, in fahles Licht getaucht. Trotz der Dunkelheit sahen seine Augen alles; jede Waffe, die er je gefertigt hatte.

Nur er kannte all ihre Namen, denn er hatte sie gewählt.

Lied der Entropie.

Magmahammer.

Amboss der Verwüstung.

Sie mochten poetisch erscheinen, doch gewiss waren sie ihnen zuträglich. Denn Vulkan wusste, welche Macht Namen innewohnte. Indem man einen Gegenstand benannte, verlieh man ihm eine Identität, eine Wirkung. Sie waren nicht länger Dinge aus Stahl oder Adamantium – sie waren Vulkans Vermächtnis an seine Söhne und verrieten mehr über seinen Charakter als jeder Foliant und jede Erinnerung.

Doch selbst wenn er von Isstvan V zurückkehren sollte, mussten sie alle zerstört werden. Die Galaxis hatte sich verändert. Sie war kein sicherer Platz mehr für Wunder, denn das Böse verdrehte das Wunderbare zu etwas Schrecklichem.

»Welch Wunderwerke …«, flüsterte T'kell, und Vulkan sah neben der Ehrfurcht auch eine gewisse Angst in den Augen seines Sohns.

Vulkan zog in den Krieg, weil auch er ein Werkzeug der Zerstörung war, das vom Hammer seines Vaters auf einem Amboss aus Wissenschaft und Apotheose geschmiedet worden war. Er fragte sich, ob dem Imperator jemals die gleichen Zweifel an seinen eigenen Schöpfungen kamen. Wenn er eine Wahl hätte, würde er dann ebenfalls zerstören, was er geschaffen hatte? Vulkan nahm an, dass es dafür nun ohnehin zu spät war, oder dass vielleicht er, Ferrus, Corax, Perturabo und die anderen genau das taten, indem sie Horus wieder gefügig machten. Konrad musste jetzt viel zu lachen haben …

Vulkan hatte nicht bemerkt, dass er gedankenverloren innegehalten hatte, bevor sich seine Hand um den Griff geschlossen hatte, bis T'kell erneut sprach.

»Ich hoffe, Eure Unentschlossenheit bedeutet, dass Ihr Eure Meinung geändert habt, Primarch«, sagte der Schmiedemeister.

Wenn er nur wüsste, wie zerrissen der Primarch in diesem Moment war; andererseits glaubte Vulkan, dass es besser war, dass er es nicht wusste.

»Das habe ich nicht. Diese Artefakte müssen zerstört werden. Ich bin unterwegs nach Isstvan und kann das daher nicht selbst tun, weshalb du das erledigen musst, T'kell.«

»Was beschäftigt Euch denn *dann*?«

Statt wahrheitsgemäß zu antworten, entschied sich Vulkan für eine Lüge. Es gefiel ihm nicht, seine Söhne zu belügen, doch verglichen mit den Lügen, die sich im aufstrebenden Imperium verbreitet hatten – Lügen über falsche Götter und Brüder, die ihre Brüder töteten – war es eine verhältnismäßig unbedeutende Unwahrheit. Das waren ganz gewiss die größeren Lügen, denn es war unvorstellbar, dass sie etwas anderes sein könnten.

»Ich dachte, dass ich eine schlechte Wahl getroffen hätte, aber der hier fühlt sich richtig an«, sagte er und ergriff den Hammer *Morgendämmerung*. »Passend. Vielleicht wird er seinem Namen gerecht werden und meinen Bruder doch noch erleuchten.«

Das kam ihm wie leeres Gerede vor. Seit seinem letzten Treffen mit Horus wusste Vulkan tief in seinem Innersten, dass ihre nächste Zusammenkunft blutig enden würde. Er erinnerte sich daran, dass die größten Lügen die waren, in die ein wahrer Faden eingewoben war.

»Primarch, ich flehe Euch an«, sagte T'kell geradezu verzweifelt, während er auf ein Knie ging. »Bitte, lasst mich das nicht tun. Bewahrt wenigstens *irgendetwas*.«

Vulkan hätte seinen Schmiedemeister für solche Schwäche gerügt, wenn er nicht erkannt hätte, was T'kells Verhalten wirklich ausdrückte: Hoffnung. Er glaubte noch immer, dass die Schöpfungen seines Vaters für etwas Gutes verwendet werden könnten, für ein Ende des Krieges.

»Hier drinnen gibt es Waffen, die ganze Welten zerstören können, mein Sohn …«, sagte er und schaute dann im Gewölbe umher.

»Oder sie vor der Zerstörung retten können«, antwortete T'kell. »In den *richtigen* Händen.«

»In meinen?«, fragte Vulkan und schaute zu T'kell hinab. Er schaute in seine flehenden Augen, sah aber auch den Stolz in ihnen. Das gab Vulkan Hoffnung.

»Ja! Oder Lord Dorns, oder Guillimans. Sogar in Russ' Händen!«

»Erhebe dich, Schmiedemeister. Ich möchte nicht, dass mich einer meiner Söhne auf Knien anbettelt«, sagte Vulkan und musste seine Wut darüber unterdrücken, einen Salamander derart gedemütigt zu sehen. Ich bin ein Lehrer, dachte er bei sich, kein König, dem die Lehnstreue geschworen werden muss. Guilliman mochte sich derart wichtigtuerisch aufführen – ich werde das niemals tun.

»Es lässt mir einfach keine Ruhe, Primarch«, antwortete T'kell, als er wieder stand.

Ja, dachte Vulkan, T'kell ist die richtige Wahl. Wenn irgendeine Möglichkeit besteht, dass meine Werke bei allem, was noch geschehen wird, einen guten Zweck erfüllen können, dann ist T'kell ihr würdiger Wächter.

»Also gut.«

»Exzellenz?«

Vulkan wandte sich ihm zu.

»Ich sagte: ›also gut‹. Ein Teil sollte erhalten bleiben. Wenn ich alles zerstöre, bedeutet das, dass ich die Hoffnung aufgegeben habe, die Loyalität und Ehre meiner Brüder könnten obsiegen. Das werde ich nicht tun.«

T'kell sah erleichtert aus, doch Vulkan wusste, dass sein nächster Befehl seine Stimmung umschlagen lassen würde.

»Du wirst hierbleiben, T'kell. Du wirst nicht zum Isstvan-System mitkommen – dein Platz ist jetzt auf Nocturne und Prometheus.«

»Aber, Primarch –«

»Widersetz dich mir kein zweites Mal«, ermahnte Vulkan ihn. »*So* nachsichtig bin ich dann doch nicht.« T'kell verbeugte sich.

Eigentlich hatte er den Schmiedemeister mitnehmen wollen, aber jetzt war er froh über den Vorwand, das nicht zu tun. Vulkan hatte ein schlechtes Gefühl bei dem Einsatz auf Isstvan, den sein Vater angeordnet hatte. Das lag nicht daran, dass Horus ein hervorragender militärischer Anführer und ein großartiger Krieger war – unter seinen Brüdern gab es sowohl bessere Anführer als auch großartigere Krieger –, sondern am Sinneswandel des Kriegsherrn. Das, und alles, auf was es hindeutete, bereitete Vulkan die größten Sorgen. Wenn er sich so ändern konnte, wenn der Kreuzzug seine Ansichten verändern konnte …

Vulkan verdrängte diese Gedanken. Nichts würde etwas an dem ändern, was ihm bevorstand, aber das, um was er T'kell gleich bitten würde, lag noch in seiner Macht.

»Du sollst der Schmiedevater und Hüter der Artefakte dieses Gewölbes sein.«

»Schmiedevater?«, fragte T'kell, dem die Verwirrung ins Gesicht geschrieben stand. »Bin ich nicht Euer Schmiedemeister, Exzellenz?«

»Natürlich. Ein Legionär kann mehr als eine Funktion innehaben, T'kell. Ich vertraue darauf, dass du diese Aufgabe erfüllst, wie ich dir auch das Gewölbe anvertraut habe.«

»Welche Aufgabe, Primarch? Sagt es mir und ich werde es tun.«

»Als Wächter zu dienen. Zu schwören, dass du diese Artefakte beschützen wirst, und dass du sie, falls mir etwas zustoßen sollte, gut verstecken wirst. Weit weg von denen, die sie missbrauchen würden.«

Wieder sah Vulkan den Stolz in den Augen seines Sohnes, doch auch den Schmerz. Er wollte seinem Primarchen nicht von der Seite weichen, würde es aber trotzdem tun. So wusste Vulkan, dass er eine gute Wahl getroffen hatte.

T'kell salutierte diensteifrig. »Ich schwöre es, Lord Vulkan.«

»Gut. Wähle sieben, die verschont werden sollen, und nicht mehr. Eines für jedes unserer Reiche auf Nocturne.«

»Hier drin sind Tausende, Primarch. Wie könnte ich –«

»Das stimmt«, sagte Vulkan. Während er sich für den Krieg rüstete, wanderten Vulkans Gedanken unwillkürlich zurück zu seinem letzten Treffen mit Horus. Er würde sich mit Ferrus unterhalten müssen, bevor es begann. Der Gorgone hatte ein Temperament, das den feurigen Gipfeln Medusas nicht unähnlich war, doch das würde er zügeln müssen, bevor er sich Horus und den anderen Abtrünnigen entgegenstellte. In seiner Geistesabwesenheit hatte er T'kell beinah vergessen, doch als er fortging, erinnerte er ihn erneut an das, was er ihm gestattet hatte.

»Sieben, Schmiedevater. So lautet die Anordnung deines Primarchen. Ich gehe jetzt, um mich Ferrus' Flotte anzuschließen.« Er hatte die üble Vorahnung, dass dies das letzte Mal war, dass er T'kell oder das Gewölbe sah, hielt sie aber vor seinem Sohn geheim. »Erledige das, bevor ich zurückkehre.«

EINS

Die Garnison wird versammelt

Im dunklen Schiffsofen tobte eine Feuersbrunst. Die verbogenen Umrisse der Artefakte, die vom Boden emporragten, erinnerten T'kell an gebrochene Finger. Flammenzungen streiften wie hungrige Raubtiere durch die Panzerglaskammer, verschlangen alles und stießen Rauch aus, der den grauenvollen Anblick der Zerstörung verschleierte. Er schmeckte scharf und bitter und verhüllte alles. Durch die Lücken im Rauch waren Teile von Strukturen und Formen erkennbar. Eine feuergeschwärzte, schmelzende Klinge. Eine Hülle, die sich unter der gewaltigen Hitze des Ofens verbog.

Alles brannte auf seine Veranlassung hin.

Von einer Aussichtsplattform aus schaute T'kell auf die von ihm angerichtete Zerstörung hinab und weinte.

Trotz des Panzerglases spürte er die Hitze auf seiner Haut.

»Ich veranstalte ein Massaker …«, murmelte er und ergriff auf der Suche nach Bestätigung den Griff seines Energiehammers. »Was für eine Pracht und Schönheit, die meiner Vernichtung zum Opfer fallen.«

T'kell hatte für Poesie nicht viel übrig – neben Logik war kein Platz dafür –, spürte aber, wie sie ihn in diesem Moment der bedauernswerten Vernichtung ergriff.

Nur wenige Heerführer konnten von sich behaupten, jemals solche Zerstörung angerichtet zu haben, doch er, ein Schmiedemeister, einer, der sich Handwerk und Wiederherstellung verschrieben hatte, hatte das getan.

T'kell lächelte verbittert über die Ironie, die darin lag.

Schmiedevater, ermahnte er sich.

»Diese Trauer …«, murmelte er den Schatten zu. »Als wärt Ihr noch einmal gestorben.«

Obwohl er das Dahinscheiden des Primarchen nicht selbst gesehen hatte, wusste T'kell in seinem Herzen, dass sein Vater gestorben war.

Man sagte, dass die Stimme der kürzlich Verstorbenen das erste war, was in der Erinnerung verblasste. In T'kells Gedächtnis würde sie nie verblassen, niemals. Die letzten Worte seines Vaters waren so sehr ein Teil von ihm wie die Ehrennarben, die in seine onyxschwarze Haut geritzt worden waren.

Das Undenkbare war geschehen. Nichts als Asche blieb zurück.

»Soll denn gar nichts verschont werden, Bruder?«

Er erkannte die Stimme von Rahz Obek.

T'kell war so in Gedanken versunken gewesen, dass er fast vergessen hatte, dass der Feuerträger ebenfalls der Verbrennung von Vulkans Artefakten beiwohnte, obwohl der Bereich, von dem aus sie die Zerstörung verfolgten, kaum größer war als ein Korridor.

Seine Rüstung bestand aus schuppigem, grünen Ceramit, über dem ein Umhang aus roter, ledriger Drachenhaut hing. An seinem Gürtel hing ein Helm, den ein dunkler Metallkamm in zwei gleichgroße Halbkugeln teilte. Ein kürzerer, ebenfalls dunkelgrüner Kamm teilte gleichermaßen seinen Kopf, bestand allerdings aus kurzgeschorenen Haaren, nicht aus Metall. Wie immer machte er einen ernsten Eindruck. Rahz Obek war so belastbar wie Granit, was sich sowohl in seinen Gefühlen als auch in seinen Taten ausdrückte. Seine Frage war kein Flehen oder ein Ausdruck von Trauer gewesen, sondern eine reine Sachfrage.

»Dieses Schiff, in dem wir stehen, die Waffe, die an seiner Hülle angebracht ist«, sagte T'kell, während er zu den flackernden Schatten des Dachgewölbes hinaufschaute. Automatisch fokussierte sein bionisches Auge flüchtig einige Einzelheiten in der über ihnen herrschenden Dunkelheit. »Und fünf weitere Artefakte. Insgesamt sieben, eins für jedes Reich.«

Obek trat einen Schritt auf das Panzerglas zu; das war alles, was sie von dem Ofen trennte. Er kniff die roten Augen zusammen, während er die Formen der Dinge betrachtete, mit deren Zerstörung T'kell beauftragt worden war. Vulkans Wunderwerke hatte er nie gesehen – selbst das Schiff war ihm neu – und T'kell nahm an, dass sein Bruder-Captain von Neugier getrieben wurde.

Im Innern der großen Herzschmiede der *Kelch des Feuers* loderte ein Inferno, das so rot war wie die Rüstung des Schmiedemeisters. Nichts, was je geschaffen worden war, konnte dieser Hitze standhalten. Und für Obek gab es nichts zu sehen als geschwärztes Metall und immer mehr Asche.

»Es ist eine Schande, Vaters Werk vernichtet zu sehen, aber besser, als wenn es in die Hände eines Verräters fällt.«

»Etwas ganz Ähnliches hat er auch zu mir gesagt«, sagte T'kell. »Kein Wunder, dass er Euch zum Anführer der Garnison ernannt hat.«

Bei dieser Bemerkung versteifte Captain Obek, womit er bestätigte, was T'kell immer vermutet hatte – Obek glaubte, dass er bestraft wurde. Prometheus, der Mond Nocturnes, war mit seinen Raumhäfen und Kasernen keine besonders prächtige Festung, doch er hatte sie mit seinem Leben zu schützen; es war sein Gefängnis, in das er bis zu seinem Tod eingesperrt sein würde.

»Doch«, sagte T'kell, als keine Antwort kam, »ich weiß, dass Ihr Euch anders nennt.«

Obek wandte sich ihm halb zu, sodass ihn der Feuerschein, der auf seine Drachenkriegsrüstung fiel, noch wilder aussehen ließ.

»Es gibt nur einen Namen, der von Belang ist«, sagte er schließlich.

Daraufhin nickte T'kell. »Ja.«

Das Inferno war zu einer flackernden Flamme zusammengeschrumpft und aus dem Tosen war ein wohlklingendes Knistern geworden. Der Rauch hatte das Panzerglas geschwärzt, als ob er die Tat verbergen wollte. Oder vielmehr die *Untat*.

»Ihr sagtet, dass Ihr meine Hilfe braucht, Schmiedevater?«, fragte Obek.

»Es war der letzte Befehl, den er mir erteilte, bevor er nach Isstvan Fünf aufbrach.«

Darauf biss Obek die Zähne zusammen.

»Und was möchtet *Ihr*, das ich tue?«

»Was Ihr noch nie getan habt«, sagte T'kell. »Verlasst Prometheus.«

In seinen Träumen sah Zandu einen brennenden Mann. Die Gestalt hatte kein Gesicht und keine Erkennungszeichen an ihrer Rüstung, an denen er die Legion oder den Rang ablesen könnte, aber sie brannte. Auf ewig.

Er wusste nicht mehr, wie lange er den brennenden Mann schon sah, oder was das Ereignis gewesen war, das diese Vision anfänglich ausgelöst hatte. Er wusste nur, dass er fortwährend an seinem Verstand nagte und darauf wartete, dass Zandu unachtsam wurde, damit er ihm erneut als flammenumhüllter Albtraum erscheinen konnte.

Anfangs hatte Zandu gedacht, dass *er* der brennende Mann sein könnte und dass er in einen Traumspiegel schaute, der auf seinen eigenen Tod hindeutete. Immer, wenn der brennende Mann ihn heimsuchte, spürte er seinen Tod drohend näher rücken, doch nach mehreren derartigen Vorfällen kam Zandu zu dem Schluss, dass die Erscheinung jemand anderes war, *etwas* anderes, eine anachronistische Vision oder ein Echo der Zukunft.

Als er Legionspriester Zau'ull dazu befragt hatte, hatte dieser angedeutet, dass es sich um eine Metapher für Buße handeln könnte, dass der brennende Mann für das feurige Schicksal stehen könnte, das den Niederträchtigen und Grausamen bevorstand.

Seit Nikaea war kein Scriptor mehr unter ihnen und Zandu glaubte auch nicht, dass er einer war, nicht einmal im Verborgenen. Er wusste nur, dass jedes Mal, wenn er die Augen schloss, der brennende Mann zu ihm kam, dessen Körper fortwährend von Flammen überströmt wurde. Ein Legionär, der für immer verdammt war.

Als er erwachte, bemerkte Zandu den heißen Schweiß auf seiner Haut. Eine Atemwolke schwebte in der Luft, obwohl es in der Kammer unerträglich heiß war. Sie war, ebenso wie sein Traum, eine unerklärliche, unberührbare Erscheinung.

»Gnädiger Vulkan«, keuchte er, da die bedrückende Erinnerung noch frisch war. Seine Herzen rasten und er zwang sie zur Ruhe.

Atme, atme …

Nackt trat er von einem Podium durch einen ringförmigen, flimmernden Hitzeschleier und trottete über einen Teppich aus brennenden Kohlen. Die Kammer war dunkel, doch Zandu konnte auch ohne Licht ausreichend sehen. Diesmal war ihm aber etwas entgangen und als er nach seiner Rüstung und der verstauten Klinge an einem nahegelegenen Ständer griff, störte eine Stimme die Stille.

»Finstere Träume, Bruder Zandu?«

Zandu drehte sich um. »Obek.«

»Zumindest Eure Reflexe haben nicht unter ihnen gelitten, Feuerfaust.« Der Bruder-Captain nickte in Richtung der Klinge, die Zandu instinktiv gezogen hatte.

»Sie lassen mir keine Ruhe«, gestand er und senkte das Kurzschwert. Zandu lächelte, war aber nicht überrascht, dass das nicht erwidert wurde.

»Vielleicht hilft Euch ja ein Ortswechsel.«

Zandu legte die Stirn in Falten, doch Obek hatte sich bereits abgewandt. »Legt Eure Rüstung an und sucht mich dann auf.«

Die Klinge glitt durch die Panzerung des Servitors, durchbohrte seinen Energiekern und beendete damit abrupt das Duell im Übungskäfig. Blut und Öl befleckten den Boden.

Ak'nun Xen ließ das Schwert stecken und zitterte noch von der Kraftanstrengung hinter seinem Hieb, als er zum Waffenständer ging und einen Speer ergriff. Nachdem er die Schärfe der Spitze im gelben Zwielicht bewundert hatte, schlug er mit dem stumpfen Ende kräftig auf den Boden des Übungskäfigs, um den nächsten Kampf zu beginnen.

Ein schwerfälliger Koloss von einem Servitor stürmte auf vogelartigen Beinen auf ihn los. Von seinem linken Arm wickelte sich rasend schnell ein Energieflegel ab und sprang knisternd an. Ein beschlagener Handschuh umhüllte seinen rechten Arm und brummte vor Energie.

Xen warf den Speer in die Höhe, fing ihn mit umgedrehter Hand und warf ihn. Der Servitor machte zwei weitere Schritte, bevor der Speer seine lebenswichtigen Organe ausschaltete und das Duell erneut endete. Für seinen nächsten Gegner nahm er einen Hammer, dann eine Gleve und danach drei verschiedene Kettenwaffen. Xen war bei seinem neunten Kampf angelangt, als er spürte, dass jemand hinter ihm war, worauf er innehielt. Er trug einen locker sitzenden Übungsanzug und begab sich daher mit Leichtigkeit in den Schneidersitz, sodass er mit dem Rücken zur Tür saß und dem Übungskäfig zugewandt war, als er den Neuankömmling ansprach.

»Seid Ihr gekommen, um mit mir zu kämpfen, Bruder-Captain?«, fragte er. »Wollt Ihr mich unterweisen oder habe ich schon alles Nötige gelernt?«

Xen glaubte, verächtliches Schnauben zu vernehmen, hörte aber heraus, was es wirklich ausdrückte: Vorsicht.

Während er auf eine Antwort wartete und die Schultern dehnte, damit sie durch seine Ruhepause nicht zu sehr versteiften, juckten die Narben auf Xens Rücken.

Eine Litanei von Ehrungen in der Symbolsprache Nocturnes bildete auf seiner Haut Bögen und Kringel. Dem Volk der Vulkanwelt bedeutete Symbolik viel, weshalb sie auch ihren transhumanen Söhnen viel bedeutete. Xen hatte sich nahezu jede Auszeichnung verdient, die er erhalten konnte. Nur wenige Krieger der Legion, lebende und tote, waren derart hochdekoriert. Doch ein Abzeichen war ihm stets verwehrt geblieben, und jetzt würde er es nie mehr erhalten: die auflodernde Flamme, das Zeichen von Vulkans Brandwache.

Die Erinnerung daran, oder vielmehr der Mangel an Erinnerungen, entfachte einen Funken Wut in Xens Herz. Er wusste, dass dieses Gefühl unangemessen war, konnte es aber nicht unterdrücken. Rahz' Stimme holte ihn wieder aus seinen Gedanken.

»Wie viele von diesen Dingern wollt Ihr noch töten, Flammhieb?«

Der gesamte Übungskäfig war von kybernetischen Körpern und Maschinenteilen übersät, als ob er eine Leinwand des Kampfes wäre, die mit verspritztem Öl bemalt worden war. Achtzehn weitere Servitor-Drohnen standen abgeschaltet, mit trüben Augen und reglos an ihren Stationen bereit.

»Alle.«

Rahz trat vor, sodass er für Xen aus den Augenwinkeln zu

sehen war. Der Bruder-Captain hatte seine Rüstung angelegt. Außerdem war er mit einer Kombiwaffe aus Bolter und Flammenwerfer bewaffnet, die er sich auf den Rücken geschnallt hatte. Er kniete sich hin und hob den Hammer auf, mit dem Xen einem Servitor den Metallschädel eingeschlagen hatte.

»Kann ich Euch irgendwie weiterhelfen, Bruder-Captain?«, fragte Xen, der seine Ungeduld nicht länger verbergen konnte, nachdem eine Weile Stille geherrscht hatte.

Rahz legte den Hammer ab und stand auf.

»Vielleicht habe ich eine bessere Verwendung für deinen Schwertarm.«

Statt ihm das Gefühl einer rechtschaffenen Bestimmung zu vermitteln, hatte der Eid Zau'ull entkräftet. Selbst im Reclusiam fand er keine neue Stärke. Während die Diener seine Rüstung salbten und säuberten, dachte er über die Verbitterung nach, die er verspürte, und wie es dazu gekommen war.

Nicht einmal sein Rosarius spendete ihm Trost, wenn er es in der Hand hielt und die Lobgesänge des Glaubens und der Geduld rezitierte. Er rief sich Nomus Rhy'tans Lehren über Selbstaufopferung und das Sammeln von Kräften durch Leid ins Gedächtnis, doch auch das verschaffte ihm keine Klarheit und der stickige Dunst der Verzweiflung, der ihn niederdrückte, wollte nicht verfliegen.

»Vulkan ist tot«, murmelte er, worauf seine Diener nervöse Blicke auf den schlecht gelaunten Ordenspriester warfen. Seine Kriegsrüstung fühlte sich so schwer an, als ob die Energie, mit der sie versorgt wurde, aufgebraucht wäre, und seine Glieder schmerzten. Die Luft in seinem Gefechtshelm kam ihm stickig vor und er griff mit zitternder gepanzerter Hand nach dem Schädelvisier.

Ist das Trauer?, fragte er sich. *Oder mangelt es mir an Glauben? Wie soll ich mich um diese Krieger kümmern, wenn ich selbst gebrochen bin?*

Zau'ull starrte vor sich hin, bis seine Augen in das tätowierte Gesicht von Gor'og Krask schauten.

»Bruder-Priester …?«

Es dauerte einige Sekunden, bis Zau'ull begriff, das Krask ihn angesprochen hatte. Krask wartete auf eine Antwort, doch

Zau'ull konnte sich nicht mehr an die Frage erinnern, nur, dass er etwas gefragt worden war. Es kam viel zu oft vor, dass er derart gedankenversunken war.

»Ich bin hierher, ins Reclusiam, gekommen«, sagte Krask in seiner drachenschuppenbesetzten Plattenrüstung, die von schrecklicher Schönheit war und Gewaltbereitschaft verströmte, »um die Weihe zu empfangen. Ihr sagtet, dass Ihr die Riten für meine Rüstung durchführen würdet.«

Zau'ull nickte müde, erinnerte sich aber. »Ja … ja, natürlich. Tretet vor, Bruder.«

Der dadurch scheinbar wieder beruhigte Krask trat vor und verneigte sich vor dem Legionspriester. Seine Rüstung machte Krask zu einem Riesen, sodass Zau'ull zu dem Feuerdrachen aufschauen musste.

Nachdem er die Diener verscheucht hatte und froh war, sie endlich los zu sein, sprach Zau'ull das Weiheritual, doch es fühlte sich bedeutungslos an.

Das war es auch.

Er sprach von Vulkan, von seiner Rückkehr zu dem Berg und seiner Präsenz, die über den Tod hinausging.

»Ist er bei uns, Bruder-Priester?«, fragte Krask mit hoffnungsvoller und frommer Stimme.

»Ja.«

»Seid Ihr einer der Igniax?«

»Das bin ich, Bruder.«

»Und Ihr könnt den Primarchen noch sehen?«

Zau'ull zögerte, da ihm bewusst war, dass die verbleibenden Söhne Hoffnung brauchten, etwas, um ihre geistigen Wunden zu schließen. Zau'ull hatte Gerüchte über eine Wiederauferstehung gehört. Sie stammten von einem der Legionäre, der Vulkan zurückgebracht hatte, sogar einem von der Brandwache. Es war ein Wunder, dass er den Sturm überstanden hatte und heimgekehrt war. Rhy'tan hatte es ihm direkt vor dem Angriff erzählt – »Artellus Numeon behauptet, dass Vulkan nicht tot ist.« Der Glaube an diese Wunderheilung sollte nicht lange halten. Vulkan war tot geblieben und sein Körper war jetzt nur noch Asche, und mit ihm war auch jede Hoffnung seiner Wiederbelebung zu Asche zerfallen.

Ein schwerer Schlag, doch nur der letzte von vielen, die zu diesem Moment und Zau'ulls Krise geführt hatten.

Nichts davon erzählte er Krask, sondern antwortete ihm stattdessen: »Ich kann den Primarchen noch sehen. Er ist immer bei uns.«

Als das Ritual abgeschlossen war, hob Krask den Kopf. Er nickte Zau'ull zu und bemerkte, dass der Ordenspriester in eine dunkle Nische starrte.

»Ist er jetzt hier?«

»Ja.«

»Vulkan lebt«, murmelte Krask. Seit Isstvan war diese Redewendung zu einem trotzigen Schlachtruf und einer Glaubensbekundung geworden, die sogar Nocturne erreicht hatte. Im Laufe der letzten Tage – oder, für einige, der letzten Monate – war sie zu einem Eingeständnis des Gegenteils und der gegenseitigen Zusicherung verkommen, dass der Primarch in seinen Söhnen der Schmiede weiterlebte.

»Ja«, antwortete Zau'ull leise, »Vulkan lebt.« Doch als Krask das Reclusiam verließ und der Legionspriester mit seinen Gedanken allein war, sah Zau'ull in der Nische nichts als Dunkelheit.

Da er endlich allein war, nahm er seinen Helm ab und holte zitternd Luft, doch als eine Dienerin zurückkehrte, knurrte er. Die untertänige Frau zuckte zurück und schrumpfte vor dem Legionspriester zusammen, den sofort Reue überkam. Zau'ull streckte eine Hand aus, um sich zu entschuldigen, hielt dann aber inne, als er sah, dass ihm die Dienerin mit ihren winzigen Händen eine Schriftrolle hinhielt.

»Was ist das?«

»L-Lord Obek hat sie geschickt.«

Der Bruder-Captain mochte keine Förmlichkeiten.

Zau'ull bemerkte kaum, wie sich die Dienerin in die Schatten zurückzog, während er las, was auf der Schriftrolle geschrieben stand. Als er das Ende erreichte, kniff er die Augen zusammen.

»Was habt Ihr vor, Obek?«

Zeb'du Varr beobachtete, wie Nocturne brannte.

Es gefiel ihm.

Die Wachthalle auf dem Mond Prometheus bot einen unvergleichlichen Ausblick auf die unter ihr liegende Welt. Sie war aus hartem Obsidianglas gehauen und konnte der Breitseite eines Kreuzers oder sogar einer Sternenfestung standhalten. Abgesehen von ihrer Unverwüstlichkeit bot sie auch eine weit bessere Aussicht als die Festungsmauern. Von seinem Aussichtspunkt in der Bastion aus, die weit über Nocturne kreiste, sah Varr alles in wundersamer Langsamkeit.

Es war die Zeit der Unruhen, in der die Welt ihre Wut entlud und ihr Volk litt oder starb, und doch überlebte …

Pyroklastische Wolkenstreifen zogen wie Tsunamis über die Oberfläche, und die Flammenmeere, die ihre Vulkane ausspien, bildeten ferne Blüten aus loderndem Licht. Jeder weitere Ausbruch stieß eine riesige Rauchsäule aus, die hinaufstieg und eine perlmutt-weiße Kuppel bildete, die von einer zerklüfteten, grauen Krone aus Rauch und Asche eingerahmt wurde.

Während er konzentriert die ausbrechenden Krater beobachtete, musste sich Varr ihr Grollen vorstellen, da dieses geradezu anmutige Schauspiel vollkommen lautlos ablief. Er stellte sich auch das Feuer vor, von dem endlose Rauchschwaden aufstiegen … den Geruch von Qualm, den bitteren Geschmack in seinem Mund, die erdrückende Hitze. Varr unterdrückte den Drang, selbst ein Feuer zu entzünden, während er zusah, wie die Welt unter den Ausbrüchen erzitterte. Es gab andere in der Legion, die seine Liebe zum Feuer teilten, doch niemand war so sehr davon besessen wie Varr.

»Wunderschön …«, flüsterte er, trat ein wenig näher und erblickte in dem Glas sein Spiegelbild.

Hungrige Augen in der Farbe heißer Kohlen starrten aus einem Gesicht zurück, das von Narbengewebe verunstaltet war. Seine Haut sah ledrig aus und unzählige Verbrennungen hatten Krater hinterlassen. Seine Lippen waren fast vollständig mit seiner Haut verschmolzen und vom Rest seines Gesichts kaum zu unterscheiden. Aus seinem nahezu kahlen Kopf wuchsen zwischen zerfurchten, selbst zugefügten Brandwunden drahtige Haarbüschel.

Varr wusste, dass er abscheulich anzusehen war, nahm das aber als Bürde an, die er aufgrund seiner Bestimmung zu tragen hatte. Das Einzige, was er in diesem Moment bereute, war die Abwesenheit seiner Flammenwerfer, und er ballte und entspannte seine gepanzerten Fäuste, als ob er deren Aktivierung simulieren wollte.

»Ich sehe Euch«, sagte er zu der feurigen Hölle unter sich. »Ich sehe Euch, Vater.«

Bruder-Captain Obek wartete auf ihn, doch zunächst hatte Varr erleben müssen, wie Nocturne brannte, die Zeit der Unruhen *sehen* müssen, auch wenn er von dem Anblick nie genug bekam.

ZWEI

All die Ehre, die euch noch bleibt

Einundfünfzig Legionäre hatten sich im Gewölbe versammelt.

Bis auf einen waren sie alle Feuerdrachen, auch wenn nur Krask und seine Krieger die Terminatorrüstungen des Tartaros-Schemas trugen. Die anderen trugen Servorüstungen vom Typ Mk IV oder V, die alle ihrer Legion entsprechend grün bemalt waren, und einen Mantel aus Salamanderhaut. Zau'ulls schwarze Rüstung wies ihn als Legionspriester aus und einer in der Schar trug das Rot des Mars. Die Terminatoren hatten ihre Salamanderumhänge an ihren Schulterpanzern befestigt, während die Schuppenmäntel der anderen deren Rücken bedeckten. Trotz der offensichtlichen Unterschiede zwischen den beiden Rüstungsarten war ihnen allen ein drachenähnliches Äußeres gemein. Einzelne Platten waren geschuppt, um der schuppigen Textur ihrer Umhänge oder Schultermäntel zu ähneln; und trotz der unterschiedlichen Gestaltung der Gefechtshelme hatte jeder Legionär ein zahnbewehrtes Mundgitter oder in einigen Fällen einen Helm, der einem Drachenkopf ähnelte. Auch hier war Zau'ull die Ausnahme. Sein Gefechtshelm glich einer Inkarnation des Todes, einem blanken Schädel.

Obwohl sie in dem gewaltigen Gewölbe recht klein wirkten, sahen die Salamanders eindrucksvoll und kriegsbereit aus. Viele *sehnten* sich nach einem Kampf und hatten das Gefühl, dass ihnen als Garnison der verdiente Ruhm verwehrt worden war. Dabei befanden sie sich in einer durchaus ruhmreichen Umgebung.

Auf Prometheus befanden sich mehrere Artefaktkammern, aber diese war die größte: das Magmagewölbe. Außerdem hatte es einst Vulkan gehört. Die Schritte der Krieger, die dort zusammenkamen, hallten trotz der Asche auf dem Boden laut von den verzierten Wänden wider. Die Gestaltung des Gewölbes zeugte von Geschick und Handwerkskunst. Statuen waren in die langen Metallstreben gearbeitet, die sich bis zu einer filigran ausgeschmückten Decke emporwölbten, an der flügellose Schlangen des antiken Nocturnes in einem Feuermeer schwammen und kämpften. Eine dünne Obsidianschicht ließ das Bild im reflektierten Licht von eintausend flackernden Autoleuchtern glänzen.

Die eingemeißelten Tiefendrachen, die im Herzblut dieser Welt umhertollten, hatten früher auf ein breites Bildnis von Stammesleuten der Schlackeebene herabgeschaut, das in das Metall des Gewölbes gearbeitet worden war. Beides waren ergreifende Beispiele für das unvergleichliche schöpferische Talent des Primarchen.

Ak'nun Xen war der Erste, der etwas sagte. Er sprach jemanden an, der abseits von den anderen stand. Den, der rot gekleidet war.

»Warum habt Ihr uns hierher gerufen, Schmiedevater?«, fragte er, worauf seine Stimme einige Sekunden lang durch den Raum hallte und schließlich verklang. Xen zog Klingen den üblicherweise stumpfen Waffen seiner Legion vor und hatte die Angewohnheit, die Griffe seiner beiden Schwerter festzuhalten, wenn sie weggesteckt waren. Dadurch machte er einen angriffslustigen, allseits kampfbereiten Eindruck. Außerdem war er einer der Standartenträger der Garnison, sodass von ihm erwartet wurde, das Kompaniebanner in die Schlacht zu tragen. Xen konnte sich nicht daran erinnern, wann er es das letzte Mal entrollt hatte.

Den Kopf der Truppe bildete Rahz Obek, der geduldig wartete und nun ein finsteres Gesicht machte. Mehrere andere blickten ebenfalls missbilligend drein, vor allem Krask und seine Krieger.

»Wisst Ihr, worin Ihr steht, Ak'nun Xen?«, fragte T'kell.

»Asche, Bruder. Einem ganzen Ozean davon.«

»Narr!«, zischte Zau'ull. »Das ist mehr als Asche.«

Xen warf ihm einen Seitenblick zu, tat aber sonst nichts.

Jeder Salamanders-Legionär hatte den Helm abgenommen – entweder war er an der Rüstung magnetarretiert oder wurde einfach unter dem Arm getragen –, um der Umgebung und dem Schmiedevater Respekt zu erweisen. Zau'ull ließ sich nicht dazu herab, sich zu Xen umzudrehen. Stattdessen schaute er in die glühenden Augen von Zeb'du Varr. Nach ihrer Apotheose, die sie zu Legionären gemacht hatte, hatten sie andere Namen angenommen, doch noch immer bestanden zwischen ihnen biologische Bande, die deutlich stärker waren als die von bloßen Schwertbrüdern.

Zeb'du verneigte sich mit leuchtenden Augen vor seinem Bruder und sah aus, als ob er in diesem Gewölbe etwas sah, das die anderen nicht sehen konnten.

Du weißt es, nicht wahr? Du siehst es.

»Es ist das Vermächtnis unseres Primarchen«, erklärte T'kell Xen. Seine Stimme holte Zau'ull aus seinen Gedanken. »Es ist die Asche seiner größten Schöpfungen. Dieses Gewölbe war einst voll von ihnen und diente als geheimes Lager für die Wunderwerke, die unser Vater mit seinem Hammer gefertigt hat. Wunderwerke, wie es sie in der bekannten Galaxis kein zweites Mal gibt. Vor seinem Tod beauftragte er mich damit, nichts davon in die falschen Hände geraten zu lassen.«

Einige schüttelten erschüttert darüber, was ihr Schmiedevater hatte tun müssen, den Kopf. Andere, wie Krask, *knieten* sich hin, obwohl das in einer Terminatorrüstung recht schwierig war, um die Überreste zu berühren und zu halten.

Selbst Xen wirkte unbehaglich, obwohl er angestrengt versuchte, sich das nicht anmerken zu lassen.

»Wieso wussten wir nichts davon?«, fragte Zandu.

»Scheinbar hat Vater vieles für sich behalten. Ich weiß nur das wenige, das er mir anvertraut hat.« T'kell spreizte die Hände, von denen eine in fünf fingergroßen Mechadendriten endete. »Wie dieses Gewölbe, seinen Inhalt und seine Bestimmung.«

Zandu schüttelte den Kopf; die Weisheit des Primarchen blieb ihm verborgen. »Wir hätten diese Waffen nutzen können, um Horus zu töten und den Krieg zu beenden.«

»Ich denke, dass er genau davor Sorge hatte. Er wollte seine Brüder nicht töten, schon gar nicht Horus.«

»Die hatten aber keine solchen Skrupel«, warf Xen ein.

»Verräter greifen immer gern auf Mord zurück«, sagte Zau'ull traurig.

Stille machte sich breit, in der Zandus Frage unbeantwortet blieb und sie alle auf die Überreste von Vulkans Vermächtnis starrten, als ob sie seinen Tod ein zweites Mal ertragen müssten.

T'kell beobachtete sie alle genau.

Nur Rahz Obek blieb ungerührt. Er kniff allerdings die Augen zusammen, während er T'kell betrachtete, da er wusste, dass der Schmiedevater die Asche aus der *Kelch des Feuers* hergebracht haben musste.

Ihr dachtet, dass sie sich weigern könnten, nicht wahr?

»Wir haben gelitten«, sagte T'kell. »*Ihr* habt gelitten. Vieles in diesen Zeiten ergibt wenig Sinn. Ich schätze Vernunft und Logik, doch sehe ich weder etwas Vernünftiges noch etwas Logisches an der Situation, in der wir uns befinden, oder den Entscheidungen, die wir treffen müssen, um unsere Pflicht zu erfüllen. Doch wir müssen sie erfüllen, denn sonst wären wir wie die, die wir so sehr verachten und denen wir uns entgegenstellen.« Er schaute sich unter den fünfzig Legionären vor sich um, als ob er ihr gerade angesprochenes Ehr- und Pflichtgefühl abschätzen wollte. »Als Garnison an Prometheus gebunden zu sein wird Kriegern wie euch nicht gerecht. Als die Welt unter uns brannte, was habt ihr da getan?«

»Wir haben zugesehen«, sagte Krask mit einer Verbitterung in der Stimme, die jeder andere Legionär der Salamanders im Magmagewölbe nachempfand. Er erhob sich unter dem Brummen seiner Servos.

»Ja«, sagte Zandu, »wir haben zugesehen, wie die Death Guard auf unserem Boden die Hölle entfesselt hat.«

»Weil unsere Pflicht uns hier festgehalten hat«, fügte Obek hinzu und ergriff den Unterarm des massigen Zandu zum Kriegergruß.

»Ihr seid nicht die Garnison«, sagte T'kell und schüttelte langsam den Kopf. »Zumindest nennt ihr euch selbst nicht so.«

»Wir sind die Narbenlosen«, antwortete Zau'ull, worauf sein Bruder erneut nickte.

»Denen Ruhm versagt bleibt«, sagte Xen.

»Denen der Tod versagt bleibt«, berichtigte Zandu ihn streng. »Und wie ich sehe, tragt Ihr immer noch Eure Ehrennarben, Bruder.«

Xens Blick verfinsterte sich und das Feuer seiner Wut wurde entfacht. »Die habe ich mir verdient.«

»Ihr seid viel zu selbstverliebt, Ak'nun Xen.« Alle drehten sich zu Zeb'du Varr um. Einen Moment lang war es, als ob der Primarch zurückgekehrt und dieser Legionär seine Inkarnation wäre. Aber dann lächelte Varr und zerstörte die Illusion, indem er den Wahn in seinen Augen enthüllte, doch Xen erwiderte nichts. T'kell fuhr fort.

»Vulkan hat mir eine heilige Pflicht erteilt«, sagte er, um die Aufmerksamkeit der anderen zurückzuerlangen. »Es sollte die letzte sein, bevor er nach Isstvan V aufbrach. Er sah diesen Krieg voraus und fürchtete ihn. Nicht um seine Seele oder seinen Körper fürchtete er, nicht einmal um seine Söhne, sondern um das Leid, das dieser Krieg über die Menschheit bringen würde. Und er fürchtete das Böse, das mit den Wunderwerken getan werden könnte, die er geschaffen hatte. Was aus seinem Vermächtnis werden könnte, das den Erfolg des Großen Kreuzzugs garantieren und nicht als zerstörerische Waffen in einem Bürgerkrieg gegen Legionärskameraden eingesetzt werden sollte.

Er bat mich, sie zu zerstören, doch ich bin nicht der Primarch und daher nicht so entschlossen und willensstark wie er. Ich flehte ihn an, nicht alles zu vernichten. Unser Vater erhörte mich.«

»Dann ist das hier gar nicht alles?«, fragt Zau'ull und zeigte auf das Aschemeer zu ihren Füßen. »Einige seiner Werke existieren noch?«

T'kell nickte ernst, als ob die Existenz dieser Artefakte eine große Last für ihn wäre.

Xen lachte kurz, freudlos und spöttisch. »Dieses ganze Theater«, sagte er. »Was wolltet Ihr damit erreichen, dass wir hier in dieser Gruft voll Asche stehen, während Ihr uns etwas von Eurer Pflicht erzählt?«

»Ich musste euch überzeugen.«

»Wovon überzeugen?«

Obek hatte genug gesehen und gehört. Er trat vor.

»Es reicht, Schmiedevater. Sagt ihnen, was Ihr von uns wünscht.«

T'kell lächelte dünn. »Ich brauche Eure Hilfe, um meinen letzten Befehl von Vulkan zu erfüllen.«

»Dann bittet darum«, sagte Zandu, der sich allem Anschein nach schon entschieden hatte.

»Es sind noch sieben Artefakte übrig, doch sie müssen weit von Prometheus fortgebracht und so versteckt werden, dass niemand sie jemals findet.«

»Wenn sie so gefährlich sind, Schmiedevater, warum zerstört Ihr sie dann nicht auch?«, fragte Xen.

»Weil die Galaxis und unsere Legion, wenn sie überleben sollte, sie nach dem Ende dieses Krieges brauchen könnte. Und weil ich nicht alles zerstören konnte und den Primarchen angefleht habe, mir zu gestatten, diese wenigen zu verschonen.

Ich brauche Waffenbrüder«, sagte T'kell. »Und ihr braucht eine andere Aufgabe, damit ihr nicht länger narbenlos sein und euch eurer Bezeichnung als Krieger wieder würdig fühlt. Das ist all die Ehre, die euch noch bleibt.«

Niemand widersprach.

»Ich könnte für die ganze Kompanie sprechen«, sagte Obek, »und bestimmen, dass wir das hier für Vulkan und die Legion tun, auch wenn ich zugeben muss, dass ich Prometheus' Verteidigung nur ungern geschwächt sehen würde, doch jeder Krieger muss selbst entscheiden.«

»Wohl gesprochen, Bruder«, sagte Zandu.

T'kell nickte Obek zu, der nur aufgrund einer Laune des Schicksals nicht auf Isstvan V der Legion gedient und dort Ruhm und Tod gefunden hatte.

»Also gut«, sagte T'kell, »wer zieht mit mir seine Waffe und stellt sich dieser Herausforderung?«

Es dauerte nur einen Moment, bis das Klirren von Metall durch das Gewölbe hallte und fünfzig Hämmer, Schwerter und Kettenklingen gleichzeitig erhoben wurden.

DREI

Diese Taten haben wir vollbracht

Die *Kelch des Feuers* befuhr die Wogen des Empyreums wie ein Seeungeheuer ein aufgewühltes Meer. Glücklicherweise waren die Narbenlosen und die Mannschaft, die aus mehreren tausend Sterblichen und Servitoren bestand und die für den Betrieb des Fabrikschiffs nötig waren, vor dem Untergangssturm davon gesegelt. Die Route, der sie folgten, war nur T'kell und dem Navigator des Schiffs bekannt.

Nach einer monatelangen Reise durch den Warp näherten sie sich dem Mandevillepunkt eines kleinen Sternensystems, das Boron XIII genannt wurde. Laut der Aufzeichnungen existierte dort kein Leben und das Imperium hatte seit über einem Jahrhundert keinen Kontakt mehr dorthin. Es enthielt vier Planeten, die einen Stern umkreisten, dessen Sonnenmasse die menschliche Besiedlung einer der Welten ermöglichte, ohne sie zu verbrennen oder deren natürliche Wasservorkommen zu verdampfen.

Als die *Kelch des Feuers* in den Realraum übersetzte und ätherisches Elmsfeuer hinter sich herzog, ließ die Kälte, die mit dem Bereisen der Tiefen des Warpraums einherging, allmählich nach. Brummend sprangen die verschiedenen Schiffssysteme an und auf der Brücke herrschte geschäftiges Treiben, als der Kapitän seine Mannschaft zur Eile antrieb und mit den Vorbereitungen für eine Annäherung an den Planeten entsprechend T'kells Anweisungen begann.

»Also dann«, sagte Rahz Obek, der neben seinem Schmiedevater stand und aus einer großen Beobachtungskuppel hinausschaute. »Was erwartet uns da unten?«

Sein Blick wanderte durch den dunklen Raum hin zu der Welt, die sich langsam unter ihnen drehte. Das Schiff war noch immer mehrere Stunden von ihr entfernt und Obek konnte nichts als den blau-grünen Farbton des Planeten und die dicken, gelblichen Wolken erkennen, die ihn einhüllten.

»Ehrlich gesagt, Bruder«, sagte T'kell, »weiß ich das nicht. Von hier an tappe ich ebenso sehr im Dunkeln wie Ihr.«

»Hat Vulkan Euch nichts weiter gesagt?«

»Er hat mir den Standort und einen Namen verraten. Das Schmiedewerk. Ein geheimes Waffenlager für die Artefakte.«

»Das riesig sein muss, wenn es dieses Schiff enthalten soll.«

T'kell nickte.

»Ich habe einige Archive des Schiffs hinsichtlich des Großen Kreuzzugs durchsucht«, fuhr Obek fort. »Sie waren erstaunlich umfassend. Dieses System wurde zwar erwähnt, doch die Einzelheiten der Geschehnisse wurden entweder redigiert oder sind gar nicht erst aufgezeichnet worden.«

»Ich weiß, dass Vulkan allein hierherkam, dass er der Einzige der ganzen Legion war, der die Oberfläche dieser Welt wirklich betreten hat.«

»Trotzdem hat er ihr keinen Namen gegeben. Das überrascht mich. Erinnert Ihr Euch noch an Caldera?«

»Nicht direkt, aber ich habe davon gehört.«

»Als Ihr sagtet, dass Vulkan noch ein geheimes Lager hat, ein zweites Gewölbe«, sagte Obek, »habe ich ehrlich gesagt erwartet, dass es sich dort befindet.«

»Vielleicht ist es genau deshalb nicht dort«, mutmaßte T'kell. »Vielleicht hatte Vulkan für Caldera andere Pläne.«

»Das werden wir nie erfahren …«

Obek verstummte allmählich und wieder einmal überkam beide unweigerlich Trauer. Für gewöhnlich packte sie sie, wenn sie es am wenigsten erwarteten, wie ein Messer in der Dunkelheit, das bis zu den Knochen vordrang.

Eine Weile lang sagte keiner der Salamanders-Legionäre etwas. Sie leisteten einander Gesellschaft und standen in geselligem Schweigen und gedankenversunken da.

»Die Artefakte müssen an Bord der *Kelch des Feuers* bleiben, wenn wir landen«, sagte T'kell.

Obek nickte, da ihm der Gedanke schon selbst gekommen war. »Krask und seine Männer werden Wache halten. Zau'ull wird ebenfalls zurückbleiben wollen.«

»Habt Ihr in letzter Zeit mit ihm geredet?«

»Nein, aber Krask. Unser Legionspriester behauptet, dass Vulkan zumindest im Geiste bei uns ist.«

»Und was denkt Ihr?«

Obeks im Panzerglas gespiegeltes Gesicht verfinsterte sich. »Ich merke, wenn er lügt.«

»Er leidet.«

»Wie wir alle, Bruder.«

»Er leidet mehr als die meisten.«

»Wisst Ihr, Schmiedevater, für einen Techmarine seid Ihr bemerkenswert einfühlsam.«

T'kell lächelte, doch durch die Bioniken in seinem Gesicht verzerrte er lediglich sein Gesicht. »Ich bin der Sohn meines Vaters.«

Obek antwortete mit dem Gesichtsäquivalent eines Schulterzuckens, worauf sie wieder in Schweigen verfielen.

Im Aussichtsfenster kam die bewölkte Welt immer näher, und mit ihr ihre Antworten.

Zwei Thunderhawks rasten mit schwach lodernden Triebwerken durch die kalte Dunkelheit der Leere. Sie flogen in Formation und blieben dicht beieinander, während sie die äußere Atmosphäre durchbrachen und die Wucht des Wiedereintritts ertrugen. Die Landungsflieger ruckelten, wichen aber nicht vom Kurs ab, obwohl ihre Büge heiß und rot glühten.

Dann waren sie hindurch und ließen die Kälte der Leere zusammen mit der gewaltigen *Kelch des Feuers* hinter sich, die inzwischen in der engeren Umlaufbahn vor Anker gegangen war und weiterhin ihre kostbare Fracht trug. Als sie eine Wolkenbank erreichten, verlangsamten die Piloten ihre Thunderhawks und ließen die Turbinen an.

Sie gingen in eine waagerechte Flugbahn über, worauf über das Vox von beiden Fliegern eine knisternde Anfrage ertönte.

»Wie lauten die Zielkoordinaten, Schmiedevater?«

»Was seht Ihr, Pilot?«

»Wir befinden uns in einer Nebelbank. Ich würde tiefer fliegen müssen.«

»Tut das.«

Einige Sekunden verstrichen, worauf der Thunderhawk steil nach unten flog, um die Nebelbank hinter sich zu lassen. Kurz übertönte der Triebwerkslärm das angenehm gleichmäßige Brummen des Schiffs.

»Die Sensoren erfassen einige Rückstände«, sagte der Pilot, als er sich im Vox zurückmeldete.

T'kell führte das Gespräch, während die anderen stumm in ihren Abwurfkäfigen saßen. Zwei Trupps, Varr und Zandu. »Was meint Ihr genau?«

»Niedrige Strahlungswerte, aber sie steigen.«

»Irgendwelche Gebäude?«

»Nur Ruinen.«

T'kell warf Obek einen vielsagenden Blick zu. War das wirklich, was Vulkan gemeint hatte? Waren sie überhaupt am richtigen Ort?

»Moment … Da ist etwas am Horizont. Es kommt schnell näher …«

Plötzlich unterbrach statisches Rauschen für einige Sekunden die Verbindung.

»Kontakt!«

»Identifizieren, Pilot«, sagte Obek und übernahm als Militärführer des Einsatzes das Kommando.

»Sechzehnte Legion, Bruder-Captain.« Er klang angestrengt. Eine Sekunde später, als der Landungsflieger scharf beidrehte und eine Alarmsirene aufheulte, erfuhren die Passagiere im Laderaum, warum.

Eine gedämpfte Explosion überschüttete den Rumpf mit Granatsplittern, worauf dichtaufeinanderfolgende Geschosse einschlugen, die wahrscheinlich von einem schweren Bolter stammten. Der Laderaum erzitterte unter einem heftigen Ruck, der sich wie ein Hammerschlag anfühlte. Allmählich drang durch die Sichtluken Rauch ins Innere.

»Stehen unter Beschuss …«

Angesichts der Umstände war die Meldung des Piloten überflüssig.

Ein hoher Ton, der innerhalb eines einzigen Augenblicks nicht mehr fern, sondern schrill und nah klang, kündigte einen zweiten Treffer an, der einen Teil des Flugzeugrumpfs aufriss. Zandu bekam am meisten von ihm ab, doch durch den plötzlichen Beschuss und den zunehmenden Lärm verhallte sein Schmerzensschrei fast ungehört.

Varr war bei ihm, doch abgesehen von einigen Verbrennungen auf seiner Rüstung sah Zandu weitestgehend unbeschadet aus.

Der Pilot wusste nichts davon, nur, dass sie getroffen worden waren. Er knurrte wütend: »Greife an.«

Im Flieger war gedämpft zu hören, wie mit einem schweren Bolter eine ratternde Salve abgefeuert wurde. Die meisten Salamanders-Legionäre machten sich kampfbereit, doch solange der Thunderhawk durch die Luft raste, konnten sie nichts tun. Jetzt hatten die Piloten ihr Schicksal in der Hand.

Ein weiterer Stoß rüttelte heftiger als der Scherwind an der Hülle, der inzwischen zu einem nervenzerfetzenden Kreischen angeschwollen war, aber nicht so stark wie der erste oder zweite Treffer.

Ein Streifschuss, dachte T'kell und meldete sich wieder im Vox.

»Was fliegen sie, Pilot?«

Es gab eine kurze Pause, in der sie für ein weiteres Ausweichmanöver beidrehten. Anhand der Umgebungsgeräusche mutmaßte T'kell, dass die beiden Thunderhawks abwechselnd im Windschatten des anderen flogen, um ihre Angreifer zu überlisten.

»Schwer bewaffnete Land Speeder«, antwortete der Pilot schließlich. »Einer wurde abgeschossen und brennt. Zwei ziehen sich zurück. Sollen wir die Verfolgung aufnehmen?«

»Sofort, und blockiert ihre Kommunikationsverbindungen«, sagte T'kell. »Vielleicht hatten wir Pech und das ist eine Patrouille. Niemand sonst darf wissen, dass wir hier sind oder warum.«

Der Pilot übermittelte eine Bestätigung und die Landungsflieger nahmen die Verfolgung auf.

»Sons of Horus.« Obek musste rufen und als er den Namen

aussprach, richteten sich alle rot glühenden Augen im Laderaum auf ihn. »Was machen die hier?«

T'kell schüttelte beinah unwillkürlich den Kopf.

»Bringt sie zur Strecke, Pilot«, sagte er ins Vox und wandte sich dann an Obek: »Lasst es uns herausfinden.«

Darauf folgte eine kurze Verfolgungsjagd, doch die Land Speeders waren den schnelleren und schwerer bewaffneten Thunderhawks nicht gewachsen. Als das Tosen der Triebwerke nachließ und der Landungsflieger gemächlich umherkreiste, wusste T'kell, dass die Gefahr ausgeschaltet worden war.

Obek war bereits am Vox.

»Führt eine Abtastung aus der Luft durch. Stellt sicher, dass sie allein sind, und bringt uns dann runter, damit wir einen näheren Blick auf sie werfen können.«

Es dauerte nur wenige Minuten, um die Abtastung durchzuführen und das Gebiet zu sichern. In dieser Zeit konnten keine weiteren Speeder oder Verstärkungen ausgemacht werden, was darauf hindeutete, dass sie zufällig auf die Salamanders getroffen und eine einzelne Patrouille gewesen waren.

Während einer der Thunderhawks himmelwärts flog, um von der Wolkendecke verborgen mit seinen Sensoren die Umgebung zu überwachen, setzte der zweite kurz auf, um sechs Legionäre in Servorüstung auszuwerfen. Die Rampe schloss sich noch, als sich der Landungsflieger wieder erhob und T'kell den kleinen Trupp in Richtung eines abgeschossenen Land Speeders führte. Sie blieben geduckt und verstreut und nutzten die Ruinen, um ihr Näherkommen zu verbergen.

Violette Blitze durchzuckten den grollenden Gewitterhimmel und ein schwerer Sturm zog über die Staubebene, der Sand und kleine Schuttteile aufwirbelte. Zandu spürte, wie sie gegen seine Rüstung prasselten, hielt seine Augen aber auf die reglos im Speeder hängenden Leichen gerichtet, denen er sich näherte.

Sons of Horus. Die Rangabzeichen und die Farbe ihrer Rüstungen waren eindeutig. Zandu glaubte nicht an Glück, Schicksal oder Zufälle. Er glaubte an das, was er sah und erlebte. Mehr nicht. Diese Begegnung machte ihn argwöhnisch.

»Bruder-Sergeant«, sagte T'kell, »seid Ihr schwer verwundet?«

Zandu hatte es im Moment des Geschehens zwar deutlich

gespürt, schüttelte jetzt aber den Kopf. Er bedeutete vier Legionären seines Trupps vorauszugehen. Gemeinsam und mit angelegten Boltern, deren Läufe sie zum Zielen mit der rechten Helmlinse entlangschauten, befolgten sie den Befehl. Zandu trug ebenfalls einen Bolter. Er war nach dem Phobos-Schema gebaut worden und verfügte über ein Drachenzahnbajonett und einer Unterlauf-Volkitwaffe.

»Die Rüstung hat das meiste abbekommen«, sagte Zandu und schlug sich seitlich gegen den Helm, als die Zustandsanzeige sich einen Moment lang rot färbte, worauf sie wieder grün wurde. »Ich musste mir nur mal die Beine vertreten, Schmiedevater.«

T'kell nickte Zandu geistesabwesend zu, da er damit beschäftigt war, seine intern angezeigten Daten durchzusehen. Zandu konnte hören, wie seine Systeme arbeiteten, und sah, wie ausdruckslos der Techmarine vor sich hinstarrte, während er sich mit den Daten beschäftigte.

»Die Strahlungswerte steigen«, sagte T'kell nach einigen weiteren Sekunden. »Es fällt mir schwer, einen eindeutigen Ursprungsort zu bestimmen. Die Werte lassen vermuten, dass er nicht sichtbar ist. Möglicherweise ist es atomare Strahlung – die Luft ist voll davon. Wie ist der Zustand Eurer Rüstungsversiegelungen, Bruder-Sergeant?«

»Funktionstüchtig, Schmiedevater.«

T'kell antwortete nicht. Sie hatten ihr Ziel erreicht.

Als der Trupp den abgeschossenen Speeder erreichte, schwärmte er aus und begab sich in Wachpositionen. Von dort aus richteten sie ihre Augen auf das Wrack und das Gebiet direkt dahinter. Die anderen beiden Transporter waren vollständig zerstört und lagen viel weiter entfernt. Doch T'kell reichte es, diesen zu untersuchen.

Bei näherer Betrachtung wurde klar, dass beide Besatzungsmitglieder tot waren. Die Brust des Piloten war vermutlich von einer Geschossexplosion aufgerissen worden. Sein Rippenpanzer war in der Mitte gespalten und die darunter verbleibenden Organe zermalmt. Der Schütze war zweigeteilt und sein Unterkörper war mehrere Meter von der Absturzstelle entfernt gelandet, während seine verkrampfte Faust dafür gesorgt hatte, dass die obere Hälfte an dem pivotierten Multimelter blieb, der schlaff herunterhing.

Da er wusste, wie widerstandsfähig seine ehemaligen Waffenbrüder sein konnten, stellte Zandu trotzdem sicher, dass keiner der Legionäre noch lebte.

»Beide tot«, sagte er und winkte T'kell heran, der auf die Bestätigung gewartet hatte. »Was erhofft Ihr Euch hier zu finden?«, fragte er, während sich der Schmiedevater über seine Mechadendriten mit der Steuerkonsole des Land Speeders verband. Die Lenkstange war zerbrochen und aus dem kaputten, dunklen Glasbildschirm der Sensoranzeige flogen Funken.

»Wichtiger ist, was ich hoffe, *nicht* zu finden«, antwortete T'kell und stand wieder reglos da, während er die Daten durchsuchte, die in den Überresten des rudimentären Cogitators des Land Speeders enthalten waren.

Während der Schmiedevater daran arbeitete, konnte sich Zandu ein genaueres Bild von der Umgebung machen. Er vermutete, dass dort, wo der Speeder abgestürzt war, einst eine Stadt gestanden hatte, die irgendwann vollständig eingeebnet worden war. Ranken überwucherten den Außenbezirk. Moos und Flechten bedeckten seine kaputten Mauern und Insektenkolonien hatten in den steinigen Vertiefungen ihre Nester gebaut. Die Umrisse der Ruinen deuteten den Aufbau des Bezirks an; ihre Anordnung beschrieb einen möglichen früheren Straßenverlauf. Wildwachsende Grasbüschel waren durch die Risse in der aufgebrochenen Schnellstraße gewuchert und einige Male erhaschte Zandu einen Blick auf irgendein furchtsames Beutetier, das durch die Stadt huschte. Es war, als ob sich statt Menschen die Natur selbst erhoben und diesen Ort für sich beansprucht hätte. Mit grimmiger Miene stellte er fest, dass das lockere Gestein unter seinen Füßen Knochen waren, die halb unter dem Schmutz und dem vom Wind herbeigetragenen Schutt vergraben lagen. Oberschenkelknochen, Zähne und einige Schädelbruchstücke lagen wie in einem entsetzlichen Massengrab über die Ebene verstreut.

Zandu war ein Krieger. Er kannte den Krieg. Dieses Volk war vernichtet worden … oder hatte sich selbst vernichtet. Und zwar vor langer Zeit. Eine verwitterte Wandschmiererei an einer der wenigen noch aufrechtstehenden Mauern zog seine Aufmerksamkeit auf sich. Dort stand in Niedergotisch: *Diese Taten haben wir vollbracht.*

Es sah so aus, als ob die Worte mit einem Messer oder einer anderen Klinge in den Stein geritzt worden waren. An manchen Knochen befanden sich noch Uniformfetzen und er hätte schwören können, dass einige von ihnen nicht aus dem Imperium stammten. War es das, wovor Vulkan sich so gefürchtet hatte? Dass die Menschheit in der Lage war, sich selbst zu vernichten? Welch schöne und schreckliche Wunderwerke hatte er geschaffen?

»Der Primarch möge uns gnädig sein«, flüsterte er.

T'kell schlug mit der Faust auf die Konsole des Speeders und riss Zandu damit aus seinen Gedanken.

»Nichts«, murrte er.

»Trotzdem wirkt Ihr beunruhigt.«

»Das bin ich auch. Ich habe keine Daten gefunden, die ich überprüfen könnte. Der Cogitator ist kaputt. Ich kann nichts herunterladen, sodass wir nicht sicher wissen können, ob eine Warnung abgeschickt wurde.«

Zandu schaute zum Horizont. Über sich konnte er den in der Ferne herumstreifenden Landungsflieger hören.

»Außer uns ist niemand am Himmel. Wenn *wirklich* Kontakt hergestellt worden wäre, hätten wir inzwischen etwas gesehen.«

T'kell wirkte weiterhin nachdenklich, doch er schien über etwas anderes nachzudenken. Zandu ahnte, worüber.

»Ihr habt nicht erwartet, dass noch jemand hier ist, oder?«

»Nein. Dieser Ort sollte verlassen sein und keine strategische oder militärische Bedeutung haben.«

T'kell rief den Landungsflieger wieder herbei und wies ihn an, einige hundert Meter von der Absturzstelle entfernt zu landen. Als der Trupp wieder an Bord war, empfing Obek sie mit Neuigkeiten.

»Etwa zwanzig Kilometer nördlich von hier befindet sich ein Außenposten.«

»Wird er noch verwendet?«

»Das weiß ich nicht. Er ist auf den Langstreckenauguren aufgetaucht, also muss er ziemlich groß sein. Vielleicht das Schmiedewerk?«

»Vielleicht. Bisher ist nichts so gewesen, wie ich es erwartet habe. Wir sollten die Artefakte vorerst an Bord der *Kelch des Feuers* lassen, möglicherweise dauerhaft, falls dieser Ort kompromittiert ist.«

»Einverstanden«, sagte Obek, gab den Befehl an den Piloten weiter und machte sich keine Gedanken darüber, was es für sie bedeuten würde, wenn das Schmiedewerk nicht länger brauchbar wäre. Er machte ein finsteres Gesicht. »Es fühlt sich an, als ob wir eine scharfe Warpfeldgranate in den Händen halten würden, die jeden Moment hochgehen kann.«

»Damit kommt Ihr der Wahrheit recht nah, Bruder-Captain«, sagte T'kell. »Unser Vater hat viele technologische Wunderwerke erfunden und mit seinem Hammer geschaffen. Ich habe sie selbst gesehen. Sie boten unvergleichliche Möglichkeiten, Gutes zu tun, aber auch Schlechtes. Es sind schließlich Waffen, Bruder-Captain.«

»Waffen können weder Gutes noch Schlechtes tun. Nur derjenige, der sie einsetzt, kann das.«

»Genau, Bruder.«

VIER

Das Erbe unseres Vaters

In der Hoffnung, sich Vulkan auf diese Weise näher zu fühlen, drückte Zau'ull eine gepanzerte Hand an die Wand des Armariums. T'kell hatte das Lager einzig für den Transport der Artefakte zum Schmiedewerk geschaffen. Zau'ull hatte gedacht, er wäre allein in den Tiefen der *Kelch des Feuers,* doch da gesellte sich Krask zu ihm.

»Ich beneide Euch, Feuervater.«

»Warum das, Bruder?«, fragte Zau'ull, der plötzlich verunsichert seine Hand zurückzog. Sie verweilte noch kurz einige Zentimeter vor der Metallwand, ehe er sie seitlich herabhängen ließ und sich dem Lindwurm zuwandte. Das war Krasks Kriegsname, den er sich selbst in dem Glauben verliehen hatte, dass er die furchterregenden Fähigkeiten des Namensgebers verkörperte. Seine Männer hatten ähnliche Namen, die sie wie Masken trugen.

»Ich beneide Euch um Eure Nähe zu unserem Vater, zu seiner …« Einen Moment lang hatte er Mühe, das richtige Wort zu finden. »… *Präsenz,* die nur Ihr allein spüren könnt.«

Damit schien er andeuten zu wollen, dass Vulkans Geist, seine Seele, auf irgendeine Weise weiterleben könnte. Solche Ansichten waren selbst in einer erleuchteten Galaxis, die rasend schnell wieder dem Aberglauben verfiel, nicht gern gesehen.

»Ja, seine Präsenz«, sagte Zau'ull distanziert.

»Es ist eine große Ehre, am Tor zum Vermächtnis unseres Vaters Wache zu stehen.«

Zau'ull lächelte. »Ihr habt ein poetisches Gemüt, Bruder.«

Krask blinzelte kurz, als ob er nicht verstand, was der Legionspriester meinte. Sein Blick schweifte durch das Armarium. Es war groß und wirkte trotz seines Inhalts unscheinbar. Schließlich befanden sich hier fünf Wunderwerke, die Vulkan geschaffen hatte. T'kell hatte sie sicher im Innern verwahrt und nur er, Obek und Zau'ull konnten die gencodierte Tür des Lagers gewaltlos öffnen.

»Abgesehen von seiner Kriegsausrüstung habe ich noch nie ein Werk unseres Vaters gesehen. Ich kann mir nur vorstellen, was für ein wundersamer Anblick sie sein müssen.«

»Dieses Schiff ist eins von ihnen, Bruder«, sagte Zau'ull. »Genau wie die Waffe, die an seiner Hülle angebracht ist.«

Trotz der Größe der Kammer war die Luft darin stickig. Das Metalldeck und die Wände waren schwarz. Unaufhörlich strömten Ruß und Asche durch die Lüftungsanlagen und erfüllten die Korridore des Schiffs mit dem bitteren Geruch der Hunderten Schmieden und Fabriken weiter unten. Die *Kelch des Feuers* war kein Kriegsschiff und verfügte daher nicht über die Waffen einer Schlachtbark, konnte sie aber bauen.

»So ein Fabrikschiff gibt es kein zweites Mal«, sagte Zau'ull.

»So etwas wird es niemals wieder geben«, sagte Krask, worauf die Begeisterung in seinen Augen so schnell verschwand, wie sie ihn überkommen hatte.

Zau'ull ging es ebenso. »Nein. Wird es nicht.«

»Und wir werden mit ihm sterben.«

»Ja, das werden wir.«

Auf einem anderen Schiff hallten schwere Schritte einen langen Korridor entlang und kündeten vom Näherkommen eines Legionärs der Salamanders, der nicht zu den Narbenlosen gehörte. Sein Name war Saurier und er trug eine Mk-IV-Drachenservorüstung, sowie eine zerrissene Echsenschuppenhaut und hauerbewehrte Schulterpanzer. Unter dem linken Arm trug er einen zähnefletschenden Helm und seine rechte Hand ruhte auf dem klauenversehenen Griff seines Schwerts.

Als er einen großen Raum betrat und einen breiten, metallischen Torbogen passierte, schlug ihm der Geruch von Maschinenöl und Läpppulver entgegen. Im Innern war es dunkel und nur die von den schwach brennenden Lumenkugeln geworfenen Schatten ließen seine wahre Größe erahnen. Das Licht umspielte einen Legionär auf einem eisernen Stuhl. Er war nicht prächtig genug, um als Thron bezeichnet zu werden, sondern vielmehr ein Platz, um in verbittertem Schweigen vor sich hin zu grübeln und zu brodeln. Darauf saß der Eisenvater, der auch ohne Thron an diesem Ort König war.

Da er in finstere Gedanken versunken war, schaute der Eisenvater erst auf, als der Legionär der Salamanders einige Schritte vor seinem Stuhl stehen blieb. Seine Bewegung wurde vom Surren von Zahnrädern und Servos begleitet, die wie das unzufriedene Knurren des schwarzgerüsteten Kriegers klangen.

»Womit belästigt Ihr mich diesmal, Saurier?«

Der Legionär der Salamanders verbeugte sich und ging auf ein Knie.

»Wir haben ihn gefunden, Eisenvater.«

Der Eisenvater regte sich und hob den Kopf von seiner geballten Faust, auf der er geruht hatte. In der Dunkelheit funkelte ein winziges, blutrotes Licht in seinem rechten Auge. Auf Saurier wirkte es ungeduldig und mordlüstern. Der Eisenvater lächelte, sodass die Narben, die seine fleischliche Gesichtshälfte mit der metallischen verbanden, derart gespannt wurden, dass sie aussahen, als ob sie aufbrechen und sein herrisches Antlitz zerreißen würden.

»Bruder Gallikus soll Azoth und die anderen Wiedergänger aufwecken.«

Saurier wollte gerade antworten, als er erkannte, dass der Eisenvater nicht mit ihm redete. Aus den dunklen Halbschatten am Rand des Raums trat ein Geist, der bis zu seiner Herbeirufung nicht zu sehen gewesen war. Der Lautlose nickte, wobei er seinen vogelkopfförmigen Gefechtshelm anlegte wie eine schwarze Krähe ihren Kopf.

Die Stimme des Eisenvaters riss Saurier aus seinen Gedanken.

»Diesmal wird uns unsere Beute nicht entwischen. Horus'

Schoßhund wird uns zu unserem Feind führen und dann wird er für seine Taten brennen.«

Der abgewiesene Saurier stand auf, machte auf dem Absatz kehrt und ging davon. Erst, als er sich sicher war, dass er sich außer Hörweite befand und der Eisenvater wieder in seinen finsteren Gedanken versunken war, sprach er leise ins Vox seiner Halsberge.

»Ahrem, Eisenbruder, der Rabe ist unterwegs.« Saurier wartete keine Antwort ab – er ging einfach weiter und versuchte sich zu erinnern, wie es so weit hatte kommen können.

Er konnte es nicht.

Ahrem Gallikus schaltete das Vox ab und dankte stumm dem Legionär der Salamanders. Sein Atem trieb als Wolke durch die kühle Luft der Kasernenanlage. Er und einige der anderen, normalen Legionäre an Bord der *Obstination* waren dazu übergegangen, sie ›Mausoleum‹ zu nennen. Verdrehterweise erschien ihnen das passender.

»Jetzt werde ich Euch verlassen müssen, Bruder«, sagte er zu der ungeschlachten Gestalt in dem Stasissarg. Der Großteil ihres Körpers wurde von dem Frost auf dem Glas und den Kühldämpfen im Innern verhüllt, doch Azoths Gesicht konnte Gallikus noch sehen. Auch wenn er dafür den Hals recken musste – jeder Sarg befand sich auf einem erhöhten Podium, das ihn mit Energie versorgte –, konnte er es deutlich erkennen. Er sah so kalt, tot und erstarrt aus wie damals, als Azoth in diesem elenden Ding bestattet worden war.

»Dabei seid Ihr gar nicht tot, nicht wahr …«

Als Legionär der Iron Hands kannte Gallikus sich mit Maschinen aus. Er wusste, wie man sie wartete, reparierte und sabotierte, sogar wie man eine Bionik anbrachte, doch er war kein Eisengeschmiedeter oder Techmarine – die Eisenkunst des Eisenvaters überstieg seine Fähigkeiten. Noch.

Bald würde der Rabe hier sein und sich unbemerkt nähern. Gallikus musste zu seinem Quartier zurückkehren. Aus irgendeinem Grund reagierten die Wiedergänger auf ihn besser als auf irgendjemand anderen an Bord des Schiffs. Gallikus hoffte, dass irgendeine alte Erinnerung daran schuld war, doch tief in seinem Innern wusste er, dass das nur ein sonderbarer Zufall war.

Als er von Azoth zurücktrat, sah er im Zwielicht der Lumen ein Heer von Stasisbehältern.

Nein, Särge, dachte Gallikus, *wie sie den Toten bestimmt sind. Dem Vermächtnis unseres Vaters.*

»Nur, dass ihr nicht wisst, dass ihr tot seid«, murmelte er vor sich hin. »Noch nicht.«

Er verriegelte die Tür hinter sich und machte sich auf den Weg zu seinem Quartier, wo er auf den Lautlosen warten würde.

FÜNF

Ave Mechanicum

Zu Fuß erreichten die Narbenlosen den Rand des Außenpostens. Die Landungsschiffe waren weit genug entfernt gelandet, um auf keinem Augur zu erscheinen und von keiner Wachstation bemerkt zu werden, obwohl sie auf dieser verwüsteten Welt noch keine weiteren Lebenszeichen gesehen hatten. Die Stadtruinen hatten die vorrückenden Salamanders verborgen, doch dadurch waren die hinter Mauern oder den Ruinen halbzerstörter Gebäude niederkauernden Legionäre verstreut. So konnten die Legionäre der Salamanders die Kohorten des Mechanicums aus der Dunkelheit beobachten, ohne befürchten zu müssen entdeckt zu werden, solange sie das Licht der Blitze des Sturms mieden. Das hatte sich als unnötige Vorsichtsmaßnahme herausgestellt, da sich die Bewohner des Außenpostens ausschließlich für ihre Arbeit zu interessieren schienen, deren Ziel noch unklar war.

Das Ausmaß ihrer Bemühungen hingegen nicht.

Eine Armee aus Kriegern in roten Roben war an diesem Ort gelandet und errichtete ein Fertigbauwerk aus hohen Mauern und Türmen, das eher einer Festung als einer provisorischen Station glich. Das musste es sein, was die Langstreckenauguren des

Landungsfliegers erfasst hatten. Leibeigene und Lastservitoren trugen schwere Drahtgewinde-Energiespulen und riesige Frachtkisten, während auf Ketten fahrende Automata lange Rohrstücke heranrollten. Silos und Cogitatoren standen dicht gedrängt auf dem Platz, der allmählich von mechanisierten Gestalten und deren Baumaterial befüllt wurde. Geleitet wurde der Einsatz von Aufsehern, die Datentafeln befragten, Berechnungen durchführten und Daten analysierten.

Zandu beobachtete alles durch sein Fernglas, wobei sein grün gefärbtes Sichtfeld manchmal von grellen Blitzen erhellt wurde. Inzwischen herrschte tiefste Nacht und der Sturm, der weiterhin am Horizont zu sehen war, kam beständig näher.

»Es gibt nur einen Zugangspunkt«, sagte er und reichte Obek das Fernglas.

»Das Tor einer Festung. Was macht das Mechanicum überhaupt hier? Gibt es in der Nähe irgendwelche Fabrikwelten? Wie sind sie hierhergekommen?«

T'kell schüttelte den Kopf. Er schaute ebenfalls zu, doch dank seines bionischen Auges war er nicht auf die Vergrößerung des Magnafernglases angewiesen.

»Kann es sein, dass das Mechanicum von diesem Ort wusste?«, fragte Obek. »Von dem Schmiedewerk?«

In diesem Moment kam T'kell ein entsetzlicher Gedanke, worauf er schlagartig die Zähne zusammenbiss, als ob er ihn nicht wahrhaben wollte. »Horus könnte es gewusst haben. Am Anfang des Kreuzzugs hat Vulkan ihm viel anvertraut.«

»Und das Mechanicum? Was hat es mit all dem zu tun?«

»Die Legiones Astartes und die Priesterschaft haben schon viele Male Seite an Seite gekämpft. Es ist möglich, dass sie weiterhin Verbündete des Kriegsherrn sind.«

»Mars und Terra sind Verbündete, Schmiedevater«, sagte Obek und senkte das Fernglas. »Nach dem Verrat … hat der Rote Planet seine Unterstützung doch gewiss eingestellt?«

T'kells Schweigen war Antwort genug.

Die drei Legionäre lagen bäuchlings direkt hinter dem Scheitel einer flachen Anhöhe. Sie hatten allen Grund zur Sorge. Seit Monaten hatte kein Nocturner mehr etwas vom Mars oder seinen Abgesandten gehört.

»Es ist ungewöhnlich, dass sie hier sind, und sicherlich kein

Zufall«, sagte T'kell schließlich, für den diese Frage erträglicher war als die vorangegangene. »Das lässt meiner Meinung nach nur eine einzige Schlussfolgerung zu.«

Obwohl er kein Techmarine war, wusste Zandu, was er meinte. »Sie wissen, dass es hier ist, und suchen danach.«

»Ja, Bruder-Sergeant«, antwortete T'kell. »Das Schmiedewerk ist ein Waffenlager. Während des Großen Kreuzzugs hat Vulkan mehrere davon errichtet, falls die Legion während eines Feldzugs jemals dringend ihre Vorräte aufstocken muss.«

Obek machte ein betrübtes Gesicht. »Das wird die Art Geheimnis sein, die er seinem Kriegsherrn anvertraut hat.«

»Das Mechanicum ist nicht allein hier«, sagte Zandu.

Obek seufzte. »Die Abtrünnigen, die wir abgeschossen haben … Aber wir wissen noch nicht mit Sicherheit, ob sie miteinander verbündet sind.« Er fluchte leise. »Bei Vulkans Blut.«

»Vielleicht nicht freiwillig«, mutmaßte T'kell, »doch das werden wir herausfinden müssen.« Er erhob sich langsam. »Wir müssen näher heran.«

Zandu drehte sich zur Rückseite der Anhöhe um, wo drei Trupps Salamanders-Legionäre in lockerer Formation und mit gezogenen Waffen warteten. Auf ein kurzes Gefechtszeichen des Sergeants hin bewegten sie sich den Hügel hinauf.

»Wie nah?«, fragte Obek.

»Nah genug, damit ich eine ihrer Datenleitungen anzapfen kann. Ungefähr fünfzehn Meter.«

SECHS

Falsche Erinnerungen an das Massaker

T'kell war allein gegangen, da sich ein einzelner Legionär in Servorüstung leichter in der Nähe der Mauern verbergen konnte als dreißig. Obek behielt den Schmiedevater allerdings von einem Krater aus im Auge, der gerade groß genug war, um seine Anwesenheit vor den Wachen auf den Mauern geheim zu halten. Glücklicherweise gab es im Gegensatz zu den zahlreichen Arbeitertrupps des Komplexes nur wenige Wachen, und selbst die waren nur leicht bewaffnete Skitarii.

Zandu war zu den Trupps zurückgegangen, die sich weiter oben am Hügel hinter den Legionären verschanzt hatten, sodass Obek nun der Einzige war, der auf den Schmiedemeister aufpasste.

Schmiedevater, ermahnte er sich, während er den Techmarine beobachtete.

T'kell war zu einer weiteren Kiste vorgerückt und versuchte sich in Deckung einem Servitor oder augmentierten Diener zu nähern. Die Mechanicumsarbeiter trugen hermetisch abgeriegelte Strahlenschutzanzüge, doch das würde für T'kell keinen Unterschied machen.

Obek wusste nur wenig über das Mechanicum und dessen

Gepflogenheiten. Obwohl er nicht wie T'kell in die Reihen des Mars aufgenommen worden war, wusste er, dass ihre Maschinensprache ›Binärisch‹ genannt wurde und dass T'kell dem nächstgelegenen, nicht-biologischen Gehirn eine ›Anfrage‹ übermitteln würde, um ihm dann alle Geheimnisse abzuzapfen, die in den Tiefen seiner Programmierung verborgen waren. Er würde nicht einmal jemanden berühren müssen.

Obek schaute vom Krater aus zu. Von außen war nicht zu erkennen, ob der Techmarine Erfolg hatte oder nicht, und dieses Gefühl der Machtlosigkeit, während er nur zuschaute und abwartete, behagte dem Bruder-Captain nicht. Doch er würde es nicht wagen, ihn zu stören.

»Mir gefällt diese Warterei nicht, Bruder-Captain«, sagte Zandu über das Vox.

»Ein Salamander ist geduldig, Bruder-Sergeant«, antwortete Obek, obwohl es ihm ebenso ging. »Er bändigt seine Launen so, wie er Metall bändigt.«

»Ihr klingt wie Zau'ull.«

Kurz huschte ein Lächeln über Obeks Gesicht.

»Das werde ich als Kompliment ansehen. Irgendwelche ungewöhnlichen Bewegungen?«

Obek hatte Zandu angewiesen, den Außenposten genau zu beobachten. Von seiner erhöhten Position aus hatte der Sergeant eine viel bessere Aussicht. Obek konnte kaum mehr als die abgeschrägten Mauern und die Lücke dazwischen sehen, durch die unentwegt Arbeiter ein- und ausgingen. Sollte irgendetwas im Entferntesten darauf hindeuten, dass sie entdeckt worden waren, würden sie sofort angreifen.

»Die Maschinen arbeiten weiter«, antwortete Zandu. »Ich habe mehrere Kampfeinheiten gesichtet, doch sie sind nur leicht gepanzert und bleiben auf ihren Posten.«

Das stimmte mit dem überein, was Obek gesehen hatte.

»Wenn nötig, werden wir diesen Ort stürmen und alle vernichten, die sich mit den Abtrünnigen verbündet haben.«

»Verstanden, Feuerträger.«

Obek beendete die Verbindung; weiter unten geschah etwas.

»Schmiedevater?«, fragte er. Er konnte T'kell gerade noch sehen. Der ganze Körper des Techmarines war verkrampft und von einem heftigen Anfall auf den Rücken geworfen worden.

»Schmiedevater?«, fragte Obek erneut, als er keine Antwort erhielt. Er hob seine Boltpistole und warf einen Blick auf den Außenposten, sah aber nichts Ungewöhnliches.

Knisterndes Rauschen ertönte im Vox, gefolgt von einem Schwall binärischer Laute, die T'kell von sich gab. Er wechselte schnell zu Gotisch, sprach aber stockend. »Ich habe … etwas … ge…unden.«

»Seid Ihr verwundet, Schmiedevater?«

»Mechanicum … weiß … es weiß.«

»Von dem Schmiedewerk?« Obek warf erneut einen Blick hinüber, doch nichts hatte sich geändert. Er überlegte, ob er Zandu kontaktieren sollte, wollte aber wissen, was T'kell herausgefunden hatte.

»Von uns …«, sagte T'kell und begann, um sich zu schlagen. »Sie wissen, dass wir hier sind.«

»Was?«

Eine Explosion erhellte den Hügel und wirbelte Knochensplitter und Trümmerbrocken auf. Die Skitarii hatten eine schwere Kanone abgefeuert.

Obek brüllte ins Vox: »Salamanders, zum Angriff!«

Zandu war bereits in Bewegung und marschierte den Hügel hinab, um den Angriff anzuführen.

»Ich bringe den Schmiedevater in Sicherheit«, sagte Obek und stürzte auf den Krater zu, in dem der immer noch verkrampfte T'kell lag. Gerade, als er ihn erreichte, eröffneten die Bolter das Feuer, sodass der Hügel vom flackernden Schein ihrer Mündungen erhellt wurde.

Der Geschosshagel traf den Außenposten von der Seite, riss seine Mauern auf und fegte durch den offenen Zugang. Es gab kein Tor, nur eine Öffnung. Die Servitoren und Diener wurden ebenso zerfetzt wie die Kampfeinheit, die das Explosivgeschoss abgefeuert hatte. Die verheerenden Explosionen verwüsteten das Lager, und während die zweibeinigen Automata darauf reagierten, arbeiteten die Unbewaffneten unter ihnen ununterbrochen weiter.

Eine Schlachtreihe von Schildträgern errichtete in dem Durchgang eine mobile Barrikade, doch Zandu durchlöcherte sie schnell mit seiner Volkitwaffe. Darauf folgte eine Reihe von Granaten, die die provisorische Barrikade zerfetzte und sie mit feurigen Detonationen himmelwärts schickte. Die Legionäre wurden nicht langsamer, sondern rückten unerbittlich in den Außenposten vor, wo sie Wachen und Geschütztürme mit tödlicher Präzision unter Beschuss nahmen.

Die Legion zog in den Krieg, die Engel des Imperators wurden entfesselt und die Salamanders genossen das.

Als die anderen hinter Rauch verschwunden und im Gemetzel und den lauten Einschlägen der Space-Marine-Waffen kaum noch zu hören waren, erreichte Obek endlich T'kell.

»Schmiedevater?«, fragte er zaghaft. »Bruder?« Er wollte gerade T'kells Vitalparameter überprüfen, als der Techmarine ein Auge öffnete. Er wirkte geschwächt, aber nicht verwirrt.

»Was ist passiert?«, fragte Obek.

»Bösartiger Code«, antwortete T'kell. »Um Infiltratoren abzuwehren. Als meine Maschinenimplantate davon befallen wurden, hat mein biologischer Körper einen Krampfanfall erlitten.«

Obek reichte ihm die Hand. »Könnt Ihr stehen?«

»Ich bin mir nicht sicher.« T'kell schaute zu seinen Beinen hinab, doch sie rührten sich nicht. »Nein. Sie sind noch nicht funktionstüchtig. Ich muss den Code säubern.«

»Dann beeilt Euch. Das Mechanicum hat uns angegriffen«, sagte Obek, der einen kurzen Blick zum Außenposten warf und sich den Kampf darin vorstellte. Obek war Krieg nicht fremd, auch wenn er seit dem Ende des Kreuzzugs nicht mehr gekämpft hatte. Außerdem kannte er sich so gut mit Waffen aus, dass er anhand des Klangs der Bolter das Phobos-Schema erkannte, das seine Krieger verwendeten. In dem beinah rhythmischen Stakkato von Unterstützungsfeuer konnte er noch weitere Bauarten ausmachen. Während er lauschte und innerhalb weniger Sekunden alles in sich aufnahm, runzelte er die Stirn, da er irgendetwas inmitten des Kampfeslärms nicht einordnen konnte …

T'kell packte ihn am Arm, um seine Aufmerksamkeit zu erlangen. »Nicht nur das Mechanicum«, sagte er.

Dieses Geräusch, das Obek hörte … Das war ebenfalls Bolterfeuer, doch nicht von seinen angreifenden Kriegern – es war die *Antwort* darauf. Ein Gegenangriff. Ein Hinterhalt.

»Sons of Horus«, flüsterte Obek und rief die Piloten herbei, doch es war zu spät.

* * *

Nachdem sie die Verteidigungsmauer durchbrochen hatten, drängte Zandu weiter vorwärts. Inmitten der einschlagenden Laserstrahlsalven analysierte er eilig das Schlachtfeld.

Vier Wachtürme waren zum Schutz der vier Seiten des Außenpostens errichtet worden, der von einem hufeisenförmigen Verteidigungswall umringt wurde und über einen einzigen Eingang verfügte. Kisten, Rohre, industrielle Drahtrollen und weiteres Material waren um einen großen Fertigungsbereich aufgestapelt, an dem die Arbeiter mit dem Bau einer Maschine begonnen hatten, die Zandu nicht erkannte. Vielleicht war es eine Art seismischer Bohrer? Überall auf dem Platz fanden sich Spuren von Grabungen. Die Verteidigungsstreitkräfte waren zusammen mit den leichter gepanzerten Patrouillen über die Befestigungsmauern verteilt, doch am konzentriertesten war der Widerstand um die Wachtürme herum.

Diese wurden von den Salamanders zuerst unter Beschuss genommen.

Zandu eilte zum nächstgelegenen Turm und griff mit seinen Männern auf der linken Flanke an. Eine Kohorte Maschinensklaven drehte eine festmontierte Kanone in Position, doch sie schafften es nicht rechtzeitig, sie richtig auszurichten, sodass die Hälfte von Zandus Trupp die Schützen unverrichteter Dinge vernichtete.

Eine weitere Sklavenkohorte näherte sich, während die zweite Hälfte des Trupps Sprenggranaten auf die Stützstreben des Turms schleuderte und sich daraufhin neu formierte, um Unterstützungsfeuer zu geben. Einen Sekundenbruchteil später erschütterte eine Detonation den Boden und der Turm stürzte mit der Anmut eines erschlagenen Menschen in sich zusammen. Er schlug in eine Gruppe von Arbeitsservitoren ein, die zu langsam waren, um ihm aus dem Weg zu gehen, oder die Gefahr nicht erkannten. Als der Turm auf das Treibstoffsilo traf, löste das einen Feuersturm aus, der durch das Lager fegte und verkohlte Techsklaven und fleischbefreite Diener hinter sich zurückließ. Eine darauffolgende Explosion erschütterte die Mauern. Einige Diener arbeiteten weiter, obwohl ihre spärlichen Haarbüschel brannten und ihre Augmentationen deutlich aus den Löchern in ihrem geschmolzenen, künstlichen Fleisch hervorschimmerten.

Zandus Krieger schossen sie nieder, um die Schusslinie zu den

Skitarii mit den Strahlenschutzmasken freizumachen, die sich durch die brennenden Trümmer kämpften. Von der rechten Flanke, auf der ein zweiter zerstörter Wachturm brannte, kehrte Sergeant Ashax mit seinen Kriegern zurück, um sie zu unterstützen, sodass die beiden Trupps gemeinsam eine Schlachtreihe bildeten. Angesichts des geballten Bolterfeuers mussten sich die Skitarii zurückfallen lassen, um nicht sofort ausgelöscht zu werden.

Vereinzelte überlebende Techsklaven und schwerere Kampfservitoren versuchten sich zu sammeln und sie zu umgehen, doch Varrs Trupp entfachte einen flammenden Promethiumsturm, der sie in ihren Metallanzügen kochte und ihre Fahrwerke zusammenschmolz. Während sie alles in Brand setzten, rückten die Feuerdrachen vor, beschossen die Mauern, vernichteten versprengte Einheiten und dünnten die Reihen des Mechanicums aus.

Das gebührende Schicksal aller Abtrünnigen, dachte Zandu, ergriffen von dem feurigen Kampfgeist der Legionäre. Es war zu lange her, seit sie in einer Schlacht gewesen waren. Zu lange waren sie auf Prometheus Wächter gewesen. Es war eine ehrbare Pflicht gewesen, doch letztendlich sehnte sich jeder Space Marine nach der Feuerprobe der Schlacht. Auch wenn sie keinen richtigen Krieg führten und es sich nicht wie ein üblicher Kampf der Legion anfühlte, auch wenn dreißig Mann mit Boltern und Flammenwerfern etwas völlig anderes als die kontinentalen Kriege des Kreuzzugs waren, konnte er nicht leugnen, wie befriedigend das hier war. Obwohl ihre Helme ihre Gesichter verbargen, wusste Zandu, dass es seinen Brüdern ebenso ging wie ihm.

Ashax hob sogar triumphierend sein Kettenschwert, während die letzten Feinde allmählich vernichtet wurden. Auch Zandu reckte eine Faust in die Höhe. Sie hatten gemeinsam auf Antaem gekämpft und dort die Orkbrut zurückgeschlagen. Da Ashax zehn Jahre älter war als er, hatte er Zandu gelehrt, was es bedeutete, ein Feuerdrache zu sein, und sein Vorbild hatte den anderen Sergeant dazu angespornt, seinem Primarchen und seiner Legion besser zu dienen. Für die Söhne der Schmiede, die Salamanders, war dieses brüderliche Band und ihre gemeinsame Kriegsgeschichte alles, was ihnen noch blieb. Hier hatten sie einen kurzen, ruhmvollen Moment erleben dürfen, einen selten gewordenen Sieg, nachdem sie in jüngerer Vergangenheit so oft verloren hatten. Ashax drehte sich, steckte alle mit seiner Jubelstimmung an und wollte gerade einen Kriegsschrei ausstoßen, als ein Boltgeschoss in seiner Halsberge einschlug, ihn herumriss und er den Kopf verlor.

Zandus Körper reagierte schneller, als er denken konnte, da er noch den entsetzlichen Anblick der Blutfontäne verarbeitete, die aus Ashax' Halsstumpf hervorbrach. Die anderen wandten sich ebenfalls um, doch es kam ihm vor, als ob sie sich wie in Zeitlupe mit ihren Boltern nach einem Ziel umsehen würden.

Ashax Körper fiel auf die Knie und kippte nach vorn, doch Zandu sah dieses düstere Bild nur noch aus den Augenwinkeln, da er sich auf die vor ihm liegende Bedrohung konzentrierte.

Durch den trüben, aufgewirbelten Schmutzschleier rückten schwergepanzerte Schatten vor, die definitiv Legionäre waren. Ein greller, gezackter Blitz enthüllte ihre Silhouetten in schillerndem Violett. Sie versperrten die Öffnung im Hufeisen. Zandu formte mit den Lippen eine Warnung, während seine verbesserte Wahrnehmung innerhalb weniger Nanosekunden erfasste, was geschah. Eine ganze Schützenlinie eröffnete mit ihren Boltern das Feuer.

Jede Hoffnung darauf, unbemerkt zu entkommen, verflüchtigte sich, als Obek drei Legionäre sah, die auf ihn und T'kell zukamen. Der Schmiedemeister lag noch immer wie gelähmt auf dem Bauch und war leicht verwundbar.

»Ihr seid mein einziger Schutz, Obek …«, murmelte er und ballte mühsam eine Faust, wobei seine Stimme wie eine beschädigte, schlecht synchronisierte Tonaufzeichnung klang.

»Haltet durch, Bruder«, sagte Obek, legte dem Techmarine eine Hand auf die Brust und zog seine Klinge. »Ich werde Euch nicht im Stich lassen.«

Die drei Legionäre waren langsamer geworden und legten ihre Bolter an die Schulter, um zu feuern.

Obek streckte ihnen behutsam sein Schwert entgegen und legte vorsichtig seine Boltpistole ab, ohne dabei den Blickkontakt zum Feind zu unterbrechen.

»Ihr gebt auf?«, lachte einer von ihnen ungläubig.

Obek schüttelte den Kopf. »Ich möchte wissen, ob die Sons of Horus noch so etwas wie Ehre besitzen.«

Die drei Legionäre schauten einander an, senkten zu Obeks Überraschung ihre Bolter und zogen ihre Klingen. Sie waren eingekerbt und bestanden im Gegensatz zur Klinge des Captains, die wie makelloser Obsidian schimmerte, aus dunklem Metall.

Sie kreisten ihn ein und streckten Obek ihre Klingen wie Krallen entgegen. Obek trat in den Ring vor, den die Sons of Horus geschaffen hatten. Damit war der Kampf weiter von T'kell entfernt, wodurch die Abtrünnigen, die sich jetzt auf den kampffähigen Legionär der Salamanders konzentrierten, hoffentlich nicht auf die Idee kommen würden, ihn schnell auszuschalten.

Obek wusste nicht, warum sie seine Herausforderung angenommen hatten. Vielleicht aus Langeweile oder weil sie einen Captain im Nahkampf töten wollten. Kurz bevor der erste Schlag niederging, entschied er sich, dass er ihnen im Falle einer Niederlage nicht lebend in die Hände fallen würde. Sonst würde er gefoltert werden und diese Demütigung würde Obek nicht über sich ergehen lassen. Indem er seine Boltpistole zu T'kells Füßen zurückgelassen hatte, hatte er dem Schmiedemeister die Möglichkeit gegeben, einem solchen Schicksal ebenfalls zu entgehen, doch jetzt, da sich seine Angreifer näherten, konnte er nicht länger darüber nachdenken.

»Irgendwelche letzten Worte, *Vetter*?«, fragte einer der Abtrünnigen, während sich der grün-schwarze Ring wie eine Schlinge zuzog.

Obek wollte gerade ablehnen, als ihm eine Antwort einfiel: »Vulkan lebt.«

Der erste Stoß zielte auf seine Taille, worauf er auswich und einen zweiten Hieb parierte, der auf die Verbindung zwischen Halsberge und Helm niederging. Er schlug dem Legionär, der zugestoßen hatte, mit dem Ellbogen zwischen Unterarm und Oberarm. Der Legionär ächzte vor Schmerzen und machte sich bereit, erneut zuzustechen, während Obek den dritten Angreifer parierte und seine Verteidigungshaltung für einen Stoß in den Hals des Kriegers aufgab. Der dritte Legionär gurgelte und hustete Blut gegen sein Mundgitter. Der Zweite, der versucht hatte Obek den Kopf abzuschlagen, schubste seinen Bruder aus dem

Weg, damit er anderswo sterben konnte, und ging wie wildgeworden auf ihn los.

Er knurrte und fauchte ihm bei jedem Schlag und Stoß unverständliche Flüche entgegen. Der Angriff war so wild, dass Obek sich nur mit Mühe dagegen verteidigen konnte. Außerdem war da noch der andere Legionär der Sons of Horus, um den er sich kümmern musste. Glühender Schmerz durchzuckte seine Seite, als einer der Treffer seine Rüstung durchdrang, Ceramit, Adamantium und das Geflecht darunter zerschnitt und schließlich in sein Fleisch vorstieß. Blut strömte aus der Wunde, doch es gerann schnell. Das musste es auch. Ein zweiter Treffer erwischte Obek an der linken Schläfe. Er streifte sie zwar nur und beendete den Kampf nicht sofort, rüttelte ihn aber auf.

Es war schwer, gegen drei Gegner zu kämpfen, doch gegen zwei war es noch schwieriger. Der dritte Angreifer stand den anderen beiden oft im Weg und störte ihre instinktive Zusammenarbeit. Wenn einer angriff, konnte der andere nach einer Schwachstelle in der Verteidigung suchen und sie nutzen. Wenn jedoch drei gleichzeitig angriffen, behinderten sie sich gegenseitig und konnten dadurch von ihrer zahlenmäßigen Überlegenheit keinen Gebrauch machen. Daher wusste Obek, dass es zunächst noch schwieriger werden würde als bisher. Er musste schnell handeln und die Angriffe der Abtrünnigen voraussahnen, um die wenigen Gelegenheiten für einen Konter zu nutzen.

Ein Hieb traf seinen Schulterpanzer so stark, dass der Knochen darunter verstaucht wurde und die Klinge stecken blieb. Obek drehte sich schnell um, womit er ihm zwar seine Waffe entriss, seine Seite aber auch ungeschützt dem noch bewaffneten Legionär zuwandte, der mit einem brutalen Stoß tief in sein Fleisch stach. Mit der Schulter rammte er den bewaffneten Abtrünnigen und drängte ihn zurück, wodurch er Zeit gewann, um seine Schmerzen zu verarbeiten. Währenddessen machte der entwaffnete Abtrünnige den Fehler, nach dem hervorstehenden Griff seines Schwerts zu greifen.

Obek stach ihm seitlich in die Achsel, durchbohrte die Herzen des Abtrünnigen und trat zur Seite, damit sich die Leiche des Kriegers zwischen ihm und dem Überlebenden befand. Der wilde Schlag gegen das Schlüsselbein seines Bruders hätte Obeks Brust trotz Rüstung durchschlagen, doch so fachte er lediglich den Zorn des allein zurückbleibenden Legionärs der Sons of Horus an.

Als der letzte Krieger seine Klinge herauszog, riss er Blut und Fleisch des anderen Abtrünnigen mit heraus. Ein weiteres Opfer seines Verräterdaseins, auch wenn dieses unbeabsichtigt gewesen war. Nachdem Obek sein Schwert aus der Achsel des toten Legionärs gezogen hatte, fiel die Leiche um. Mit seiner gepanzerten Hand hielt er sich die Seite, dort, wo ihm die schwere Wunde zugefügt worden und von wo sein Blut auf den Boden gespritzt war.

»Möchtest du eine Pause?«, fragte er, klang dabei aber angestrengt und ächzte.

Er erwartete, dass der Abtrünnige vorspringen würde, doch stattdessen ließ der Krieger seine Klinge fallen und richtete seinen Bolter auf ihn, den er auf dem Rücken getragen hatte. Wie betäubt von den eingesteckten Schlägen reagierte Obek einen Sekundenbruchteil zu spät auf die geänderten Kampfbedingungen. Er hörte das gedämpfte Donnern des auf kurze Distanz abgefeuerten Bolters in dem Moment, in dem er den letzten Legionär erreichte. Beim Aufprall des Geschosses wurde sein Rippenpanzer von Schmerzen durchzuckt und er spürte, wie ein Lungenflügel unter dem wuchtigen Einschlag auf seiner Brust kollabierte. Glücklicherweise drang das Geschoss nicht tiefer, sonst hätte es seinen halben Oberkörper zerfetzt. Stattdessen prallte es seitlich ab und explodierte außerhalb seiner Rüstung. Hitze und Geschosssplitter beeinträchtigten seine Sicht und in seinem Mund schmeckte er so viel Blut, dass er es ausspucken musste. Halb benommen und schwer verwundet schaute er mit wütendem Blick in die Helmlinsen des Legionärs der Sons of Horus, der jetzt so nah war, dass sie sich fast umarmten. Er erwartete ein zweites Geschoss, das ihn zur Strecke bringen würde. Erst, als er sah, dass der Hass aus den Augen des Abtrünnigen verschwand und einem kalten, ausdruckslosen Blick wich, begriff er, dass er tot war. Seine Obsidianklinge hatte seinen Bauch so weit aufgeschnitten und war mit solcher Kraft hineingestoßen worden, dass der Krieger fast entzwei geteilt worden wäre. Ein instinktiver Schlag.

Obek hatte noch genug Kraft, um seine Klinge herauszureißen, geriet dann aber ins Taumeln und stürzte beinah.

»Bruder-Captain …« Endlich erhob sich T'kell aus dem Krater.

»Einen Moment«, zischte Obek durch zusammengebissene Zähne, während er gegen den Schmerz ankämpfte und seinen Körper dazu antrieb, seine Haut schneller zu verschließen.

Es dauerte einige Sekunden, bis Obeks Sicht aufklarte und das Blut, das in seinem Schädel pochte, nur noch gedämpft rauschte. Er stützte sich auf sein blutiges Schwert wie auf eine Krücke, richtete sich aber schließlich auf und schaute zum Außenposten und der Lücke in der Außenmauer, die jetzt von Reihen grün-schwarzer Legionäre geschlossen wurde.

Als der Schmiedemeister neben ihn humpelte, sagte Obek mit rauer, atemloser Stimme: »Wir müssen kämpfen.«

Xen sehnte sich nach Ruhm.

Sein Verlangen danach war der Grund dafür, dass er nie in den inneren Kriegerzirkel des Primarchen aufgenommen worden war. Numeon hatte ihn sofort durchschaut und Vulkan informiert. Um einer der Brandwache zu sein, einer der Sieben, musste man selbstloser sein, als Xen es war. Sein Stolz hatte seine Aufnahme verhindert, doch nicht sein Schwertarm. Numeon hatte seinem Vater erzählt, dass er noch niemanden in der Legion gesehen hatte, der ihm ebenbürtig war.

Vulkan hatte Xen in der Hoffnung zum Standartenträger gemacht, dass die physische und symbolische Last seinen Stolz zügeln würde. Dann war der Krieg gekommen und mit ihm war alle Hoffnung auf eine Aufnahme gestorben.

Xen hatte es nicht geschafft, die Lektion seines Vaters zu beherzigen. Von Trauer überwältigt stürzte er sich stattdessen auf seine natürlichen Begabungen, die ihm schon früher gute Dienste geleistet hatten. Das würden sie wieder tun müssen.

Im Außenposten tobte ein Boltersturm, der so heftig war, dass er die Legionäre der Salamanders hinter die von ihnen geschaffenen Trümmer zurückdrängte und in die Deckung der umgestürzten Wachtürme zwang. Die Abtrünnigen hatten einen tödlichen Kreis um sie gebildet und ihre Waffen auf dessen Zentrum gerichtet. Eine immer kleinere Anzahl von Kriegern in Drachenschuppenrüstungen kauerte Schulter an Schulter nieder und kämpfte erbittert im Auge des Sturms.

Ashax lag kopflos da, doch seine Krieger hatten seine Leiche hinter den Schutzwall aus Salamanders-Legionären gezerrt, damit er nicht noch weiter geschändet werden konnte. Durch den Geschosshagel konnte Xen sie nur flüchtig dabei beobachten, wie sie Kriegsschwüre ausstießen, während er in der blitzdurchzuckten Dunkelheit das Feuer erwiderte.

Inzwischen war ein zweiter Sturm heraufgezogen. Im Gegensatz zu dem Schusswechsel war er natürlichen Ursprungs und überzog den Nachthimmel mit violetten Blitzen. Mit jedem gleißenden Aufleuchten erhellte er die tobende Schlacht. Während einer dieser Blitze starb ein Legionär der Sons of Horus, dem der Hals durchschossen worden war, worauf er von seinen kampfhungrigen Brüdern zertrampelt wurde. Xen blieb keine Zeit für einen Triumphschrei, doch er wollte ohnehin keinen ausstoßen. Einst hatte er zu der XVI. Legion aufgeschaut, war voller Ehrfurcht vor ihren Fähigkeiten und neidisch auf ihre Lorbeeren gewesen. Jetzt verachtete er sie.

Er ließ seine Boltpistole für ihn sprechen, die donnernd in das Feuer seiner Brüder einstimmte, das zu einer flackernden Welle des Widerstands anschwoll. Der erbitterte Schusswechsel vernebelte die Luft, doch die Salamanders verloren allmählich.

»Wir können ihnen hier nicht standhalten!« Selbst im Vox musste Xen rufen.

Es dauerte einige Sekunden, bis Zandu antwortete. »Das stimmt. Wir müssen ihre Verteidigung durchbrechen.«

Ein Geschoss prallte von Xens Schulterpanzer ab, als ein weiterer Legionär der Salamanders fiel, den er aus den Augenwinkeln sah.

Varrs Flammenwerferlegionäre hielten hauptsächlich das Mechanicum zurück, doch die Sons of Horus stellten mit ihrer Überzahl und ihrer festen Formation die größere Bedrohung dar.

»Ruft Varr herbei«, sagte Xen. »Übergießen wir diese Verräter mit Vulkans Flammen und wenn sie brennen, schlagen wir zu.«

»Dann wird nichts mehr das Mechanicum davon abhalten, unsere Barrikaden zu stürmen. Unsere Brüder werden –«

»Sterben? Sie sterben doch schon«, sagte Xen, doch irgendetwas in Zandus Stimme machte ihn stutzig. Es lag keine Furcht darin, aber etwas Ähnliches. Der Vexillarius schaute kurz zum Sergeant herüber, der innehielt und unerklärlicherweise ins Nichts starrte.

Die Flammen der Promethiumexplosion hatten sich im Außenposten ausgebreitet und allmählich umhüllten lodernde orange Ranken die Abtrünnigen, die dank ihrer Rüstungen fast unbeeinträchtigt weiterkämpfen konnten.

»Bruder-Sergeant!«, brüllte Xen ins Vox.

Doch Zandu war bereits zu tief in finsteren Gedanken versunken.

Vor Zandu stand der brennende Mann in lodernder Rüstung und mit flammenden Höllengruben statt Augen.

Zandu versuchte zu sprechen, doch sein Hals war so ausgetrocknet, dass seinen Lippen nur ein Krächzen entwich. Vor ihm stand der Tod; der Richter, die letzte Abrechnung. Zandu streckte sich nach dem brennenden Mann aus, um sich seinem Schicksal zu ergeben. Doch als sie sich näher kamen, packte eine andere Hand Zandus ausgestreckten Panzerhandschuh und eine Flammenwoge hüllte den brennenden Mann ein, bis er unter Tosen darin verschwand.

»Das Feuer …«, flüsterte Zandu, der mit aufgerissenen Augen seine entsetzliche Vision verarbeitete.

»Ja«, antwortete Zeb'du Varr überschwänglich, während er ein Flammenmeer aus Promethium auf die Verräter spie. »Ihr seht ihn auch, nicht wahr, Bruder?«

Zandu blinzelte, als ob er aus einem Traum erwacht wäre. Die Flammenwerfer waren wie von Xen gefordert vorgetreten und ließen auf die aufgereihten Sons of Horus die Hölle los.

»Wen soll ich sehen?«, fragte Zandu, als er wieder bei Sinnen war und weiterkämpfte. *Hatte Varr den brennenden Mann ebenfalls gesehen?*

Varr lachte so schalkhaft wie ein Teufel.

»Vulkan!«, rief er laut. »Wie er im Feuer der Schlacht lodert und lebt!«

Alles war von Feuer eingehüllt. Es verschlang. Es wogte. Es *atmete.*

Immer, wenn Varr Flammen sah, wusste er: *Vulkan ist bei uns.*

Die Abtrünnigen verbrannten. Anfangs widerstanden sie der Feuersbrunst noch, doch langsam und unaufhaltsam sackten sie in sich zusammen und erlagen unter ihren Rüstungen der Hitze. Vor ihnen standen stoisch die schweren Flammenwerfer, die hinter Varr eine Reihe gebildet hatten.

Boltgeschosse prasselten auf die Kriegsrüstungen der Salamanders ein und einer der Drachen geriet ins Taumeln, sodass sein Flammenstrahl umherschweifte und den Boden in Brand setzte. Ein weiterer fiel mit zertrümmertem Visier und starb, während ein gewaltiges Promethiumfeuer wie aus einem Vulkan aus ihm herausbrach.

Varr nahm das nicht einmal zur Kenntnis. Er sah das Feuer und wusste, dass es ihn sah.

»Vulkan …«, murmelte er und hörte in den wogenden Flammen den Schlachtruf seines Primarchen.

Eine andere Stimme riss ihn aus seinen Gedanken. Es war der Klingenmeister, Xen.

Ein Befehl, seine Pflicht, holte Varr wieder zurück und er befahl seinen Flammenwerfern, sich wie ein Lavameer zu teilen.

»Schlagt zu, Pyrus!«, brüllte Xen Varr mit seinem Kriegsnamen zu. »Macht den Weg frei …«

Die gepanzerten Legionäre mit den schweren Flammenwerfern traten auseinander, um eine Lücke zu bilden, durch die Xen die anderen führte.

Inzwischen waren die beiden Legionärsstreitkräfte dicht beieinander, da die Sons of Horus angesichts ihres sichergeglaubten Sieges weiter vorgerückt waren. Xen hatte beide Schwerter gezogen, das Banner der Narbenlosen an der Stange seines Energiemoduls entrollt und stürmte auf sie zu.

Einen Moment lang verfolgten die Abtrünnigen ungläubig den tollkühnen Ansturm der Salamanders-Legionäre, was sie einige wertvolle Sekunden kostete. Außerdem brannten die Abtrünnigen, und durch die Überraschung und das Durcheinander büßten einige von ihnen an Präzision ein. Boltgeschosse prasselten wirkungslos auf Drachenschuppenrüstungen ein und die Speerspitze der Salamanders stach zu.

Mit ohrenbetäubendem Getöse prallten sie aufeinander. Xen spaltete den ersten Abtrünnigen mit einem brutalen Querschlag vom Schlüsselbein bis zur Leiste. Die Klinge seines Falchions war energiegeladen; nicht einmal Servorüstung konnte ihr standhalten. Er tötete zwei weitere, doch sein nächster Gegner hatte sich inzwischen von dem überraschenden Angriff auf die Sons of Horus erholt, die sich nun wieder verteidigten.

Zwei Klingen aus monomolekularem Stahl schlugen gegeneinander und kreuzten sich.

Da sein Schwung zum Erliegen gekommen war, war Xen gezwungen, stehen zu bleiben und wirklich zu kämpfen, statt nur um sich zu schlagen und sie abzuschlachten. Wenn sie ihre Verteidigung durchbrachen, würden die Legionäre der Salamanders weiterleben. Wenn sie das nicht schafften, würden sie sterben. Noch mehr Sons of Horus kamen heran, und obwohl die meisten inzwischen ihre Nahkampfwaffen gezogen hatten, würden sie die Drachen dank ihrer schieren Überzahl und ihrer geschickt gelenkten Aggression schnell überwältigen, wenn diese sich festnageln ließen.

Eigentlich waren Zermürbungskämpfe eine Stärke der XVIII. Legion, aber nicht bei einem derartigen Kräfteverhältnis.

Xen drehte die Klinge des Kriegers zur Seite, um die Pattsituation zu beenden, und nutzte sein zweites Schwert, eine gezackte Spatha, um dem Abtrünnigen die Hand am Gelenk abzuhacken. Mit einem kraftvollen Stoß in die Brust erledigte er ihn und drängte vorwärts, in die tobenden, wogenden Körper hinein.

Zandu war in der Nähe. Xen konnte ihn kämpfen hören, sah aber wenig mehr als Blutfontänen und rasend schnelle Nahkampfbewegungen. Ihre Lage verschlechterte sich rasant und Kampfgeschick verlor zunehmend an Bedeutung, da in dem Gedränge nur noch wild zugestoßen und um sich geschlagen wurde.

Das machte für Xen keinen Unterschied. Er wusste alles über das Kämpfen und Töten. Er stieß zu, spaltete und hackte, ließ einige verwundet und andere tot zurück, während er immer weiter vorstieß, um aus dem Rücken der feindlichen Reihen zu brechen und sich mit seinem Erfolg sein Überleben zu verdienen.

»Vulkan!«, brüllte er und hörte die feurige Antwort seiner Brüder.

Xen spürte die Hitze des Gefechts, die die blutverschleierte, stickige Luft flimmern ließ.

»Vulkan!«, brüllte er erneut, als er spürte, wie ihn eine tiefsitzende Wut überkam. Inzwischen waren die Flammenwerfer bei ihnen und Varr trieb seine Krieger erbittert vorwärts, damit sie nicht in der Falle gefangen blieben.

»Es sind so viele, Bruder ...«, sagte Zandu angestrengt inmitten des Kampfes über das Vox. Zumindest schien er wieder bei

Sinnen zu sein. Xen konnte ihn noch immer nicht sehen – zu viele grün-schwarze Legionäre versuchten, ihn zu töten. Doch er konnte ihm antworten.

»Schon immer hat unsere Legion allen Wahrscheinlichkeiten getrotzt … Vulkan!«

Darauf erscholl erneut ein hallender Ruf, doch aus weniger Kehlen. Xens Muskeln schmerzten und seine Herzen pochten in der Brust, doch der Schwung des Ansturms war fast verloren und der erhoffte Durchbruch, auf den er hingearbeitet hatte, entzog sich ihnen unaufhaltsam.

»Vulkan!«, tobte er, weder triumphierend noch trotzend, sondern verzweifelt.

Er hoffte, dass der Tote sein Flehen erhören würde. Er hoffte, dass der Tote sie retten würde.

Ein Landungsflieger rauschte im Tiefflug heran und beschoss die Reihen der Abtrünnigen mit schweren Boltern.

Er zerfetzte die hintersten Reihen der Sons of Horus, zerstückelte ihre Körper und schleuderte sie in die Luft. Er flog mit kreischenden Turbinen näher, bis ein Raketenschwarm ihn in die Wolken trieb.

Die Abtrünnigen hatten dem plötzlichen Luftangriff kaum etwas entgegenzusetzen und richteten eilig ihre schweren Waffen auf den Thunderhawk, der sich für einen zweiten Vorbeiflug bereit machte. Sie verteilten sich, doch schon jetzt hatte er den Sons of Horus schwere Verluste zugefügt.

Obek stürzte sich in die vom Landungsflieger zerschlagene Menge und streckte die Verwundeten mit kalter Präzision nieder. Wie schnell sich das Blatt doch wenden konnte. T'kell hatte sich soweit erholt, dass er kämpfen konnte, und tat das mit einer Wildheit, die seiner analytischen Ausbildung auf dem Mars völlig widersprach. Beide waren von Zorn erfüllt, während sie zwischen den Toten und Sterbenden hindurchmarschierten. Kurz darauf schalteten sie nicht länger Verwundete aus, sondern trafen auf wehrhafte Feinde, doch der Hieb, der Obek niederstreckte, kam aus dem Nichts.

Xen wusste, dass er in diesem scheußlichen Loch sterben würde. Ein verstrahltes Ödland war kein würdiger Platz für das Ende eines Kriegers und er fluchte über diese Ungerechtigkeit. Die Abtrünnigen rückten immer näher, als würde ein Henker die Schlinge um die Verurteilten zuziehen, um sie dann unweigerlich fallen zu lassen. Eine Kettenklinge traf seinen Schulterpanzer so heftig, dass er zurückzuckte und ungeschützt war …

Das ist es also. Verdammt seist du, Zandu. Für deine Schwäche, für deine –

Plötzlich flackerten in der Dunkelheit Mündungen auf und Geschosse flogen durch den Sturm, die in den Rücken der Abtrünnigen einschlugen, ihre Leichen herumwirbelten und die Erde aufwühlten. Durch die feindlichen Krieger ging ein Beben, das der instinktiven Reaktion eines Tiers glich, das sich für eine Verwundung rächte.

Der Knoten hatte sich gelockert; Xen konnte einen Hoffnungsschimmer sehen. Mit dem nächsten Legionär der Sons of Horus, den er niederschlug, zerteilte er die Schlinge und nahm seine Brüder mit sich. Angesichts dieser Wildheit ließen sich die Abtrünnigen zurückfallen. Beide Landungsflieger kehrten zurück und gemeinsam beschossen sie unnachgiebig die versprengten Sons of Horus.

Xen kämpfte weiter. Er schlug einem Verräter den Arm ab und durchbohrte dann einen anderen. Er ließ sie schwer verwundet zurück und drängte weiter nach vorn. Es ging ihm nicht ums Töten, sondern ums Überleben.

Seit dem Beginn dieses Krieges haben wir nichts anderes getan, als zu überleben.

Zandu erreichte ihn, als den verbleibenden Drachen eine kurze Ruhepause gewährt wurde. Mit ausgestrecktem Finger zeigte er auf die Landungsflieger.

»Gebt das Signal für den Rückzug. Wir ziehen mit den Thunderhawks ab.«

Xen biss sich auf die Zunge und tat wie befohlen.

Varr deckte den Rückzug und entfesselte eine Flammenwand, die die Abtrünnigen davon abhielt, sich zu formieren.

Als sie die Landungsflieger erreichten, die bereits unter Beschuss standen, sah Xen, wie Zandu jemanden holen ging. Es war T'kell, den sein Retter bewusstlos am Knöchel hinter sich her schleifte, während er ungezielt hinter sich schoss. Als der

Schmiedemeister an Bord geworfen wurde, fragte Xen: »Was ist mit Feuerträger?«

Zandu schüttelte den Kopf.

»Erschlagen?« Xen konnte das kaum glauben.

»Ich weiß es nicht.«

Er wusste es wirklich nicht. Als sie sich auf den Rückzug begeben hatten, hatte Zandu zwar T'kell gesehen, aber nicht Bruder-Captain Obek.

Xen stand im Schutz der offenen Luke des Thunderhawks und wollte gerade zurückgehen, doch Zandu hielt ihn auf.

»Er ist fort, Bruder. Wenn wir zurückgehen, sterben wir.«

»Dann sterben wir. Er ist unser Captain.«

Xen schaute auf Zandus Hand hinab, mit der er gegen seine Brustplatte drückte, und dann wieder zum Bruder-Sergeant.

»Er ist unser Captain«, sagte er langsam und mit ruhiger Stimme.

»Es sind schon genug gestorben.«

Xen gab nach und Zandu ließ von ihm ab.

Varr und sein Trupp hatten die Landungsflieger fast erreicht. Die kürzeren Promethiumstrahlen ihrer Flammenwerfer verrieten, dass ihre Tanks fast leer waren. Von den zehn Legionären des Trupps blieben nur noch sechs. Zwei von ihnen hielten einen Dritten, der noch immer Feuer verströmte, während sie ihren verwundeten Bruder in den Laderaum zerrten.

Zandu erteilte den Befehl zum Abflug und die Landungsflieger erhoben sich. Als sich die Luke schloss und Dunkelheit hereinbrach, sprach Xen zu der kahlen, gefühllosen Wand des Laderaums.

»Wenn er lebt, werden wir zurückgehen und ihn holen.«

Zandu nickte. Er hatte die Hände vor Wut und Machtlosigkeit zu Fäusten geballt. Er schmeckte Blut in seinem Mund und glaubte, sich während der Schlacht auf die Zunge gebissen zu haben. Dann spürte er ein Rinnsal aus seiner Nase tropfen, welches das Visier seines Helms von innen befleckte, und wusste, dass dem nicht so war.

In seinen Helmlinsen herrschte knisterndes Rauschen. So war es schon die ganze Schlacht über gewesen, und davor ebenfalls. Die Zustandsanzeige seiner Rüstung wechselte von Grün zu Rot und blieb dann rot.

SIEBEN

Der Adept

Obek erwachte. Er versuchte, so viel wie möglich in der beengenden Dunkelheit zu erkennen. Der Raum, in dem er sich befand, war klein. Sicherlich befand er sich unter der Erde, was er an dem künstlichen Licht und der stickigen Luft festmachte. Die Wände bestanden aus blankem, nichtssagendem Metall. Instinktiv griff er nach seinem Helm, der nicht länger bei ihm war.

»Keine Sorge«, sagte eine Stimme aus den Schatten. Der Sprechende, der ebenfalls keinen Helm trug, trat vor, sodass das Zwielicht der über ihnen hängenden Lumenröhren ein grauhaariges Gesicht mit cthonischen Tätowierungen enthüllte. »Dieser Raum wurde von sämtlicher Strahlung bereinigt. Ihr braucht Eure Rüstung nicht.«

Seine Kriegsrüstung war von zahlreichen Kerben vernarbt, die im Gegensatz zu den rituellen Narben auf der Haut der Salamanders in der Schlacht verdient worden waren. Grellsilberne Stellen verunstalteten die beschmutzte Bemalung in den Legionsfarben Grün und Schwarz noch weiter. Eingekerbte Tötungsstrichlisten zeugten von einem Leben voll Krieg und Tod.

»Wie viele davon waren meine Brüder?«, fragte Obek, dem plötzlich bewusst wurde, dass er saß und gefesselt war.

Der Legionär der Sons of Horus betrachtete die Kerben, die dem Drachen ins Auge gefallen waren.

»Sicherlich einige.« In seiner Antwort lag weder Boshaftigkeit noch Sadismus; er klang fast schon reumütig. Die Klinge in der Hand des Legionärs ließ aber vermuten, dass er nicht im Begriff war, seine Fehler einzusehen und sich zu ergeben.

»Wie viele davon habt Ihr hinterrücks erschossen oder erstochen?«

Als er den Blick des Salamanders erwiderte, lag eine Kälte in seinen Augen, die Obek verriet, dass dieser Legionär Stolz und Reue längst hinter sich gelassen hatte. Er würde sich nicht provozieren lassen.

»Nicht alle.«

»Was wollt Ihr von mir? Warum bin ich hier?«

Der Son of Horus schaute zu seinem Opfer herab.

»Ich werde Euch nicht töten«, antwortete er und betrachtete das Messer. Die Klinge war gezahnt und das Metall dunkel gefärbt. »Ganz im Gegenteil. Ich wurde gebeten, Euch *nicht* zu töten. Jedenfalls noch nicht.«

»Wer seid Ihr, Legionär? Ist Euch bewusst, dass Ihr mit einem Bruder-Captain sprecht?«

»Ich bin Rayko Solomus, und das ist mir sehr wohl bewusst, weshalb ich Euch nicht mit der Frage beleidigen werde, was Ihr auf dieser Welt zu suchen habt. Sobald wir anfangen«, sagte er, »werdet Ihr Euch große Mühe geben, nicht zu schreien, doch ich möchte, dass Ihr wisst, dass das hier keine Schande ist. Keiner aus Eurer Legion kann Euch hören. Keiner aus Eurer Legion wird kommen, um Euch zu retten.«

Obek lächelte trotz der Schmerzen, die ihm seine Kampfverletzungen bereiteten.

»Das wird keinen Unterschied machen. Ich werde nicht reden und Ihr werdet nichts erreicht haben. Der Kampf wird ohne mich weitergehen.«

Und dann sagte Solomus etwas, das das Feuer in Obeks Blut erlöschen und es in seinen Adern gefrieren ließ.

»Der Krieg ist vorbei, Bruder. Terra ist gefallen. Horus hat bereits gesiegt.«

* * *

Die kalten, mechanischen Augen des Adepten betrachteten den Gefangenen und seinen Wärter. Seit dem Beginn des Verhörs waren mehrere Stunden vergangen und Regulus hatte in der kleinen Beobachtungskammer den Ton ausgeschaltet. Solomus hatte recht gehabt – der Legionär der Salamanders hatte sich tatsächlich darum bemüht, nicht zu schreien. Wesentlich eindrucksvoller war allerdings, dass er das geschafft hatte. Ganz gleich, welche physischen Schmerzen sein Folterer ihn ertragen ließ, dieser Rahz Obek hatte ihnen allen standgehalten.

»Ich habe die Hartnäckigkeit der Achtzehnten Legion immer bewundert«, sagte Regulus, dessen mechanische Stimme aus der Kapuze seiner schwarzen Robe drang. Dort war es so dunkel, dass nichts von seinem Gesicht zu sehen war, und seine Robe war so weit, dass sein Körper nur grob als humanoid erkennbar war.

Regulus war allerdings schon lange über seinen Menschenkörper hinausgewachsen. Zumindest die Mechadendritarme, die aus einem Loch in seiner Robe ragten und hinter seinem Rücken verschränkt waren, zeugten davon.

»Es ist riskant, sie am Leben zu lassen«, sagte Vosto Kurnan, dessen Kriegsrüstung in den Farben der Sons of Horus deutliche Kampfspuren trug. Sein Bart war gepflegt und sein Kopf kahl geschoren. In seine linke Schläfe war das Auge des Horus rasiert und die einzige Bandentätowierung, die er trug, war eine gekrümmte Schlange über seinem linken Auge.

Regulus lächelte unter seiner Kapuze und klopfte mit seinen glänzenden, metallischen Fingern klickend gegen den Elfenbeinstab, den er im rechten Arm hielt.

»Wer nichts wagt, der nichts gewinnt, Captain.« Das hatte er schon einmal gesagt, zum Fabricator General des Mars, Kelbor Hal persönlich. Das traf jetzt ebenso zu wie damals, und die Erinnerung daran und an das, was kurz darauf geschehen war, jagte ihm einen Wonneschauer durch seine elektrischen Schaltkreise. »Wie schon das Gewölbe von Moravec wird auch dieses Waffenlager des Drachenherrn viele Geheimnisse beherbergen.«

»Spart Euch Eure Sprichwörter. Ich bin erst zufrieden, wenn wir im Gewölbe sind und es geplündert haben.«

Regulus hörte auf zu klopfen und lauschte, wie sich Kurnans zusammengebissene Zähne ein wenig voneinander lösten.

»Ihr klingt skeptisch …«

»Wir sollten sie zur Strecke bringen.«

»In die Ecke getriebene Tiere sind gefährlich?« Durch das geschwärzte Fenster beobachtete Regulus aufmerksam den Legionär der Salamanders.

»Genau.«

»Und wie sehr seid *Ihr* in die Ecke getrieben, Captain?«

Kurnan zog ein mürrisches Gesicht. »Was?« Seine Hand fuhr instinktiv zu dem Gladius, der weggesteckt an seiner Hüfte hing.

»Damit meine ich«, erläuterte Regulus, »wie viele Männer Ihr verloren habt, als die Salamanders entkommen sind? Sagt, ist es eigentlich schwieriger, gegen einen Feind zu kämpfen, der Euch nicht den Rücken zugewandt hat und dem ihr zahlenmäßig nur ein wenig statt weit überlegen seid?«

»Ihr wagt es …!«, knurrte Kurnan.

»Chemikalien strömen in Euren Blutkreislauf«, sagte Regulus. »Das ist eine Reaktion Eures transhumanen Körpers auf Eure Wut. Der Gladius, den ihr tragt, ist vier Fingerbreit aus der Scheide gezogen, doch Ihr werdet nichts tun.«

»Wie könnt Ihr Euch da so sicher sein?«

»Weil ich hier die Macht habe. Ich wollte Euch lediglich daran erinnern.«

Auf die Worte des Adepten hin färbten sich die Schatten der Beobachtungskammer rot und hinter ihnen ertönten die brummenden Servos eines mechanischen Konstrukts.

Kurnan steckte den Gladius wieder weg, doch es dauerte eine Weile, bis sein Zorn verflog. Regulus erkannte das an dem plötzlichen Testosteronanstieg in der Luft. Anhand von Herzfrequenz, Körpertemperatur und Schweißabsonderung konnte der Adept Kurnans Gefühlszustand innerhalb weniger Nanosekunden erfassen. Er wusste, was der Legionär tun würde, noch bevor der Legionär das wusste.

»Hütet Eure Zunge, Adept«, sagte Kurnan und wandte sich ab, um den Raum zu verlassen. Er musterte den gigantischen Castellax-Kampfautomaton, den Regulus als Handlanger einsetzte, doch das kalte Stahlkonstrukt regte sich nicht. Das rote Optikmodul des Servoschädels, der unter seinem kuppelförmigen Kopf eingebaut war, starrte unbeirrt geradeaus, doch seine respekteinflößende Bewaffnung wirkte zunehmend bedrohlicher. In seinen Panzer war in Niedergotisch eine Factorumsbezeichnung gebrannt. Dort stand: *Kronus VI*.

Auf Kurnans Drohung hin erklang aus Regulus' Stimmmodulator ein Geräusch, das sich sehr nach Gelächter anhörte.

»Das ist eine Redewendung«, sagte er und setzte seinen Gefechtshelm auf.

»Das stimmt.«

Als Kurnan ging, richtete Regulus seine Aufmerksamkeit wieder auf den Legionär der Salamanders, den er Rayko Solomus' Gnade überlassen hatte.

»Ich denke, Ihr habt genug gelitten«, murmelte er vor sich hin, während der Castellax ungerührt und reglos hinter ihm stand. »Wollen wir doch mal sehen, was Solomus Euch entlockt hat.«

Obek kannte Schmerzen. Sie waren ihm so vertraut wie das Gefühl seines Schwertgriffs oder seiner Boltpistole in der Hand. Daher machte ihm der Schmerz einer heißen Klinge in seinem Fleisch oder von Knochenbrüchen nicht viel aus.

Trotzdem bemerkte er kaum, dass ein Fremder in die Kammer hereingelassen wurde.

Ein Adept des Mechanicums, der in eine dunkle Robe gehüllt war und einen Elfenbeinstab trug, an dessen Spitze sich ein Schädel befand. Seine Finger, wenn man sie denn so nennen konnte, glichen eher dürren Spinnenbeinen als irgendetwas Menschlichem. Sogar seine Stimme war künstlich.

»Ihr könnt nun aufhören, Legionär«, sagte er in ruhigem, mechanischem Tonfall.

Auf die Störung hin schaute Solomus kurz auf, hielt inne und packte dann sorgfältig seine zahlreichen Messer ein. Auf seiner Rüstung befanden sich Spritzer von Obeks Blut, die verrieten, wie eifrig er seiner Aufgabe nachgegangen war, auch wenn er keinen Erfolg gehabt hatte.

»Wer seid Ihr?«, brachte Obek knurrend zwischen blutigen Lippen hervor. »Wollt Ihr mir versprechen, dass Ihr dem Schmerz ein Ende machen könnt, wenn ich alles sage, was ich weiß?« Er lachte. Das schmerzte. »Was ich weiß, wird Euch nicht helfen«, sagte er und warf einen Blick auf Solomus, der sich neben den Adepten gestellt hatte. »Ihr hattet uns umzingelt und habt es trotz Eurer zahlenmäßigen Überlegenheit nicht geschafft, uns zu töten. Glaubt Ihr wirklich, dass Ihr erfolgreicher sein werdet, wenn wir Euch erwarten?«

Das Gesicht des Legionärs blieb ausdruckslos, doch Obek bemerkte, wie sein Unterkiefer vor angespannter Wut zitterte und freute sich im Stillen über diesen kleinen Sieg.

»Also könnt Ihr mich ebenso gut sofort töten.«

Der Adept kam näher und schien mehr zu krabbeln als zu gehen, doch Obek konnte durch die lange Robe nicht erkennen, wie er sich fortbewegte. Sein Gesicht war von einer schweren Kapuze verhüllt, doch in der tiefen Dunkelheit darunter schimmerte etwas, was die Augen des Adepten sein könnten.

»Wonach hat er Euch gefragt?«, fragte er geradeheraus.

Als Obek die Stirn runzelte, wobei sich Risse im getrockneten Blut auf seinem Gesicht bildeten, fragte der Adept erneut nach.

»Welche Fragen wurden Euch gestellt? Das würde ich gern wissen.«

Obek verzog das Gesicht und zeigte auf die undurchsichtige Fensterscheibe, da er wusste, dass sich seine Entführer dahinter verstecken konnten. »Habt Ihr nicht zugehört?«

»Ich ziehe es vor, meine Beobachtungen ohne Ton vorzunehmen.«

Obek schaute ihn naserümpfend an, da ihn seine missliche Lage seine sonst stoische Haltung vergessen ließ. »Findet Ihr das nicht geschmacklos?«

»Ich *finde* gar nichts. Ich ziehe es vor, weil es die effizienteste Methode zum Datensammeln ist. Was ungesagt bleibt, ist oft aufschlussreicher als das, was unter Folter preisgegeben wird.«

»Faszinierend.«

»Ich nehme Euren Sarkasmus zur Kenntnis.«

»Gut.«

Unter der Robe des Adepten schnellte plötzlich eine dünne Mechadendritklinge hervor. »Und um Eure erste Frage zu beantworten: Ich bin Regulus, der marsianische Abgesandte des Kriegsherrn, und noch einiges mehr. Außerdem möchte ich Euch ein Versprechen geben oder vielmehr ein Angebot machen. Doch zuerst beantwortet Ihr meine Frage – was hat er Euch gefragt?«

Obek lehnte sich in seinem Stuhl zurück. Die Fesseln um

seine Handgelenke und Knöcheln spannten sich, hielten ihm aber stand. »Nichts.«

»In der Tat. Ihr hattet schon wieder recht, Legionär. Ihr verfügt über kein Wissen, das uns helfen kann. Solomus sollte Euch lediglich Leid zufügen, damit ich Euch leiden sehen konnte. Ich sammle Daten über Schmerzen, insbesondere die von Transhumanen. Ihr sollt wissen, dass Ihr für meine Nachforschungen von unschätzbarem Wert wart, doch das ist nicht der einzige Grund dafür, dass Ihr noch lebt.«

»Soll ich jetzt erleichtert sein?«

Noch mehr Sarkasmus. Scheinbar war das Obeks natürliche Reaktion auf Folter. Xen wäre stolz auf ihn, sofern er denn noch lebte.

Der Adept antwortete nicht. Stattdessen wandte er sich an Rayko Solomus.

»Kann er laufen?«

»Noch nicht. Aber mit der Zeit wird er heilen.«

Regulus nickte. »Einerlei. Kronus wird ihn tragen.«

»Gehen wir irgendwo hin?«, fragte Obek.

»Ich sagte, dass ich ein Angebot für Euch habe«, antwortete der Adept und kurz blitzte im Optikmodul, das Obek unter der schwarzen Kapuze sah, ein Licht auf. Er konnte Gefühlsregungen von Anhängern des Mechanicums nicht deuten, wenn sie denn überhaupt existierten, doch das interpretierte er als Zeichen der Belustigung.

Kronus schleifte Obek mehr aus der Zelle, als dass er ihn trug. Zuerst zerfurchten seine gepanzerten Füße erdigen Boden und schrammten dann, als sich der Untergrund änderte, über Metall. Die ganze Zeit über war er nur halb bei Bewusstsein gewesen und inzwischen spürte er die Schmerzen, die ihm seine Verletzungen bereiteten, nachdem er sie unterdrückt hatte, um vor seinen Befragern keine Schwäche zu zeigen.

Als er blinzelnd erwachte, stellte Obek eine Luftveränderung fest. Er roch den stickigen, unterirdischen Dunst seiner Zelle nicht mehr, sondern Öl und Maschinen. Er spürte den Metallboden unter seinen Füßen vibrieren, hörte das Brummen der Wände und wusste, dass sie noch immer unter der Erde waren.

Alle paar Meter schaffte er es, einen Schritt zu machen, womit er ermitteln wollte, wie stark seine Beine inzwischen waren und wie schnell sein verbesserter Körper verheilte. Zu langsam, um eine Flucht zu wagen. Er war mit dem Automaton und dessen Meister allein. Obwohl Letzterer ihnen vorauskrabbelte, wäre ein Kampf aussichtslos. Während des Großen Kreuzzugs, vor diesem Krieg, hatte er Castellax-Kampfautomata im Gefecht gesehen. Dieser hier unterschied sich ein wenig von den Varianten, die er bisher gesehen hatte. Am linken Arm trug er einen Energiehandschuh mit feingearbeiteten Fingern, die so geschickt wirkten wie die einer menschlichen Hand. Der rechte Arm endete in einer Kreissäge, die an seinen Hauptreaktorkern angeschlossen war. Auf seine rechte Schulter war ein zweiläufiger schwerer Bolter montiert. Statt unbewaffnet gegen so etwas zu kämpfen, hätte er ebenso gut seine Seitenwaffe nehmen, sich an die Schläfe halten und abdrücken können – wenn er gewusst hätte, wo sie war.

Wie jeder Legionär der XVIII. verkörperte auch Obek den Pragmatismus der Salamanders und aktuell bedeutete das, sich herumschleifen zu lassen und zu sehen, was der Wahnsinnige in der schwarzen Robe ihm zeigen wollte.

Es dauerte nicht lange, bis er es herausfand.

Der Adept stieß einen Schwall Maschinengeräusche aus und der Castellax blieb im exakt gleichen Moment stehen wie sein Meister.

Neben den Umgebungsgeräuschen und dem allgegenwärtigen Brummen der Metallwände war es außerdem noch völlig dunkel und Obek fühlte sich ohnehin zu schwach, um den Kopf zu heben. Alles, was er sehen konnte, war der Metallboden und die Blutspur, die er zurückgelassen hatte.

Auf einen weiteren binärischen Befehl hin packte der Castellax Obek am Kinn.

»Dann habt Ihr Euch also doch noch dazu entschlossen, mich zu töten«, knurrte er und spannte seine Muskeln, um nicht kampflos zu sterben.

»Nein«, sagte Regulus. »Ich habe Kronus angewiesen, Euren Kopf zu heben. Hört auf, Euch zu wehren. Schaut her.«

Obek tat wie befohlen. Auch wenn es aufgrund der Dunkelheit schwer war, Genaueres zu erkennen, stellte er fest, dass sie an der Schwelle zu einem völlig anderen Ort standen.

Das Surren und Klicken von Mechadendriten durchbrach die Stille, während Regulus sich mit einer Steuerkonsole in einer der Wände verband. Kurz darauf wurden flackernd und mit wütendem Zischen einige Phosphorkugeln angeschaltet, worauf gleißendes Licht die Kammer erhellte.

Nachdem er das grelle Nachbild auf seiner Netzhaut weggeblinzelt hatte, sah Obek endlich, was der Adept ihm zeigen wollte.

Ein gewaltiges, undurchdringliches Tor, das so kunstvoll geschaffen war, dass es von einem Primarchen gebaut worden sein musste. *Seinem* Primarchen. Darauf prangte als Metallrelief das Symbol des Herrn der Drachen und seiner Legion. Rau und respekteinflößend. Hinter den Zähnen des Mauls sah Obek einen Hohlraum mit einem geheimnisvollen Mechanismus.

»Das ist mein Angebot«, sagte der Adept. »Öffnet diese Tür und ich lasse die anderen leben.«

Es war hier. Das Mechanicum hatte es gefunden. Sie konnten sich nur keinen Zugang verschaffen.

Das Schmiedewerk.

ACHT

Rückzug in den Staub

Die Triebwerke des vorderen Landungsfliegers stießen dicken Qualm aus. Er strömte nach hinten, wurde vom Wind erfasst und zog als Schmutzschleier über den zweiten Thunderhawk.

Zandu versuchte nicht darüber nachdenken, wie lange sie noch in der Luft bleiben konnten. Während der Evakuierung hatten die Abtrünnigen ihnen weitere Schäden zugefügt. Bei jedem ungewöhnlichen Kreischen der Turbinen überkam ihn von neuem die üble Vorahnung, dass sie abstürzen und mit einer feurigen Explosion aufschlagen würden. Er starrte aus einer der seitlichen Sichtluken und suchte nach einem Ort, an dem sie landen konnten, bevor sie abstürzen würden.

»Da«, voxte er dem Piloten und wies ihn auf eine Hochebene inmitten der verfallenen Ruinen einer zerstörten Stadt hin.

Bei seiner Ankunft wirbelte der Landungsflieger roten Staub auf. Mitten im Wiederaufbau hatte das nukleare Desaster, das über diese Welt gekommen war, die Bemühungen der ansässigen Arbeiter zunichtegemacht und nur eine ausgebrannte Ruine hinterlassen, die von den einheimischen Pflanzen überwuchert worden war. Etliche Kletterpflanzen umrankten einen großen Teil des Ferrobetonrohbaus und hinter einer niedrigen Steinmauer befanden sich einige Munitionskisten. Die meisten waren leer oder explodiert. Die versengten Wände eines hangargroßen Bunkers begrenzten einen Bereich voller zertrümmerter Flugzeugteile, neben dem sich Türme, Silos und verrostete Maschinen befanden. Früher musste dies ein großes Manufactorum gewesen sein, das der Massenproduktion von Wehrmaterial gedient hatte.

Auf dieser Welt hatte ein Bürgerkrieg getobt, der nichts mit dem großen Kampf um die Galaxis zu tun hatte.

Die Luft war völlig verstrahlt, sodass die Legionäre der Salamanders mit aufgesetzten Helmen ausstiegen, geschützt von ihren hermetisch versiegelten Rüstungen und deren Luftfilterungssystemen.

Varr hatte mit dem Aufstellen von Wachen begonnen, während Zandu und Xen sich ein wenig außerhalb des Landebereichs in der Mitte der Hochebene trafen. Im Hintergrund machten sich die Techmarine-Piloten an die mühsame Arbeit, die Landungsflieger zu reparieren. Beide waren stark beschädigt, ihre gepanzerten Seiten von Geschossen durchschlagen und mit Granatsplittern übersät. Selbst wenn sie es gewollt hätten, hätten die Salamanders die äußere Atmosphäre nicht durchbrechen können, sodass sie die Thunderhawks so gut wie möglich mit der zur Verfügung stehenden Flora tarnten. Vorläufig war die *Kelch des Feuers* für sie unerreichbar. Doch noch schlimmer war, dass T'kell weiterhin bewusstlos im Frachtraum eines Landungsfliegers lag, wo zwei aus Zandus Trupp auf ihn aufpassten.

Zandu ging zum Rand der Anhöhe und starrte geradeaus, als ob er die Lösung für ihre derzeitigen Probleme irgendwo am Horizont suchen würde. Alles, was er sah, waren die Schatten, die die Blitze warfen, und die Silhouette eines toten Landes, das nie wieder geheilt werden konnte.

»Wir brauchen Krask«, sagte Xen mit offensichtlicher Ungeduld und Wut in der Stimme.

Zandu nickte. »Das Vox funktioniert nicht. Selbst wenn wir die *Kelch des Feuers* erreichen könnten, würde es mehrere Stunden dauern, bis sie auf dem Planeten landen. Wir sollten diese Zeit nutzen, um uns zu sammeln und wieder zu Kräften zu kommen. Wenn wir zu leichtsinnig vorgehen, war unser Überleben umsonst.«

»Und wenn wir hierbleiben, werden sie kommen und uns in dieser Ruine töten.«

»Vorerst müssen wir ohnehin hierbleiben. Wir halten uns versteckt, beobachten, wer sich nähert, und greifen nur an, wenn es nötig wird.«

An dem unausgesprochenen Vorwurf, der in Xens Tonfall mitgeschwungen hatte, führte schließlich kein Weg mehr vorbei.

»Was ist in dem Lager passiert? Ihr wart wie … ausgeschaltet. Mir fällt kein anderes Wort für das ein, was ich da gesehen habe. Ein Fehler, der –«

Zandu ballte verärgert und unter brummenden Servos eine Faust, doch seine Verärgerung richtete sich gegen ihn selbst. »Ich habe ihn schon wieder gesehen«, flüsterte er, als ob sich die Erscheinung aus seinen Träumen manifestieren könnte, wenn er zu laut sprechen würde. »Den brennenden Mann. Seit Vulkan, seit …«

Xen trat neben ihn. »Sein Tod hat uns alle berührt, Bruder. Aber Ihr habt uns beinah getötet. Wenn wir dortgeblieben wären –«

»Ich weiß, was ich getan habe.«

»Der brennende Mann ist … Er ist nicht real, Zandu. Er ist nur ein Hirngespinst.«

Der Sergeant schaute ihn von der Seite an. »Ihr wusstet, dass ich ihn gesehen habe?«

»Ich habe Euch gehört. Während der Schlacht.«

»Gnädiger Vulkan …«

»Wart Ihr vor Nikaea ein Psioniker? Das wusste ich nicht.«

Zandu schüttelte den Kopf. »Es kommt mir mehr wie eine Vorahnung vor.«

»Eures Todes?«

»Irgendetwas, dem ich nicht entfliehen kann.«

»Nehmt es an! Ihr dürft Euch nicht von Zweifeln ablenken lassen. Diese Abtrünnigen werden uns verfolgen«, sagte Xen. »Wir müssen bereit sein.«

»Vielleicht. Aber wir haben sie verwundet. *Varr* hat sie verwundet.«

»Habt Ihr die gleichen Vorahnungen wie dieser Pyromane?«

Zandu warf Varr einen flüchtigen Blick zu. Er hatte das verbleibende Promethium in vier Kanister gefüllt und überprüfte die Zündvorrichtungen, um zu ermitteln, welche Flammenwerfer am leistungsfähigsten waren. Selbst durch seine Helmlinsen hindurch war zu sehen, wie seine Augen leuchteten, während er die kleine blaue Flamme betrachtete.

»Was glaubt Ihr, was *er* sieht?«

»Er sagt, er sieht Vulkan.«

»Zau'ull sieht Vulkan, aber er ist ein Igniax. Ich glaube, Varr ist verrückt.«

»Er ist einer von uns.«

»Ich habe nicht gesagt, dass wir nicht verrückt sind.«

Xen lachte, doch in ihrer derzeitigen Situation wirkte seine Unbeschwertheit fehl am Platz, sodass seine Belustigung angesichts ihrer Notlage bald verklang.

»Was ist mit dem Schmiedewerk? Wahrscheinlich lässt es sich gut verteidigen und da es eins der Waffenlager des Primarchen ist, werden dort Waffen und Munition sein. Das dürfte erheblich besser sein als diese Ruine.«

»Das ist kein schlechter Plan«, sagte Zandu, während er in die Dunkelheit schaute, »aber wie sollen wir es finden?«

»Indem wir T'kell wiederbeleben.«

»Auch da bin ich mir nicht sicher, wie wir das bewerkstelligen können. Soweit ich weiß, ist er immer noch bewusstlos. Selbst wenn wir das könnten, würde ich die Sons of Horus oder das Mechanicum nicht zum Schmiedewerk führen. Deshalb müssen sie hier sein. Somit hätten sie keinen Grund, Bruder-Captain Obek nicht zu töten, falls er noch lebt.«

»Er lebt.«

Beide drehten sich zu T'kells Maschinenstimme um.

»Die biologische Verbindung zu seinem Anzug besteht noch. Wenn er abgelegt worden wäre, würde sie das nicht. Wenn er tot wäre, würde sie das nicht. Sie besteht noch. Er lebt noch.«

Zandu neigte den Kopf. »Schmiedevater …«

Xen verneigte sich ebenfalls. »Vulkan sei Dank, dass Ihr erwacht seid.«

»So gern ich mein Wiedererwachen dem Willen unseres verstorbenen Vaters zuschreiben würde, liegt es vielmehr daran, dass ich von einer Tirade schädlichen Maschinencodes angegriffen worden bin und Zeit brauchte, um mich von ihm zu bereinigen.«

Zandu ergriff den Vorderarm des Techmarines. »Dass Ihr zu uns zurückgekehrt seid, *ist* Vulkans Wille, Bruder«, doch T'kell erwiderte Zandus Geste nur zögerlich.

»Geht es Euch gut?«, fragte Zandu.

»Ich bin erschöpft, aber es wird besser.«

»Wenn Obek lebt, haben wir keine andere Wahl«, sagte Xen. »Wir müssen angreifen.«

Zandu ließ T'kells Arm los und legte ihm eine Hand auf den Schulterpanzer.

»Gibt es noch etwas?«

Der Techmarine nickte langsam.

»Die Abtrünnigen haben das Schmiedewerk gefunden. Es ist unter ihrem Lager.«

Zandu runzelte die Stirn. »Das wusstet Ihr?«

»Ich wusste, dass es in der Nähe ist, aber nicht, wo genau es sich befindet. Sobald ich mich dem Lager näherte, konnte ich es spüren. Meine Bürde lastet nun schon seit dem Aufbruch des Primarchen nach Isstvan auf mir. Ich hatte gehofft, dass es nie so weit kommen würde. Ich hatte gehofft, dass Vulkan zurückkehren und seine Meinung ändern würde. Ich hatte gehofft …« Sein tiefes Durchatmen ließ seine menschliche Seite durchscheinen. »Ich habe auf viel gehofft, das nicht geschehen ist.«

»Wenn es hier ist, müssen wir es ihnen entreißen«, sagte Xen.

T'kell schüttelte Zandus Hand ab. »Wir können das Schmiedewerk nicht mehr verwenden«, antwortete er. »Selbst, wenn wir jeden Verräter auf dieser Welt töten würden, wäre es nicht mehr sicher. Wir müssen es zerstören, oder wenigstens das, was noch darin ist.«

»Dann haben wir jetzt eine andere Mission«, sagte Zandu »Wir holen Captain Obek da raus, töten so viele, wie wir können, und ziehen ab.«

»Einverstanden«, sagte Xen. »Trotzdem brauchen wir immer noch Krask. Ganz gleich, wie sehr wir sie verwundet haben, die Sons of Horus werden eher sterben als sich ergeben.«

»Das Vox funktioniert noch immer nicht«, sagte Zandu.

»Ich werde es reparieren und Unterstützung anfordern«, sagte T'kell. »Die beiden Thunderhawks müssen ebenfalls noch repariert werden, wenn sie die äußere Atmosphäre durchbrechen sollen. Ich werde Zeit brauchen. Ich schlage vor, dass Ihr solange Wache haltet, Bruder-Sergeant Zandu.«

T'kell ging zu den Piloten, die bereits mit der mühsamen, aber wichtigen Flick- und Abdichtungsarbeit an der Panzerung der Thunderhawks begonnen hatten.

Sobald der Techmarine außer Hörweite war, sprach Zandu über einen privaten Voxkanal mit Xen.

»Ist er Euch auch sonderbar vorgekommen?«

»Nicht mehr als jeder andere Sohn des Mars.«

»In erster Linie ist er ein Sohn Vulkans.«

»Unabhängig davon, wem er sich verbundener fühlt, ist er nach wie vor so kalt wie ein nuklearer Winter.«

Als Xen sich zum Gehen wandte, packte Zandu ihn am Arm.

»Beobachtet ihn, Bruder.«

Xen schaute erst Zandu, dann T'kell und dann wieder den Sergeant an. Er nickte zustimmend.

Wie immer wurde Xen von Rastlosigkeit geplagt.

Er hatte T'kell wie gebeten im Auge behalten, doch als offensichtlich war, dass dem Schmiedevater und seinen Brüdern keine Gefahr drohte, suchte sich Xen eine andere Beschäftigung. Während die anderen Wache standen, bei den Reparaturen halfen oder ihre Waffen warteten, fand er eine ruhige Stelle inmitten der Ruinen, um mit seinen Klingen zu üben.

Er hatte seine beiden Schwerter – ein jadegrünes, ein bernsteinfarbenes – bereits gesäubert und sie während seiner Wache geschärft, sodass sie wie eine polierte Drachenschuppe und eine strahlende Flamme glänzten, als er sie aus ihren Scheiden zog.

»Drakos, Ignus.«

Die Nennung ihrer Namen war ebenfalls Teil seines Rituals.

Xen wusste, wie man eine Waffe schwang. Dabei beschränkte er sich nicht auf eine einzige Waffe, sondern meisterte *alle* Waffen. Schwert, Speer, Axt … In seiner Hand fühlten sie sich natürlicher an als ein Panzerhandschuh, vertrauter als sein eigenes Gesicht. Aber *Drakos* und *Ignus* … das waren Schwerter, die ihresgleichen suchten. Er hatte sie eigenhändig geschmiedet. Die gezackte Spatha war *Drakos* und das Falchion-Energieschwert war *Ignus*.

Sie bestanden aus gehärtetem, monomolekularem Stahl,

waren auf Nocturne gefertigt und im Eis des Drachenturmgebirges abgeschreckt worden, und keine der beiden Klingen hatte ihn je enttäuscht. In gewisser Weise fühlte er sich ihnen verbundener als seinen Brüdern, andererseits war Xen ohnehin ein Einzelgänger. Trotzdem überkamen ihn leichte Gewissensbisse, als er langsam begann, mit den Schwertern Kreise zu ziehen. Xen verstand Zandus Bedenken bezüglich T'kell, doch der Schmiedevater hatte mehr marsianisches Blut in sich, als die meisten zugeben wollten. Er benahm sich in der Tat sonderbar, andererseits hatte Xen noch nie einen Techmarine getroffen, auf den das nicht zutraf.

»Ich bin kein Wachhund«, murrte er und schwang seine Klingen mit jeder Drehung kraftvoller, schneller und in komplexeren Bewegungen. In seiner vollständigen Kriegsrüstung fiel ihm das schwerer. Das war das Erste gewesen, was er nach seiner Apotheose hatte lernen müssen. Um in einer Mk-IV-Gefechtsrüstung zu kämpfen, musste sich ein Krieger von einigen Fehlvorstellungen freimachen. Beispielsweise, wie leicht es war, sich damit zu bewegen. Trotz des angebauten Generators auf dem Rücken war eine Servorüstung schwer und behäbig, doch mit ihrer Masse verstärkte sie rohe Kraft und ungezügelte Aggression. Präzision, Effizienz, Tödlichkeit – wenn man einen Treffer erzielen konnte, sollte er tödlich oder zumindest schwer sein. Elegantere Schläge sollte man auf die Käfige und Übungskämpfe beschränken und den Toten auf dem Schlachtfeld überlassen, die es nicht geschafft hatten, sich davon abzuhalten.

Entgegen seinem Kriegercredo glaubte Xen, dass er gewandter und schonungsloser kämpfte als jeder andere in seiner Legion. Umso unverständlicher war es für ihn, dass ihm nie die Ehre zuteilgeworden war, eine Brandwache zu sein.

Artellus Numeon hatte ihn persönlich kämpfen sehen und wusste von seinen Siegen im Kreuzzug. Doch Xen sollte keinen Ruhm als rechte Hand Vulkans ernten. Stattdessen war ihm eine Standarte gegeben worden, die ihn symbolisch in Ketten legte.

»Ihr verhaltet Euch respektlos«, rief Varr von einem Gerüst herab, das sich hoch über dem verlassenen Fertigungshof befand, zu dem Xen gegangen war, um seine Schwerter zu schwingen.

Als ob er meine verdammten Gedanken hören könnte …

»Was wollt Ihr, Legionär?«

»Eure Narben. Sie sind respektlos.«

»Sie sind unter meiner Rüstung. Wen könnte ich damit schon beleidigt haben?«

Varr schlug sich mit der Faust auf den Brustpanzer. »Narbenlos«, sagte er nickend. Er hatte seinen Gladius gezogen und zeigte damit auf Xen. »Vernarbt.«

Xen schwang weiter seine Klingen, die blitzschnell aneinander vorbei zogen: grün, rot, grün, rot … *Drakos* und *Ignus* bewegten sich in völligem Einklang.

»Kommt und redet mit mir«, sagte Varr und zog sich in die Schatten zurück, »wenn Ihr ein Schamgefühl entwickelt und begriffen habt, wie sehr Ihr uns entehrt. Ich kann Euer Fleisch wieder reinwaschen.«

Mit einem wütenden Klirren erstarrten beide Klingen. Varr war fort, sodass niemand Xens bissige Beleidigungen hörte.

»Diese Narben habe ich mir verdient«, sagte er zu den Schatten. »Sie sind mein Recht. *Meine* Ehre. Warum sollte mich das zum Ausgestoßenen machen?«

Doch als seine Entrüstung und das Echo seiner Rechtfertigung verklungen war, steckte Xen seine Schwerter weg und kehrte zu seinen Brüdern zurück.

NEUN

Erhabenes Sakrileg

Zau'ull wusste, dass er zu weit gegangen war. Als er allein in den Tiefen der *Kelch des Feuers* war, hatte er seinen Wächterschwur gebrochen und das Lager entriegelt.

Das Armarium war so groß, dass er darin herumgehen konnte. Nachdem er die Druckwolke durchschritten hatte, die die Tür beim Öffnen ausgestoßen hatte, fand er sich in einer Kammer wieder, wie er nie zuvor eine gesehen hatte.

Hier befand sich das Vermächtnis Vulkans. Sein *letztes* Vermächtnis. Auch wenn er das nur ungern zugab, fühlte sich dieser Ort wie ein Grab an und roch nach Endgültigkeit und Fatalismus. Zau'ull hatte Geschichten gehört. Er wusste vom Tod des Gorgonen. Als Numeon und seine Männer nach einer beschwerlichen Reise durch den Untergangssturm zurückgekehrt waren, hatten sie ihnen die düstere Kunde überbracht. Die Iron Hands waren zersplittert – einige hatten sich vollständig losgesagt – und sehnten sich jetzt nur noch nach Tod und Rache. Vulkans Tod hatte sich auf all seine Söhne ausgewirkt, ob ihnen das bewusst war oder nicht, doch Zau'ull hoffte, dass sie durch den Verlust ihres Vaters nicht in ähnliche Verzweiflung verfallen würden.

»Das darf nicht sein«, flüsterte er in der Dunkelheit und gestattete sich ein wenig Licht. Der kühle Schein der Innenlumen enthüllte fünf Behälter aus dunklem Glas und Adamantium. Er nahm an, dass diese eine Art Ausstellung für die Werke seines Vaters sein sollten. Obwohl Vulkan es für angebracht gehalten hatte, sie alle zu benennen, kannte Zau'ull ihre Namen nicht. Er fragte sich, ob T'kell sie kannte. Vielleicht würden sie sie erst erfahren, wenn sie es sich verdient hatten.

Doch irgendetwas *spürte* er. Die Hand des Primarchen hatte auf diesen Kriegswaffen geruht. Einige waren klein und sahen in ihren Behältnissen und hinter dem Glas geradezu harmlos aus, wohingegen andere eindeutig Kriegsgerät waren.

Er war nicht hergekommen, um sich im Glanz des Ruhms seines Vaters zu sonnen; das war nicht der Grund für Zau'ulls Sakrileg. Er hatte es begangen, weil er gehofft hatte, dass sein verlorener Glaube dadurch erneuert werden würde – doch vergeblich.

»Seid Ihr hier, Vater?«, fragte er leise die Schatten, während er in der verbotenen Kammer stand.

In ihre Wände waren Bilder von Drachen gehauen, den furchterregenden Bestien, die unter Nocturnes Oberfläche hausten und den Salamanders einen ihrer Spitznamen gegeben hatten. Sie alle funkelten den unsicheren Legionspriester mitleidlos und unbarmherzig an, der verzweifelt nach spirituellem Beistand suchte.

Du bist unwürdig, sagten sie.

»Ich bin Feuervater!«, rief Zau'ull und hörte das Echo seiner Stimme. Es klang hohl. »Vulkan … bitte …«

Es kam keine Antwort, abgesehen von dem dumpfen Brummen des Schiffs, das die Wände vibrieren ließ. Sogar die Phosphorkugeln schienen dunkler zu werden, als ob sie ihr Licht von ihm abwenden würden.

Zau'ull war auf die Knie gegangen, ohne es zu merken, und seine ausgestreckte Hand berührte eine dunkle Glasscheibe, hinter der in wenigen Zentimetern Entfernung ein Artefakt lag.

Dunkle Zeiten waren über sie hereingebrochen und seine Brüder brauchten ihn, brauchten seinen Glauben und seine geistliche Stärke, um sie aufzurichten.

»Wie kann ich das tun, Vater? Wie kann ich mich um sie

kümmern, wenn ich mich nicht einmal um mich selbst kümmern kann?«

Er senkte den Kopf, während seine Gedanken in einem Mahlstrom aus Trauer und Wut kreisten. Die Hand, die er an das Glas gelegt hatte, ballte er zur Faust, sodass die verkrampften Finger seines Metallhandschuhs darüber kratzten.

»Vater … antwortet mir«, forderte er. »Antwortet mir. Vulkan … erhört Euren Sohn. Erhört mich!«, brüllte er und holte mit seiner Faust für einen Schlag aus, als das Knistern des Vox den roten Schleier durchdrang, der sich auf seine Gedanken gelegt hatte.

»Feuervater.« Es war Krask, der ihn über das Vox kontaktierte. »Ihr werdet gebraucht.«

Es kam ihm vor wie eine Fügung.

»Sprecht, Bruder«, sagte er und achtete darauf, sich seinen Gefühlsausbruch nicht anmerken zu lassen.

»Wir haben Nachricht von unten erhalten, vom Schmiedevater. Dort sind Abtrünnige, die das Schmiedewerk eingenommen haben, Legionspriester.«

Das neue Ziel schenkte ihm wieder Kraft und einen Punkt, auf den er seinen Zorn richten konnte. Zau'ull stand auf und hob sein Kinn.

»Lasst Eure Männer antreten«, sagte er zu Krask, »und lasst Schiffsmeister Reyne die Landungskapseln bereitmachen.« Obwohl die *Kelch des Feuers* ein Fabrikschiff war, verfügte sie über ein wenig Kriegsausrüstung. »Zu lange hat uns dieser Fluch schon gequält! Zu lange sind wir die Narbenlosen gewesen. Es wird Zeit, dass wir wieder bluten.«

Krask verabschiedete sich mit einer überschwänglichen Bestätigung der Befehle, woraufhin Zau'ull die Verbindung trennte.

»Zu lange habe ich gelitten …«, flüsterte er, griff nach der Glasscheibe und hoffte, dass es Vulkans Hand war, die ihn führte, als er sich nahm, was dahinter eingeschlossen war.

ZEHN

Die Drachen jagen

Der Landungsflieger näherte sich im Tiefflug und nutzte die Ruinenstadt als Deckung, während er darauf achtete, außerhalb der Augurenreichweite zu bleiben. Als er den exakten Rand des Gebiets erreichte, an dem er aufgespürt werden konnte, verlangsamte der Thunderhawk, drehte ein und hielt an. Er schwebte einen guten Meter über dem Boden und wirbelte mit dem Abwind der brummenden Turbinen, die ihn in der Luft hielten, einigen Staub auf. Eine Seitenluke öffnete sich und fünf Gestalten traten heraus, die sich auf den Boden fallen ließen und anschließend in den Ruinen verschwanden.

Daraufhin stieg der Landungsflieger mit schneller drehenden Turbinen in die Höhe, bis er sich von allen Hindernissen entfernt hatte. Die Schubdüsen sprangen an und er schloss sich dem zweiten Thunderhawk an, mit dem er zu dem Lager am Horizont eilte.

»Wie lange noch, bis Krask und seine Terminatoren auf dem Planeten landen?«, brüllte Zandu ins Vox, da er den Triebwerkslärm übertönen musste, der durch den Frachtraum hallte.

»Da sie Landungskapseln verwenden, wird es schnell gehen«,

antwortete T'kell, dessen Stimme über das Vox knisternd an Zandus Ohr drang. »Ihre Landung ist zeitlich auf unseren Angriff abgestimmt.«

»Wir sind keine zwanzig Minuten mehr davon entfernt.«

»Dann habt Ihr ja Eure Antwort.«

Zandu nickte und wechselte den Kanal.

»Xen.«

»Wir sind nah dran«, antwortete der Legionär. »Sorgt dafür, dass ihr ihre gesamte Aufmerksamkeit habt.«

»Euch bleiben achtzehn Minuten.«

»Verstanden.«

Die Verbindung wurde getrennt und Zandu sackte ein wenig zusammen. Er war froh über das Geländer, an dem er sich festhielt. Er hatte seinen Magnetharnisch gelöst und seine Stiefel am Deck magnetarretiert. Das hatten sie alle. Die Strahlungswerte auf seiner Retinalanzeige gingen in die Tausende. Das war genug, um einen sterblichen Menschen innerhalb weniger Stunden zu töten.

Vulkan hatte keine Verwüstertrupps in seinen Reihen; er hatte sie wegen der schweren Zerstörung, die solche Krieger anrichteten, verboten, doch während des Kreuzzugs hatte Zandu sie gesehen. Strahlungswaffen waren nur eines von vielen Mitteln, um den Feinden des Imperiums ein Ende zu machen. Damals hatte man sie fast schon für notwendig gehalten, doch jetzt erschienen sie ihm entsetzlich. Er erinnerte sich an einen Iron Warrior, der gerade von der Front zurückgekehrt war, nachdem er zusammen mit seiner Einheit Phospex und starke Strahlungsbomben abgefeuert hatte. In seiner kriegsverheerten, beschmutzten und vom Feuer geschwärzten Rüstung hatte der Legionär ziemlich düster ausgesehen. Die Salamanders waren die Entsatzstreitmacht gewesen, die den Iron Warriors für eine Weile die Last des Krieges abnehmen sollten, damit diese sich für andere Schlachten neu ausrüsten und ihre Vorräte aufstocken konnten. Es war eine flüchtige Begegnung gewesen, doch sie war Zandu in Erinnerung geblieben, weil er gesehen hatte, wie der Iron Warrior den Helm abgenommen hatte.

Im Kriegsgebiet war es heiß gewesen und der letzte Bereich war ein dichter Dschungelabschnitt, weshalb die Salamanders und ihre Feuerbrecher eingesetzt wurden. Zandu wusste, wie stickig es in der Rüstung dieses Legionärs gewesen sein musste. Als er also von der Front zurückgekehrt war und bemerkt hatte, dass Unterstützung eingetroffen war, hatte der Iron Warrior trotz der Stechfliegen und der Hitze, die die nach Schweiß und Blut stinkende Luft flimmern ließ, den Helm abgenommen. Er hatte sie durch den Mund tief eingeatmet, in dem sich noch sechs Zähne befunden hatten. Die anderen waren ihm ausgefallen, wie auch ein Großteil seiner Haare. Seine Augen waren so eingefallen gewesen wie der Rest seiner Haut, die wächsern geschimmert und in einem bestimmten Licht schwach geleuchtet hatte.

Er hatte gelächelt, als er bemerkt hatte, dass Zandu ihn anschaute. Das war ein hässlicher, aber auch mitleiderregender Anblick gewesen.

»Willkommen im Krieg«, hatte er mit einer Stimme gesagt, die wie das Todesröcheln eines Verdammten klang.

Knochen, Fleisch, Haare; jede Zelle dieses Legionärs war so verstrahlt worden, dass er dem Tod geweiht war. Ein Space Marine war zäh, aber nicht unverwüstlich. Die meisten würden ohnehin in der Schlacht sterben, doch obwohl dieser siegreich zurückkehrte, näherte sich seine Dienstzeit rasch ihrem Ende. Er hatte Zandu erneut angelächelt, da der Legionär der Salamanders nicht den Eindruck gemacht hatte, als ob er ihm antworten wollte. Vielleicht war das ironisch gemeint gewesen, doch das Bild dieses finsteren, skelettartigen Gesichts hatte sich für immer in sein Gedächtnis eingebrannt. Als er jetzt das Blut in seinem Mund schmeckte und in seiner Nase roch, erinnerte er sich daran. Der Geruch und Geschmack von feuchtem Metall oder altem Kupfer war allgegenwärtig und entzauberte den Mythos der Unsterblichkeit.

Apothecarius Fai'sho aus Zandus Trupp schaute ihn mit einem fragenden Blick an, der trotz seiner Helmlinsen zu erkennen war.

»Bruder-Sergeant?«

Zandu bemühte sich, gerade zu stehen und stark zu wirken.

»Es geht mir gut. Konzentriert Euch auf Eure Aufgabe. Bald kommt der Krieg über uns alle.«

Fai'sho nickte und schaute weg, doch Zandus Augen waren weiterhin auf die Strahlungsmesswerte und die eindringlichen Zustandswarnungen seiner Rüstung gerichtet.

Rot. Rot. Rot.

* * *

Xen schlich durch die Ruinen der toten Stadt. Er durchquerte Wohngebiete und Handelsbezirke, schmale Straßen und weite Plätze. Die Bevölkerung war tot, doch der Kadaver ihrer Stadt blieb bestehen und schien nicht weiter verfallen zu wollen, doch mit der Zeit würde auch das geschehen.

Vier andere folgten ihm und bewegten sich trotz ihrer massigen Kriegsrüstungen geduckt und schnell. Die Version Mk IV war nicht gerade für ihre Verstohlenheit bekannt – dafür gab es die leichtere Schutzausrüstung der Aufklärungs-Vigilatoren –, doch Xen bewegte sich mit einer Anmut, die über das Gewicht seiner Rüstung hinwegtäuschte. Seine Brüder ahmten seine Bewegungen meisterhaft nach.

Die Südseite des Lagers war beschädigt. Wenn das Mechanicum nicht schon Reparaturen vorgenommen hatte, würde der Mauerbereich gegenüber dem Eingangstor von Trümmern und baufälligen Verteidigungsanlagen übersät sein. Dafür hatten die Promethiumtanks gesorgt, die Varr zur Explosion gebracht hatte. Neben der Ablenkung, die es ihnen zu diesem Zeitpunkt verschafft hatte, war es auch ein verheerender Schlag gegen die Wehrhaftigkeit des Feindes gewesen. Jetzt ergab sich daraus ein weiterer Vorteil … *falls* Xen und sein Trupp unbemerkt bis an die Mauer gelangen und sie durchbrechen konnten.

Dabei waren sie auf Zandus Hilfe angewiesen, und auf Krasks.

Er hielt inne und schaute zum Himmel. Noch immer tobte der Sturm und die Nacht wurde von schimmerndem Violett und Rot durchzuckt. Bald würden die brennenden Kondensstreifen der Landungskapseln erscheinen und dann würde das Schmiedewerk ihnen gehören.

Als er aus den Ruinen eines zusammengefallenen Wohnblocks trat, erblickte Xen das Lager. Es überragte die meisten verfallenen Gebäude der Stadt, und die Mauern aus dunkelgrauen Metallplatten machten es zu einem eindrucksvollen Bollwerk. Ein gezackter Riss erstreckte sich vom Fuß bis zur Spitze. Die Trümmer der Explosion hatten die Zinnen unter sich begraben und kein Wachturm überblickte es mehr.

Xen gab das Gefechtszeichen zum Stehenbleiben und schaltete dann das Vox an.

»Noch sechzig Meter.«

»Bestätige.«

»Rücken auf endgültige Position vor.«

»Wartet auf das Signal.«

Xen trennte die Verbindung.

Drei Legionäre in drachengrüner Kriegsrüstung erwarteten schweigend seinen nächsten Befehl, doch Xens Aufmerksamkeit ruhte auf einem vierten, der eine rote Rüstung trug.

»Seid Ihr hierfür bereit, Schmiedevater?«

»Ich bin bereit, seit ich diesen Mantel angelegt habe«, antwortete T'kell und packte die Drachenhaut, die seine Schultern bedeckte, um sie Xen zu zeigen.

»Ich meinte lediglich, dass Ihr als Techmarine vielleicht nicht –«

»Seid Ihr denn bereit, Vexillarius?«

Xen nickte. »Ich schätze, wir alle müssen uns jetzt anpassen.«

»Zandu hat Euch darum gebeten, mich zu beobachten, oder?«

Xen warf einen flüchtigen Blick auf seine Kameraden, die sich darum bemühten, teilnahmslos zu wirken. Dann nickte er zum zweiten Mal.

»Das ist nicht nötig«, sagte T'kell. »Beobachtet lieber die da.« Er zeigte auf die Mauern und damit auf die Abtrünnigen, die die Legionäre der Salamanders im Innern erwarten würden.

Sie gingen los.

ELF

Keine Wölfe mehr

Rayko Solomus hatte die Folterkammer verlassen, saß auf einer Munitionskiste auf den Zinnen der Nordmauer und hielt Ausschau. Er schaute auf die Stadtruinen und die Dämmerung am Horizont, doch der Anblick rührte ihn nicht. Während der Lärm der Diener, die irgendwo unter und hinter ihm arbeiteten, nur gedämpft zu ihm heraufdrang, fragte sich Solomus, wie lange er schon innerlich tot und jeglicher Emotion beraubt war. Nur, wenn er ein Foltermesser hielt, überkam ihn ein Anflug eines echten Gefühls, und sogar das war ihm nun verwehrt worden, da jetzt der Abgesandte des Mechanicums den Drachen hatte.

»Er hat nicht geschrien?«, fragte Nevok und hielt inne, um Solomus anzusehen, während er ein weiteres Geschoss in das Magazin seiner Waffe einlegte. »Die halten ja wirklich einiges aus.«

Nevok stand Wache und erwartete die Ankunft der Salamanders. Die Sons of Horus standen mit ihren Boltern bereit und ein Trupp mit schweren Waffen hielt die Augen auf den Himmel gerichtet. Da sie sie nicht mehr überlisten konnten, würden sie die Salamanders in einer offenen Schlacht bekämpfen. Allerdings waren sie *schwer* angeschlagen. In einem behelfsmäßigen Apothecarion lag eine Reihe von Leichen, die darauf warteten, dass Renk ihre Progenoiddrüsen entnahm. Auch die Überlebenden hatten Verbrennungen erlitten und angesengte Rüstungen.

»Sie werden so geboren«, sagte Solomus, »in Feuer und Tod.«

Nevok nickte, während er ein weiteres Boltgeschoss einlegte. »Hast du ihre Leichen gesehen? Narben über Narben.«

Solomus zog sein Messer und bewunderte die scharfe Klinge. »Er hat Hajuk, Morvek und Ezremas getötet«, sagte er und zählte die Legionäre an den Fingern seines Panzerhandschuhs ab. »*Gleichzeitig*. Er hat allein gegen alle drei gekämpft.«

Nevok lachte, während er das Magazin wieder an seinen Bolter steckte. »Das bezweifle ich aber stark. Der Drache war ein guter Kämpfer – das war für jeden Legionär erkennbar –, aber alle drei …« Er schüttelte den Kopf und spottete: »Ezremas hätte ihn sogar allein ausweiden können. Diese Drachen sind Warmblüter, aber sie sind nicht wie wir. Sie sind schwach.«

»Es stimmt aber«, sagte eine Stimme hinter ihnen. Vosto Kurnan stieg über eine Metalltreppe, die unter jedem seiner schweren Schritte knarrte, zu den Zinnen herauf. »Ich habe ihn gesehen«, fügte er überzeugt hinzu und blieb neben den beiden anderen Legionären stehen.

»Warum hast du dann nicht eingegriffen?«

»Sie hatten schon so viel Unehre über sich gebracht, dass ich es mit meinem Triumph über den Drachen nicht noch schlimmer machen wollte«, sagte er. »Abgesehen davon habe ich Hajuk, Morvek und Ezremas gehasst.«

»Du hasst jeden, Bruder.«

»Stimmt«, sagte Kurnan leichthin und schaute Nevok missbilligend an, »doch einigen ist ein ganz besonderer Hass vorbehalten. Und die Salamanders sind nicht schwach«, fügte er hinzu. »Du hast nicht auf Isstvan Fünf gedient. Du hast sie nie *kämpfen* sehen.«

Nevok schaute sie beide verblüfft an. »Was? Das war ein Gemetzel, kein Kampf.«

Kurnan trat näher. Nevoks Bolter lag vollständig geladen neben ihm.

»Wir hatten sie *in der Falle*, Bruder. Die Raven Guard war in alle Richtungen verstreut und führte selbst dort einen Guerillakrieg. Der Gorgone und seine Krieger … nun, die kämpften unnachgiebig gegen Fulgrim. Aber wir hatten die Drachen umzingelt, waren zahlenmäßig überlegen und in der besseren Position, während sie unserer Artillerie ausgeliefert waren. Du hättest sehen sollen, wie die Iron Warriors sie bombardiert haben …« Er schüttelte den Kopf, als ob er sich die Geschehnisse, die er beschrieb, noch einmal bildlich ins Gedächtnis rief. »Jeder andere Feind wäre gestorben, und zwar schnell, und das taten sie auch«, sagte er mit immer tieferer und bedrohlicherer Stimme, »doch diese Drachen weigerten sich aufzugeben. Sie kämpften weiter, obwohl Bomben auf sie herabstürzten und ihre Brüder scharenweise fielen. Selbst, als der Gorgone starb und kurz darauf der Herr der Drachen, und als der Rabe floh … machten sie weiter. Immer weiter. Einige hatten Arme oder Beine verloren, andere waren durchbohrt oder blind. Selbst für Legionäre waren sie eigentlich zu verwundet, um weiterkämpfen zu können.«

Kurnan trat zurück, doch sein Blick bohrte sich noch immer durch Nevoks Helmlinsen.

»Ich habe gehört, dass man sagt, man soll, wenn man einen von Guillimans Söhnen getötet hat, sichergehen, dass er auch wirklich tot ist. Vulkans Söhne … nun, die sterben gar nicht erst.«

»Keine Angst, Vosto«, sagte Solomus und erhob sich von der Munitionskiste. »Ich werde alle töten, die du nicht töten kannst.«

Kurnan funkelte ihn wütend an.

»Ich respektiere sie, Solomus, und du würdest gut daran tun, das ebenfalls zu tun.«

»Während du ihnen den nötigen Respekt erweist, werde ich sie ausweiden, Bruder.« Solomus hielt sein Messer hoch. »Hiermit.«

Kurnan schnaubte verächtlich und unbeeindruckt. »Ich hoffe, du bist im Kämpfen besser als im Verhören.«

»Ah, nun«, antwortete Solomus, dem trotz seiner zusammengebissenen Zähne sein Lächeln anzuhören war. »Wie du schon sagtest, sie sind robust.«

»Ja, und sie kommen. Hierher. Bald.« Kurnan schaute zum fernen Horizont, als ob er erwarten würde, sie dort zu sehen.

»Regulus rechnet fest damit«, sagte Nevok.

»Er braucht sie aber drinnen«, sagte Kurnan zu ihm.

»Ich kann nicht versprechen, dass ich sie freundlich hereinbitten werde, Bruder«, sagte Solomus.

Kurnan schaute ihn wieder an. »Du kannst davon ausgehen, dass sie sich bei uns nicht zurückhalten werden. Sie hassen uns.«

»Verrat hat wohl seinen Preis.«

»In der Tat.«

»Wir hätten sie allesamt zur Strecke bringen sollen«, sagte Solomus zu Kurnan, als der sich zum Gehen abwandte.

»Ja, das hätten wir, und jetzt ernten wir, was wir mit unserer Arroganz gesät haben.«

Kurnan ging den Wall hinab und ließ seine Brüder mit ihrer Pflicht allein.

»Ich rechne mit einer schwierigen Ernte«, sagte Solomus.

Er lachte und summte vor sich hin, während er weiter über die Zinnen spazierte.

ZWÖLF

Wie wir gebrannt haben

Zandus Signal war für Xen mehr hörbar als sichtbar. Ein Kampfflieger eilte aus der Dunkelheit heran und sprengte mit seinen verbleibenden Raketen eine Mauersektion. Die Explosion tauchte die Nacht in feurig rotes Licht, worauf dem Thunderhawk feindliche Raketen nachjagten und ihn vertrieben.

Einige Momente nach der ersten Detonation erfolgte eine zweite, die kleiner war und im Schutz des Raketenangriffs ausgelöst wurde. Drei Sprenggranaten waren an der Südmauer angebracht worden und rissen mit ihrer Explosion einen Spalt in die Verteidigungsanlage, der so breit war, dass ein Legionär hindurch passte.

Xen kletterte als Erster durch die v-förmige Bresche und ins Lager hinein. Rauch und die Trümmer der ersten Schlacht boten ihnen gute Deckung, sodass der Trupp unbemerkt vorstoßen konnte. Nach einigen Metern im Innern befahl Xen ihnen, stehen zu bleiben.

»Warum halten wir an, Bruder?«, fragte Phokan, ein Legionär aus Zandus dezimiertem Trupp.

Vor ihnen, am Eingang des hufeisenförmigen Lagers, führten Zandu und die anderen einen erbitterten Kampf. Bolter sangen ein tödliches Lied, doch die Servorüstungen, die die Legionäre beider Seiten trugen, waren robust und hielten den meisten Geschossen stand.

Eine brutale, zermürbende Pattsituation bahnte sich an. Xen wusste, dass sie nicht von Dauer sein würde.

»Es ist sinnlos, ziellos weiterzulaufen«, sagte Xen zu dem Legionär, schaute dabei aber T'kell an. »Deshalb seid Ihr hier, Schmiedevater. Wo ist Obek?«

»Seine Rüstungssignatur befindet sich unter uns. Wir müssen einen Schacht oder einen Gang finden, der nach unten führt, irgendetwas, was sie mit ihren Maschinen gegraben haben.«

»Da!« Ein Legionär namens Gairon, der mit einer geschwungenen Sarissa kämpfte, die an seiner Armschiene angebracht war, zeigte auf einen Wache haltenden Trupp Skitarii. »Obwohl sie angegriffen werden, halten sie ihre Position«, sagte er. »Sie müssen irgendetwas beschützen.«

Xen klopfte ihm auf die Schulter. »Vor uns kann sie nichts schützen.«

Inzwischen befanden sich die Abtrünnigen vollständig im Gefecht und konzentrierten sich auf die offensichtliche Bedrohung an ihrem Tor, sodass die Gefahr in ihrer Mitte unbemerkt blieb.

Xen und der Trupp schlichen im Schutz der Dunkelheit und des über ihnen tobenden Sturms durch die Trümmer. Obwohl sie sich schnell bewegten, achteten sie darauf, sich vom Schein der Explosionen und des flackernden Mündungsfeuers der Bolter fernzuhalten.

Schließlich erreichten sie den Wachtrupp. Xen tötete sie schnell und erledigte alle fünf Skitarii, bevor sie sich wehren konnten.

»Blutige Arbeit«, murmelte Gairon dem Vigilator anerkennend zu.

»Nicht wirklich«, erwiderte Xen und zeigte ihm die schwarzen Ölflecke auf *Drakos*. *Ignus* war ähnlich beschmutzt, weshalb er beide an der Robe eines toten Skitarii abwischte.

»Hier«, sagte Phokan, der am Rand eines großen, sechseckigen Schachts stand und mit seinem Bolter hinabzeigte. Es war ein Zugang zu einem unterirdischen Teil der Anlage, der mehr als breit genug für jemanden in Servorüstung war. Sein gepanzerter Rand war so geneigt, dass er einen Trichter bildete, doch die Legionäre der Salamanders würden ihn ohne große Schwierigkeiten betreten können. Außerdem waren an zwei gegenüberliegenden Wänden des Schachts Leitersprossen angebracht, über die sie langsam, aber sicher hinabsteigen konnten.

Raios hielt Wache, während sich die anderen für den Abstieg bereitmachten. Er war noch nicht lange ein Feuerdrache und während Xen den Legionär betrachtete, fragte er sich, ob die Beförderung durch Nomus Rhy'tan zu einem solch erlauchten Rang mehr Notwendigkeit als Verdienst gewesen war.

»Wenn sie hierherkommen, werde ich sie töten«, versprach Raios Xen, da er die Körpersprache des Vexillarius gedeutet hatte.

Xen nickte Raios zu und überlegte, ob ihr oberster Legionspriester auf Nocturne seine Arbeit vielleicht doch gut machte.

»Haltet ihnen stand, so lange Ihr könnt«, sagte Xen, »aber werft Euer Leben nicht unnötig fort. Habt Ihr Photonenleuchtfackeln?«

»Ja, Bruder.«

»Lasst eine in den Schacht fallen, falls Ihr zum Rückzug gezwungen werdet.«

»Was, wenn das *Vengu* stirbt?«, fragte Gairon. Er verwendete das alte themische Wort für ›Küken‹ oder ›Junges‹.

»Dann lass ich zwei hineinfallen«, antwortete Raios, »damit ihr wisst, dass die Gefahr ernst ist.«

Gairon lachte, doch Raios hielt weiter Ausschau.

Eine wirklich gute Wahl, dachte Xen.

»Geht voran, Bruder«, sagte Xen zu Gairon, der nickte und in den Schacht hinabkletterte.

»Ihr als Nächstes, Schmiedevater«, sagte Xen zu T'kell.

Er nickte und kletterte Gairon hinterher.

Danach ging Xen, um das Versprechen zu halten, dass er Zandu gegeben hatte, und Phokan bildete die Nachhut.

»Das müssen über hundertfünfzig Meter sein«, sagte Gairon, der am weitesten unten war und dessen Stimme zu den anderen heraufhallte.

»Einhundertachtundvierzig, Bruder«, informierte T'kell ihn.

»Was sagt Euer Bio-Abtaster?«, fragte Xen, der mit gleichmäßiger Geschwindigkeit herabstieg.

Unter ihm schüttelte T'kell den Kopf. »Nichts.«

»Und Eure anderen Auguren?«

Wieder schüttelte der Techmarine den Kopf. »Negativ.«

»Dann wollen wir hoffen, dass unser Glück noch ein wenig anhält«, sagte Xen, während der Schachtboden mit jeder Sprosse näher rückte.

Zandu stürzte hinter einen gewölbten Mauerpfeiler und wartete einige Sekunden, bis die Salve, die darauf einschlug, verebbte.

Fai'sho war direkt hinter ihm und gab mit seinem Bolter schnell noch einen Schuss ab, bevor er sich ebenfalls niederkauerte.

»Ich würde sagen, wir haben ihre Aufmerksamkeit, Bruder-Sergeant.«

Zandu nickte knapp. »Dann lasst uns dafür sorgen, dass das so bleibt. Xen braucht alle Zeit, die wir ihm verschaffen können.« Er feuerte zurück und die blanken Metallkerben in seiner Rüstung glänzten im Schein des Mündungsfeuers.

Von den vierzig Legionären, die auf dem Planeten gelandet waren, waren weniger als dreißig verblieben, die sich um den Eingang zum Lager drängten. Varr hielt die rechte Flanke, nachdem er die Zinnen von Feinden gesäubert hatte. Zandu übernahm die linke und die Überreste von Obeks Trupp unterstützten beide Seiten. Sie kamen nur langsam vorwärts und erkauften jeden Meter mit Blut, doch die Salamanders-Legionäre versuchten nicht, die Burg einzunehmen; sie mussten nur lang genug standhalten, bis Krask von der *Kelch des Feuers* herabstieg. Bisher war es ihnen gelungen, die Sons of Horus in eine blutige Pattsituation zu drängen, in der beide Seiten aus der Deckung feuerten.

»Seid ihr bereit, Brüder?«, fragte Zandu ins Vox, worauf eine Reihe von Bestätigungen einging. »Dann lasst uns diesen Verrätern den Tod bringen!«

Gemeinsam stürzten die Legionäre der Salamanders aus der Deckung, um die Abtrünnigen mit einer vereinten, vernichtenden Salve zurückzudrängen.

»Vorstoßen! Jetzt! Los!«, brüllte Zandu, während er über die Schwelle stürmte und sich hinter eine zweite Reihe fester Deckung begab.

Wir erkaufen jeden Meter mit Blut …

Während er sich erneut niederkauerte, um dem unvermeidlichen Erwiderungsfeuer zu entgehen, legte Zandu den Kopf in den Nacken und hoffte, die Landungskapseln zu sehen, den Himmel brennen zu sehen …

Die *Kelch des Feuers* brannte. Ein anderes Schiff im Orbit des Planeten hatte sie angegriffen. Es hatte auf lange Reichweite eine Lanzensalve abgefeuert, die in der Mitte des Schiffs eingeschlagen hatte, direkt in die Startbuchten. Der kalkulierte Schlag des unbekannten, unbemerkten Angreifers hatte die *Kelch des Feuers* ohne Vorwarnung getroffen. Überall hasteten Rettungsmannschaften über das Deck und versuchten, die Flammen zu löschen, die in den Startbuchten tobten, und die Leichen fortzuschaffen, sofern das möglich war.

Krask und seine Terminatoren schauten zu, da sie ihren Angriff vom Orbit aus nicht wie geplant starten konnten.

Sie hatten so viele Explosionstrümmer wie möglich beseitigt, sodass ihre Rüstungen über die Versengungen von rituellem Feuer hinaus geschwärzt waren. Dank ihrer Bemühungen atmeten einige Männer und Frauen noch, die sonst vielleicht ihr Leben verloren hätten.

Doch das Apothecarion war bald überfüllt.

Krask schaltete das Vox aus, nachdem er sich gerade mit Schiffsmeister Reyne besprochen hatte.

»Das waren keine Sons of Horus«, sagte er zu seinen Brüdern, während sein Blick auf die Verwüstung gerichtet blieb.

»Wer dann?«, fragte Zau'ull. Der Legionspriester schaute auf Knien zu Krask auf, da er gerade einem verwundeten Mannschaftsmitglied Frieden schenkte, das von der Explosion erfasst worden war. »Das Mechanicum?«

»Reyne weiß es nicht. Er weiß nur, dass es kein Abtrünnigenschiff ist, das in unseren Datenbanken verzeichnet ist.«

»Aber wir *wurden* angegriffen?«

Krask nickte langsam und ballte seinen Energiehandschuh zur Faust.

»Was für ein Durcheinander.«

Zau'ull ließ seinen Blick über die Toten schweifen. Wenigstens waren die meisten davon Servitoren. »Glücklicherweise wart ihr noch nicht an Bord, sonst wäre die Verlustliste weit länger, und Ihr, Lindwurm, hättet wahrscheinlich darauf gestanden. Dafür solltet Ihr Vulkan dankbar sein.«

Krask murmelte »Vulkan lebt«, schloss die Augen und neigte kurz den Kopf, bevor er sich wieder mit dem Desaster befasste.

»Ganz gleich, wie lange es dauern wird, das alles wieder zu beheben«, sagte er zu Legionär Rath, der von einer Besprechung mit den Techmarines zurückkehrte, »ist uns diese Verzögerung schon jetzt teuer zu stehen gekommen. Nun?«

»Sie sind fast so weit, Bruder-Sergeant. Zwei Startbuchten wurden freigegeben. Sie erwarten Euren Befehl.«

»Erteilt«, knurrte Krask, der in seiner Kriegsrüstung noch schwerer und tödlicher als sonst wirkte und über das Deck zur Startbucht stampfte, die von der Mannschaft vorbereitet wurde. Die Toten und Verwundeten waren zusammen mit den Trümmern fortgebracht worden, damit die Landungskapsel bestiegen werden konnte, doch die Blutflecken waren geblieben.

Krask konnte nicht anders als sie anzuschauen, während er den tränenförmigen Transporter betrat, der ihn und seine Brüder auf die Oberfläche befördern würde. Daneben wurde für Zau'ull und ein Gefolge aus Terminatoren eine zweite Landungskapsel bereit gemacht.

»Wer auch immer dafür verantwortlich ist«, versprach er Zau'ul mit einem Fuß in der Landungskapsel, noch bevor er seinen Harnisch angelegt hatte, »soll dafür brennen, wie wir gebrannt haben.«

»Vulkans Rache wird sie ereilen, Krask«, antwortete der Legionspriester. Ein Behälter, groß genug für ein Schwert, war an seinem Gürtel magnetarretiert. Die Finger seines Panzerhandschuhs strichen über das Metall, während er vor der Landungskapsel stand. Sie zitterten leicht, doch Krask fiel das nicht auf. »Sie wird sie ereilen«, sagte Zau'ull vor sich hin, sah Vulkan aber nicht in den Schatten auf ihn warten.

Stattdessen hörte er die Alarmsirene laut aufheulen und sah den zweiten Lanzentreffer einschlagen, der das Deck verwüstete.

DREIZEHN

Unser vergangener Ruhm

Vosto Kurnan hörte über sich die Schlacht toben. Es gefiel ihm nicht, dass sie wie Attentäter in den Schatten lauerten und warteten, andererseits waren sie genau das.

Das ist alles, was wir jetzt noch sind.

Der unterirdische Komplex war von den Dienern und Maschinen des Mechanicums gegraben worden. Er enthielt Nischen und Kammern und die Korridorböden waren mit Deckplatten ausgelegt. Keine Mühen waren gescheut worden, um das Ausmaß von Vulkans Waffenlager zu erfassen, um einen Zugangspunkt zu finden und die Außenhülle nach einer Schwachstelle abzusuchen. Laut dem, was Regulus ihm verraten hatte, war es groß genug, um eine Schlachtbark zu enthalten.

Der Adept hatte das alte, versunkene Geheimlager des Drachenherrn schnell gefunden. Vom Orbit aus waren seismische Messgeräte abgeschossen worden, die Regulus selbst entworfen hatte und die sich tief in die Planetenkruste gebohrt hatten. Mithilfe der geologischen Kartierung der Messgeräte hatte Regulus tief unter der Oberfläche ein gewaltiges Bauwerk entdeckt.

Sich Zugang zu verschaffen hatte sich als weit schwieriger herausgestellt.

In den unterirdischen Ebenen, die die Maschinen und Diener des Adepten gegraben hatten, herrschte eine gute Akustik – Kurnan und seine Krieger konnten jeden Schlachtruf und jeden Todesschrei hören.

»Ich glaube, das war Nevok«, flüsterte Rayko Solomus beiläufig. Er hatte den Kopf seitlich angelegt, als ob er versuchen würde, anhand des Tonfalls bestimmte Legionäre zu erkennen, während sie starben und kämpften.

»Das sind deine Brüder«, fauchte Kurnan ihn zornig an.

»Ich habe keinen Zweifel daran, dass sie wie der dreckige cthonische Abschaum kämpfen werden, der sie in Wahrheit sind.«

Daraufhin drehten sich einige der anderen zu ihm um und verrieten ihm mit dem bösartigen Brummen ihrer Servorüstungen ihre Gedanken.

Solomus hob beschwichtigend die Hände. »Das meinte ich als Lob«, sagte er. »Abgesehen davon warten wir doch gerade in der Dunkelheit, um einige unserer Kriegervettern hinterrücks zu überfallen?« Er zuckte mit den Schultern, so gut das mit einer Kriegsrüstung möglich war. »Zumindest mir kommt das … *ziemlich* heimtückisch vor.«

»Was wir tun, tun wir für den Kriegsherrn«, fuhr Krede ihn an. Der Panzerhandschuh des Legionärs gab ein metallisches Quietschen von sich, als er seine Hand um den Griff seiner weggesteckten Kettenklinge schloss. Der andere Arm endete am Ellbogen in einem Stumpf aus zusammengeschmolzenen Knochen und verätzter Haut, was ihn keineswegs weniger tödlich machte.

Wieder heuchelte Solomus Reue vor. »Gepriesen sei Horus«, sagte er.

»Du hältst jetzt am besten deinen Mund, Legionär«, murmelte Kurnan leise, sodass nur Solomus es hören konnte. »Sonst wirst du der Nächste sein, der ein Messer in seinem Rücken findet.«

Solomus nickte. »Das werde ich im Hinterkopf behalten.«

»Was stimmt mit dir nicht, Bruder?«, fragte Kurnan mit weiterhin leiser Stimme. »Hasst du deine Legion? Oder hättest du mit den anderen Verrätern auf Isstvan Drei sterben sollen?«

»Soweit ich weiß, bezeichnen sie *uns* als Verräter. Aber das ist wohl eine Frage der Perspektive.«

»Ich verlange eine Antwort, Solomus«, sagte Kurnan. Er hatte sein Messer gezogen, ohne dass es der andere Legionär bemerkt hatte, zeigte ihm aber jetzt seine Klinge.

Solomus gab ein freudloses Gelächter von sich, das eher wie ein Todesröcheln klang. »Es gibt keinen Grund, deine Klinge mit meinem Blut zu beflecken. Auch ich habe auf Isstvan Drei meinen Anteil dazu beigetragen, die Abweichler zu töten.« Kurnan konnte die Belustigung in seiner Stimme hören. »Mehr als nur meinen Anteil. Unser Vater hat keinen pflichtbewussteren Sohn als mich und die Legion keinen willigeren Soldaten, aber das hier, dass wir diesen kaltherzigen, blutleeren Maschinen dienen sollen ... Das sorgt dafür, dass ich *jeden* töten will.«

Dagegen konnte Kurnan nichts sagen. Er steckte sein Messer weg.

In der Kammer befanden sich fünf Legionäre. Das war alles, was Kurnan von seinen verbleibenden Streitkräften erübrigen konnte. Er befehligte eine Sekundärstreitmacht, eine Umgehungsstreitmacht, die den Salamanders auflauern und sie zu einer verzweifelten Tat verleiten sollte. Kurnan hatte mit dem Abgesandten des Mechanicums über den Plan diskutiert, da das Vertreiben einer verschanzten Kohorte von Vulkans Söhnen langwierig und kostspielig sein würde, doch Regulus hatte unbesorgt gewirkt.

»Du bekommst deine Chance schon noch«, sagte Kurnan, als er seine Gedanken wieder der vor ihnen liegenden Aufgabe zuwendete. »Die bekommen wir alle.«

Solomus nickte.

»Auch die da?«

In der Dunkelheit hinter ihnen warteten aufgereihte, ruhende Scharen von Kampfservitoren. Ihre trüben Augen starrten kalt in die Schatten, doch auf einen Befehl des Adepten hin würden sie zu gewaltbereitem Leben erwachen. Kurnans Meinung nach war das eine unverhohlene Erinnerung daran, welche Macht Regulus hatte.

»Ich bezweifle, dass sie ein derartiges Verlangen fühlen können.«

»Sind wir jetzt Lakaien, Bruder?«, fragte Solomus.

Kurnans Gesicht verfinsterte sich, doch er antwortete nicht.

Obek war auf den Knien, während hinter ihm der ungeschlachte, riesige Kronus stand.

Trotz der Schmerzen schaffte es der Legionär der Salamanders, das Kinn zu heben, um den Adepten anzuschauen.

»Woher wollt Ihr überhaupt wissen, dass ich es öffnen kann?«

»Das weiß ich nicht«, erwiderte Regulus und warf mit den Augenimplantaten, die von den Schatten seiner Kapuze verborgen wurden, einen prüfenden Blick auf Obek. »Ich habe eine Hypothese, doch ich brauche Eure Mithilfe, um sie zu überprüfen.«

Obek fletschte die blutigen Zähne und lächelte freudlos. »Eine Variable habt Ihr nicht berücksichtigt, Meister Adept …«

Regulus' klirrende Schritte hallten durch die Höhle, während er vortrat und sich damit in Reichweite des Salamanders-Legionärs begab. Obek flüsterte.

»Eher würde ich sterben als Euch zu helfen.«

Obek sprang von den Knien auf, um den Adepten dort zu packen, wo sein Hals sein musste. Er ergriff etwas Kabelumwickeltes, Starres, das so kalt wie Metall war, doch wie zum entsetzlichen Spott natürlichen Lebens pulsierte. Die Kapuze fiel zurück und jeder Anschein von Menschlichkeit fiel von ihm ab.

Das Optikmodul, das dem Adepten als Augen diente, flackerte kurz und entsetzlich grell auf. Zwei spinnenbeinartige Gliedmaßen schossen von seinem Rücken durch seine Robe nach vorn und durchbohrten Obeks Brustmuskulatur links und rechts.

Obek stieß einen überraschten Schmerzensschrei aus und starrte auf die beiden Klingen, die seine Rüstung durchbohrt hatten.

»Jetzt könnt Ihr mich sehen«, sagte Regulus, dessen Stimme in diesem fürchterlichen Enthüllungsmoment sogar noch menschlicher klang. Er drückte Obek wieder auf die Knie und löste damit den Griff des Salamanders-Legionärs um seinen ›Hals‹.

»Ich werde nicht gerne angefasst«, sagte der Adept. »Ich halte das für menschlich und geschmacklos. Ich hatte die Theorie, dass Eure Menschlichkeit und Euer Pragmatismus die gewünschte Reaktion hervorrufen würde, dass Ihr Euch opfern würdet, um das Leben Eurer Brüder zu retten.« Er zog die Klingen heraus, worauf zwei Blutstrahlen aus Obeks Körper schossen. Zwei andere Arme setzten Regulus wieder die Kapuze auf, während er sich außer Reichweite des Legionärs der Salamanders begab.

»Daher schlussfolgere ich, dass ich einen Fehler gemacht habe.«

»Es wird nicht Euer letzter sein«, sagte Obek, der vor Schmerzen knurrte.

»Ausprobieren und Fehlermachen gehören zum Experimentieren dazu. Ich habe mich in Euch geirrt, Legionär.«

Er schaute mit aufflackernden Augen hoch und erteilte diesmal einen neuen Befehl, statt einen vorprogrammierten zu widerrufen.

»Wa–«, setzte Obek an, bevor Kronus ihn mit einer mechanischen Hand am Hals packte und umdrehte. Die Kreissäge, die am anderen Arm des Castellax angebracht war, begann sich rotglühend zu drehen. Dann sauste sie herab und trennte Obeks Arm am Ellbogen ab.

Er schrie so laut, dass es durch den Korridor hallte, und umklammerte den Stumpf an seinem rechten Arm. Die glühende, schmerzhafte Hitze hatte die Wunde im Moment des Abtrennens kauterisiert. Obek biss die Zähne so fest zusammen, dass er glaubte, sie würden zerbrechen.

»Auch wenn Solomus es nicht geschafft hat, habe ich geahnt, dass ich Euch zum Schreien bringen könnte«, sagte der Adept.

»Dafür werde ich Euch umbringen«, knurrte Obek unter Schmerzen.

»Statistisch gesehen ist das, angesichts Eurer derzeitigen Lage, unwahrscheinlich.« Er schaute zu Obeks abgetrenntem Arm herab. Kronos hielt noch immer den Salamander in die Höhe, sodass Regulus ihn selbst aufhob. Dann trug er ihn an die Stelle der Tür, an der das Siegel des Herrn der Drachen ihn kalt anfunkelte. »Ich vermute, dass dieser Mechanismus vom Mechanicum gefertigt wurde. Ich nehme an, dass er Eurem toten Primarchen im Zuge des Abkommens und der Einigkeit geschenkt wurde, die solange zwischen Mars und Nocturne bestanden hatten. Wisst Ihr, wie er funktioniert?«

Obek schüttelte langsam den Kopf, während er weiterhin vor Schmerzen die Zähne zusammenbiss und sich auf seinem Gesicht Schweißperlen bildeten.

»Die Versiegelung basiert auf Vulkans genetischen Markern. Es ist wortwörtlich sein Blut, das mich nicht hineinlässt.«

Obek nickte wütend. »Selbst im Tod trotzt er Verrätern und Abtrünnigen.«

»Tröstet Euch das, Salamander?«

»Darauf könnt Ihr Gift nehmen.«

»Bemerkenswert … Doch das tut hier nichts zur Sache. Vulkan lebt in Euch, Legionär.«

»Was?« Obek verschluckte sich fast an dem Wort und runzelte die Stirn.

»Nicht in irgendeinem spirituellen Sinne, der Eure offensichtliche Trauer vorübergehend durch Selbsttäuschung mindern würde. Ich meine wirklich *in* Euch. Eurem Blut, Eurer genetischen Abstammung. Darin liegt der Schlüssel.«

Er betrachtete den Arm noch einmal.

»Tot oder lebendig, wir werden es herausfinden.«

Dann stieß er den Arm in den weit geöffneten Mund des Reliefs.

Nichts geschah. Aus dem Innern drang kein Geräusch von bewegten Zahnrädern und die Erde erbebte auch nicht, um endlich die Geheimnisse des Schmiedewerks preiszugeben. Es herrschte völlige Stille, worauf Regulus einen verärgerten Schwall Binärisch ausstieß.

Obek lachte. Er lachte so laut und heftig, dass ihm seine Wunden neue Schmerzen bereiteten.

»Ihr habt Euch schon wieder geirrt«, sagte er.

Regulus drehte sich schnell um und richtete sein Optikmodul auf den Arm, der noch mit seinem Gefangenen verbunden war.

»Ein Experiment. Ich hätte Euch dazu zwingen können, Euren Arm in das Schloss zu stecken, doch ich wollte sehen, ob es nötig ist. Ausprobieren und Fehlermachen«, erinnerte ihn der Adept und schaute zu seinem ungeschlachten Maschinenbegleiter. »Kronus –«

Der rudimentäre Denkprozessor des Castellax hatte kaum reagiert, als ihn ein Geschoss in die Schulter traf und den Arm unter sprühenden Funken abriss. Flüssigkeiten spritzten aus den zappelnden Hydraulikkabeln, die den Oberkörper mit dem Arm verbunden hatten. Während sich das Konstrukt umdrehte und seine Waffen bereit machte, schlug ein zweites Geschoss in seinen Mittelbereich ein und explodierte.

Dieser Treffer war weniger effektiv. Die Wucht des Aufpralls wurde von seinem schweren Panzergehäuse abgelenkt, sodass sein Körper lediglich von Rauch eingehüllt wurde, was den Castellax aber nicht daran hinderte, sich schützend vor seinen Meister zu stellen. Obek versuchte aufzustehen, schaffte es aber nicht und konnte nur zurückblicken.

Aus den Schatten rückten Gestalten in Servorüstung zu ihm vor. Drei Bolter flackerten auf, doch Obeks Sicht war so verschwommen, dass er seine Retter nicht klar erkennen konnte. Er wusste allerdings, dass es Salamanders waren.

Kaum hatte er »Vulkan lebt!« gerufen, da eröffnete Kronus mit seiner schultermontierten, donnernden Kanone das Feuer.

Licht, Hitze und Lärm erfüllten den engen Korridor und einer der anstürmenden Salamanders-Legionäre wurde schwer getroffen. Als die Geschosse einschlugen, wurde er gegen die Wand geworfen, prallte von der Metallverkleidung ab und rannte noch einige wenige Meter weiter, bevor der schwere Bolter seinen Oberkörper durchlöcherte.

Die anderen rannten schießend weiter.

Ein Querschläger traf Regulus, der einen panischen Codeschwall ausstieß, worauf sich Kronus zur Seite drehte. Von irgendwo kam ein Plasmaschuss geflogen, zerstörte die Kanone des Castellax und ein zweiter Schuss bohrte ein Loch in seinen Reaktor. Kurz darauf war die Luft von aktinischem Gestank und dem ohrenbetäubenden Geheul des überladenen Reaktors erfüllt und die anschließende Detonation ließ den Korridor erbeben. Kronus explodierte laut und heftig, sodass Staub und Kies von der Decke rieselten. Obek wurde auf den Rücken geworfen und erneut durchzuckten Schmerzen seinen ohnehin malträtierten Körper.

Regulus war es weit schlechter ergangen. Er taumelte und versuchte sich mit seinen Servoarmen festzuhalten. Ein Splitter, der aus dem Körper des Adepten ragte, hatte dessen Motorik beschädigt. Ein Gemisch aus Blut und Maschinenöl tropfte von irgendwo unter seiner Robe auf den Boden.

Die anderen Legionäre der Salamanders waren ebenfalls umgeworfen worden und standen auf, während auch Obek mühsam auf die Beine kam. Er beobachtete den Adepten genau und nickte ihm zu, während er nach einem langen, stabilen Rohr griff, das aus Kronus' Innenleben herausgeschleudert worden war.

Das war zwar kein Bolter und keine Kettenklinge, doch es würde genügen.

»Hatte ich nicht gesagt, dass das nicht Euer letzter Fehler sein würde …«

Regulus stieß einen Schwall Binärisch aus, während seine unnatürlichen Lebenssäfte unter ihm eine Pfütze bildeten.

Obek verzerrte das Gesicht und versuchte seine Rache nicht allzu sehr zu genießen.

»Von diesem Ding ist jetzt nicht mehr genug übrig, um Euch zu retten.«

»Nicht …«, sagte der Adept mit der unkontrolliert schwankenden Stimme seines Moduls, » … für … Kronus …«

Ein dritter Plasmaschuss verdampfte ihn, bevor er noch mehr sagen konnte, und Obek drehte sich zu demjenigen um, der ihm seine Rache verwehrt hatte.

Seine Verärgerung ließ sofort nach, als er erkannte, wer es war.

»Schmiedevater?«

»Ich lebe, Feuerträger«, sagte T'kell und zeigte auf Obeks Arm, »aber Ihr selbst seht mehr tot lebendig aus.«

»Halbtot«, sagte Obek und schaute zu seinem abgetrennten Arm hinab. Regulus hatte ihn fallen gelassen, als er durchbohrt worden war. »Er hat gesagt, dass das Tor verriegelt ist und nur die genetischen Marker des Primarchen es aufschließen könnten.«

Xens Ankunft unterband jede weitere Diskussion. Er war blutbefleckt und eilte in einiger Entfernung durch den Korridor.

»Eine zweite Truppe kommt hierher«, sagte er zu ihnen und erinnerte sich dann daran, seinem Captain zu salutieren.

Obek schaute den Korridor entlang, konnte aber nur Dunkelheit sehen. Allerdings hörte er ferne Kampfgeräusche, worauf er sagte: »Sprecht, Xen.«

»Das sind Kampfservitoren, die von Abtrünnigen angeführt werden. Das habe ich von Zandu gehört.«

»Wo ist er?«, fragte T'kell. »Und was ist mit Krask und unserer Unterstützung?«

Xen schüttelte den Kopf, als knisternd das Vox ansprang.

»Hier ist Sergeant Zandu, bitte kommen.«

»Ihr sprecht mit Obek, Bruder-Sergeant. Wo seid Ihr? Wo ist Krask?«

»Vulkan sei Dank, dass Ihr lebt, Captain!«, sagte Zandu, doch seine Freude währte nur kurz. »Krask … das weiß ich nicht.

Irgendetwas ist schiefgegangen. Wir wurden überwältigt und umzingelt.«

»Wo seid Ihr jetzt, Sergeant?«

»Nähern uns Eurer Position, doch wir werden von einer zweiten Truppe bedrängt.«

»Könnt ihr ihnen standhalten, bis wir da sind?«

»Negativ, Bruder-Captain. Varr hat alles hinter uns geläutert und verbrannt, doch die Flammen werden sie nicht mehr lange aufhalten. Wir hatten ohnehin kaum einen Vorsprung und verlieren den allmählich. Wir lassen uns zurückfallen.«

»Verstanden. Meint Ihr, wir können ihre Reihen mit unserer derzeitigen Kampfkraft durchbrechen?«

»Wenn ihr nicht mehrere vollzählige Kampftrupps bei Euch habt, Bruder-Captain … ebenfalls negativ.«

Obek legte den Kopf in den Nacken und atmete geräuschvoll aus. Die hochaggressiven Endorphine in seinem Blut hatten seine pulsierenden Schmerzen gedämpft, doch gegen seine Frustration konnten sie nichts ausrichten.

»Wie lange noch?«

Die fernen Schussgeräusche wurden mit jeder Sekunde lauter.

»Jeden Moment, Bruder-Captain.«

Obek schaute zu Xen.

»Können wir ihnen hier standhalten?«

Abgesehen von den dürftigen Nischen entlang der Wände gab es kaum Deckung.

»Wenn nur ein Zehntel der Streitmacht, die laut Zandu hinter ihnen her ist, zu uns unterwegs ist, dann nein, können wir nicht.« Er nahm seine Boltpistole ab und gab sie Obek, der dankend nickte, Magazin und Visier überprüfte und sie dann in das Holster steckte, in dem sich seine Seitenwaffe befunden hatte.

Dann wandte er sich T'kell zu.

»Ihr hättet nicht für mich zurückkommen sollen. Das war leichtsinnig.«

Xen gab ihm keine Gelegenheit zum Antworten. »Hättet Ihr denn einen von uns zurückgelassen, Bruder-Captain?«

Dagegen konnte Obek kaum etwas sagen. Er packte Xen am Schulterpanzer und wandte sich dann wieder T'kell zu.

»Es tut mir leid, Schmiedevater. Die Narbenlosen sind gescheitert und haben den Primarchen enttäuscht, doch zumindest werden wir einen ehrenwerten Tod sterben.«

»Noch sind wir nicht tot«, erwiderte T'kell. Er hatte Obek den Rücken zugewandt und betrachtete das Tor des Schmiedewerks.

Es war weit größer als die Legionäre der Salamanders und sorgfältig mit kunstvollen Metallreliefs versehen worden, die vom Geschick des Künstlers zeugten, wirkte zugleich aber so undurchdringlich wie ein Festungstor. Es waren keine Schlösser zu sehen, keine Riegel oder sonstigen Verschlussvorrichtungen. Nur das Wappen und der Mechanismus des zahnbewehrten Drachenmauls. Auf den Zähnen befand sich glänzendes Blut, das nicht frisch war und nicht von Obek stammen konnte. Seine Wunde war sofort kauterisiert worden.

»Das hat also nicht funktioniert?«, fragte T'kell, während der Kampfeslärm immer näherkam. Inzwischen konnten sie sogar Zandus gebrüllte Verwünschungen gegenüber Vulkan und das ungestüme Gelächter von Zeb'du Varr hören.

»Schmiedevater?«

Xen und die anderen hatten sich in Schusspositionen begeben und knieten, um möglichst kleine Ziele darzustellen, oder hatten sich in die Nischen gedrückt.

»Das Tor«, sagte T'kell. »Euer Blut. Es ist immer noch verriegelt. Hat das, was der Adept versucht hat, nicht funktioniert?«

»Er hat es versucht und ist gescheitert.«

T'kell hielt seinen Arm ins Licht, als ob er ihn genauer betrachten wollte …

»Ein Teil von mir ist immer noch Fleisch und Blut. Ich bin überzeugt davon, dass Vulkan mir diese Bürde aus einem bestimmten Grund auferlegt hat. Ich glaube, dass die Gencodierung dieses Tors nur auf mich abgestimmt wurde.«

… und steckte seine Hand ins Maul des Drachenwappens.

VIERZEHN

Vulkans letztes Vermächtnis

Kurnan hörte es in den Tiefen. Das tiefe Grollen der Erde, das gedämpfte Echo von Metall, das auf Metall prallt, von einrastenden Mechanismen und dem Erwachen der Maschine. Das Tor …

Endlich war Vulkans Waffenlager geöffnet und konnte von ihnen geplündert werden.

Vor ihm brannte der Korridor und die Flammen waren heiß genug, um Plastek zu schmelzen und Metall zu verformen. Die Kampfservitoren wurden schwer getroffen. Ihr totes, eiskaltes Fleisch kräuselte und schwärzte sich, ehe es schließlich von ihnen abfiel. Einige brachen inmitten des Feuersturms in sich zusammen; andere, denen noch ein Funke Selbsterhaltungstrieb geblieben war, hielten vor ihm an.

Kurnan hockte sich hinter einen der trübäugigen Servitoren und nutzte ihn als lebenden Schutzschild, während er die Sichtfilter seiner Helmlinsen durchschaltete. Von der Feuersbrunst stieg eine dichte, ölige Rauchwolke auf, doch dahinter konnte Kurnan seine Feinde ausmachen und er brüllte seinen Kriegern Befehle zu, damit sie das Feuer erwiderten. Die Salamanders hatten sich wohlgeordnet zurückgezogen, doch ihnen musste klar sein, wie aussichtslos ihre Lage war.

Immer in der Unterzahl, dachte Kurnan, *zum Tode verdammt.*

Zwei Feuerstürme prallten aufeinander, und als beide Seiten Laser- und Projektilgeschosssalven abfeuerten, kam noch ein dritter hinzu.

»Feuer …«, brummte er Solomus zu, der sich zu ihm gesellte. »Was haben diese Legionäre nur mit ihrem ständigen Feuer?«

Die Servitoren, die sie als lebende Schilde verwendeten, zuckten und schlugen um sich, während Boltgeschosse in sie einschlugen.

»Sind sie ihm nicht entsprungen oder so etwas?«

»Heute werden sie in ihm sterben«, warf Krede ein. Da er nur eine Hand hatte, konnte er nur mit einer Boltpistole kämpfen, und als er den Arm ausstreckte, um zu schießen, traf ihn ein Geschoss, das sein Kinn und den Großteil seiner linken Gesichtshälfte zerfetzte. Vor Schmerzen fasste Krede sich mit seiner verbleibenden Hand an das verwüstete Gesicht und stürzte vorwärts ins Feuer, wo sein Oberkörper in Flammen aufging.

Kurnan schaute betroffen zu, doch Solomus zuckte lediglich mit den Schultern. »Nie habe ich einen größeren Pechvogel als Krede gekannt, aber ich stimme ihm zu«, sagte er. Die anderen beiden Legionäre der Sons of Horus, Menatus und Ghodak, wollten die Leiche aus den Flammen ziehen, doch Kurnan winkte sie zurück.

»Er ist tot. Bleibt in Deckung.«

Die Feuer erstarben allmählich – die Servitoren hatten einen Großteil ihrer Wut abbekommen, was sich in ihrer verminderten Zahl bemerkbar machte. Jetzt rückten die Brennenden unerbittlich und unermüdlich vor, gefolgt von den Unversehrten. Als diese vorbeizogen, erhob sich Solomus. »Lasst uns diese Drachensöhne einfach töten.«

Der Rest der Sons war bereits unterwegs. Kurnan hatte sie über das Vox gehört. Er und Solomus waren nur die Vorhut.

Kurnan folgte ihm in den tobenden Sturm. Genau wie Menatus und Ghodak. Harkus, der in der oberirdischen Schlacht gekämpft hatte, war zusammen mit Ezriah und Uziel nicht weit hinter ihnen und brachte Unterstützung mit, die weit schlagkräftiger als die Mechanicumsautomata war.

Als er in den Rauch stürzte, spürte Kurnan, wie sein Hass

von neuem entfacht wurde. Auf die Servitoren und ihren stumpfsinnigen Gehorsam, auf den Adepten und dessen Arroganz, auf Solomus' Respektlosigkeit und die Weigerung der Salamanders-Legionäre, einfach zu sterben. Seit Isstvan III war eine Gehässigkeit in ihm herangewachsen, die mit jedem Verrat und mit jeder darauffolgenden ruchlosen Tat weiter gedieh. Doch seine tiefste Gehässigkeit sparte er sich für jemand Besonderen auf – seine tiefste Gehässigkeit galt ihm selbst.

Langsam und unter dem Knirschen von Metall öffnete sich das Tor zum Schmiedewerk und einen Moment lang starrten die Legionäre der Salamanders es wie das Portal zu einer sagenumwobenen Kammer an, zu der sie sich nach so viel Mühen endlich Zugang verschafft hatten.

Dunkelheit und der flackernde Schein der Autoleuchter erwarteten sie.

Inzwischen hatten Zandu und Varr den Infiltrationstrupp erreicht, doch es waren schmerzlich wenige Legionäre der Salamanders bei ihnen. Sie kamen mitgenommen und abgekämpft an Xens Wachen vorbei und blieben vor der Schwelle zu Vulkans legendärem Waffenlager stehen.

»Ich rieche Schlacke und Asche«, murmelte Obek und unterdrückte den Drang, sich zu verneigen.

»Wir haben keine Zeit für Förmlichkeiten«, sagte T'kell. Er klang angestrengt, worauf Obek zu ihm herüberschaute, doch der Techmarine winkte seinen besorgten Blick ab. »Wir haben nur jetzt diese Chance. Ins Schmiedewerk!«

Obek führte sie hinein und zielte mit seiner geliehenen Boltpistole nach vorn. Er ging schnell, da er wieder zu Kräften kam und Laserschüsse und Geschosse sie in die Schatten trieben, wo Zandu und die anderen sich schützend um ihren verwundeten Captain aufstellten.

Xen und der Rest hielten weiterhin den Korridor, während die Abtrünnigen die Feuersbrunst durchquerten, die Varr entfacht hatte. Raios war mit Zandu eingetroffen und bezog jetzt mit dem Infiltrationstrupp Stellung, um gemeinsam mit ihnen das Deckungsfeuer aufrechtzuerhalten.

T'kell blieb beim Tor und rief dem Vexillarius etwas zu.

»Xen … Flammhieb! Wir ziehen uns jetzt zurück.«

»Niemals Ruhm zu erlangen«, brüllte Xen über das Tosen der Bolter hinweg. »Niemals Vergeltung üben zu können.«

»Hier zu sterben wäre nicht ruhmreich –« T'kell wankte und fasste sich an die Stirn, doch Xen konzentrierte sich auf den Schusswechsel und bemerkte das kaum. »Und Vergeltung können wir dadurch auch nicht üben.«

Xen schoss unbeirrt weiter, doch das Feuer wurde zehnfach erwidert. Phokan wurde schwer gegen die Brust getroffen, doch seine Rüstung bewahrte ihn vor dem Schlimmsten. Dann stieß Gairon einen Schmerzensschrei aus, als sein Knie zerfetzt wurde.

»Könnt Ihr es schließen?«, rief Xen, der Raios Deckung gab, während dieser Gairon packte und ihn wieder an die Wand zerrte.

»Wer ist jetzt das *Vengu*«, hörte er Raios dem Veteranen zumurmeln, worauf er eine gebrummte Verwünschung zur Antwort erhielt.

»Ja«, sagte T'kell. »Dann steht dieses Tor zwischen ihnen und uns. Kein Weg führt hinein. Ein ganzes Waffenlager steht uns zur Verfügung. Wir können es schaffen, Bruder.«

Xen zeigte sich einsichtig und erteilte dem Trupp den Rückzugsbefehl.

Sobald sie durch das Tor waren, bediente T'kell den Mechanismus, um das Gewölbe wieder zu versiegeln. Das geschah schnell und die undurchdringliche Metallplatte, die der Primarch gefertigt hatte, fiel wie der Deckel eines Sargs herab. Aus dem Korridor schafften es einige letzte Schüsse hinein, verfehlten aber ihre Ziele, und als das Tor den Boden erreichte, tat es das mit laut hallendem Dröhnen.

»Dann haben wir es also endlich hierher geschafft …« T'kells Stimme hallte von den funkelnden Obsidianwänden wider, während er zu den letzten Narbenlosen sprach. Die Silhouetten von gebeugten Tiefendrachen schauten stumm und argwöhnisch aus den Schatten auf sie herab. Obwohl es nur eine Eingangshalle war, war sie riesig. Mehrere angrenzende Räume führten in die unendliche Dunkelheit.

»Das Schmiedewerk«, sagte er, worauf sich ihm die anderen zuwandten. »Vulkans letztes Vermächtnis.«

Als Kurnan das Tor erreichte, hatte es sich längst geschlossen.

Vorsichtig betastete er mit den Fingern seines Panzerhandschuhs das Drachenwappen und den Mechanismus, der sich seines Wissens nach irgendwo in dem Maul befinden musste. Er überlegte, ob er sich daran versuchen sollte, doch als er sich erinnerte, was Krede geschehen war, zog er langsam seine Hand zurück.

Als er merkte, das Rayko Solomus in der Nähe war, wurde ihm übel.

»Meister Regulus ist tot.«

Er war so nüchtern, so respektlos. Fast jedes Mal, wenn sie sich unterhielten, musste Kurnan den Drang unterdrücken, ihn zu töten.

»Und sein Schoßtier.«

»Das war ein Castellax. Eine hochentwickelte Kriegsmaschine.«

Solomus lachte. »*Wir* sind hochentwickelt, Bruder.« Er drehte ein zerfetztes Stück Roboterpanzerung um. »Im Gegensatz zu diesem Ding. Im Gegensatz zu *denen* da.«

Kurnan schaute über Solomus' Schulter zu den Kampfservitoren, die in unordentlichen Reihen dastanden und Anweisungen erwarteten. Sie starrten mit ausdruckslosen Augen geradeaus und bewegten sich erst, als Harkus und die anderen sich an ihnen vorbeidrängten.

»Wie brechen wir das auf?«, fragte der Legionär forsch. In seiner blutbefleckten Rüstung sah Harkus kampfbereit aus und er hatte sein Kettenschwert noch immer gezogen. Manche sagten, dass sein Eifer bei der Ermordung der legionsinternen Verräter auf Isstvan III geradezu obszön gewesen war, doch da Kurnan alles andere als sein Geistesverwandter war, sah er nur einen Wahnsinnigen in ihm. Einige der XVI. hatten Cthonia nie wirklich hinter sich gelassen, und das sagte man auch über Harkus.

»Sprengladungen. Brandbomben. Mit allem, was wir haben«, sagte Kurnan zu ihm. »Ruf die Arbeitsservitoren mit Bohrern und Sägen ebenfalls hier herunter. Kein Tor ist unzerstörbar, auch nicht, wenn es ein Primarch gebaut hat.«

Harkus gab ein kurzes, unzufriedenes Brummen von sich, befolgte aber seine Befehle.

»Der Abgesandte vermutete, dass dieses Metall nicht mit Sprengsätzen durchdrungen werden kann«, sagte Menatus, als er und Ghodak zu den beiden Legionären am Tor traten. »Ich habe ihn sagen hören, dass nicht einmal Melter es aufschneiden können.«

»Deshalb mussten wir den Drachen am Leben lassen und durften ihn nicht töten«, fügte Ghodak hinzu.

»Wir haben noch seinen Arm«, merkte Solomus an und zeigte auf den abgetrennten Unterarm des Salamanders-Legionärs auf dem Boden.

Kurnan nahm den Helm ab, um sich den Schweiß vom Kopf zu wischen, und nutzte die Gelegenheit, um Solomus eindringlich zu mustern. »Ich weiß nie, ob du so was ernst oder sarkastisch meinst, oder ob du einfach nur verrückt bist.«

Solomus hatte ebenfalls den Helm abgenommen, da es in der von Strahlung gesäuberten Luft gefahrlos möglich war, und machte ein ahnungsloses Gesicht.

»Ich auch nicht«, sagte er.

Kurnan schaute ihn mürrisch an und versuchte zu verdrängen, wie gern er sein Kampfmesser in Solomus' grinsendem Gesicht versenken würde. »Der Arm ist nutzlos. Wir werden es von dieser Seite nicht öffnen können. Wir müssen es mit Gewalt versuchen.«

»Das«, sagte einer der Servitoren mit monotoner Maschinenstimme, worauf sich die Legionäre mit gezogenen Waffen umdrehten, »ist unnötig und äußerst unklug.« Er richtete seine leeren Augen auf Kurnan.

FÜNFZEHN

Belagert

Obek ging im Schatten der Drachen durch die große, dunkle Vorhalle. Argwöhnisch schauten die schwarzen Statuen von ihren Steinsockeln zu ihm herab.

»Habt Ihr denn nichts gehört? Gar nichts?«

Zandu schüttelte erschöpft den Kopf. Er saß auf einer von Hunderten Metallkisten in der Eingangshalle. Eine flüchtige Erkundung hatte ergeben, dass die ersten zwanzig Waffenlager gut gefüllt waren, doch da es Tage oder sogar Wochen gedauert hätte, jeden einzelnen Raum zu durchsuchen, waren die Salamanders in der Nähe des Eingangs geblieben und hatten die nähere Umgebung gesichert. Das Schmiedewerk sollte genug Platz für die *Kelch des Feuers* bieten, sodass sich irgendwo in seinen unermesslichen Weiten ein Hangar befinden musste, doch der war für die Legionäre der Salamanders unerreichbar. Vorerst zumindest. Kleine Legionärsgruppen waren ausgesandt worden, um jenseits der ersten Kammern nach Vorräten, Waffen und Munition zu suchen.

Angesichts ihrer geschwundenen Zahl war dieser Überfluss an Wehrmaterial ein großes Glück.

Apothecarius Fai'sho stand zwischen seinem Captain und

dem Sergeant. Sobald die Besprechung vorbei war, würde er sich weiter um Obeks Wunden kümmern und dann den Rest der Verwundeten versorgen. Obek hatte darauf bestanden, zunächst eine Bestandsaufnahme durchzuführen und einen Plan auszuarbeiten. Ein Teil dieses Plans hätte Krask und Zau'ull einbeziehen sollen.

»Wir müssen annehmen, dass sie entweder auf dem Planeten gelandet sind und ausgeschaltet wurden«, sagte Obek, der diese Möglichkeit aber nicht weiter ausführen wollte, »oder unabwendbar aufgehalten wurden. In beiden Fällen müssen wir es ohne sie mit dem Feind aufnehmen.«

Niemand sprach aus, was das für die *Kelch des Feuers* oder Vulkans Artefakte bedeuten könnte, die die Narbenlosen hierher liefern sollten. Dieser Ort war als Zuflucht gedacht gewesen, als Ziel ihrer Mission. Stattdessen war er zum Schauplatz ihres Überlebenskampfs geworden. T'kell hatte nichts über die Artefakte gesagt oder was sie jetzt mit ihnen tun sollten, und auch bei der Besprechung war er nicht anwesend.

»Wir müssen gewaltsam durchbrechen«, sagte Zandu. »Und zwar schnell. Wie viele andere Eingänge hat dieser Ort? Je länger wir warten, desto größer ist die Wahrscheinlichkeit, dass sie von einer anderen Seite aus angreifen werden. Einige der Waffen hier können uns weiterhelfen.« Wie die meisten Legionäre hatte er den Helm abgenommen, sodass sein wächsernes, ausgelaugtes Gesicht zu sehen war. Fai'sho hatte ihn diesbezüglich befragt, doch Zandu hatte ihm gesagt, dass alles in Ordnung war. Als der Apothecarius weiter nachgehakt hatte, hatte Zandu ihm gezeigt, weshalb man den Themisern eine gewisse Wildheit nachsagte, und damit war das Gespräch beendet gewesen.

Obek nickte, während er sich geistesabwesend den Armstumpf rieb. Er bildete sich ein, dass sein fehlender Arm juckte, und es machte ihm Schwierigkeiten, dass er nichts damit greifen konnte. Doch er nahm an, dass er sich daran gewöhnen würde. Er wandte sich dem letzten der versammelten Offiziere zu.

»Was meint Ihr, Varr? Ihr seid so still, Pyrus. Das gefällt mir nicht.«

Varr hatte in die Ferne geschaut, als ob er dort etwas sähe, was keiner der anderen wahrnehmen konnte. Die meisten hielten ihn für ein wenig verrückt und einige sagten, dass er zu lange ins Herz des Todesfeuerbergs gestarrt hatte und davon verändert worden war. Sicherlich war er seltsam, doch Obek hatte immer gedacht, dass Varr über eine Art schamanische Weisheit verfügte, die ihn an Geschichten von den Erdschamanen des alten Nocturnes erinnerte. Andererseits war Varr vielleicht wirklich einfach nur wahnsinnig.

Als er sich Obek zuwandte, stand ihm völlige Gewissheit in sein vernarbtes Gesicht geschrieben.

»Außer uns ist noch jemand hier drin.«

Vielleicht hatte sich Zandus Befürchtung eines Angriffs von einer anderen Seite bereits bewahrheitet.

»Was?«

Kurz herrschte Stille, als ob jeder überprüfen wollte, ob Varrs Behauptung stimmte.

»Wo?«, fragte Obek. Er vertraute Varrs Instinkten und zog seine geliehene Pistole.

Die anderen Legionäre griffen ebenfalls nach ihren Waffen.

»Fai'sho, sorgt dafür, dass das Tor gesichert ist. Findet T'kell«, sagte Obek, worauf der Apothecarius nickte und sich auf den Weg machte.

Einen Moment später stieß jemand irgendwo in den Tiefen des Schmiedewerks einen Warnruf aus. Es war Xen.

»Zandu, Varr«, sagte er zu den anderen, »ihr kommt mit mir.«

Sie fanden Xen vor einer der Waffenkammern. Raios und Phokan waren bei ihm.

Das Schmiedewerk war wahrhaft gewaltig und bestand aus Dutzenden, vielleicht sogar Hunderten Waffenkammern, Munitionslagern, Rüstungsschmieden und sogar Hangars. In der kurzen Zeit, die sie im Innern verbracht hatten, hatten die Salamanders kaum einen Bruchteil von dem gesehen, was hier gelagert wurde.

»Bleibt zurück«, sagte Xen, als Obek sich näherte. Phokan und Raios hatten um den Torbogen, der in den Raum hineinführte, einen Halbkreis gebildet und ihre Bolter auf den Eingang gerichtet.

»Seid vorsichtig damit«, sagte Obek zu den Legionären.

Angesichts der gewaltigen Menge gelagerten Kriegsmaterials könnte jeder Querschläger eine verheerende Kettenreaktion auslösen, die sie samt Schmiedewerk zerfetzen würde.

Obek trat dicht an den Vexillarius heran.

»Zeigt es mir …«

»Anfangs habe ich es fälschlicherweise für eine leere Rüstung vom Typ Mk vier gehalten.« Xen zeigte mit seiner Klinge in einen dunklen Raum, der voller eingestaubter Kriegsrüstungen war, und Obek schaute in die gezeigte Richtung. Die Rüstungen waren in Reih und Glied aufgestellt und bildeten mindestens sechs Reihen.

»Phokan hat sie gefunden. Er dachte, wir könnten die Kriegsrüstungen nutzen, um unsere eigenen zu flicken. Und Ihr braucht einen neuen Helm, Bruder-Captain.«

Irgendetwas bewegte sich; inzwischen konnte Obek es sehen. In der Dunkelheit und aufgrund der schieren Größe des Raums hatte er die Gestalt zunächst kaum bemerkt, doch sie bewegte sich langsam von einer Servorüstung zur nächsten. Sie war massig und mindestens so groß wie ein Legionär.

»Habt Ihr versucht, es anzusprechen?«, fragte Obek.

»Es kann meine Warnung nicht überhört haben, reagierte aber nicht. Ich würde es sehr gern erschießen.«

»Nicht, bis wir wissen, wer oder was das ist. Sind Eure Legionäre vollzählig?«

Xen nickte und fluchte dann. »Dieser Ort ist ein verdammtes Labyrinth und lässt sich von innen niemals vollständig auskundschaften. Hier drinnen könnte eine ganze Armee sein und wir würden es nicht merken.«

»Andererseits erwartet uns draußen mit Sicherheit eine Armee, Bruder, und die will uns töten«, sagte Obek. »Daher würde ich das Risiko eingehen.«

»Ich könnte es herauslocken, Bruder-Captain«, bot Raios an, »damit wir sein Gesicht sehen und erkennen können, mit was wir es zu tun haben.«

»Immer mit Feuereifer dabei, das *Vengu*«, murmelte Phokan, worauf ihm der andere Drache einen finsteren Blick zuwarf.

Obek ignorierte sie und wandte sich stattdessen an Xen, der erneut nickte.

»Tut das«, sagte Obek zu Raios, der diensteifrig salutierte und dann seine Brüder verließ. »Der Rest von euch soll sich bereitmachen.«

* * *

Als Fai'sho T'kell fand, stand er vor dem Tor zum Schmiedewerk und murmelte etwas vor sich hin.

»Schmiedevater?«, fragte Fai'sho vorsichtig.

T'kell regte sich kaum. Abgesehen von Fai'sho war er allein und hatte dem Apothecarius den Rücken zugewandt. Er machte einen Schritt auf das Tor zu.

»Bruder, was macht Ihr da?«, fragte Fai'sho.

»Ich kann es nicht …«

Als Fai'sho bei ihm war, drehte T'kell sich um. Seine Plasmapistole funkelte im Fackelschein und zog die Blicke des Apothecarius auf sich.

»Wa–?«

»Ich kann es nicht … aufhalten!«

T'kell drückte ab.

Raios hatte die Rüstungskammer betreten und seinen Bolter an die Schulter angelegt, während er sich der Gestalt näherte.

»Umdrehen«, sagte er warnend. »Dreht Euch um und gebt Euch zu erkennen. Sofort –«

»Ich bin keine Bedrohung für Euch, Legionär.«

Es trat ins Licht und stellte sich als Mechanicumsadept in roter Robe heraus. Obwohl alles an seinem Körper, das Raios sehen konnte, kybernetisch war, sah er recht menschlich aus.

»Wer seid Ihr?«

Obek und die anderen waren ihm gefolgt und hatten Phokan als Nachhut zurückgelassen.

Der Adept richtete den Blick auf den Captain der Salamanders.

»Ein Archivar, der von seinen marsianischen Meistern zurückgelassen wurde. Dachtet Ihr, Lord Vulkan hätte diesen Ort allein gebaut? Meine Aufgabe besteht darin, Wartungen durchzuführen und seinen Inhalt zu katalogisieren.«

»Sollt Ihr ihn auch schützen?«, fragte Xen, der weiterhin misstrauisch blieb.

Der Archivar wandte sich ihm zu. »Ich verfüge über keinerlei Kampfausrüstung, dafür aber über umfangreiches Wissen über dieses Waffenlager und das darin enthaltene Wehrmaterial. Beispielsweise weiß ich, dass sich im Kern des Schmiedewerks ein Hangar befindet, der groß genug ist für ein Fabrikschiff. Außerdem weiß ich, dass Vulkan diesen Ort als Aufbewahrungsstätte für seine größten Werke vorsah.«

Zandu wandte sich an Obek und murmelte: »Vielleicht kann er uns weiterhelfen?«

»Die Artefakte wären an diesem Ort jetzt nicht mehr sicher«, überlegte Obek laut. »Doch dieses Wissen könnte sich als nützlich erweisen.« Er sprach den Archivar an. »Wisst Ihr, wo die größeren Waffen aufbewahrt werden? Die Rapier- und Tarantula-Geschütze?«

Der Archivar nickte.

»Wie ich bereits sagte, verfüge ich über umfangreiches Wissen über dieses Waffenlager.«

»Er ist so nervig wie die meisten Marsianer«, sagte Xen und senkte seine Waffe.

»Doch zuerst eine Frage«, sagte der Archivar.

Obek runzelte über den unerwarteten Themenwechsel die Stirn, doch der Adept war unbewaffnet und hatte die Arme gesenkt. Unter seiner Robe waren keine Waffen zu erkennen und auch seine Haltung wirkte nicht bedrohlich, aber irgendetwas …

»Habt Ihr die Artefakte des Primarchen bei Euch?«, fragte der Archivar. »Befinden sie sich irgendwo auf dieser Welt?«

Obeks Gesicht verfinsterte sich und er hob wieder seine Boltpistole.

»Wer seid Ihr? Wirklich? Was habt Ihr hier zu schaffen?«

»Ihr wisst, wer ich bin«, sagte der Archivar, ohne das mit einer drohenden oder erklärenden Geste zu ergänzen. Seine Stimme drang aus einem Sprachmodul, das sich irgendwo in den Tiefen seiner Robe und unter seiner Kapuze befinden musste.

Als er die Wahrheit erkannte, riss Obek die Augen auf. »Der Adept …«

Wieder nickte der Archivar, der nur eine ferngesteuerte Marionette war.

»Wie kann das sein?«, fragte Xen. »Er war tot.«

»Das war ich auch. Das bin ich noch«, sagte Regulus mit der Stimme des Adepten. »Das bin ich nicht. All diese Zustände des Seins, so widersprüchlich sie Euch auch erscheinen mögen, treffen auf mich zu. Ihr könnt gern darüber nachdenken, was das alles bedeutet, doch ich nehme an, dass das Verständnis *meines* Wesens für Euch nur zweitrangig ist.«

Xen hob seinen Bolter. Das taten sie alle.

»Das wird keinen Unterschied machen«, sagte Regulus zu ihnen. »Habt ihr das noch nicht verstanden?«

»Tötet ihn«, sagte Obek.

Die Legionäre der Salamanders feuerten und der Archivar wurde zerstört, doch im ersterbenden Getöse ihrer flackernden Mündungen hörten sie ein weiteres Geräusch durch die Waffenkammer hallen.

Xen drehte sich zu den anderen herum.

»Das Tor …«

Es öffnete sich.

Fai'sho war ziemlich sicher tot. Er lag mit dem Gesicht nach unten da und im Oberkörper des Apothecarius befand sich ein glimmendes Loch, das bis zu seinem aufgerissenen Energiemodul reichte. Da nicht allzu viel Blut zu sehen war, musste es sich um eine Plasmawunde handeln.

Sein Mörder stand vor ihnen und alle glühendroten Augen waren auf ihn gerichtet.

»T'kell …«

Obek war der Erste, der etwas sagte, hatte seine Waffe aber noch immer nicht gesenkt.

»Was macht Ihr da?«

Der Mechanismus des Tors war in Gang gesetzt worden und am Boden tat sich ein hauchdünner Spalt auf, als es langsam in die Höhe stieg.

»Ich habe … keine Kontrolle«, sprudelte es aus T'kell hervor. In seiner maschinenhaften Stimme lag ein sehr menschlicher Schmerz.

»Captain!« Xen stellte sich vor Obek und machte sich bereit zum Feuern. »Er ist bewaffnet.«

T'kell hielt seine Plasmapistole auf Hüfthöhe in der Hand, hatte sie aber noch auf niemanden gerichtet.

»Haltet den Mechanismus an«, sagte Obek zu ihm und schob Xen zur Seite. »Sofort, Schmiedevater.«

»Das will ich ja … ich …« Er tippte sich an die Stirn. »Er ist hier drin … Der Schrottcode hat mich infiziert. Ich dachte, ich hätte mich von … ihm bereinigt. Ich habe mich geirrt.«

Die Plasmapistole schien sich aus eigenem Antrieb zu heben

und Xen und die anderen wollten gerade feuern, als Obek rief: »Wartet!«

Das Tor hob sich und T'kell konnte oder wollte es nicht aufhalten. Er hatte eine Waffe auf sie gerichtet, die er bereits eingesetzt hatte, um Fai'sho auszuschalten.

»Ruft alle herbei, die noch übrig sind«, sagte Obek zu Xen. »Lasst alles herbringen, was wir bisher gefunden haben, und stellt eine Geschützreihe auf. Uns bleibt keine Zeit zum Diskutieren, Bruder.«

Xen tat wie befohlen, ging zunächst einige Schritte rückwärts und rannte dann tiefer ins Schmiedewerk hinein, während er Befehle ins Vox brüllte. Er nahm Raios und Phokan mit sich. Zandu blieb bei seinem Captain.

»Ihr ebenfalls, Sergeant.«

»Negativ, Bruder-Captain.«

Obek schaute ihn besorgt an, ließ ihn aber gewähren.

»Ihr wart das, nicht wahr?«, fragte er T'kell. »Der mich beim Lager von hinten niedergeschlagen hat? Auch da hatte er Euch unter seiner Kontrolle.«

T'kell nickte. Die Plasmapistole hob sich weiter. Er hatte sie sich fast an die Schläfe gedrückt …

»Ich kann das aufhalten.«

Obek schüttelte den Kopf. »Nicht so, Schmiedevater. Ihr werdet gebraucht. Vulkan hat Euch eine heilige Pflicht erteilt, für deren Erfüllung Ihr mich um Hilfe gebeten habt.«

»Ich kann das aufhalten.«

T'kell drückte ab.

Obek rief: »Nein!« Er stürzte auf ihn zu, doch es war zu spät.

Und das Tor hob sich weiter.

Kurnan hatte seine Streitkräfte vor dem Tor versammelt. Der Korridor war so breit, dass sich ein großer Schützentrupp in Zehnerreihen aufstellen konnte, sodass er die Servitoren ihre Vorhut bilden ließ.

Seine Kameraden von den Sons of Horus würden als zweite Welle vorrücken und die Truppen des Mechanicums als Schutzschilde nutzen.

»Es hebt sich, Bruder«, sagte Ghodak, während er durch die Massen kybernetisch-organischer Körper nach vorn starrte.

Kurnan nickte und hatte die Augen ebenfalls auf den Spalt am Fuß des Tors gerichtet.

»Sie werden wirklich ohne zu zögern ihrer sicheren Vernichtung entgegengehen?«, fragte er den einzigen Servitor, der aus der Reihe getreten war und sich den Legionären angeschlossen hatte.

»Sie kennen und spüren keine Furcht und haben keinerlei Selbsterhaltungstrieb mehr, Captain«, sagte er mit monotoner Stimme, in der trotzdem Regulus' unverwechselbare Arroganz mitschwang.

»Seid Ihr Euch da sicher, Adept? Inzwischen werden die Salamanders Zeit gehabt haben, um sich vorzubereiten.«

»Ihr könnt Euch sicher sein, dass sie nicht wanken werden.«

Hunderte von ihnen hatten sich vor dem Tor aufgereiht und die wenigen verbleibenden Skitarii waren zwischen ihnen verstreut.

Kurnans eigene Truppe war deutlich kleiner. Er vermutete, dass sie in etwa dem entsprechen musste, was die Söhne Vulkans noch aufbieten konnten.

»Den Techmarine will ich aber lebend«, sagte der Servitor in bedrohlichem, kaltem Ton. »Er ist mir noch von Nutzen. Er verfügt über Wissen, dass ich für mein –«

Er hielt so abrupt inne wie eine unterbrochene Voxnachricht. Einige Sekunden lang war es totenstill.

»Das war unerwartet.«

Kurnans Gesicht verfinsterte sich. »Ihr lügt mich an, Abgesandter. Und wenn das hier vorbei ist, werde ich herausfinden, warum Ihr wirklich hier seid.«

Der Servitor antwortete nicht. Seine ausdruckslosen Augen waren auf das Tor fixiert, das sich langsam hob.

Sie beobachteten und warteten ab. Als es sich halb geöffnet und somit weit genug gehoben hatte, um darunter hindurch gehen zu können, begann das Feuergefecht.

Während Xen die Wachgeschütze einschaltete, schleppten Obek und Zandu T'kell hinter die Geschützreihe.

Sie waren in einem sichelförmigen Ring aufgestellt, um jeden Winkel des Tors mit flächendeckendem Geschützfeuer unter Beschuss nehmen zu können. Als sie eine Bewegung bemerkten, eröffneten die im Boden verankerten Rapier- und Tarantula-Geschütze sofort das Feuer.

»Da kommen sie!« Xen musste rufen, um über den donnernden Lärm der Geschütze hinweg gehört werden zu können. Der Schein der Mündungsfeuer fiel auf seine Rüstung und färbte sie schwarz-weiß.

Seine Brüder wurden ebenfalls davon beschienen. Die Krieger der Narbenlosen hatten einige Meter hinter den Maschinenkanonen eine Schützenformation eingenommen.

Das Feuer wurde von einer gewaltigen Salve erwidert, sodass Laserstrahlen und Projektilgeschosse in einem tödlichen Sturm aufeinanderprallten. Drei der Wachgeschütze wurden rasch ausgeschaltet und von gebündelten Salven der langsam, doch unnachgiebig vorrückenden Kampfkohorte des Mechanicums zerfetzt.

Trotz der schweren Verluste, die sie erlitten, rückten die Servitoren weiter vor. Einige stolperten über die Körper der Gefallenen, worauf sie von den Marschreihen hinter ihnen zerstampft wurden.

»Söhne Vulkans«, verkündete Obek, während er seinen Platz in der Schützenlinie einnahm und seine Boltpistole wie ein Banner nach vorn streckte. »Wir stehen hier in den Hallen des letzten Vermächtnisses unseres Vaters. Wir sind alles, was noch übrig ist, um es zu verteidigen.«

Als er zu T'kell schaute, aus dessen halb explodiertem Schädel Blut und Öl sickerten, dann zu Zandu, der dem Tode nah schien, und Xen, der das Banner entrollt hatte, das er so gern gegen einen ruhmreicheren Posten eingetauscht hätte, wusste er, dass er bereitwillig mit diesen Männern sterben würde, seinen Brüdern von Nocturne. Selbst mit Varr, der den Wahnsinn in seinen Augen eben so wenig verbergen konnte wie die Narben, die er trug, die Narben, die sie alle trugen …

»Worin besteht das Opfer?«

Das Tor hob sich weiter. Die Servitoren rückten weiter vor. Der Reihe nach verstummten die Wachgeschütze.

Eine endlose Horde gegen eine abgekämpfte Bande Söhne der Schmiede …

»Zu leben, wenn andere starben«, antworteten die anderen im Chor. »Niemals den Schmerz unseres schlimmsten Verrats zu kennen. Niemals den Stich der Schande zu spüren, die sich im Messer des Verräters spiegelt«, schrien sie und erhoben ihre Stimmen zu einem trotzenden Crescendo. »Niemals auf den schwarzen Sand von Isstvan Fünf geblutet zu haben.«

Die Horde rückte trotz ihrer entsetzlichen Verluste unerbittlich weiter vor und dazwischen waren die Kriegsrüstungen einer abtrünnigen Legion auszumachen.

»Ich gebe euch eine neue Bestimmung«, brüllte Obek und zeigte auf die Verräter, »und werde uns nicht länger Narbenlose nennen! Erlangt Ruhm. Übt Vergeltung. Für Vulkan!«

»Für Vulkan!«, erscholl die donnernde Antwort.

Die Wachgeschütze waren fast vernichtet. Sobald sie zerstört waren, würden die Salamanders endlich ihrem Feind entgegentreten.

SECHZEHN

Schatten des schwarzen Sandes

Niemand konnte ihnen mangelnden Mut vorwerfen. Nicht Tapferkeit war ihre Schwäche, sondern nicht zu erkennen, wenn sie dem Tod geweiht waren. Das war es, was den Söhnen Vulkans zum Verhängnis wurde.

»Selbstlose Märtyrer in einem Krieg, den sie niemals verstehen werden«, murmelte Kurnan. »Arme, verblendete Narren.«

Während er hinter der Servitorenvorhut vorrückte, die kaum mehr als ein lebender Schutzschild war, erhaschte er durch die Lücken zwischen ihren Leibern einige Blicke auf die Legionäre der Salamanders.

Obwohl sie mitgenommen und abgekämpft aussahen, wusste er, dass sich die Drachen nur schwer niederringen lassen würden.

Wie heißt es noch gleich? Auge um Auge, Zahn um Zahn?

Das würde eine blutige Angelegenheit werden.

»Das hätten wir schon vor Stunden machen sollen«, sagte Solomus über das Vox. Er war in der Nähe und wandte sich Kurnan zu, der sich vorstellen konnte, wie der Legionär hinter seinem Visier grinste. Auch wenn er ihn anwiderte, hatte Rayko recht. Trotz ihres lebenden Schutzschilds wäre es besser gewesen, die

Salamanders vorher aufzuspüren und zur Strecke zu bringen als jetzt frontal gegen ihre Geschütze anzurennen.

»Du wirst noch früh genug zum Morden kommen«, sagte Kurnan und trennte die Verbindung.

Die Servitoren waren schwer angeschlagen und ihre Reihen von den automatischen Verteidigungsgeschützen Kurnans schwarzhäutiger Vettern ausgedünnt worden. Schon bald würden sie die Legionäre der Salamanders erreichen und dann würde die grausige Klingenarbeit beginnen.

Bevor das letzte Wachgeschütz ausgeschaltet wurde, gab Obek das Zeichen zum Angriff.

Xen bildete die Speerspitze, während die anderen neben und hinter ihm vorrückten. Raios und Phokan waren dicht bei ihm. Er hörte ihre wortlosen Kriegsschreie, während sie mit einer den Feuerdrachen würdigen Wildheit kämpften. Mit seinem ersten Stoß traf Xen einen Servitor am Hals und köpfte ihn, als er seine Klinge wieder zurückzog, hielt aber nicht inne. Raios war einen Schritt vor ihm und spaltete das Schlüsselbein eines Skitarii, während er ihm einen Arm ausriss. Phokan krachte mit dem Schulterpanzer gegen ihn und warf ihn zu Boden, während der Skitarii mit seiner Waffe wild um sich schlug. Als er auf dem Rücken landete, zerstampfte der Salamander seinen Brustkorb.

Drakos funkelte, während Xen sie über seinem Kopf schwenkte und wieder die Führung übernahm, indem er einem zweiten Automaton damit seitlich in die Brust hackte. *Ignus* spaltete ihn von der anderen Seite, sodass die beiden Schwerter unter metallischem Klirren aufeinandertrafen, als sie den Servitor zerteilten.

Nachdem er seine blut- und ölbefleckten Klingen herausgezogen hatte, drang er tiefer in die Horde vor. Aus den Augenwinkeln sah er Raios und Phokan, die ihm auf jedem Schritt folgten.

»Niemals Ruhm zu erlangen«, brüllte er.

»Niemals Vergeltung üben zu können«, riefen Raios und Phokan im Chor.

Inzwischen waren zahlreiche Servitoren tot und noch mehr waren tödlich verwundet, sodass um Xen ein kleiner freier Bereich entstanden war, durch den er genug Zeit hatte, um *Ignus* wegzustecken und das Banner zu ergreifen, das er sich wie einen

Mantel über die Schultern gelegt hatte. Als er es blutgetränkt in die Höhe hob, brüllten die Narbenlosen ihren Zorn hinaus.

Eine zweite Reihe Skitarii stürzte sich ins Gefecht und feuerte in fieberhafter Eile mit Karabinern und Kalverinen. In ihrer furchtgetriebenen Hektik spiegelte sich das Entsetzen vor den Transhumanen wider, das alle ergriff, die gegen Space Marines kämpften und nicht selbst transhuman waren. Selbst die Servitoren, denen noch ein Funke ihres Bewusstseins geblieben war, schienen sich nur zögerlich in den Kampf mit den wilden Drachen begeben zu wollen.

Die Legionäre der Salamanders nutzten das zu ihrem Vorteil.

Während Xen eine Schneise durch das Herz der Mechanicumstruppen schlug, sicherten Zandu und Varr mit den Resten ihrer Trupps die Flanken.

Zandu war nicht so geschickt oder gewandt wie Xen, doch das machte er mit schierer Brutalität wieder wett. Sein Kettenschwert fuhr eine blutige Ernte ein und bespritzte ihn mit Blut und Öl. Während er einen Servitor zerhackte und die surrenden Zähne in dessen kaltes Fleisch drückte, bis die Klinge tief in ihm steckte, zerstampfte er den Schädel eines weiteren, der gerade aufstehen wollte. Mit der einen Hand am Kettenschwert packte er mit der anderen einen dritten am Hals und drückte zu, bis sich die Finger seines Panzerhandschuhs berührten und der Kopf des Servitors abfiel.

Der nicht weniger erbarmungslose Varr schwang mit metronomischer Gleichmäßigkeit, die nicht so recht zu seinem wilden Gelächter passte, einen Energiehammer. Normalerweise trug er *Schmetterer*, wie er ihn unpoetisch genannt hatte, auf dem Rücken, da er seinen Flammenwerfer bevorzugte, doch das Gemenge war zu dicht für Feuer, sodass er den Hammer verwendete.

»Vulkan!«, brüllte er und auf jeden Schwung von *Schmetterer* ertönte das Knacken von nachgebendem Metall oder Knochen.

Er sagte zwar nicht, ob er in seiner Raserei Vulkan sah, doch er kämpfte wie ein Legionär, der von seinem Primarchen beobachtet wurde.

Dieses Gefühl hatten sie alle.

Die Salamanders verteidigten kein lebloses Waffenlager. Das war *sein* Körper, *sein* Fleisch. Es war alles, was vom Herrn der Drachen übrig war.

Als wäre es sein Grab, dachte Obek, während er zusah, wie Xen seine Feinde mit der Präzision eines Schlächters zerstückelte und zerlegte.

Der Captain folgte der Vorhut, blieb aber dicht bei Xen. Trotz ihres Feuereifers ließen sich Phokan und Raios immer wieder zurückfallen, damit Obek auf beiden Seiten geschützt war. Es ärgerte ihn maßlos, dass er diese Unterstützung nötig hatte, aber ohne seinen zweiten Arm war er nicht mehr der Krieger, der er einst gewesen war. Doch die Boltpistole in seiner Hand verstummte niemals und feuerte munitionssparende, donnernde Einzelschüsse oder Dreischusssalven ab. In seiner derzeitigen Lage würde er kaum nachladen können. Wenn der dumpfe Klang des leeren Geschosslagers ertönen würde, würde er sie fallen lassen und die Kampfklinge ziehen, die an seiner Hüfte in ihrer Scheide steckte.

Durch das brutale Handgemenge, in dem sich die Servitoren kaum behaupten konnten, sah Obek, wie ein Skitarii auf Raios zuhielt. Er durchschoss sein finster blickendes Optikmodul, worauf sein Schädel explodierte.

Raios warf einen überraschten, aber erleichterten Blick in Obeks Richtung.

»Ihr könnt mir später danken, *Vengu*«, sagte der Captain, worauf der andere Drache ihm knapp zunickte.

Während Raios eine weitere Drohne fällte, erschoss Obek eine auf kürzeste Distanz, die sie erfolgreich umgangen hatte, um aus dem toten Winkel anzugreifen.

»Xen«, sagte er ins Vox, »haltet Euch ein wenig zurück. Allmählich umzingeln sie uns.«

Auf Obeks linker Helmlinse blinkte ein Bestätigungssymbol auf, doch nach einer kurzen Beobachtung des Schlachtverlaufs stellte er fest, dass sie trotzdem umzingelt werden würden.

Er überlegte, ob er das Zeichen zum Rückzug geben sollte. Sie könnten sich tiefer ins Waffenlager zurückfallen lassen und mit den Abtrünnigen um jeden einzelnen Raum kämpfen, doch er verwarf den Gedanken fast augenblicklich. Obek wusste, dass sie dafür zu wenige waren. Deshalb hatten sie es gar nicht erst versucht.

Und als er sah, wie zwei kämpfende Drachen mechanischen Klingen zum Opfer fielen und wie Gairons Brust durchbohrt und sein linker Schulterpanzer zerhackt wurde, dämmerte ihm, dass es hier niemals um ihr Überleben oder ihre Flucht gegangen war.

Das hier ist unser Landungsplatzmassaker. Das ist unser Isstvan V. Hier sterben wir.

Gairon schlug seinen Angreifer nieder, blutete aber stark aus den Löchern in seiner Kriegsrüstung.

Obek kontaktierte Votan.

Ein Drache hatte zurückbleiben müssen, um T'kell und Fai'sho zu beschützen, doch diese Vorsichtsmaßnahme kam ihm inzwischen fast bedeutungslos vor.

»Tötet so viele, wie Ihr könnt, Votan, aber lasst keinen unserer verwundeten Brüder in ihre Hände fallen.«

»Verstanden, Bruder-Captain.«

»Vulkan lebt, Votan.«

»Wir ehren ihn mit unserem Opfer.«

Seine Verbitterung stieg wie Säure Obeks Kehle hinauf. Er beendete die Verbindung.

Weitere Legionäre der Salamanders starben, und so, wie eine geschlagene Hand zurückzuckte, zogen sich auch Vulkans Söhne zu einer dichteren Formation zusammen. So waren sie fast unüberwindbar, andererseits waren das schon viele bei ihrem letzten Gefecht gewesen.

Doch erst, als sich die Sons of Horus ins Gemetzel stürzten, begriff Obek, dass ihr Ende tatsächlich näher rückte.

Als Kurnan ihren Captain sah, wusste er, dass er ihn töten musste.

Das verlangte seine Ehre.

Der Drache mochte einen Arm verloren haben, doch er hatte schließlich drei von Kurnans Brüdern getötet und kämpfte trotz seiner Verstümmelung auch jetzt noch erbittert.

Er durchbrach die sich lichtenden Reihen der Mechanicumskohorten und kreuzte mit einem Legionär der Salamanders die Klingen. Keine Herausforderung oder Tirade ging dem Krieger über die Lippen, der mit der ungestümen Stärke von jemandem kämpfte, der wusste, dass alle Hoffnung verloren war.

Kurnans Männer und die Überbleibsel von Regulus' Truppen hatten sie umzingelt. Mit jeder verstreichenden Sekunde zog sich die Schlinge weiter zu, vor der sich alle Helden insgeheim fürchteten, ob sie nun transhuman waren oder nicht. Sie war der Tod der Ehre, das Ende des Ruhms. Die Schmach.

Dieses schmutzige Wort schien unauslöschlich an Kurnans Kriegsrüstung zu haften, während er sich mit dem Drachen duellierte und die bitteren Erinnerungen an Isstvan V seine Gedanken aufwühlten.

Falsche Schlange. Heimtückischer Hund … Verräter.

Kurnan entwaffnete seinen Gegner und rammte dem Krieger die Kampfklinge bis zum Griff in die Brust. Er hörte, wie etwas von innen gegen das Visier des anderen Legionärs spritzte. Darauf gurgelte er, bis er schließlich zu ersticken begann.

»Ich habe deine Lunge durchstochen«, flüsterte er, während er den Drachen an sich heranzog, um sich mit dessen Körper zu schützen. »Du ertrinkst in deinem eigenen Blut.«

Der Krieger zuckte und kämpfte gegen das Unausweichliche an.

»Du kannst nichts dagegen tun«, sagte Kurnan, worauf er die Klinge herumdrehte und nach oben drückte. Er übte so viel Kraft aus, dass der Legionär von den Füßen gehoben wurde. »Dagegen kannst du nicht ankämpfen. Dagegen nicht.« Das Licht in den Augen des Legionärs erlosch. Durch die roten Helmlinsen sah Kurnan das plötzlich ersterbende Feuer.

Kurz darauf erfolgte der Vergeltungsschlag, dem Kurnan gerade noch rechtzeitig den Körper des toten Drachen entgegenhalten konnte, bevor die Kettenklinge niederging. Blut und Metallsplitter spritzten aus der Wunde und das Kreischen der Kettenzähne, die sich durch das Ceramit fraßen, verschmolz mit dem trauernden Wutschrei eines Legionärs, der in seinen Legionärskameraden hineinschnitt.

Kurnan hielt seinen Fleischschild weiterhin fest und riss die Klinge mit einem Blutschwall heraus. Dann stieß er die Leiche davon, wodurch er das Schwert des Drachen einklemmte, das in der Kriegsrüstung des toten Kriegers steckte. Während der Drache verbissen versuchte, seine Waffe zu befreien, beugte sich Kurnan vor und stach ihm in den Hals, in die Lücke zwischen Helm und Halsberge.

Das machte er drei Mal schnell nacheinander, parierte dann eine andere Klinge, die auf seinen eigenen Hals niederging, und dellte den Gefechtshelm seines Angreifers mit einem seitlichen Schlag seines Panzerhandschuhs ein. Der getroffene Legionär taumelte rückwärts gegen seine Brüder. Die Salamanders hatten ihre Reihen geschlossen. Sie wichen zurück.

Der Abstand zwischen Kurnan und seinen Feinden wurde immer größer.

Er hob die Faust und alle Kämpfe wurden eingestellt. Die Servitoren waren tot; nur einige Skitarii waren noch übrig, doch sie achteten die Waffenruhe zwischen den einstigen Kameraden.

»Was machst du da?«, erklang Solomus' zischende Stimme im Vox. »Lass es uns zu Ende bringen.«

»Das hier ist nicht Isstvan. Ich werde das nicht noch einmal tun«, sagte Kurnan und fügte dann leiser hinzu: »Wir sind Krieger, keine Meuchelmörder.«

»Wir sind alles, was wir für Horus sein müssen«, zischte Solomus. Er schlich um den Kampfbereich herum wie das Geschöpf, nachdem seine Legion früher benannt gewesen war, und stieg über die Leichen der von ihm Erschlagenen. Mit kalten Augen suchte er nach dem Nächsten, mit dessen Blut er sein Schwert beflecken konnte. Kurnan wollte nur einen von ihnen und ignorierte Solomus' respektloses Verhalten, bis er den Krieger schließlich inmitten des geschrumpften Schildwalls aus drachengrünen Servorüstungen fand.

Ein wenig Ehre ist der Galaxis noch erhalten geblieben.

Er hob sein Kettenschwert, dessen nasse Zähne funkelten. Der Gestank von Blut und Schweiß war fast stärker als der feurige Geruch von Asche und Glut. Es war stickig und Kurnan wollte diesen Ort so schnell wie möglich verlassen.

»Ihr da …«, sagte er mit erhobener Stimme, damit er über das Surren der vielen Kettenklingen hörbar war, die im misstönenden Chor brummten. »Captain gegen Captain.«

Es war vorbei. Das wusste Obek. Er hatte es schon gewusst, bevor sie das Schmiedewerk überhaupt betreten hatten, doch Eskapismus war ein zentraler Aspekt der Kultur Nocturnes. Manche bezeichneten das auch als Trotz.

Er spürte die dicht gedrängten Leiber um sich herum, hörte sie schwer durch ihre Visiere atmen und roch ihr Blut und das Blut der Abtrünnigen auf seiner Kriegsrüstung. Sie waren besudelt und vernarbt, doch alles andere als ruhmreich und hatten bei all dem Tod nur wenig Vergeltung üben können.

War es so auf Isstvan V gewesen?

Statt auf schwarzem Sand standen sie auf schwarzem Obsidian, auf dem ihr Blut und das Blut ihrer Feinde fast nicht zu sehen war.

Obek schaute dem anderen Captain in die Augen und drängte nach vorn.

Xen versuchte einzuschreiten. »Bruder-Captain –«

»Versucht nicht, mich aufzuhalten.« Raios' Blut breitete sich über den ganzen Boden aus, nachdem er in den Hals gestochen worden war. Gairon lag mit einem gezackten Riss in der Brust, der bis zu seinem Hals reichte, in der Nähe. Sie waren nicht die Einzigen. Bei weitem nicht.

Xen hielt ihm eine gezackte Spatha hin, die mit außergewöhnlichem Geschick gefertigt worden war. »Das ist *Drakonis*. Ihre Klinge hat mir stets gut gedient.«

Obek dachte darüber nach, sie abzulehnen, wollte das Geschenk aber nicht missachten. Stattdessen nickte er und steckte seine blutige Kampfklinge weg, um die grüngefärbte Spatha entgegenzunehmen.

»Ein guter Begleiter für ein Ehrenduell.«

»Nichts daran ist ehrenhaft«, sagte Xen, der die Augen auf den abtrünnigen Captain gerichtet hielt. »Er wird nicht ehrenhaft kämpfen und Ihr habt nur eine Hand, mein Captain.«

Obek lächelte und hatte das Gefühl, dass eine Ewigkeit vergangen war, seit er es das letzte Mal ehrlich getan hatte. Nicht vor Freude oder guter Laune, sondern vor Erleichterung.

»Ich brauche nur eine«, sagte er, worauf sich seine Stimmung schlagartig verdüsterte. »Zumindest, um diesen Hund zu töten. Wenn das getan ist –«

»Lebendig bekommen sie uns nie.«

Sie schauten einander in die Augen und packten die Unterarme des jeweils anderen, wobei Xen einen kauterisierten Stumpf ergriff. »Ich habe Schande über uns gebracht. Das verstehe ich jetzt.«

»Sühnt dafür, indem Ihr meinen Tod rächt«, sagte Obek lachend. Er dachte an T'kell und das Versprechen, das er ihm gemacht hatte. Er und alle anderen, die auf der Suche nach einer

Bestimmung und Ehre zum Schmiedewerk gekommen waren, würden es nicht halten können und nur den Tod finden. Das verlieh ihm die Entschlossenheit, zu tun, was er als Nächstes tun musste.

»Dann kommt«, sagte Obek zu dem Captain, »wenn Ihr unbedingt sterben wollt.«

Sie salutierten einander knapp. Obek wusste, dass die Chancen für seinen Gegner standen, doch er hatte im Alleingang drei von ihnen getötet und das machte ihm Hoffnung.

»In Vulk–«, setzte er an, hielt dann aber plötzlich inne. Eine Klinge steckte mehrere Zentimeter tief in seiner Brust und er taumelte zurück, ehe er den Abtrünnigen mit der ausgestreckten Hand sah, der sie geworfen haben musste.

»Verdammt, Solomus!«, brüllte der abtrünnige Captain, worauf erneut Chaos ausbrach.

Xen stürzte sich auf den Klingenwerfer, diesen Solomus, während Zandu und Phokan Obek aufrichteten. Einer der Abtrünnigen trat aus dem Halbkreis aus Kriegern, um einzugreifen, doch Xen machte ihn mit *Ignus* nieder, bevor er auch nur einen Kriegsschrei ausstoßen konnte. Er trat die Leiche zur Seite, was ihn kaum verlangsamte, und schlug auf die hastig gezogene Klinge von Rayko Solomus.

Die anderen Salamanders kämpften ebenfalls und stürmten mit solcher Geschwindigkeit auf ihre Feinde zu, dass er die einzelnen Klingen und Rüstungen kaum erkennen konnte. Doch Xens Aufmerksamkeit galt ohnehin nur einem einzigen Legionär.

Solomus war so schnell, dass er dessen Gladius nur verschwommen wahrnehmen konnte. Im Gegensatz zu Xens Schwert war es ein hässliches, brutales Tötungswerkzeug. Außerdem war er äußerst geschickt, wodurch Xen fast augenblicklich in die Defensive gedrängt wurde.

Der Son of Horus kämpfte mit einer ungestümen Wut, die Xen nur selten erlebt hatte. Er hatte schon früher in Schlachten gekämpft, hauptsächlich während des Kreuzzugs, und die dort erworbenen Instinkte nie verloren, doch seine Sinne … die könnten mit der Zeit abgestumpft sein.

Xen parierte, fand aber keine Angriffsmöglichkeit. Er wünschte, dass er *Drakos* ebenfalls hätte; die andere Klinge hätte ihm den dringend nötigen Vorteil verschafft. Er erhaschte einen Blick auf Obek, der auf die Beine kam und die geworfene Klinge aus sich herauszog. Phokan und Zandu standen vor ihm und wehrten die Abtrünnigen ab, doch sie wurden arg bedrängt.

»Du wirst sterben wie deine Brüder, blutüberströmt und hoffnungslos«, sagte Solomus.

Ein Hieb streifte Xens Unterarm. Er drang tief in das Ceramit und Adamantium ein und bis in sein Fleisch vor. Das schmerzte, doch er lächelte einfach und stach dem Abtrünnigen in die rechte Brustseite. Die Rüstung schwächte den Stoß weitestgehend ab, doch Solomus ächzte vor Schmerzen. Bei einem zweiten Hieb von oben traf er funkenschlagend auf die Stahlklinge des Abtrünnigen. Xen schlug nach seiner Seite, doch auch dieser Angriff wurde pariert. Einen weiteren Stoß schlug Solomus so schnell mit der Hand zur Seite, dass Xen es kaum fassen konnte. Seine kurzzeitige Überraschung rächte sich.

Auf einen Schlag gegen seinen Solarplexus hin taumelte Xen zurück. Nur einen oder zwei Schritte, doch das reichte, um ihn aus dem Gleichgewicht zu bringen. Solomus zog eine zweite Klinge – oder dritte, wenn man die mitzählte, die er auf Obek geworfen hatte. Sie war so hässlich wie die anderen, hatte eine hakenförmige Spitze und schimmerte schwarz.

Er stach so schnell nach Xen, dass er es fast nicht bemerkt hätte. Er parierte die eine Klinge, doch nicht die darauffolgende mit dem Widerhaken, die sich tief zwischen seinem Schulterpanzer und seinem Hals hineinbohrte. Mit einem Ruck wurde er von Solomus nach vorn gerissen und seine rechte Schulter brutal nach links gedreht. Er schaffte es nicht, den Schlag abzuwehren, der seine Seite aufschnitt, und auch nicht den Hieb gegen seine Wange, durch den seine rechte Helmlinse von weißem Rauschen erfüllt wurde.

Xen wankte und erlebte etwas, das ihm zuvor völlig unbekannt gewesen war.

Eine Niederlage.

Während sich seine Sicht trübte, spürte er, wie etwas in seine Brust glitt und sich nach unten bewegte. Anfangs war es heiß, doch dann kalt, obwohl sein Blut über seine Rüstung strömte. Schließlich fiel er erst auf das eine Knie und kurz darauf auf das andere. Knapp außerhalb seiner Reichweite funkelte *Ignus*. Er konnte sich nicht daran erinnern, es fallen gelassen zu haben.

Solomus bäumte sich bedrohlich vor ihm auf. »Blutüberströmt und hoffnungslos …«

Er hob beide Klingen, als ob er sie wie ein Fallbeil niedergehen lassen wollte.

»Vulkan lebt …«, sagte Xen und wappnete sich für sein Schicksal – als plötzlich in der Kammer tosender Lärm ausbrach.

Solomus drehte sich zur Seite und einer heranwogenden Explosion entgegen. Sie warf ihn um und erfasste Xen zusammen mit etlichen anderen. Salamanders und Sons of Horus wurden wie Asche im Wind herumgewirbelt.

In dem Moment, bevor Xen das Bewusstsein verlor, kam ihm ein Gedanke.

Krask.

SIEBZEHN

Der Rabe und der Gorgone

Phokan und Zandu schleiften Obek dorthin, wo T'kell und Fai'sho lagen, als er das leise Klirren von Granaten hörte, die auf dem Boden aufschlugen, und mit rauer Stimme einen Warnruf ausstieß.

»Runter!«

Er sah, wie Phokan und Zandu sich gegen die donnernde Explosion stemmten, unter der die Kammer erbebte und die sie mit Feuer und Rauch füllte. Einige Momente später ertönte das dumpfe Getrommel von Boltern. Obwohl Zandus Hand auf seiner Schulter lag und ihn unten hielt und Phokan sich ebenfalls dazwischen gestellt und die Sicht weiter eingeschränkt hatte, sah Obek die Krieger, die aus dem sich langsam lichtenden Rauchschleier traten.

Ein Boltgeschoss traf einen der Abtrünnigen, worauf er herumgerissen wurde und zwei weitere ihn ausschalteten. Im trüben Zwielicht flackerten zahlreiche Mündungsfeuer auf und die Sons of Horus wurden von einer ununterbrochenen Salve unter Beschuss genommen, worauf sie das Feuer erwiderten.

Zuerst dachte Obek an Zau'ull und den Lindwurm, doch der erste Legionär, der aus dem Rauch trat, trug eine schwarze Rüstung und einen Helm des Corvus-Schemas. Außerdem war er kein Legionspriester. Er führte ein langes Schwert mit knisternder Energieklinge. Einige Staubflocken, die das Energiefeld der Waffe berührten, gingen in Flammen auf.

Obek hatte sie für tot oder in alle galaktischen Winde zerstreut gehalten.

Corax' Sohn hatte keinen seiner Brüder bei sich, doch allein war er auch nicht. Schwarzgerüstete Krieger folgten ihm, auf deren Schulterpanzern ein weißer Panzerhandschuh prangte. Die Eiserne Zehnte, die Söhne des Gorgonen.

»Iron Hands …«

Die Krieger, die von einem aus der XIX. angeführt wurden, waren Obek bekannt. Er wusste nicht, was die sogenannten Zerschlagenen Legionen mit dem Schmiedewerk zu tun hatten. Wenn er überleben sollte, würde er das in Erfahrung bringen.

Ein Schatten schlug eine Schneise durch die Sons of Horus.

Während sich Xens Körper nach seinen schweren Verwundungen zu stabilisieren versuchte, begriff er, was er da sah. Es war einer von Corax' Söhnen. Wie viele andere hatte auch er angenommen, dass sie tot oder unauffindbar verstreut waren. Der Krieger der Raven Guard vor ihm reflektierte kein Licht, doch gleichzeitig sog er den Schein der Autoleuchter in sich auf. Er *war* Schatten und verschmolz mit ihnen.

Der Rabe traf direkt hinter dem Eingang zum Gewölbe auf Solomus. Der Kampf war noch nicht hineingetragen worden, da die Salamanders es erbittert verteidigt hatten. Getrieben von einem tiefsitzenden Kampfinstinkt versuchte Xen aufzustehen und ergriff sein Schwert. In seinen tauben Fingern fühlte es sich fremd an und er konnte es kaum halten. Er schaffte einen halben Schritt und brach dann zusammen. Unter ihm hatte sich eine blutige Pfütze gebildet, die der Stelle in seiner Rüstung entsprang, an der Solomus seine Klinge hineingestoßen hatte.

Töte ihn … trieb Xen den Raven Guard in Gedanken an, da er nur zusehen konnte. Doch er war entschlossen, solange bei Bewusstsein zu bleiben, bis der Ausgang des Kampfs feststand.

Als der Raven-Guard-Legionär auf ihn losging, griff Solomus ihn mit beiden Klingen an, eine von oben, eine von unten, Finte und Stoß. Sie trafen auf nichts als Schatten und der Plaststahl schlug in die Luft. Wegen des Bluts in seinem Helm, das sein Gesicht hinab in seine Augen lief, musste Xen blinzeln. In der Sekunde, die Xen zum Schließen und Öffnen seines Augenlids brauchte, *verschob* sich der Krieger in Schwarz. Anders konnte er das nicht beschreiben. Er war wie Rauch, der vom Wind erfasst wurde und so der drohenden Gefahr entwischte, um sich an der ungeschützten Flanke des Verräters erneut zu manifestieren.

Xen sah, wie Solomus ächzte und dann schmerzerfüllt zusammenzuckte, als das lange Stahlschwert der XIX. Legion ihn aufspießte. Er drehte den Kopf gerade so weit, dass sein irrer Blick ein letztes Mal auf seinen Mörder fiel, wobei ihm ein letzter Fluch entwich, bevor der Krieger der Raven Guard sein Schwert herausriss und Solomus spaltete.

Danach sackte Xen in sich zusammen und verlor das Bewusstsein.

Die Drachen kämpften verbissen weiter, während der Legionär der Raven Guard durch das Schmiedewerk fegte und die Abtrünnigen niedermachte, die das meiste von der Explosion abbekommen hatten, aber noch lebten. Die gefühlskalten, unerbittlichen Iron Hands folgten ihm und Obek befahl seinen Kriegern, das Feuer einzustellen, um keine Verbündeten zu treffen.

Die Salamanders stellten sich Schulter an Schulter um ihren Captain, der wieder auf die Beine gekommen war.

Seit dem Angriff der Zerschlagenen Legionen war noch keine ganze Minute vergangen, in der sie das Schmiedewerk gesichert und alle Verräter, bis auf einige wenige, die sich den Weg freigekämpft hatten und geflohen waren, zur Strecke gebracht hatten. Nach der Schlacht standen sich die beiden Trupps gegenüber und betrachteten einander, doch neugierig und unsicher, nicht in Vorbereitung auf einen weiteren Kampf.

»Das sind die Zerschlagenen Legionen«, murmelte Zandu, da er von den Überlebenden des Untergangssturms von ihnen gehört hatte.

Obek nickte, doch seine Augen waren auf den Krieger der Raven Guard gerichtet, der stehen geblieben war, um sein Schwert zu säubern. Die Iron Hands hatten ebenfalls innegehalten und verharrten völlig reglos mit gesenkten, aber kampfbereiten Boltern. Obwohl er es wollte, überkam Obek keine

Erleichterung. Seinen Brüdern schien es ebenso zu gehen, da sie ihre Waffen nicht wegsteckten, sondern weiterhin in den Händen hielten.

»Wir stehen in Eurer Schuld«, sagte er und fügte nach einer kurzen Pause hinzu: »Brüder.«

Obek trat zwischen seinen Männern vor.

Die Iron Hands zeigten keinerlei Reaktion und rührten sich nicht, bis auf einen. Einen Schildträger – er wandte sich von den Legionären der Salamanders ab, während die Helmlinsen der anderen ungerührt geradeaus starrten. Doch der Krieger der Raven Guard trat vor. Er hatte etwas aus einem Beutel an seinem Gürtel genommen und hielt es dem Captain hin.

Ein Hololithsender. Obek erkannte ihn sofort. Einen Moment später gab die Hololinse ein körniges Bild aus. Es war ein weiterer Legionär der Iron Hands, was man anhand seiner Bioniken und dem Metall, das eine ganze Gesichtshälfte umfasste, erkennen konnte. Er sah alt und vernarbt aus und sein spitzer Bart ähnelte der Form eines Splitters.

»Ich bin Eisenvater Kastigan Ulok«, sagte er mit dumpfer, metallischer Stimme. »Ihr sollt wissen, dass Ihr gerettet seid, Salamanders. Ihr sollt wissen, dass Ihr jetzt Gäste der Zerschlagenen Legionen seid.«

Obek nickt ernst und befahl den anderen, ihre Waffen wegzustecken.

»Morikan wird Euch zu meinem Schiff bringen, zur *Obstination*. Wir haben viel zu besprechen, Sohn des Drachen. Sehr viel.«

Der Einzelgänger der Raven Guard, der offenbar Morikan hieß, schloss die Hand, um die Übertragung zu beenden. Er gab ihnen ein Zeichen, ihm zu folgen, und drehte sich dann um.

»Seid Ihr auf unser Schiff getroffen?«, rief Obek ihm nach, doch der Sohn des Corax reagierte nicht. »Wir haben einige Verwundete, wir brauchen –«

Der Schildträger unterbrach ihn. Er sprach mit tiefer, monotoner Stimme, in der aber auch ein wenig Mitgefühl lag. »Ihr werdet bekommen, was Ihr braucht«, sagte er und nahm den Helm ab. Ein wild aussehender Krieger mit blasser Haut und kohleschwarzem, kurz geschorenem Haar schaute Obek an. »Ich bin Ahrem Gallikus vom Klan Gaarsak.« Er reichte ihm die Hand und Obek ergriff sie. »Saurier wird sich um Eure Verwundeten kümmern.« Gallikus betrachtete Obeks abgetrennten Arm. »Und darum sollte ich mich kümmern können.«

Obek kniff die Augen zusammen. »Saurier? Ist er …«

»Ein Salamander? Ja. Er war von Anfang an auf der *Obstination*.«

»Ich würde gerne mit ihm sprechen, sobald wir an Bord sind.«

»Und er mit Euch«, antwortete Gallikus und warf den anderen Legionären der Iron Hands, die jetzt der Reihe nach die Kammer verließen, einen flüchtigen Blick zu, »doch Ulok wird zuerst mit Euch sprechen wollen.«

»Und das Schmiedewerk?«, fragte Obek und zeigte auf das Waffenlager.

»Ah«, antwortete Gallikus, »so nennt Ihr das? Ulok wird Zugang dazu haben wollen und zu allem, was es enthält.«

Zandus Gesicht verfinsterte sich. »Was?«

Obek hob beschwichtigend die Hand, sagte aber zu Gallikus: »Das ist Vulkans Lager und gehört daher rechtmäßig uns.«

Gallikus setzte sich wieder den Helm auf, um anzudeuten, dass das Gespräch beendet war. »Das verstehe ich, doch dieses Wehrmaterial wird gebraucht. Für die Mission.«

»Welche Mission?«

Gallikus drehte sich um, um den anderen zu folgen. »Ihn zu finden und zu töten natürlich.«

Servitoren und Diener mit dem Zeichen der Iron Hands strömten in den Zugangskorridor. Obek hatte keinen Zweifel daran, dass sie hier waren, um das Gewölbe zu leeren.

»Wen töten?«, fragte er und Gallikus hielt inne, um zu antworten, ehe er weiterging.

»Den Kriegsherrn Horus.«

ACHTZEHN

Obstination

Die Narbenlosen wurden an Bord zweier Thunderhawks der Iron Hands gebracht und zur *Obstination* transportiert. Von dem ursprünglichen Landungstrupp waren so wenige Legionäre der Salamanders übrig, dass sie in einen einzigen Landungsflieger gepasst hätten, doch Morikan, der auch der ›Lautlose‹ genannt wurde, hatte dafür gesorgt, dass ihre kleine Truppe auf zwei aufgeteilt worden war. Also verbrachte Obek die Reise zu der Schlachtbark, die über ihnen wartete, mit Schweigen. Allmählich kamen ihm Zweifel, ob sich ihre Lage wirklich verbessert hatte, seit sie von den Zerschlagenen Legionen gerettet worden waren.

Nachdem sie angelegt hatten, stiegen die Narbenlosen aus und betraten ein Fertigungsdeck aus dunklem Eisen, das vor Servitoren und anderen Maschinendienern wimmelte. Die Schatten und ausgestoßenen Dampfwolken konnten die anderen Schiffe, die bei ihrer Ankunft bereits angelegt hatten, nicht verbergen. Die Thunderhawks und Caestus-Sturmrammen waren in unterschiedlichstem Zustand und nur teilweise einsatzbereit. Aus der durchmischten Flotte ragten zwei Stormbirds – einer war zerlegt worden, um Ersatzteile für den anderen zu liefern.

Die Eiserne Zehnte war für ihren Fleiß bekannt und ihre Maschinen arbeiteten unaufhörlich.

»An diesen Iron Hands ist kaum noch Fleisch«, merkte Zandu auf der kurzen Strecke zwischen den beiden Landungsfliegern leise an.

Als sie wieder beisammen waren, ergriff Obek seinen Unterarm und nickte Varr und Phokan zu, warf aber einen sorgenvollen Blick auf T'kell und Xen.

»Habt Ihr es nicht gehört, Bruder?«, antwortete er, als er sich wieder Zandu zuwandte. »Unsere Retter halten es für schwach.«

Zandu lachte, worauf ihn ein Hustenanfall überkam, der rote Flecken auf seinem Panzerhandschuh hinterließ. Als er sich wieder beruhigt hatte, antwortete er: »Vielleicht haben sie recht.«

»Seid Ihr verwundet?«

»Nicht mehr als irgendjemand anders hier.«

»Meldet Euch beim Apothecarius, sobald wir hier fertig sind.«

»Womit fertig, Feuerträger?«

Obek schaute zur Gewölbedecke der gewaltigen Fertigungshalle, als sich vor ihnen ein großes Tor auftat, das tiefer ins Schiff hineinführte und auf dem ein zur Faust geballter Panzerhandschuh prangte. Auch wenn er schlicht gestaltet war, erfüllte er doch den einfachen Zweck, zu zeigen, wer auf der *Obstination* das Sagen hatte.

»Mit dem, was uns hinter diesem Tor erwarten mag.«

Die Verwundeten wurden sofort weggebracht, vermutlich zum Apothecarion. Damit blieb ein kleiner Kader körperlich gesunder Salamanders-Legionäre zurück, die schnell unter Bewachung zu einer Empfangshalle eskortiert wurden.

Die große, schmucklose Kammer, zu der sie geführt wurden, bestand ebenfalls aus dunklem Eisen. Abgesehen von quadratischen Säulen an ihrem Rand und einem schlichten Thron am anderen Ende des Raums befand sich kaum Zierrat darin.

Obek erkannte den Legionär, der darauf saß, anhand seiner Gesichtsaugmentationen und dem spitzen Bart.

»Ulok.«

Morikan der Lautlose stand neben ihm und war fast vollständig mit den Schatten verschmolzen.

»Ja«, sagte Ahrem Gallikus leise, »doch er wird erst zu seinen Männern sprechen, bevor er mit Euch redet. Ich rate Euch zu schweigen«, fügte er hinzu und ging los, um seinen Platz weiter vorn in der Kammer einzunehmen, vor den Legionären der Salamanders.

Als er an Obek vorbei ging, ergriff dieser seinen Arm.

»Sind das alle?«, fragte er. In der Kammer befanden sich kaum sechzig Krieger, einschließlich der verbleibenden Narbenlosen. »Wo ist der Rest der Legionäre, die das Schmiedewerk gestürmt haben?«

Gallikus schaute zu dem Panzerhandschuh auf seinem Arm und Obek zog ihn zurück.

»Sie ruhen«, sagte er und nahm seinen Platz zwischen den anderen ein. Er schaute Obek misstrauisch an, während er im Flüsterton mit dem Legionär neben ihm sprach, und wandte sich dann dem Iron Hand auf dem Thron zu.

Ulok erhob sich, bevor er zu sprechen begann, und streckte die Hände aus, um das gedämpfte Stimmengewirr zum Schweigen zu bringen.

»Ein großer Sieg«, sagte er und nickte, während er langsam die Hände faltete, »und ein wichtiger Schritt auf dem Weg zur Vergeltung für unseren Vater. Auch wenn es der Phönizier war, der ihn erschlug, wissen wir doch, von welcher Hand die Tat geplant war, und somit auch, welche Hand wir abschlagen müssen.« Daraufhin hob er seine bionische Hand, das Symbol seiner Legion, und ballte sie zur Faust. »Er hat viele Namen, doch für uns ist er nur der Verräter.«

Zandu beugte sich zu Obek vor und flüsterte: »Ist das eine Besprechung oder eine Predigt?«

»Keins von beidem«, antwortete Obek, der seine Aufmerksamkeit weiterhin auf Ulok gerichtet hielt.

»Seine Legionäre wurden in die Flucht geschlagen«, fuhr Ulok fort, »und haben ein großes Waffenlager aufgegeben, mit dem wir unsere Kriegsvorräte aufstocken können.« Er nickte erneut, senkte den Blick auf seine eiserne Hand und sagte mit leiserer, doch gut hörbarer Stimme: »Das haben wir auch bitter nötig.«

Zandu wollte gerade Einspruch erheben, als Obek ihm eine Hand auf die Schulter legte, um ihn davon abzuhalten. Irgendetwas an diesem Ulok gab ihm das Gefühl, dass es unklug wäre, ihn zu unterbrechen, auch wenn er gerade die Plünderung von Vulkans geheimem Waffenlager angeordnet hatte.

Ulok schaute wieder auf. »Der Adept des Mechanicums ist zum Greifen nah«, verkündete er den Versammelten. »Wir müssen nur noch –« Plötzlich hielt er inne und wandte sich Obek und dessen Männern zu. »Wer sind diese Legionäre, Gallikus?«, fragte er.

Ahrem Gallikus kniete nieder und verneigte sich, bevor er antwortete. »Salamanders, Eisenvater«, antwortete er. »Das behaupten sie zumindest.«

Zandu warf Obek einen besorgten Blick zu.

Ulok runzelte die Stirn; zumindest auf der Seite seines Gesichts, die aus Fleisch und Blut bestand. »Ich dachte, sie wären alle tot … abgesehen von Saurier.«

»Wir leben noch«, sagte Obek und trat vor. »Der Beweis dafür steht vor Euch. Ich bin Captain Rahz Obek von den Narbenlosen und werde auch ›Feuerträger‹ genannt.«

Ulok schaute ihn unbeeindruckt an. »Ich habe vor Euch schon andere Salamanders an Bord dieses Schiffs getroffen. Sie wollten ein Bündnis schließen und sprachen von der Wiederauferstehung ihres Primarchen. Ich *wusste*, dass das nicht stimmte, und sie versuchten uns zu töten. Woher weiß ich, dass Ihr seid, wer Ihr zu sein vorgebt?«

Obek machte einen weiteren Schritt nach vorn, worauf die Legionäre der Iron Hands nach ihren Waffen griffen. Nur Morikan der Lautlose regte sich nicht, doch er spürte die Augen des Kriegers der Raven Guard auf sich ruhen, die ihn durch die Linsen seines Rabenhelms anschauten.

»Seht doch!«, sagte Obek und zeigte auf seine onyxfarbene Haut und seine roten Augen. »Ich habe die Merkmale Nocturnes an mir.«

»Die, die an Bord dieses Schiffs waren, sahen genauso aus. Unter ihrer äußeren Tarnung fand ich ein anderes Mal, eine Schlange mit drei Köpfen.« Ulok kniff sein biologisches Auge zusammen, während sich die Fokussierringe seines bionischen Auges einstellten. »Was habt Ihr in dem Waffenlager gemacht? Wo ist Euer Schiff? Wart Ihr als Garnison dort stationiert?«

»Nein«, sagte Obek und schüttelte den Kopf. »Wir hatten gehofft, das Schmiedewerk als sicheren Aufbewahrungsort verwenden zu können …« Er hielt inne, als er begriff, dass er zu viel verraten hatte.

»Wofür? Habt Ihr es schon dort hineingebracht?«

»Nein, es ist noch an Bord unseres Schiffs, zu dem wir den Kontakt verloren haben. Wir danken Euch für Eure Hilfe, doch wir wollen nur –«

»Was ist auf Eurem Schiff?«, fragte Ulok kühl. »Ich werde Euch nicht noch einmal fragen.«

Obek schüttelte abweisend den Kopf. »Nur Relikte. Artefakte, die für Nocturne von kultureller Bedeutung sind.«

»Was für eine Art … *Relikte*?«

»Das geht Euch nichts an.«

Ulok lächelte. »Ich verstehe«, sagte er und gab seinen Kriegern ein Zeichen. »Ergreift sie.«

Ein Ring aus robusten Enterschilden, aus deren Feueröffnungen Bolter ragten, umzingelte die Salamanders, die daraufhin ihre Waffen ziehen wollten.

»Tut das nicht«, warnte Gallikus sie. »Diese Legionäre sind medusische Unsterbliche. Wenn Ihr Euch ihnen widersetzt, werden sie Euch töten.«

»Ihr solltet auf Legionär Gallikus hören«, sagte Ulok zu Obek und seinen Männern.

»Was sollen wir machen?«, zischte Zandu.

»Ergeben«, antwortete Obek und hob die Hände. »Wir können nicht gegen sie kämpfen. Selbst wenn wir überleben würden, würden wir ihre Befürchtungen damit nur bestätigen.« Er schaute Ulok in die Augen und fand darin keine Niedertracht oder Selbstgefälligkeit, nur die Bereitschaft, alles zu tun, um seine Männer und sein Schiff zu beschützen.

»Wie lange wollt Ihr uns in Gewahrsam nehmen?«, fragte Obek.

»Bis wir mit Sicherheit sagen können, wer Ihr seid«, antwortete Ulok.

»Findet unser Schiff, dann könnt Ihr Euch selbst davon überzeugen.«

»Das habe ich vor, Captain Obek. Das habe ich vor.«

NEUNZEHN

Verpflichtende Bande

Er war nicht immer ›Saurier‹ gewesen. Das war ein Ehrentitel, auch wenn er ihn sich mit kaum etwas anderem verdient hatte als mit seinem Überleben, als so viele andere gestorben waren. In seiner Rolle als Apothecarius hatte er versagt. Auf dem Schlachtfeld von Isstvan V war sein Reduktor leer geblieben und die Gensaat seiner Brüder verrottet, statt von ihm entnommen zu werden.

Nachdem er sich Ulok angeschlossen hatte, hatte Saurier eine neue Bestimmung gefunden, die ihn in letzter Zeit jedoch immer weniger erfüllte. Anfangs war er notwendig gewesen, doch jetzt, mit diesen Wiedergängern … hatten sie kaum noch einen Nutzen für einen Feldmedicus.

Daher hatte Saurier sich gefreut, als die Verwundeten, die sogar verwandte Legionäre waren, an Bord der *Obstination* und in sein Apothecarion gebracht worden waren. Ein kleiner Teil von ihm hatte sich sogar an seinen alten Namen und seine alte Aufgabe erinnert.

»Festhalten …«, murmelte er, worauf ein Medicae-Servitor mit zwei kybernetischen Klammern statt Händen die Unterarme des zappelnden Salamanders-Legionärs packte.

Der Krieger hatte beide Beine verloren und schwere Verbrennungen erlitten. Schmerzen durchzuckten seinen Körper, was eine Behandlung schwierig machte. Selten hatte Saurier so viel Gebrauch von seinem Narthecium machen müssen, doch jetzt verabreichte der Apothecarius damit ein starkes Beruhigungsmittel.

Nach wenigen Sekunden hörte der Legionär auf zu zappeln und fiel in ein hypovegetatives Koma. Sechs weitere der zwölf Neuzugänge hatten ebenfalls in ein künstliches Koma versetzt werden müssen. Es würde Saurier nicht überraschen, wenn es noch mehr wurden.

Einer war allerdings wach. Im Gegensatz zu den anderen, die Saurier gesehen hatte, trug dieser Legionär noch seine Ehrennarben. Tatsächlich sogar enorm viele davon. Das war eigenartig. Der Legionär drehte ruckartig den Kopf herum, um den Apothecarius herbeizurufen.

Während der Medicae-Servitor seinen Aufgaben nachging, ging Saurier zu dem geschwächten Legionär.

»Habt Ihr Schmerzen, Bruder? Dann kann ich Euer Leiden beenden.« Das klang bedrohlicher, als er beabsichtigt hatte. Vielleicht hatte er sich zu lange in Uloks Nähe aufgehalten? Nein, er hatte sich sogar *ganz bestimmt* zu lange in Uloks Nähe aufgehalten, aber jetzt konnte er nichts mehr daran ändern. Er hatte Eide geschworen und diese Bande verpflichteten ihn der *Obstination*. Saurier mochte viele Dinge sein, doch er war kein Eidbrecher.

»Ich meinte damit nicht –«

»Wird er überleben?«, brachte der Legionär krächzend hervor. Er fasste sich an den Hals. »Was ist das? Ich …« Seine Stimme erstarb, da ihm das Sprechen schwerfiel.

»Ihr seid mehrere Wochen lang bewusstlos gewesen, Bruder.«

Der Legionär riss die Augen auf und schaute sich plötzlich um, statt weiter den ungepanzerten Techmarine anzusehen, der ihm gegenüber auf einem Tisch lag und dem der halbe Kopf fehlte. Neben ihm lag ein lebloser Körper, der in ein Leichentuch gehüllt war. Über dem großen Loch in dessen Brust hatte sich ein dunkler Blutfleck gebildet.

»Wo … bin … ich?« Jedes Wort kostete ihn sichtlich Mühe, doch er sprach mit einer Eindringlichkeit, die Saurier überraschte.

»Versucht, nicht zu sprechen, schon bald wird Euch alles erklärt –«

Der Legionär packte die Kante seines Tischs und versuchte sich aufzurichten. Saurier legte ihm eine gepanzerte Hand auf die Brust, um ihn unten zu halten. »Ihr wurdet verwundet, Veteran. Bleibt liegen.«

Selbst für einen Krieger der Legiones Astartes bewegte er sich schnell, als er den Apothecarius am Hals packte.

»Wo bin ich?«, rief er. »Sagt es mir!«

Sauriers Halsberge schützte ihn, aber trotzdem spürte er, wie fest ihn diese Finger packten und hörte, wie das Metall unter der Kraft des Legionärs nachgab. Saurier drehte sein Handgelenk, sodass er sich mit dem Vorderarm und der verstärkten Kraft seiner Rüstung aus dem Griff des Legionärs befreien konnte.

»Hört auf Euch zu wehren«, sagte er zu dem Legionär, der weiterhin gegen ihn ankämpfte. Ein Schlag zerbrach Sauriers linke Helmlinse. Als der Legionär um sich trat, warf er dabei einen Tisch mit Operationsbesteck um.

»Sagt es mir!«, brüllte er krächzend.

Saurier verabreichte ihm mit dem Narthecium ein starkes Beruhigungsmittel, worauf sich der Legionär entspannte.

»Ein Sedativum. Es ist so schwach, dass wir noch reden können, aber stark genug, dass Ihr nicht mehr kämpfen könnt«, sagte Saurier und ignorierte die Wut in den Augen des Legionärs. »Ihr seid an Bord der *Obstination*, einer Schlachtbark der Iron Hands, der jetzt den Zerschlagenen Legion und Eisenvater Ulok angehört. Schaut Euch um …« Saurier zeigte auf die aufgereihten Tische, die beiden Medicae-Servitoren, die während des gesamten Tumults ungerührt ihre Protokolle befolgt hatten, die Bildschirmreihen, die Fläschchen voll Ersatzgewebe und Organen, die Operationsbesteckregale und die Stimulanzieninjektoren.

»Ihr seid verwundet, Bruder. Ihr befindet Euch im Apothecarion dieses Schiffs.«

Der Legionär funkelte ihn wütend an, schien sich aber zu beruhigen. Er versuchte erneut zu sprechen, doch das Sedativum erschwerte es ihm.

Saurier beugte sich vor, da er sich sicher war, dass er ihn nicht noch einmal angreifen würde. Er sprach leise, doch er verstand ihn gut genug, dass er, auch ohne die Augenbewegung des Legionärs zu verfolgen, wusste, auf wen sich die Frage bezog.

»Wird er überleben?«

Saurier trat einen Schritt zurück.

Der Techmarine auf dem Tisch gegenüber von dem anderen Legionär war T'kell. Er war Vulkans Schmiedemeister. Jeder in der Legion hatte schon von ihm gehört.

Obwohl er sich von seinen Brüdern entfremdet hatte, fühlte sich Saurier diesen Kriegern verbunden, sodass es ihn verbitterte, die Frage nicht zuversichtlich bejahen zu können.

»Er hat schwere Verwundungen erlitten, sogar noch schwerere als Ihr.«

Der Legionär signalisierte mit einem kaum wahrnehmbaren Nicken, das er verstand.

»Die …« Er zeigte auf eine Ehrennarbe an seinem Arm, »und die …«, und dann auf eine auf seiner Schulter. »Alle.«

Saurier runzelte die Stirn und fragte sich, ob sein Patient vor Schmerzen im Delirium war. »Ich verstehe nicht, was Ihr meint.«

»Narbenlos …«, sagte der Legionär und zeigte erneut auf eine Narbe. »Narbenlos. Um ihr Opfer zu … ehren.«

»Das sind Eure Taten, Bruder. Warum solltet Ihr –«

Der Legionär schüttelte den Kopf. »Geschehen ist geschehen. Nur symbolisch. Ich brauche ein anderes Symbol. Bruderschaft. Narbenlos.«

Saurier nickte langsam. »Wie Ihr wünscht.« Die einzige Möglichkeit, eine Ehrennarbe zu entfernen, bestand darin, sie zu verbrennen und die eingeschnittene oder versengte Haut zu verdecken. Als Saurier nach seinem Besteck griff, packte der andere Legionär ihn am Arm und er erkannte, dass das Sedativum nicht stark genug gewesen war. Er wollte gerade die Dosis erhöhen, als der Legionär erneut sprach.

»Wo sind meine anderen Brüder?«

Obek saß in der Dunkelheit und versuchte die Einsamkeit zu genießen. Die hatte er in den letzten Tagen vermisst, da er fortwährend von seinen Brüdern umgeben war.

Ulok hatte sie in einer der Kasernenhallen der *Obstination* eingeschlossen, die angesichts der Größe des Schiffs und der Legionärskohorte, die die Sons of Horus in die Flucht geschlagen hatte, eigenartig leer war. Den Captain der Abtrünnigen hatte er im Gegensatz zu seinem Folterer nicht unter den Toten gesehen, sodass er annehmen musste, dass er entkommen war und noch lebte. Von dem Magos wusste Obek nichts. Ulok hatte von einem Magos gesprochen und musste damit Regulus gemeint haben, doch er hatte gesehen, wie er vernichtet worden war.

Neben den Meditationsräumen verfügte die Kasernenhalle auch über rituelle Waschräume und einen einfachen Übungsbereich. Kaum jemand absolvierte die vorgeschriebenen Waffenübungen, da Ulok ihnen alle ernstzunehmenden Waffen abnehmen lassen hatte, bevor sie hineingebracht und anschließend eingeschlossen worden waren. Einige Drachen übten sich im Faustkampf oder duellierten sich mit dem Gladius, doch die meisten saßen schweigend da und grübelten über das Scheitern ihrer Mission.

Die *Kelch des Feuers* war mit den Artefakten und ihren Legionsbrüdern an Bord verloren gegangen.

»Vulkan«, flüsterte Obek in der Dunkelheit, während ein Phantomschmerz seinen fehlenden Unterarm plagte, »schenkt uns in dieser Zeit der Not Geduld und den Willen, weiterzukämpfen.«

Die Narbenlosen hatten schon viel verloren und ihre neue Aufgabe aufgrund von unerwarteten Umständen nicht erfüllen können. Allmählich fragte sich Obek, ob sie verflucht waren.

Unter dem Grollen eines verborgenen Mechanismus öffnete sich die Kasernentür und durch den Dampf, der beim Druckausgleich der Hydraulik ausgestoßen wurde, marschierte ein Trupp schildtragender Unsterblicher herein. Ahrem Gallikus führte ihn an und trug keinen Helm, sodass er ihn leicht erkennen konnte.

Er salutierte. »Captain Obek, ich werde mich jetzt um Euren Arm kümmern.«

Obek stand auf und Phokan trat vor, um sich ihm anzuschließen, doch Obek wies ihn zurück.

»Sorgt dafür, dass während meiner Abwesenheit die Ordnung gewahrt wird.«

Phokan nickte und warf Gallikus einen vernichtenden Blick zu.

»Ich glaube, Eure Krieger mögen uns nicht besonders«, sagte der Legionär der Iron Hands, als Obek auf ihn zu trat.

Obek lachte freudlos.

»Wollen wir es hinter uns bringen?«

Als sie die Werkstatt erreichten, schickte Gallikus seine Begleiter sofort weg.

»Der Eisenvater wünscht, dass Ihr immer in Begleitung seid, wenn Ihr auf der *Obstination* unterwegs seid.«

Obek schnaubte abfällig. »War Euer Eisenvater schon immer so paranoid?«

Gallikus antwortete nicht. Stattdessen zeigte er auf ein Metallgestell in der Mitte der Kammer, um das Werkzeuge und Bionikbauteile platziert waren.

»Meistens führen wir hier Servitorreparaturen durch, doch für unser Vorhaben eignet sie sich ebenso gut.«

Nach kurzem Zögern bestieg Obek das Gestell. Er lag auf dem Rücken, während seine Beine und Arme von einem robusten Metallgerüst gehalten wurden, das seiner Körperform entsprach. Auf dem blanken Metall befanden sich Blut- und Ölspritzer und über ihm hing ein grelles Lumen, das hell in den ansonsten dunklen Raum leuchtete.

»Ist dafür nicht normalerweise ein Apothecarius zuständig?«, fragte Obek, während Gallikus einen Schulterpanzer, eine Armschiene und das Geflecht unter seiner Rüstung entfernte.

»Nicht bei den Iron Hands«, erwiderte er und spreizte unwillkürlich seine augmetischen Finger, während er eine Säuberungssalbe auf den Rest von Obeks abgetrenntem Arm auftrug.

»Ich vergaß. Ihr ersetzt Fleisch durch Metall, um stärker zu werden … auf Kosten eurer Seele.«

Gallikus brachte eine Radialkreissäge in Position und legte sie zwischen Obeks Oberarm und Schulter an.

»Schmerzen sind mir nicht fremd, Gorgonensohn«, sagte Obek, »aber werden die Nerven nicht normalerweise betäubt, bevor man mit dem Schneiden beginnt?«

»Entschuldigt, Bruder. Normalerweise mache ich das bei Servitoren.« Er hielt inne und schaute Obek dann in die Augen. »Ihr glaubt, dass wir keine Seele haben?«

»Vielleicht keine Menschlichkeit. Das *ist* schließlich euer Credo, wenn man es zu Ende denkt.«

Gallikus starrte ihn solange an, bis Obek sich fragte, ob der

Legionär der Iron Hands einen Nervenzusammenbruch erlitten hatte, doch schließlich schaute er weg und sprach weiter.

»In letzter Zeit habe ich öfter über die Bedeutung dieses Credos und unsere Menschlichkeit, unsere Seelen, nachgedacht.«

»Ich bin kein Legionspriester, Gallikus«, sagte Obek, als er merkte, wie aufgewühlt der Legionär war, obwohl ihn seine plötzliche Offenheit überraschte. »Aber ich werde Euch zuhören, wenn Euch das hilft.«

»Die ewig barmherzige Achtzehnte.«

»Ich hoffe, das zeigt, dass wir entgegen der Befürchtung Eures Eisenvaters keine Schlangen sind.«

Gallikus schaute hinter sich, als ob er etwas suchen würde, das Obek nicht sehen konnte. Plötzlich kam ihm der Gedanke, dass Saurier seinen abgetrennten Arm ebenfalls hätte ersetzen können und dass es bei diesem Treffen nicht nur um das Anbringen einer Bionik gehen könnte.

»Ulok wird Eure Verwundeten nicht gehen lassen, jedenfalls nicht die Schwerverwundeten.«

Obek wollte sich aufrichten und ballte wütend die Hände zu Fäusten, doch Gallikus legte ihm seine Maschinenhand auf die Brust.

»Wenn ich diese Säge verstelle, schneidet sie Euch entzwei«, warnte er ihn.

Obek knurrte: »Warum bin ich hier? Was habt Ihr vor?«

»Ich will Euren Arm ersetzen.«

»Und mir Ruhe verschreiben?«

Gallikus sah ernst, aber zwiegespalten aus. Er machte ein trauriges, reumütiges Gesicht und traf schließlich eine Entscheidung.

»Nein. Hier findet niemand Ruhe.«

Zandu wärmte sich in der Hitze der rituellen Waschkammer. Er ließ das brühend heiße Wasser auf seinen Körper einschlagen, bis es sich wie Messer auf seiner Haut anfühlte. Trotz der Schmerzen stand er fast eine Stunde in der Säuberungskabine, doch sie schenkte ihm weder Trost noch neue Kraft. Als es aus den schädelförmigen Brausen nur noch dürftig tropfte und der Dampf ihn in eine dicke Dunstwolke hüllte, fühlte Zandu sich so wie immer, seit er dieses Schiff betreten hatte.

Erschöpft. Müde.

Während seine onyxfarbene Haut Hitze verströmte, griff er sich in den Mund und zog einen blutigen Zahn heraus.

Das macht vier.

Als ihm allmählich sein Haar ausgefallen war, hatte er sich den Kopf mit seinem Kampfmesser vollkommen kahlrasiert. Und wenn Zandu die Augen schloss, kehrte der brennende Mann zu ihm zurück, als ob sein näher rückendes Ende ihn herbeirufen würde.

»Lass mich in Frieden …«, flüsterte er, doch es half nicht.

Er hatte davon gehört, dass Verwüster irgendwann der Verstrahlung ihrer Waffen erlagen, doch er hatte seine Zellen über einen längeren Zeitraum starker Strahlung ausgesetzt. Seine beschädigte Servorüstung mit der aufgebrochenen hermetischen Versiegelung hatte sein Schicksal besiegelt.

Es würde ein schmachvolles Ende werden und ihn überkam ein Grauen davor, das selbst die befallen konnte, die keine Furcht kennen. Vielleicht hatte ihm der brennende Mann diesen langsamen Verfall vorhergesagt, nur dass das Feuer von innen stammte und sein eigenes Feuer dagegen ankämpfte.

Zandu atmete langsam und gequält aus und verließ die Säuberungskabine. Die Diener, die Ulok den Drachen zugeteilt hatte, standen mit unterwürfig gesenkten Blicken bereit, um ihn zu empfangen und in seine Rüstung zu hüllen. Er ließ sie arbeiten und versank in seinen Gedanken.

Er wusste, dass er endlich mit Captain Obek reden musste. Inzwischen waren mehrere Wochen an Bord der *Obstination* vergangen und noch immer gab es keine Spur von der *Kelch des Feuers*. Anfangs hatte er sich geweigert zu glauben, dass Zau'ull, Krask und die anderen umgekommen und die Relikte des Primarchen samt Schiff verloren waren, doch die schier endlosen Tage ohne Neuigkeiten hatten ihn langsam zermürbt. Und dann diese Krankheit … sie verschlimmerte seine zunehmenden Qualen noch weiter.

Sie mussten dieses Schiff verlassen, fliehen und die *Kelch des Feuers* selbst finden oder auf der Suche nach ihr sterben. Angesichts seines drohenden Schicksals war das vermutlich egoistisch, doch lieber wollte er ehrenvoll bei der Erfüllung seiner Pflicht sterben als wie ein Schatten vor der aufgehenden Sonne dahinschwinden.

»Ihr sterbt«, sagte Varr.

Zandu, der inzwischen seine Rüstung trug, den Eindringling aber nicht bemerkt hatte, schaute den anderen Legionär argwöhnisch an, als er in den Schein eines Autoleuchters trat.

»Was habt Ihr da zu mir gesagt, Drache?« Eigentlich wollte er sich beherrschen, doch seine Nerven lagen blank.

»Ich habe gesagt, dass Ihr *sterbt*, nicht, dass Ihr ertaubt.«

Er trug ebenfalls seine Kriegsrüstung. Zandu sah die verrußten Kerben in dem angesengten Metall, die wie schwarze Narben das Grün durchzogen und niemals abgewaschen werden konnten. Sie kamen ihm wie eine treffende Metapher für die missliche Lage der Narbenlosen und seinen unvermeidlich bevorstehenden Tod vor.

»Vulkan ruft mich wohl zum Berg, was?«, sagte Zandu säuerlich und mit einem verbitterten Unterton. Er hatte schlagfertig klingen wollen.

»Nein«, sagte Varr und lächelte, wodurch sich sein dicht von Narben durchzogenes Gesicht verzerrte. »Der, den unser Vater rief, ist dem Ruf bereits gefolgt.«

Zandu runzelte die Stirn, doch bevor er fragen konnte, was Varr meinte, erschien Obek im gewölbten Eingang der Säuberungskammer. Phokan war bei ihm, da er ihm in Xens Abwesenheit als Adjutant diente.

»Ihr beide müsst mit mir kommen«, sagte Obek. Er sah besorgt aus. Ernst. Noch mehr als sonst.

»Euer Arm, Bruder-Captain«, sagte Zandu und zeigte auf die Bionik. »Er sieht gut –«

»Ulok hat das Schiff gefunden«, unterbrach Obek ihn. »Die *Kelch* ist wieder unser.«

»Was ist mit unseren Brüdern, die an Bord waren?«

»Das weiß ich nicht, doch anscheinend wurde Kontakt mit ihr aufgenommen.«

Zandu sah sich zu einem weiteren Stirnrunzeln veranlasst. »Trotzdem wirkt Ihr immer noch beunruhigt, Captain.«

»Das bin ich auch. Die Waffenlager der *Obstination* sind randvoll mit Wehrmaterial aus dem Schmiedewerk gefüllt. Was glaubt Ihr, was der Eisenvater tun wird, wenn er herausfindet, was sich an Bord der *Kelch des Feuers* befindet? Ihr habt beide gesehen, wie er reagiert hat, als wir zum ersten Mal dieses Schiff betreten haben. Er hat uns wochenlang unter dem Vorwand eingesperrt, dass unsere Herkunft fraglich wäre. Ich befürchte, dass er Übles vorhat, doch mit der *Kelch*, Zau'ull und Krasks Lindwürmern hat sich unsere Lage verbessert.«

»Unsere Lage?«, hakte Zandu nach.

»Feuerträger meint, dass unsere Klingen das Blut der Gorgonensöhne kosten werden«, murmelte Varr.

»Nur, wenn das absolut notwendig ist«, ermahnte Obek sie. »Aber ich werde nicht zulassen, dass sie uns von unserem Schiff fernhalten oder unsere Mission behindern. Für die Relikte muss ein sicheres Versteck gefunden werden. Wenn nicht im Schmiedewerk, dann anderswo. Im Geryon-Verlies vielleicht? Ulok ist ein Kriegstreiber und wir haben keine Möglichkeit herauszufinden, was Vulkans Waffensammlung anrichten könnte, wenn sie eingesetzt wird. Das verlangt jetzt unsere Pflicht. Ich habe T'kell einen Eid geschworen – so wie wir alle.«

»Falls er noch lebt«, sagte Zandu.

»Wir werden uns daran halten«, sagte Obek, »ob er lebt oder stirbt. Nichts wird daran etwas ändern.«

Varr lächelte, doch seine wahnsinnigen Augen schauten in die Ferne. »Beharrlichkeit, der beschwerliche Weg, Aufopferung … Unser Vater ist zu Recht stolz auf uns.«

Die anderen bekamen keine Gelegenheit, ihn dazu zu befragen. Aus der Haupthalle der Kaserne drangen Stimmen.

Die Iron Hands waren gekommen, um sie zu ihrem Schicksal zu geleiten.

ZWANZIG

Für jene, die tot sind

Zau'ull stand vor dem Emitter und wurde von Gor'og Krask und einem seiner Terminatoren flankiert. Die Rüstungen der Terminatoren hatten schwere Verbrennungen erlitten und trugen einige frische Furchen, doch dafür hatten sie ihnen das Leben gerettet, als die Startbuchten zerschossen worden waren.

Schiffsmeister Reyne hatte richtigerweise den Rückzug angetreten, auch wenn es Zau'ull nicht gefallen hatte. Kein Legionär würde jemals vor einem Kampf davonlaufen, erst recht keiner der XVIII., doch so hatte Reyne die *Kelch des Feuers* geschützt und Zau'ull konnte nicht bestreiten, dass das eine kluge Entscheidung gewesen war. Ein kurzer Warpsprung hatte sie an den Rand des Systems befördert, wo sie ihre Wunden lecken und notwendige Reparaturen durchführen konnten. Mithilfe ihrer Plasmatriebwerke waren sie vorsichtig und langsam zurückgekehrt. Sie hatten nicht erwartet, auf ein Schiff der Iron Hands zu treffen.

Zau'ull nickte, worauf der Emitter eingeschaltet wurde und ein grauer Lichtstrahl aus dem Empfangssystem drang, aus dem das körnige Bild eines ernst aussehenden Veteranen entstand. Dessen Gesicht bestand zur Hälfte aus Eisen und ein Auge hatte er durch eine funkelnde Bionik ersetzt. Sein Bart ähnelte einem scharfkantigen Splitter und als er sprach, klang seine Stimme so unmenschlich wie die einer Maschine.

Verglichen mit der Hitze, die in den Schmieden weit unter ihnen herrschte, war es kalt auf der Brücke, doch während Zau'ull den Worten des hololithprojizierten Veteranen lauschte, der erklärte, wie er eine Gruppe Salamanders in Gewahrsam genommen hatte, bis ihre Identität zweifelsfrei geklärt werden konnte, wärmte den Legionspriester das Feuer seiner Wut.

»Ein Transporter ist bereits auf dem Weg«, sagte er zu dem Veteranen, »um unsere Brüder zu ihrer Legion zurückzubringen.«

Darauf nickte der Veteran und Zau'ull beendete die Übertragung, doch sein Zorn und seine Beunruhigung verflogen nicht.

»Ist das alles?«, fragte Krask, als das Licht des Emitters erlosch und die Schatten der Brücke erneut auf das Kommandopodium fielen. Die Mannschaft, einschließlich Schiffsmeister Reyne, der von seinem Thron aus schweigend dem Gespräch gelauscht hatte, wurden von Dunkelheit eingehüllt.

Zau'ulls Augen glühten in der Finsternis. »Vorerst. Ich werde mit Obek sprechen, bevor wir weitere Schritte einleiten.« Er rief nach Reyne. »Schiffsmeister?«

Kurz darauf ertönte die Antwort. »Ich habe keine weiteren Anmerkungen, Legionspriester.«

Der Behälter war noch immer an Zau'ulls Gürtel befestigt und auf der Suche nach spiritueller Stärke strich der Legionspriester mit den Fingern seines Panzerhandschuhs über das Metall. »Das darf doch alles nicht wahr sein«, flüsterte er und verließ mit Krask die Brücke, um sich zum sekundären Verladedeck zu begeben.

Ulok hatte ihnen ihre Waffen zurückgeben lassen, sodass sich ein vollständig bewaffneter Trupp Salamanders in einer der Waffenkammern der *Obstination* abflugbereit machte. Nur Obek war in die Versammlungshalle gerufen worden, bevor sich die Wege der beiden Gruppen trennen sollten.

Der Eisenvater erwartete ihn bereits.

»Ich bedaure zutiefst, dass ich Euch bewachen lassen musste, doch in diesen schweren Zeiten ist es nicht leicht, Freund von Feind zu unterscheiden.«

Obek nickte und erwartete von einer Kohorte medusischer Unsterblicher empfangen zu werden, fand den Eisenvater aber allein vor, auch wenn er sich sicher war, dass Morikan irgendwo in den Schatten lauerte.

»Das bestreite ich nicht.«

»Eure Verwundeten befinden sich noch im Apothecarion«, sagte Ulok, »und es steht Euch frei, sie aufzusuchen, doch Saurier rät davon ab, sie aus seiner Obhut zu entlassen. Es sei denn, Ihr habt einen Apothecarius unter Euch?«

»Das hatten wir. Sein Name war Fai'sho«, antwortete Obek ernst. »Aber er ist einer der Toten.«

Ulok nickte teilnahmsvoll. »Und ich fürchte, er ist nicht der Einzige. Nicht alle haben überlebt. Es tut mir leid, Bruder-Captain. Ihr habt viel gelitten.«

»Nicht mehr als Eure Legion.«

Ein dunkler Schatten fiel auf das Gesicht des Eisenvaters, in das Verbitterung geschrieben stand.

»Trotzdem würde ich meine verwundeten Brüder gern sehen«, sagte Obek.

»So soll es geschehen«, antwortete Ulok und verneigte sich unterwürfig. Als er den Kopf wieder hob, schaute er ihn mit fragendem Blick an. »Ich habe eine letzte Bitte an Euch, Bruder-Captain. Sofern Ihr mich anhören wollt?«

»Also gut.«

»Die Abtrünnigen, die Euch angegriffen haben, wurden von einem Adepten des Mechanicums angeführt.«

»*Angeführt*? Ich habe einen Captain unter ihnen gesehen.«

»Nichtsdestotrotz ist es der Adept, der sie anführt. Er ist unter dem Namen Regulus bekannt, doch eigentlich hat er einen längeren, binärischen Namen, den Ihr nicht verstehen würdet.«

Obek knirschte mit den Zähnen, doch das schien Ulok nicht aufzufallen. »Ich bin ihm begegnet. Sein Leibwächter hat das hier getan«, sagte er und gestikulierte mit der Bionik, die sein Fleisch und Blut ersetzte.

»Regulus gehört zum inneren Zirkel des Kriegsherrn und hat eine einflussreiche Position auf dem Flaggschiff. Er ist ein unvergleichlicher Quell des Wissens und ein regelrechtes Orakel. Ich will ihm dieses Wissen entnehmen, um einen Weg zu finden, Horus zu töten.«

»Einer der Abtrünnigen, Rayko Solomus, sagte, dass Horus bereits gewonnen hat, dass Terra gefallen ist.«

»Das ist eine Lüge. Er verhöhnte Euch. Der Krieg ist noch nicht vorbei, Obek, doch das wird er sein, sobald der Kriegsherr tot ist.«

Obek wartete vergeblich darauf, dass Ulok lachte, eine weitere Facette seines Wahnsinns enthüllte und gestand, dass das ein Scherz gewesen war.

»Ihr meint das ernst«, sagte er mit geweiteten Augen.

»Horus ist kein Gott. Er kann getötet werden.«

»Ist er nicht? Seine Anhänger glauben, dass er den Willen von Göttern vollbringt. Beim Thron, er ist immer noch ein Primarch, der auserwählte Sohn des Imperators!«

»Jetzt nicht mehr. Ich jage Regulus nun schon lange Zeit«, sagte Ulok. »Er war der Grund dafür, weshalb wir zu dieser Welt gereist sind. Wir sind seiner Spur gefolgt. Jetzt, da er dem Kriegsherrn von der Seite gewichen ist und die Hauptflotte verlassen hat, werde ich keine bessere Gelegenheit bekommen, um ihn zu fangen.«

Obek runzelte die Stirn. »Doch das habt Ihr nicht. Ehrlich gesagt dachte ich, dass er tot ist. Ich sah, wie er vernichtet wurde.«

»Das war nur eine Version von ihm. Er hat viele Versionen, um seinen Einflussbereich zu vergrößern und seine Feinde zu verwirren, doch irgendwo in der Nähe muss sich ein *Primus* befinden, sein Urgefäß. Die anderen Abtrünnigen werden uns zu ihm führen. Unsere Langstreckenauguren haben den Planeten überwacht und ein eintreffendes Schiff bemerkt. An Bord dieses Schiffs wird der Regulus-Primus sein.«

»Wenn jede Verkörperung eine Version dieses Adepten ist, warum nehmt Ihr dann nicht einfach die im Schmiedewerk? Oder entsendet Truppen, um sie jetzt gefangen zu nehmen?«

»Es muss der Primus sein. Eine Kopie kann aufgegeben werden, aber wenn wir den Primus haben, kann Regulus uns nicht entkommen.«

»Und wenn es mehr als einen Primus gibt? Habt Ihr das bedacht?«

»Es gibt nur einen Einzigen.«

»Das ist äußerst waghalsig, Ulok.«

»Nein, das ist *logisch*. Das ist die einzig sinnvolle Vorgehensweise.«

Obek dachte darüber nach und fragte sich, ob er wirklich

eine Wahl hatte. Ulok war alles andere als vertrauenserweckend, doch Obek konnte ihm nicht guten Gewissens seine Bitte im Vorhinein abschlagen.

»Was wünscht Ihr von uns?«

Ulok kniff die Augen zusammen. »Euren Zorn und den Willen, bis zum bitteren Ende zu kämpfen, Captain. Ich habe vor, das Schiff der Abtrünnigen anzugreifen, brauche aber eine zweite Streitmacht, um in sein Herz vorzudringen, während der Hauptangriff stattfindet.«

»Ich habe meine eigene Mission.«

»Ihr müsst Eure Relikte in Sicherheit bringen«, sagte Ulok und nickte. »Das Waffenlager ist dafür nicht mehr zu gebrauchen. Alles von Wert wurde daraus entnommen. Natürlich habe ich vor, den Inhalt mit den rechtmäßigen Besitzern zu teilen, doch meine Kriegsschar ist ebenfalls darauf angewiesen. Wo werdet Ihr Eure Relikte jetzt hinbringen?«

Obek musste zugeben, dass das eine äußerst offensichtliche Frage war.

»Es gibt noch weitere Festungen der Salamanders, beispielsweise das Geryon-Verlies, und noch mehr Orte, an dem die Relikte sicher verwahrt werden könnten.«

»Und sind diese Festungen in der Nähe? Könnt Ihr sie mit Eurem Schiff allein erreichen?«, fragte Ulok und öffnete vielsagend die Hände. »Oder würde eine Vorhut, ein Kriegsschiff mit kampfstarker Besatzung, Eure Chancen erhöhen, Eure sichere Zuflucht zu erreichen? Das könnte ich Euch bieten.«

»Damit würdet Ihr Euren geplanten Angriff auf Horus riskieren. Das Geryon-Verlies ist weit weg von Terra.«

»Schließt Euch uns an, Obek. Werdet ein Teil der Zerschlagenen Legionen. Ihr seid allein in der Leere und braucht Verbündete. Schließt Euch uns an, kämpft für uns und Eure Sorgen sollen meine sein, und gemeinsam werden wir sie aus der Welt schaffen. Nichts könnte bedeutsamer sein als der Schlange den Kopf abzuschlagen.« Er streckte seine bionische Hand aus. »Schließt Euch uns an. Wenigstens beim Angriff auf die Abtrünnigen. Nehmt Eure Rache für das, was Ihr durch sie erleiden musstet, und ich werde dafür sorgen, dass Ihr Eure heilige Mission erfüllen und die Relikte an ihren rechtmäßigen Platz geleiten könnt. Das schwöre ich Euch.«

Kurz herrschte Schweigen, während Obek über seine Entscheidung nachdachte. Ulok schien teils von Logik, teils von Fanatismus getrieben zu werden, und das machte ihn unberechenbar. Sein Plan, Horus zu töten, war Wahnsinn. Kein Attentäter gelangte zu ihm und keine Flotte, die dem Thron die Treue hielt, würde sich in seine Nähe wagen. Obek hielt nur einen einzigen, dem Thron loyalen Primarchen für waghalsig genug, um das zu versuchen, doch der war tot. Selbst mit dem Wissen, über das Regulus angeblich verfügte, wäre ein solcher Versuch Selbstmord, andererseits vermutete er, dass Ulok und seine Brüder von den Zerschlagenen Legionen sich längst mit diesem Schicksal abgefunden hatten.

Doch Obek *wollte* Rache und es war seine Pflicht, die Feinde des Imperiums zu töten. Und sein größter Feind war Horus' Legion.

Er ergriff den Arm des Eisenvaters zum Kriegergruß. Ulok erwiderte ihn und der Pakt wurde besiegelt.

»Wir werden Euch dabei helfen, den Adepten zu fangen. Dann werde ich Euch beim Wort nehmen, was unser Geleit angeht. Dem Angriff auf Horus werde ich jedoch nicht zustimmen. Das kann ich nicht. Ich gehöre noch immer zur Achtzehnten Legion und wenn meine Mission abgeschlossen ist, möchte ich nach Nocturne und Prometheus zurückkehren. Wir können uns später darüber einigen, was Ihr aus dem Schmiedewerk benötigt.«

Ulok nickte zustimmend. Er hielt ihn unnachgiebig fest und als er Obek wieder losließ, lächelte er dünn.

»Eure Verwundeten.«

Obek wandte sich gerade zum Gehen, als Ulok ihn erneut packte und einen Moment lang festhielt.

»Ein Servoschädel wird Euch zum Apothecarion führen«, sagte Ulok. »Ich nehme an, dass Ihr sie noch immer sehen wollt? Das werde ich Euch nicht verwehren.«

Ulok ließ ihn los und Obek nickte.

Er dachte an T'kell und ihre Mission, an seine Brüder an Bord der *Kelch des Feuers*. Es war ihm unklug erschienen, Uloks Bitte abzuschlagen. Jetzt war er durch seine Ehre an die Zerschlagenen Legionen gebunden, ganz gleich, wohin das führen mochte.

»Ja«, sagte er, und spürte, wie ihm sein Schicksal und das seiner Brüder entglitt.

Seit ihrem Treffen in der Werkstatt hatte Obek Ahrem Gallikus nicht mehr gesehen. Tatsächlich sah er, während er dem Servoschädel zum Apothecarion folgte, keinen der medusischen Unsterblichen oder irgendeinen anderen Legionär der Iron Hands. Trotzdem spürte er jemandes Blicke auf sich ruhen, und zwar nicht die der Maschinendrohne.

Morikan.

Ich soll wissen, dass er mich sieht, dachte Obek, doch schon bald schweiften seine Gedanken zu Gallikus' rätselhaftem Verhalten ab.

Hier findet niemand Ruhe.

Obek wusste nicht, was er damit gemeint hatte, und der Medusaner hatte kein Wort mehr darüber verloren, während er den abgetrennten Arm des Captains der Salamanders durch eine Bionik ersetzt hatte.

Er erreichte das Apothecarion, vor dessen Eingang der geräuschvoll schwebende Servoschädel anhielt, und verdrängte vorerst seine Bedenken. Mit dem leisen Zischen entweichenden Drucks glitt die Tür des Apothecarions auf. Mehrere Drachen erwarteten ihn. Nicht alle davon waren am Leben.

Einer der lebenden Drachen stand vor ihm und obwohl er eine weiße Rüstung mit nur einem Schulterpanzer trug, war er eindeutig ein Salamander.

»Ihr seid Saurier.«

Der Apothecarius neigte minimal den Kopf.

»Bruder-Captain. Es ist mir eine Ehre«, sagte er. »Ich hatte schon lange niemanden mehr aus meiner Legion gesehen, bis …« Er zeigte traurig auf die gefallenen Salamanders.

Fai'sho lag unter einem Leichentuch und sein Blut befleckte den hauchdünnen Stoff. Wie auch den anderen Legionären der Salamanders war ihm die Rüstung abgenommen worden. Und er war nicht der einzige Verlust. Obek raunte für jeden von ihnen einen Eid. Der Rest war bewusstlos und lag im künstlichen Koma. Auch wenn sie nicht allzu bald aufwachen würden, sah es so aus, als ob sie überleben würden.

T'kells Schicksal war weit ungewisser und als Letztes stellte sich Obek zu ihm.

»Schmiedevater …«, murmelte er und verharrte mit den Fingern seines Panzerhandschuhs über der Wunde im Schädel des Techmarines. Jetzt, da er sie sah, verstand Obek, was T'kell getan hatte, was er hatte tun müssen. »Ihr habt Euch von der Infektion befreit, um dem Einfluss des Adepten zu entkommen.« Er schloss behutsam die Hand und zog sie zurück. »Doch zu welchem Preis …«

Saurier sprach und riss Obek damit aus seinen Gedanken.

»Nach Isstvan hatte ich allmählich die Hoffnung verloren, meine Legion jemals wieder zu sehen.«

»Ihr habt niemanden gesehen?«, fragte Obek und unterdrückte bei der Erwähnung des Landungsplatzmassakers einen stechenden Schmerz. »Nicht einmal bei den Zerschlagenen Legionen?«

»Wir wurden nach dem Angriff getrennt. Ich floh mit einigen meiner Brüder an Bord der *Obstination*, doch keiner von ihnen überlebte«, sagte er, worauf sich seine Stimmung verdüsterte. »Seitdem sind wir allein und kämpfen gegen die Aufständischen, wann immer wir können. Wenn wir uns sammeln würden … Das würde nur dafür sorgen, dass wir rasch vernichtet werden.«

»Ich habe andere wie Euch getroffen, Saurier. Andere, die sich den Zerschlagenen Legionen angeschlossen haben. Einige sind nach Nocturne zurückgekehrt, doch mit schlechten Nachrichten, fürchte ich.«

»Über Vulkan?«, fragte Saurier, doch sein Tonfall deutete an, dass er die Antwort bereits kannte.

Obek nickte. »Seine Leiche wurde zum Todesfeuerberg zurückgebracht.«

Saurier sah betrübt aus, überwand seinen Kummer aber rasch.

»Seid Ihr ebenfalls so nach Nocturne zurückgekehrt? Seid ihr Überlebende von Isstvan?«

Bei seiner Antwort konnte Obek dem Apothecarius nicht mehr in die Augen schauen. »Nein, das war nicht unser Schicksal. Wir waren auf Prometheus stationiert und haben Wache gehalten.«

»Und diese Bürde hat schwer auf Euch gelastet.«

»Das hat sie.« Obek betrachtete T'kells reglosen Körper. »Das tut sie immer noch.«

»Seid versichert, Bruder«, sagte Saurier sanft, »dass sich hier gut um sie gekümmert wird.«

»Das kann ich bestätigen.« Xen verließ eine Meditationszelle und betrat das Apothecarion. Er sah erschöpft, aber weitestgehend geheilt aus. Er stand ohne seine Rüstung da und seine schwarze, von Wunden aufgerissene Haut glänzte wie Öl. Doch es waren nicht seine Kampfverletzungen, die Obek anschaute.

»Eure Ehrennarben, Bruder … Sie sind fort.«

Xen verneigte sich, doch Obek schaute Saurier an.

»Das war sein Wunsch.«

»Endlich seid Ihr ein Narbenloser«, sagte Obek, als er sich wieder dem Vexillarius zuwandte.

»Ich habe sie nicht verdient.«

»Dafür habt Ihr Euch meinen Respekt verdient«, antwortete Obek und klopfte Xen auf die Schulter. Er zog ein Schwert, eine grüne Spatha mit gezackter Klinge, aus der Scheide. »Und die hier habt Ihr mehr verdient als ich.«

Xen ergriff ehrfürchtig den hingehaltenen Griff.

»Ich kann es kaum erwarten, wieder zu meinen Brüdern zurückzukehren, Captain, so wie *Drakos* nun zu seinem zurückkehrt.«

»Und das werdet Ihr auch, Vexillarius. Sie werden Euch brauchen. Saurier …« Er wandte sich dem Apothecarius zu.

»Der Servoschädel, der Euch hierhergebracht hat, wird Euch zu einer Waffenkammer führen. Dort befinden sich die Waffen und die reparierte Kriegsrüstung des Vexillarius.«

Obek nickte dankbar. Er hatte diese Legionäre falsch eingeschätzt. Sie waren wie eine ramponierte, abgenutzte Klinge, die wenig vertrauenserweckend war, doch durchaus zuverlässig. Das Verhalten des Schildträgers konnte er sich immer noch nicht erklären, andererseits war vieles an den Kriegern der *Obstination* ungewöhnlicher als Ahrem Gallikus' Benehmen.

»Es gibt da einen … Spruch«, sagte er zum Apothecarius. »Ihr werdet ihn noch nicht gehört haben.« Obek hoffte, dass die Worte ihm Trost spenden würden. »Vulkan lebt.«

Ahrem Gallikus saß allein im dunklen Reliquienschrein.

Es war lange her, seit hier ein Legionär in die Legion aufgenommen worden war, und die, die hier begraben lagen, waren nur noch verkümmertes Fleisch und Knochen. Ihre Augmetiken waren ihnen abgenommen und anderswo eingesetzt worden.

Unter den geehrten Toten fand Gallikus ein wenig Frieden und diese Einsamkeit nutzte er zum Meditieren.

Beinah hätte er sich voreilig dem Drachen anvertraut. Er kannte ihn und seine Krieger kaum, aber trotzdem brannte eine schwache Hoffnung in ihm. Er ermahnte sich zur Vorsicht, da er wusste, dass der Lautlose überall lauern konnte.

Sein Schild stand als Zeichen seiner Schande und seines Versagens wie ein unwillkommener Gast vor ihm.

Gallikus dachte an die *Retiarius* und die World Eaters. Er erinnerte sich daran, wie Azoth gewesen war; ein Frater Ferrum, der wie er zu einem Schildträger degradiert worden war.

Keiner von ihnen hätte ahnen können, dass eine noch größere Schande auf sie gewartet hatte.

»Ich werde dem ein Ende machen«, flüsterte er der Dunkelheit und Azoth zu, dessen kalte Knochen sich zusammen mit denen seiner Wiedergängerbrüder in einer Kryostasis befanden, bis sie erneut in den Krieg gerufen werden würden.

Ulok hatte diese Kammer im Schiff gebaut. Er hatte den Weg zu verbotenem Wissen beschritten und die Schlüssel von Hel herumgedreht. Nur wenige verstanden das Innenleben des ›Mausoleums‹, doch Ulok hatte sich einem kleinen Kader von Eisenbrüdern anvertrauen müssen, um dessen fortwährenden Betrieb zu gewährleisten.

Es konnte nicht einfach abgeschaltet werden. Um das zu verhindern, waren zahlreiche Schutzvorrichtungen eingebaut worden. Darüber hinaus hatte es seine eigene Energiequelle, die nicht an die des Schiffs angeschlossen war. Gallikus kannte nur zwei Möglichkeiten, mit denen das Kryogewölbe tatsächlich ausgeschaltet werden konnte – entweder musste das Schiff zerstört werden oder er musste einen Diener des Omnissiah finden, der noch versierter war als Ulok.

Das wäre Verrat. Er fragte sich, ob der Zweck in diesem Fall die Mittel heiligte. Hatte Horus vor einem ähnlichen Dilemma gestanden?

Als er sich erhob, ergriff Gallikus den Brecherschild und legte ihn an.

Er wusste, dass er keine Wahl hatte.

»Ich werde dem ein Ende machen.«

EINUNDZWANZIG

Die Rückkehrer

Zandu sah den brennenden Mann und wusste, dass er ein Vorzeichen seines Todes war. Er war unsichtbar durch eine aufgebrochene Versiegelung seiner Rüstung eingedrungen, nicht als Geist oder Gespenst. Obwohl sich der Salamander daran gewöhnt hatte, so oft wie möglich seinen Helm zu tragen, um seinen Zustand vor seinen Brüdern geheim zu halten, wurde es stickig darunter, während er magnetarretiert auf dem Deck des Thunderhawks stand.

Sie befanden sich noch immer auf dem Abflugdeck der *Obstination* und warteten auf die Abflugerlaubnis. Die Triebwerke surrten ungeduldig und ließen den Rumpf vibrieren, wodurch Zandus Knochen schmerzten. Sie hatten die Toten mitgenommen, um sie im Schiffskrematorium der *Kelch des Feuers* zu verbrennen, und die Särge, die aufgereiht im Laderaum lagen, erinnerten Zandu fortwährend an sein bevorstehendes Schicksal.

Trotz seiner getrübten, gedämpften Wahrnehmung hörte er Obek mit Phokan über die Sons of Horus sprechen. Zandu wusste, dass einige der Abtrünnigen beim Angriff der Iron Hands auf das Schmiedewerk entkommen waren und nahm an, dass sie gefunden worden waren.

Bei dem Gedanken an Vergeltung ballte er unwillkürlich eine Faust und einen kurzen Moment lang ließ das dumpfe Pulsieren in seinem Schädel nach. Er schloss die Augen und versuchte den Schmerz und die Erschöpfung zu unterdrücken, doch stattdessen tauchte der brennende Mann aus seinem Unterbewusstsein auf. Er keuchte leise, öffnete die Augen und hoffte, dass ihn niemand gehört hatte. Sonst würde seine Schwäche dafür sorgen, dass er sich Obeks neuer Mission nicht anschließen durfte, und jede Chance auf einen bedeutsamen Tod, die Zandu noch hatte, wäre zunichte.

Gedankenverloren blickte Zandu auf und sah, dass Xen ihn anschaute.

Er und der Vexillarius waren selten einer Meinung gewesen, da ihre Ansichten über Kriegsführung weit auseinandergingen. Doch der stolze Schwertkämpfer wirkte verändert und nickte Zandu von der anderen Seite des Laderaums aus zu.

Er lachte im Stillen. *Sogar mein Verstand lässt mich im Stich …*

»Ihr könnt nichts dagegen tun«, sagte eine leise Stimme neben ihm, die so gedämpft klang, als ob er unter Wasser wäre.

»Was?«, lallte er und sah Zeb'du Varr.

Auch er trug seinen Helm, doch um die Narben seiner Feuerbesessenheit zu verbergen. Er war ebenso vom Feuer geschwärzt wie der Rest seiner Rüstung.

»Euer Schicksal. Ihr könnt es nicht abwenden.«

Zandus Kopf fühlte sich an, als ob ein orbitales Bombardement darauf niedergehen würde. Seine Gedanken kreisten und er konnte sich kaum darauf konzentrieren, was Varr sagte.

»Da habt Ihr Unrecht, Bruder.« Sogar seine von Qualen verzerrte Stimme hörte sich jetzt anders an. Zandu tastete nach seinem Helmverschluss, um ihn abzunehmen und die Hitze entweichen zu lassen, die auf seinem Gesicht lag.

»Das wird Euch nicht helfen«, sagte Varr. Das Brummen der Triebwerke hielt ihr Gespräch vor den anderen Legionären der Salamanders im Laderaum geheim.

»Ich sterbe nicht.«

»Wir alle werden sterben, Feuerfaust. Doch nur Ihr habt gesehen, wie.«

Zandu drehte sich mit glühenden Augen zur Seite und schaute Varr an. Er spürte, wie er zitterte, doch nicht vor Wut.

»Macht Euch wegen mir keine Gedanken«, krächzte Zandu, wobei Speichel gegen die Innenseite seines Helms spritzte und ihn mit dem Geruch von Kupfer erfüllte.

»Vergesst ihn nicht«, antwortete Varr. »Den brennenden Mann.«

Zandu schüttelte den Kopf. Der Schmerz, die Erschöpfung, all das war nur vorübergehend. Es kam und würde wieder gehen. Er versuchte sich einzureden, dass es bereits besser wurde. Wurde es aber nicht.

»Hört auf mit den Rätseln …«

Varr hatte den Verstand verloren. Er hatte zu viel gesehen, zu viel ertragen. Obwohl sie nicht beim Massaker auf Isstvan dabei gewesen waren, hatte es an ihnen allen Spuren hinterlassen.

Narbenlos.

Zandu lächelte verbittert.

Nichts könnte der Wahrheit ferner sein.

Und dann übermannte ihn die Dunkelheit.

Zau'ull stand mit Krask und seinem gesamten Terminator-Trupp, der hinter ihm in zwei Reihen aufgestellt war, auf dem sekundären Verladedeck der *Kelch des Feuers*. Sie warteten schon eine Weile, als endlich die Signalhörner erschallten, die die Ankunft des Schiffs verkündeten, das er ausgeschickt hatte, um seine verlorenen Brüder zu holen.

Die Diener und Servitoren der dezimierten Mannschaft machten sich bereit. Ihre luftdichten Anzüge schützten sie vor der kalten Leere, während sich das Anlegetor langsam öffnete und den Blick auf das dunkle All freigab.

Zau'ull verfolgte das Geschehen durch seine Helmlinsen und spürte weder die Kälte der Leere noch den Sog der abgelassenen Luft des Drucks, während der Landungsflieger zu einer Anlegestation herabsank und sich das Tor langsam hinter ihm schloss.

Sobald die Druckanzeige von rot zu grün wechselte, legte die Mannschaft die Harnische ab, die verhindert hatten, dass sie in die Leere gerissen wurde, und eilte auf das Schiff zu, um sich an die Arbeit zu machen.

Inmitten dieses geschäftigen Treibens öffnete sich die rückseitige Landerampe und Salamanders-Legionäre marschierten in Reih und Glied in einer ernsten Prozession heraus, deren mittlere Reihe die Särge der Toten bildeten.

Zau'ull hatte die Arme vor der Brust verschränkt und hielt den Crozius-Streitkolben in seiner rechten Hand. Als er Obek sah, nickte er, worauf die Stimme des Captains knisternd über einen privaten Voxkanal übertragen wurde.

»Es tut gut, Euch wieder zu sehen, Feuervater, doch wir müssen dringend einige Dinge besprechen. In meinem Quartier.«

Scheinbar hatten die Iron Hands Obek nicht gerade umgänglicher gemacht. Erst, als er merkte, dass T'kell und Zandu fehlten, verstand er, warum.

Zau'ull übermittelte eine Bestätigung über das Vox und schickte die Terminatoren fort.

»Ist er tot?«, fragte der Legionspriester.

»Er lebt«, sagte Obek, der Zau'ull den Rücken zugewandt hatte, während er das vergoldete Drachensymbol betrachtete, das in die Rückwand seines Quartiers gearbeitet worden war. Seine Kammer war schlicht eingerichtet und unterschied sich kaum von den anderen, abgesehen vom Meditationspodium, der Waffenkammer und der knisternden Glut der Feuerstellen, die die hintere Hälfte des Raums säumten.

»Gerade so«, fügte der Captain hinzu und wandte sich dem Legionspriester zu, der seinen Schädelhelm abgenommen hatte und ihn unter dem linken Arm trug. »Zandu ebenfalls. Deshalb haben wir uns verspätet. Strahlenvergiftung. Sie befinden sich an Bord der *Obstination*.«

»Dem Schiff der Iron Hands?«

Obek nickte.

»Ich verstehe. Ihr Eisenvater hat gesagt, dass er Euch gefangen genommen hat?«

»Das haben sie, da sie überzeugt davon waren, dass wir Verräter sein könnten.« Bei dem Gedanken schüttelte Obek den Kopf. »Glaubt mir, Zau'ull, solche Verzweiflung und derartiges Misstrauen habe ich noch nie erlebt.«

»In diesen finsteren Zeiten fällt beides nur allzu leicht.«

Obek nickte und wendete einen Moment lang gedankenverloren den Blick ab.

Zau'ull fragte: »Was ist mit dem Schmiedewerk geschehen?«

»Es wurde eingenommen, Bruder. Wir können es jetzt nicht mehr nutzen. Diese Tür ist uns nun verschlossen.«

»Und die Artefakte?«

»Ohne T'kell weiß ich nicht, was ich tun soll. Vulkans Wunsch war es, dass sie zum Schmiedewerk gebracht und dort sicher verwahrt werden, aber das hier konnte er unmöglich geahnt haben.«

»Vielleicht hat er das doch«, erwiderte Zau'ull sanft. »Vielleicht ist das eine weitere Prüfung, um unseren Glauben und unser Durchhaltevermögen auf die Probe zu stellen.« Das Relikt, das er dem Gewölbe entnommen hatte, war noch immer an seinem Gürtel befestigt, doch er hatte den Behälter so verschoben, dass er von seinem Drachenmantel verborgen wurde.

»Bisher scheitern wir daran«, erwiderte Obek, als er sich wieder dem Legionspriester zuwandte. »Ich habe das Geryon-Verlies in Betracht gezogen.«

»Im Taras-System?« Obwohl er es versuchte, konnte Zau'ull seine Ungläubigkeit nicht verbergen.

»Ich weiß, es ist weit weg, und das Empyreum ist stürmisch.«

»Ich denke, es ist mehr als stürmisch, Bruder-Captain.«

Obek schürzte die Lippen, da er wusste, wie riskant der Weg zum Geryon-Verlies war.

»Der Eisenvater hat uns eine sichere Überfahrt garantiert.«

»Und Ihr vertraut ihm?«

»Nein, aber ich stehe zwischen Hammer und Amboss und würde lieber sein Wohlwollen als seinen Zorn auf mich ziehen.«

Zau'ull runzelte die Stirn. »Glaubt Ihr, dass er feindselige Absichten hegt?«

»Ich glaube, dass er zu viel Krieg gesehen hat, Feuervater. Sein Schiff, seine Krieger … Der Legionär, der die hier gemacht hat«, sagte Obek und strich über die Bionik, die seinen Arm ersetzte, »hat etwas zu mir gesagt, oder *wollte* mir etwas sagen. Er sagte, dass Ulok unsere Verwundeten nicht gehen lassen würde, doch vor allem seine letzten Worte waren äußerst rätselhaft. Er sagte ›Hier findet niemand Ruhe.‹ Ich glaube, er meinte damit die Legionäre an Bord des Schiffs.«

»Was ist denn mit ihnen? Ich verstehe nicht, was Ihr meint, Feuerträger.«

»Sie sind kalt, Zau'ull, so kalt wie das Metall, das sie am Körper tragen. Die Söhne des Gorgonen sind stoisch, aber leidenschaftlich. Diese Krieger waren wie … Automata.«

»Der Legionär, der sich Euch anvertraut hat …«

»Ahrem Gallikus.«

»Ja, der war nicht so?«

Obek schüttelte den Kopf. »Nein, er kam mir anders vor. Menschlich. Lebendig.«

»Nichts von dem, was Ihr mir erzählt habt, ist sonderlich beruhigend, Bruder«, gestand Zau'ull.

»Ich weiß. Ich glaube, er wollte meine Hilfe.«

»Wobei?«

»Ich glaube, er will seinen Eisenvater verraten.«

»Er ist ein Verräter?«, sagte Zau'ull beunruhigt.

»Nein, ich glaube, dass er loyal ist. Irgendetwas ist auf der *Obstination* nicht in Ordnung und er will dem ein Ende machen.«

Zau'ull legte die Stirn in Falten, während er über all das nachdachte, was Obek ihm gerade erzählt hatte.

»Ich weiß nicht, welcher Weg der richtige ist, Feuerträger.«

»Ich habe bereits einen eingeschlagen.«

Zau'ull kniff die Augen zusammen. »Obwohl ich noch nicht einmal gehört habe, welcher es ist, glaube ich, dass er nicht gerade erfolgversprechend ist.«

»Das stimmt. Ich habe ein Bündnis geschlossen und mich dem Eisenvater verschworen.«

Mit seinem Schweigen forderte Zau'ull ihn zum Fortfahren auf.

Obek erzählte ihm alles.

ZWEIUNDZWANZIG

Die *Sohn des Sieges*

Obwohl er sein Legionsbruder gewesen war, trauerte Vosto Kurnan nicht um Rayko Solomus. Er hatte den Folterer so gehasst wie die meisten anderen Dinge und stellte fest, dass er bei der Erinnerung an Solomus' Tod grinsen musste.

Die toten Augen des Servitors erinnerten ihn daran, wie der Rabe Solomus aufgeschlitzt hatte und sich all seine Arroganz und Respektlosigkeit blutig vor Kurnans Füßen auf den Boden ergossen hatten. Teilweise beschmutzte das Blut noch immer Kurnans Rüstung, doch ihm gefiel der Anblick.

Möge es mich an die Gefahren der Überheblichkeit erinnern, dachte er und hob den Blick zu der Gestalt, die an der Rückseite des Raums in der Dunkelheit herumschlich. Der Abgesandte des Mechanicums legte eine schwarze Robe an, doch bevor der Stoff über seinen Körper glitt und auf dem Boden des Sanktuariums hautartige Falten bildete, war ein Teil seiner wahren, metallischen und spinnenähnlichen Gestalt zu sehen.

Kurnan spürte seinen Hass erneut entfacht. Der Servitor, der auf dem Boden lag, war der Einzige, der dem Zorn der Gorgonensöhne entkommen war. Als Kurnans verbleibende Legionäre an Bord von Rhinos und Land Speedern über die verstrahlten

Ebenen der namenlosen Welt geflohen waren, hätte er, angesichts ihrer schmachvollen Niederlage, den Tod in der Schlacht ihrem geordneten Rückzug vorgezogen.

Doch der Adept hatte sicheres Geleit durch die verfallene Stadt benötigt und da er Lupercals Abgesandter war, konnte er ihm das nicht verwehren, auch nicht als Captain der Sons of Horus. Das Schiff, die *Sohn des Sieges*, eine flinke Fregatte der Gladius-Klasse, die während der Gorro-Unterminierung als Geleitschiff eines größeren Kriegsschiffs gekämpft hatte, war auf einen Langstrecken-Voxbefehl des Servitorkörpers des Adepten hin zurückgekehrt und hatte Kurnan damit bestätigt, wer wirklich das Sagen hatte.

Zwar war die *Sohn* winzig, verglichen mit den größeren Schiffen der Flotte des Kriegsherrn, doch bei ihrem Bau war viel Wert auf ihre Widerstandsfähigkeit gelegt worden, sowohl gegen Beschuss als auch gegen einfallende Feinde. Unter ihrer sechsundzwanzigtausend Mann starken Besatzung befanden sich Hunderte sterbliche Hilfstruppen, die mit der Verteidigung des Schiffs betraut waren. Darüber hinaus beherbergte sie eine kleine Legionärsgarnison, die Kurnan sehr gern unter seinem Befehl gehabt hätte, als die Iron Hands seine Männer abgeschlachtet hatten.

»Ich verstehe menschliche Emotionen nur begrenzt, Kurnan«, sagte eine maschinenhafte Stimme aus den Schatten des Sanktuariums, »doch sogar ich merke, dass Ihr eine gewisse Wut hegt.«

»Meine Männer sind gestorben, während Euer Schiff samt Kriegern im Orbit gewartet hat.«

»Es war nie das Ziel meiner Mission, die Kampfkraft Eurer Legionäre zu wahren, Captain. Die *Sohn des Sieges* war ein Notfallplan, falls eine rasche Flucht erforderlich werden sollte. Ihre Garnison dient meinem Schutz. Sie wird schon bald gebraucht werden.«

Regulus trat ins fahle Licht der Lumen. Er trug einen Stab mit einem Schädel an der Spitze und aus seiner dunklen Kapuze drang der schwache Schein des Optikmoduls des Adepten. Er schien über den Boden des Sanktuariums regelrecht zu schweben und nur das leise Trippeln seiner zahlreichen Beine verriet, dass dem nicht so war.

Kurnan nickte und lächelte betrübt. »Auf unserem Augur ist

ein Schiff aufgetaucht. Eine Schlachtbark. Also sind wir ohnehin tot.«

»Ich weiß.«

Kurnan war sprachlos. »Dabei wirkt Ihr völlig unbesorgt.«

»Ihr werdet sterben, Captain, aber ich werde überdauern. Jetzt, da ich wieder an Bord der *Sohn des Sieges* und in diesem Körper bin, kennt die Maschine keine Grenzen mehr. Und ich bin die Maschine.«

Kurnan zog sein Schwert. »Ich sollte Euch hier und jetzt zur Strecke bringen.«

»Ich bezweifle, dass ich Euch aufhalten könnte, Captain. Doch ich werde dafür sorgen, dass der Kriegsherr von Eurem Verrat erfährt. Ehre bedeutet Euch viel – das habt Ihr oft bewiesen. Ich nehme an, dass Ihr Solomus deshalb so sehr gehasst und es verachtet habt, mein Handlanger zu sein. Ich glaube nicht, dass Ihr Eure Ehre mit dem Mord an mir besudeln würdet.«

Kurnan brüllte frustriert und rammte seine Klinge wieder in ihre Scheide. »Wir können ihnen nicht entkommen, sie haben die überlegene Streitkraft ...«

»Lasst sie kommen. Sie werden versuchen, das Schiff zu *erobern,* und wir werden sie für jeden Meter zahlen lassen. Ich werde mich ins Innere meines Sanktuariums zurückziehen. Sie haben es auf mich abgesehen, auf das Wissen, über das ich verfüge. Haltet sie auf, solange Ihr könnt.«

»Zu welchem Zweck?«, knurrte Kurnan.

»Wir können hier nicht siegen, Captain, doch ich kann sicherstellen, dass mein Wissen nicht in ihre Hände fällt.«

»Ich könnte Euch einfach töten und ihnen damit alles verwehren.«

»Wenn ich belustigt sein könnte, Captain, wäre ich das jetzt vermutlich. Mein Körper, mein *Leben* und seine Fortdauer sind für die Daten, die mein Kern enthält, nicht von Bedeutung. Sie überdauern meinen Tod, genau wie ich. Sie müssen gelöscht werden.«

»Wie das?«

Regulus kehrte in die Schatten zurück und an der Rückwand des Sanktuariums tat sich eine kleine Öffnung auf, die ihn in dessen Herz hineinließ. Während sie sich hinter ihm schloss, erteilte der Adept Kurnan eine letzte Anweisung.

»Lasst das meine Sorge sein, Captain. Ihr müsst jetzt nur noch einen würdigen Tod finden.«

DREIUNDZWANZIG

Die brennenden Männer

Obek war zur *Obstination* zurückgekehrt und stand im dunklen Teleportarium des Schiffs.

Blitze zogen über die drei Metallbögen, die sich über das weite Podium des Teleportationssystems wölbten, und erhellten die große Kammer mit ihrem flackernden Licht. Neben Obek und seiner Ehrengarde beschien es auch Ulok und eine Kohorte medusischer Unsterblicher. Am Rand der Kammer stand Ahrem Gallikus. Er sah nachdenklich aus, war kein Teil von Uloks Brechertrupp und würde auf ein Zeichen des Eisenvaters hin abziehen.

»Zweite Wiedergänger-Kohorte«, sagte Ulok, ohne sich die Mühe zu machen, sich umzudrehen.

Gallikus nickte und verließ die Kammer.

Scheinbar fehlte auch Morikan der Lautlose, andererseits könnte er auch unbemerkt zusehen. Obek hatte den Eisenvater nur selten ohne seinen ›Schatten‹ gesehen.

Der Rest der Zerschlagenen Legionen befand sich im Enterkampf mit der *Sohn des Sieges*.

Weit entlang der Fregatte verteilt waren zwölf Caestus-Sturmrammen eingesetzt worden. Die Legionäre der Iron

Hands, die an Bord waren, hatten es auf die Schiffsbrücke, die Waffendecks und andere Orte von strategischem Wert abgesehen. Sie würden den Druck auf die Verteidiger der *Sohn* aufrechterhalten, während ein kleinerer Trupp, der aus Gor'og Krasks Terminatoren bestand, den Adepten suchen würde. Ulok vermutete, dass sich Regulus' Sanktuarium tief im Herzen des Schiffs und auf einem der unteren Decks befand, in der Nähe des Maschinariums. Nach dem Hauptangriff waren Landungskapseln zu diesem Bereich des Schiffs gestartet.

Über das Vox wurde ein fortlaufender Lagebericht übertragen. Die Servitoren und Diener, die die Systeme vorbereiteten, ignorierten ihn, doch Obek und Ulok hörten aufmerksam zu. Knisternd hallte er durch die große Kammer und verriet, dass Krask das untere Maschinariumsdeck erreicht hatte.

»Stoßen auf Widerstand«, hallte Krasks Stimme durch das Vox. Seine Worte wurden vom Knallen entladender Waffen begleitet. Für Obek hörten sie sich nach Laser- und Projektilgeschosswaffen an. Soldaten.

Das Donnern von Bolterfeuer überlastete das Vox, sodass die Verbindung abgebrochen wurde. Einige Sekunden später wurde sie wiederhergestellt und nur noch Krasks Stimme und das monotone Brummen der Schiffstriebwerke wurden übertragen.

»Ausgeschaltet.«

Ein Hololith-Schiffsplan zeigte die Position der Feuerdrachen an. Krask und sein Trupp rückten beständig von ihrem Einstiegspunkt aus vor und steuerten durch das Maschinariumsdeck auf einen großen Knotenpunkt zu, der hoffentlich zum inneren Kern des Schiffs führte.

»Das Sanktuarium muss in der Nähe sein«, sagte Ulok, der den Plan und das blinkende Symbol, das die Salamanders darstellte, mit ausdruckslosem Blick betrachtete. »Aktiviert den Teleportpeilsender, sobald Ihr es betreten habt.«

»Bestätige … Greife an.«

Eine weitere Bolterfeuersalve ertönte, eine Kakofonie donnernder Mündungen und gedämpfter Explosionen, die so laut war, dass kaum mehr als Rauschen zu hören war. Daraufhin wurde das Feuer erwidert.

»Abtrünnige gesichtet! Sons of Horus!«

Auf Krasks Ausruf hin packte Obek den Griff seines weggesteckten Gladius fester.

»Stehen unter schwerem Beschuss.«

Die vom Geräuschpegel überlastete Voxverbindung brach erneut ab. Diesmal dauerte es länger, bis sie wiederhergestellt wurde. Nach einer angespannten, knappen Minute schaltete es sich unter Tosen wieder ein. Zwischen den verschanzten abtrünnigen Verteidigern und Krasks Terminatoren war ein tödlicher Schusswechsel ausgebrochen. Für einen Kampf in einer Zona Mortalis gab es keinen besseren Schutz als eine taktische Dreadnought-Rüstung. Während eines brutalen, beengten Enterangriffs konnte sie mit ihrer schweren Panzerung und ihren mächtigen Waffensystemen Panzertüren und Verteidigungsanlagen zerfetzen, während sie fast alles überstand, was ihr entgegengeworfen wurde.

Doch sie war nicht undurchdringlich.

Die Verteidiger der *Sohn des Sieges* kauerten hinter automatisch hochgefahrenen Barrikaden, während zwei Rapiergeschütze den Korridor entlangfeuerten. Krask überlegte, dass sich die Abtrünnigen sicher sein mussten, diesen entscheidenden Korridorknotenpunkt halten zu können, da sie sich bewusst auf einer Kreuzung mit einer verschlossenen Panzertür in ihrem Rücken positioniert hatten. Aus aufgerissenen Heizrohren strömte Dampf in den beengten Gang und der Rauch von über einem Dutzend Deckfeuer wurde von Lüftungsventilatoren weitergetragen. Auch das war Absicht und diente dazu, ihre Autosinne zu verwirren.

Krask kämpfte sich mit der Vorhut der Feuerdrachen durch den dunklen Nebel und schützte sich mit einem drachengeschuppten Sturmschild, während die Sons of Horus mit ihren schweren Waffen feuerten. Es war, als würde er in einen Orkan vorstoßen, während die Laserstrahlen auf ihn einprasselten und Explosivgeschosse ihn ins Wanken brachten. Eine Flammenwoge rauschte durch ihre Mitte und hüllte die Drachen ein, um ihnen die Sicht zu nehmen und sie zu verwirren.

Krask klammerte sich an seinen Schild und brüllte seinen Brüdern über das Vox zu, es ihm gleich zu tun. Die vordersten fünf Legionäre bildeten eine Schildträgerreihe, die dazu gedacht war, die feindliche Formation aufzubrechen, sie zu lähmen und zu zerschlagen, damit die zweite Hälfte sie mit Kombiboltern und Kettenfäusten niedermachen konnte. Das war eine vielseitige und schlagkräftige Aufstellung, die mit Leichtigkeit alles überwältigen konnte, was den Feuerdrachen entgegengeworfen wurde. Allerdings war sie nicht unbezwingbar.

Rath stolperte und verlor einen Moment lang das Gleichgewicht, worauf eine Rapier-Laserkanone seine ungedeckte Brust durchbohrte. Der Strahl durchschlug gehärtetes Adamantium und Ceramit. Er durchbrach Raths Rüstung, zerschnitt das Gewebe und die Muskelfasern seines Arms, den er mit einem Regen aus Funken und Blut an der Schulter abschnitt. Raths Sturmschild schlug mit kaum hörbarem, aber unheilvollem Klirren auf dem Boden auf. Ein zweiter Strahl traf ihn am Solarplexus, beendete sein trotziges Gebrüll, brannte einen Krater in seinen Oberkörper und trat an seinem Rücken wieder aus.

»Vorwärts!«, brüllte Krask. Vermutlich luden sich die Laserkanonen gerade für eine weitere Salve auf. »Wir sind die Günstlinge Vulkans!«

Ba'durak nahm Raths Platz in der Vorhut ein und reihte seinen Schild neben dem von Krask ein, der hartnäckig weiter auf die Geschütze vorrückte. Gemeinsam marschierten sie Meter für Meter im Gleichschritt weiter und erhöhten langsam, doch unaufhaltsam ihre Geschwindigkeit. Die Schildreihe hinter ihnen tat es ihnen gleich, bis die Drachen trotz ihrer schweren Rüstungen genug Schwung für einen Ansturm aufgebaut hatten.

»Erschlagt sie!«, brüllte Krask, als er eine Barrikade durchbrach, die er mit seinem Hammer, *Felsspalter*, zerschmetterte. Diese kunstvolle, meisterhafte Waffe hatte er selbst geschmiedet. Ihr Kopf war schwerer und ihr Griff länger als der eines gewöhnlichen Energiehammers. Nur Krask konnte sie zusammen mit einem Sturmschild führen. Er zerschmetterte einen Abtrünnigen, indem er seine Schulter zertrümmerte, und hörte dabei die Knochen knacken. Einem zweiten rammte er die gewölbte Kante des Schilds in den Hals, womit er dem Legionär den Kopf abtrennte. Damit hatte er genug Platz, um *Felsspalter* zu schwingen, der die Verteidiger umwarf und ihre Servorüstungen zerschlug.

Ba'durak und die anderen beiden Schildträger schwangen nun

ebenfalls ihre Hämmer, die sich bei jedem zerstörerischen Hieb entluden und die Dunkelheit mit gleißendem Licht erhellten.

Während sie auf die Verteidiger einschlugen, gab Krask der zweiten Hälfte seines Trupps das Zeichen zum Vorrücken.

»Kümmert euch um die Panzertür«, befahl er ruhig und durchbohrte die Brust eines umgeworfenen Legionärs mit dem spitzen Knauf von *Felsspalter*.

Während die Kettenfäuste seiner Brüder die robuste Panzertür aufschnitten, kam eine weitere Verteidigergruppe aus dem linken Korridor. Krask und seine Männer standen auf der Kreuzung. Drei Legionäre mit Kombiboltern machten sich bereit, Feuerunterstützung zu geben, während ein Hagel von Boltgeschossen von den Rüstungen und Schilden der im Freien stehenden Feuerdrachen abprallte. Doch noch bevor sie ihre Ziele anvisiert hatten, explodierte in einiger Entfernung eine Wandsektion des Korridors und Rauch, Feuer und ein Hagel von Plasbeton strömten heraus.

Durch die zerklüftete Bresche marschierte ein Trupp medusischer Unsterblicher.

»Feuer einstellen«, ermahnte Krask seinen Trupp, damit die Legionäre der Iron Hands nicht getroffen wurden. Sie mussten weiter; die Panzertür würde gleich nachgeben, doch der Meister der Feuerdrachen schaute fasziniert zu, wie die Unsterblichen in völligem Schweigen ihrer blutigen Arbeit nachgingen.

Keine Kriegsschreie kamen ihnen über die Lippen, keine Rufe und kein Schmerz- oder Wutgebrüll. Sie wirkten unerbittlich und furchterregend, doch nicht wirklich feindselig. Die Sons of Horus hatten sich schnell neu gruppiert und schlugen hart zurück. Ein Schwall brennenden Promethiums traf die Legionäre der Iron Hands, brach sich an ihren Schilden und umhüllte ihre Rüstungen. Der Flammenwerferträger hielt den Druck aufrecht und schon bald war die gesamte erste Reihe Unsterblicher vollständig vom Feuer eingeschlossen.

Nachdem sein Tank geleert war, trat der Flammenwerferträger zurück, doch als das Feuer erstarb, sah Krask, dass die Unsterblichen brennend weiter vorrückten. Sie gaben keine Schreie von sich und strahlten lediglich die kalte Entschlossenheit aus, ihre Feinde zu töten. Ein Volkittreffer auf kurze Reichweite schnitt einem Unsterblichen den Arm und die Hälfte seines Gesichts ab, doch er schrie nicht einmal auf und ging weiter. Ein zweiter wurde von einem Energieschwert durchbohrt und während es beidhändig in ihn hineingestoßen wurde, rammte ein anderer Son of Horus dem Unsterblichen ein Kettenschwert in die Brust. Das zeigte keinerlei Wirkung und kein Geräusch verriet die Qualen, die der Iron Hand sicherlich leiden musste.

Methodisch und unaufhaltsam zerfetzten die Unsterblichen die Abtrünnigen. Als die Panzertür, die ihr weiteres Vorstoßen ins Schiff verhindert hatte, schließlich nachgab, beobachtete Krask die Legionäre der Iron Hands dabei, wie sie die letzten Abtrünnigen mit Hämmern und den Kolben ihrer Bolter totschlugen.

Als er abzog, strahlten sie keine Wut oder sonstigen Gefühle aus. Sie waren einfach eine Schar brennender Männer, die andere ohne Rachedurst hinrichteten und dabei keinerlei Genugtuung zu empfinden schienen.

»Gut gekämpft, Brüder!«, rief er ihnen zu und hob grüßend seinen Energiehammer.

Niemand antwortete; niemand reagierte auf die Geste. Sie wandten ihm einfach den Rücken zu und gingen weiter.

»Meister Krask …« Es war Ba'durak, der seinen Anführer herbeirief.

Krasks Gefechtshelm verbarg sein Unbehagen und er nickte sacht.

»Vorwärts«, sagte er, wobei seine Stimme seine Gefühle verriet. »Lasst uns hineingehen und dieses Schiff sobald wie möglich verlassen.« Während er sich zur Vorhut durchdrängte, hob er erneut seinen Hammer. »Günstlinge Vulkans!«

Seine Brüder wiederholten seinen Ausruf, doch ihre Bekräftigung zerstreute das Unbehagen nicht, das ihn überkommen hatte.

Kurnan wusste, dass es bald vorbei sein würde. Er hatte seine Klinge geschärft und von Schmutz befreit. Solomus' Blut hatte er an seiner Rüstung gelassen, um ihn an sein Schicksal zu erinnern. Vom gesamten Schiff wurden über das Vox Meldungen in seinen Gefechtshelm übertragen. Fast jedes Deck war überrannt worden. Die Brücke war gefallen. Jede Waffe im ohnehin bescheidenen Arsenal der *Sohn des Sieges* war zum Schweigen gebracht worden.

Neun Legionäre, die Kurnan persönlich ausgesucht hatte, standen ihm bei. Jeder von ihnen war ein Veteran und als sie ihre Klingen zogen, knisterten sie wie Kurnans Waffe. Sie alle hatten ihre Waffengürtel abgenommen und in einer Ecke des äußeren Sanktuariums abgelegt.

So sieht Ehre aus, dachte Kurnan. Obwohl die Kultur Cthonias barbarisch war, wussten die Bandenführer der Elendsviertel, was Ehre bedeutete, auch wenn es eine brutale und grausame Form von Ehre war.

Die Tür zum äußeren Sanktuarium war geschlossen, doch Kurnan hatte sie nicht verriegelt. Er versteckte sich nicht und wollte seinen Tod auch nicht hinauszögern. Er wartete lediglich darauf, dass er ihn finden und holen würde.

Ich bin hier, dachte er bei sich und merkte wie der Hass, der so schwer auf seinen Schultern gelastet hatte, allmählich nachließ.

Der Adept hatte ihm gesagt, dass er einen würdigen Tod finden sollte, doch erst, als sich die Tür des Sanktuariums öffnete, begriff er, *wie* würdig er sein würde.

Als sich der Eingang öffnete und er seine Gegner erkannte, lächelte Kurnan in dem Wissen, dass es ein äußerst würdiger Tod sein würde.

Schon nach wenigen Minuten im dunklen Mausoleum war Gallikus' Rüstung von Frost überzogen. Als er tiefer in die Kammer hineinging, riss die dünne, weiße Schicht auf und zerfiel. Die Wärmeableiter seines Generators und seines Atemgitters erzeugten Wolken in der Luft.

Azoth lag noch in seinem Sarg, da er nicht zu den Auserwählten gehörte, die das Schiff der Abtrünnigen angriffen, doch ein großer Teil der Kryostasisgrüfte war leer. Aus ihren abmontierten Zufuhrrohren drang stickige, stickstoffreiche Luft.

»Bruder …«, sagte er andächtig und traurig, während er eine gepanzerte Hand auf die trübe Glasscheibe von Azoths Sarg legte. Ein Bio-Abtaster zeigte die Vitalwerte des darin liegenden Scheintoten an, der keine echte Seele mehr hatte. Er war schon lange nicht mehr Azoth, seit der *Retiarius* nicht mehr.

»Dort seid Ihr gestorben«, flüsterte Gallikus und senkte beschämt den Kopf. »Ich werde Euch helfen, noch einmal zu sterben. Das schwöre ich. Dies ist mein Eid.«

Der Frost war vor der Hitze, die Gallikus' Panzerhandschuh verströmte, teilweise zurückgewichen und als er den Blick wieder hob, sah er das Gesicht seines früheren Bruders durch das schmale Sichtfenster, das er gerade geschaffen hatte.

Während sein eigenes Gesicht hinter dem Visier seines Gefechtshelms von starken Gefühlen verzerrt wurde, sah Azoths aus wie eine Totenmaske. Es erinnerte ihn an endlose Winter und graue, kalte Erde. Eine Grabesstille machte sich breit, die nur vom gleichmäßigen Brummen der angeschalteten Kryostasisbehälter gestört wurde.

Gallikus sagte nichts, sondern wandte sich ab und verließ das Mausoleum.

Als er aus der Kammer trat, aktivierte er sein Helmvox.

»Saurier«, sagte er. »Wir machen dem ein Ende. Jetzt.«

Der Apothecarius erwartete ihn folgsam und unbewaffnet.

Die schwer verwundeten Legionäre der Salamanders lagen noch immer auf ihren Medicaetischen, doch Gallikus sah, dass einer fehlte.

»Wen hast du geschickt?«

»Den Strahlenkranken. Ulok wollte sehen, wie der Prozess bei ihm wirkt.«

»Mit Morikan?«

»Ja, er hat den Salamander mitgenommen.«

Gallikus murrte: »Natürlich hat er das.«

»Die anderen sollen bald ebenfalls aufgeweckt werden«, sagte der Apothecarius zögerlich, »einschließlich Azoth.«

Gallikus schüttelte den Kopf. »Wie viele von uns gibt es noch, Saurier? Wie viele echte Legionäre? Kaum eine Handvoll. Ulok sind Sklaven lieber als Brüder.«

Saurier senkte traurig den Kopf und wollte sich gerade wieder seiner Arbeit zuwenden, als Gallikus' Stimme ihn davon abhielt.

»Nein«, sagte er ruhig.

Saurier runzelte die Stirn. »Das ist unsere Pflicht.«

»Nein.«

»Wir können nicht –«

Nach dem Verlassen des Mausoleums hatte Gallikus den Helm abgenommen, der jetzt an seinem Gürtel hing, sodass Saurier seine Wut an seinem Zähnefletschen erkennen konnte, als er auf ihn zutrat.

»Es reicht!«, sagte er und packte den Apothecarius am Hals. »Dieses Elend endet jetzt.«

Saurier wehrte sich nicht gegen den zornigen Gallikus und wurde nach wenigen Momenten losgelassen.

»Morikan ist nicht mehr hier, um dafür zu sorgen, dass *sein* Wille geschieht«, murmelte Gallikus, während er die Vitalwerte der Verwundeten betrachtete.

Saurier verzerrte das Gesicht und rieb sich den Hals.

»Das ist Verrat, Eisenbruder.«

Gallikus wandte sich ihm zu und sagte mit leiser Stimme: »Und was wir bisher geschehen lassen haben ist keiner?«

Das Schweigen des Apothecarius verriet ihm, dass er der gleichen Ansicht war.

»Abgesehen vom Aufwecken der Wiedergänger –«

Gallikus hatte seine Aufmerksamkeit wieder auf die Verwundeten gerichtet, doch er ermahnte ihn: »Beleidige sie nicht mit dieser Bezeichnung.«

Saurier nickte. »Abgesehen vom Aufwecken unserer gefallenen Brüder, wenn wir irgendetwas anderes tun wollen … So gut kennt sich nur der Eisenvater mit der Gruft aus.«

»Das war mal so«, stimmte Gallikus zu, während er zielstrebig auf einen Medicaetisch zuging, »doch jetzt nicht mehr. Ich habe mit ihrem Captain gesprochen. Ich vertraue den Drachen. Ich vertraue *ihm*.«

Der Techmarine befand sich noch immer im Koma, doch seine Vitalwerte wirkten stabil und die Verbrennungen, die den künstlichen Teil seines Schädels geschmolzen hatten, verheilten allmählich.

»Das ist Schmiedemeister T'kell«, sagte Saurier. »Ich kann ihn nicht einfach –«

»Weck ihn auf, Bruder.«

»Mit seinen Verletzungen könnte er –«

Gallikus wollte gerade auf den Apothecarius zugehen, als er spürte, wie ihn etwas am Handgelenk packte. Als er hinunterschaute, sah er eine Hand.

»Wo ist Obek?«, fragte T'kell forsch. »Wo sind meine Legionsbrüder?«

VIERUNDZWANZIG

Eiserner Wille

Krasks Stimme erklang schwach und atemlos über das Vox im Teleportarium.

»Wir haben das Sanktuarium erobert …«

Ulok bestieg mit den Unsterblichen eine Hälfte des Podiums. Obek, Xen und eine Ehrengarde aus Veteranen der Narbenlosen betraten die andere.

Eine letzte Meldung ertönte über das Vox.

»Teleport-Peilsender aktiviert«, sagte Krask.

Auf Uloks Signal hin erhellte ein Sturm die ganze Kammer.

Der Kriegstrupp erschien in einem Mahlstrom aus Licht und ätherischem Wind. Als das gleißende Licht schwächer wurde, wurde eine Schar Krieger erkennbar, deren Rüstungen von Blitzen umzuckt wurden. Sie standen auf dem Deck eines Kriegsschiffs inmitten eines verwüsteten Schlachtfelds. Die Lumenröhren über ihnen flackerten und die meisten waren aus ihrem Gehäuse gerissen worden, wodurch sich ihnen ein unheimlicher Anblick bot. An den Wänden lehnten zusammengesackte Leichen. Einige waren mit dem Gesicht nach unten gestorben, sodass ihr Blut durch das Bodengitter tropfte. Einer schien aufrecht stehend durch ein Schwert gestorben zu sein, das ihn durchbohrte und in einer Wand steckte.

Eine Seite stand angeschlagen, aber siegreich da. Eigentlich trugen sie Grün, doch ihre Terminatorrüstungen waren so zerkratzt und aufgerissen, dass an einigen Stellen das blanke Metall zu sehen war.

»Ihr seht sehr mitgenommen aus, Lindwurm«, sagte Obek, dessen Blick über die toten Abtrünnigen schweifte und schließlich auf den beiden Feuerdrachenleichen ruhte, die neben ihnen lagen.

»Das sind wir auch und wir haben Verluste erlitten, doch zumindest ist es uns besser ergangen als den Verrätern.« In Krasks Kriegsrüstung befanden sich tiefe Furchen und Teile von ihr waren von der Berührung einer Energieklinge schwarz versengt.

»Ihr habt hart gekämpft, Bruder«, sagte Xen und nickte dem riesigen Terminator zu.

Hinter der Kammer, in der Krask und seine Männer standen, befand sich ein weiterer, kleinerer Raum.

Ubok war bereits ins innere Sanktuarium vorgerückt und als Obek zu ihm aufschloss, sah er, dass der Eisenvater dem Adepten des Mechanicums gegenüberstand. Regulus sah weitestgehend so aus wie in den Tunneln, schien aber keinen Widerstand zu leisten. Er stand einfach da und erwartete sein Schicksal.

»Hat sich Eure Suche als kostspielig erwiesen, Eisenvater?«, fragte der Adept mit einer Stimme, die so metallisch war wie Uloks Gesicht. »Soll ich Euch jetzt meine Geheimnisse enthüllen?«

Ulok zog eine Plasmapistole. In der anderen Hand trug er eine metallisch-schwarze Zahnradaxt. Der geballte Panzerhandschuh seiner Legion prangte als Hochrelief auf der Klinge.

»Ich bin kein besonders emotionales Wesen«, sagte er, »aber das hier wird mir erhebliche Genugtuung verschaffen.«

Er feuerte die Plasmapistole ab, worauf sich die Waffe mit einem grellen Ton entlud, den Oberkörper des Adepten durchschoss und dessen Robe entzündete. Ulok ließ ihn einige Sekunden lang brennen, bevor er erneut abdrückte.

Nach dem vierten Schuss waren von Regulus nur noch ein paar schwarzverbrannte Fetzen und die verformten Metallreste seines einstigen Körpers übrig. Ungerührt trat Ulok auf den Kopf des Adepten zu und zerstampfte den verzogenen Schädel samt Bioniken und der wenigen verbleibenden organischen Materie zu einem klebrigen Brei.

»Eisenvater …«, sagte Obek vorsichtig von der Schwelle zum inneren Sanktuarium aus, während er erstaunt und fasziniert zuschaute. Xen hatte *Ignus* halb gezogen, doch Obek bedeutete ihm, Ruhe zu bewahren. »Ihr sagtet, dass Ihr ihn gefangen nehmen wollt.«

»Das hatte ich irgendwann einmal vorgehabt«, erwiderte Ulok. Er hatte ihnen den Rücken zugewandt, doch seine Unsterblichen-Kohorte hatte sich den Legionären der Salamanders zugewandt und sich um den Eisenvater aufgestellt.

»Hat sich etwas geändert?«, fragte Obek. Er bemerkte, wie sich seine Ehrengarde um ihn scharte und Krask näherkam, doch auch, dass eine große Kriegerschar auf sie zuhielt. Er bezweifelte, dass es Abtrünnige waren.

Als Ulok sich umdrehte, waren seine Augen so dunkel wie gespaltener Flintstein. Selbst das bionische Auge in der mechanischen Fassung verdunkelte sich wie eine ausglühende Kohle.

»Wisst Ihr, wie die, die in den Lehren des Omnissiah bewandert sind, miteinander kommunizieren?«

»Was ist hier los, Ulok?« Obek hätte nach seiner Pistole gegriffen, wenn vor ihm kein Erschießungskommando gestanden hätte, das seine Bolter auf ihn richtete.

»Wollt Ihr nicht antworten, Drache?«

Krask und seine Feuerdrachen standen inzwischen hinter dem Captain und dessen Ehrengarde. Obek konnte die brummenden Disruptorfelder ihrer Waffen hören. Außerdem hörte er das näherkommende Stampfen von Stiefeln, sodass er sich entschied zu antworten.

»Binärisch.«

Ulok lächelte freudlos und nickte. »Daten *strömen*. Sie sind leichter als Luft und nicht einmal die Hülle eines Kriegsschiffs behindert ihre Übertragung. Aus den Datensätzen des Verräters habe ich etwas *erfahren*. Eine Information, eine einzige Information, die meinen Verdacht bezüglich Euch vollständig bestätigt hat. Was ist die Fracht Eures Schiffs?«

Eine tiefe Grube tat sich in Obeks Eingeweiden auf und sein bionischer Arm kam ihm plötzlich wie ein feindseliger Fremdkörper vor. Mit seiner Hand aus Fleisch und Blut packte er den Griff seines Schwerts fester. Xen, Phokan und die Ehrengarde strafften sich, machten aber den Feuerdrachen Platz, die sich langsam vor sie und neben ihren Captain stellten.

»Relikte, Eisenvater.«

»Das glaube ich Euch. Von Vulkan persönlich geschmiedet, nicht wahr? *Waffen*. Unvergleichliche Waffen«, sagte Ulok mit gierig leuchtenden Augen. »Ich brauche sie. Der Kreuzzug braucht sie.«

»Welcher Kreuzzug?«, sagte Obek und schürzte abweisend die Lippen. »Der Kreuzzug ist vorbei.«

»Der Rachekreuzzug«, sagte Ulok, als ob das offensichtlich wäre. »Für den Gorgonen. Er hat ihn angeordnet. Eure Waffenvorräte haben wir dankbar angenommen, doch ich werde mir noch mehr nehmen.«

Obek schüttelte langsam den Kopf. »Ich werde Euch die *Kelch des Feuers* nicht überlassen, Ulok. Das hat *mein* Vater angeordnet. Diese Waffen werden weder von Euch noch von mir eingesetzt werden.«

»Sie wurden von einem Primarchen geschmiedet – wie könnten wir sie nicht nutzen? Das ist unsere Pflicht.« Während seiner leidenschaftlichen Ansprache biss er die Zähne zusammen. »Fühlt Ihr Drachen Euch nicht ebenfalls zur Rache berufen? Wir Iron Hands sind kalt«, sagte er und nickte, »und lassen uns von Logik leiten, doch die Täuschung der Verräter und alles, was wir durch sie verloren haben, hat unsere Wut entfacht. Ihr seid dem Feuer entsprungen – wie könnt Ihr Euren Zorn zügeln? Als Ihr saht, wie Euer Vater auf dem schwarzen Sand erschlagen wurde, habt Ihr Euch nicht nach Vergeltung gesehnt?«

Obek merkte die Scham und Reue seines Gefolges an jeder geballten Faust und jedem Zähneknirschen.

»Wir haben nicht auf Isstvan gekämpft.«

Kälte kehrte in Uloks Augen und sein Verhalten zurück. »Nein, habt Ihr nicht. Ihr habt nicht geblutet, wie wir oder Eure tapfereren Brüder geblutet haben.«

Xen fluchte. Obek hörte, dass er irgendwo hinter ihm war, und hoffte, dass sein Vexillarius nichts Unbedachtes tun würde.

»Was auch immer Ihr vorhabt, Ulok, tut es nicht«, sagte Obek.

»Wollt Ihr mir drohen, Salamander? Ihr würdet Eure Waffen

auf Eure Verbündeten richten, das Waffenarsenal Eures Primarchen aber nicht gegen den Feind entfesseln?«

»Ich *flehe* Euch an, Ulok. Tut. Das. Nicht.«

Ulok flüsterte: »*Morikan* … Es ist bereits geschehen. Vergesst nicht«, ermahnte er ihn, »dass Ihr das selbst zu verantworten habt.«

Die Unsterblichen traten vor, um zu feuern, worauf Krask und Ba'durak mit ihren Sturmschilden vorrückten, um Obek zu schützen. Während der Geschosshagel auf die verstärkten Drachenschuppen einschlug und explodierte, gaben die anderen Feuerdrachen mit ihren Kombiboltern eine Salve ab, die zwei Unsterbliche niederstreckte. Dann krachte die Tür zum inneren Sanktuarium herunter und trennte sie.

»Seid Ihr verwundet, Feuerträger?«, fragte Krask, während er über den Rand seines Schilds nach vorn schaute. Die Tür zum inneren Sanktuarium blieb geschlossen.

»Nicht mehr als vorher«, erwiderte Obek. »Unser Legionspriester erwartet uns auf der *Kelch des Feuers*. Er wird uns brauchen.«

Krask nickte und senkte seinen Schild. »Das Teleportarium dieses Schiffs befindet sich ganz in der Nähe.«

FÜNFUNDZWANZIG

Feuerglaube

In die *Kelch des Feuers* war eine tiefe Wunde geschlagen worden und obwohl sie versiegelt und das Deck gesichert worden war, bildete sie weiterhin eine Schwachstelle in ihrer ansonsten robust gepanzerten Flanke.

Als er die Geschütze der *Obstination* abgefeuert hatte, hatte Ulok nicht vorgehabt, eine derartige Öffnung zu schaffen; er hatte Regulus für sich gewollt und nicht zulassen können, dass ein anderer den Adepten erreichen und ihn gefangen nehmen oder töten könnte. All das war jetzt bedeutungslos, da er von etwas Neuem besessen war, doch sein gewaltsames Eingreifen hatte auch für seinen neuen Willen einen Weg geschaffen.

Ein einziger Landungsflieger glitt mit abgeschalteten Lampen und fast lautlosen Triebwerken durch die zerklüftete Öffnung. Kein Augur oder Sensorium konnte ihn erfassen. Heimlichkeit war schon immer die beeindruckendste Waffe der XIX. gewesen. Das hatte ihnen auf Isstvan V nichts genützt, da man einem Massaker nicht mit Heimlichkeit begegnen konnte. Doch die Raven Guard hatte nicht vergessen, wie nützlich die Heimlichkeit war, und hatte sie nach ihrer fast vollständigen Auslöschung zu einem immer schärferen Meuchelmesser perfektioniert.

Seitdem diente die Kunst, nicht gesehen zu werden, etwas anderem, etwas Grundsätzlicherem. Dem Überleben.

Der einzige Sohn des Corax an Bord wusste, was Überleben bedeutete, da er beim Massaker dabei gewesen war, das nicht nur seine Stimme, sondern auch zahllose Brüder und Verbündete gefordert hatte. Was als rechtschaffenes Vorhaben begonnen hatte, einen fehlgeleiteten Primarchen – *den* Primarchen – gefügig zu machen, war in Entsetzen und Verzweiflung untergegangen. Als die ersten Bomben gefallen waren, hatten viele das für einen Irrtum gehalten, obwohl solche Fehler bei den Legiones Astartes unvorstellbar waren. Selbst, als Leichen ohne Arme, Beine oder Köpfe durch die raucherfüllte Luft geflogen waren, hatten sich einige weiter an die Lüge geklammert, dass dies unbeabsichtigt gewesen war. Erst, als die Legionäre, die die Raven Guard und ihre Verbündeten unterstützen sollten, ihre Waffen auf sie gerichtet hatten, hatte auch der Letzte die Wahrheit erkannt.

Einige hatten geflucht und herausfordernd gebrüllt. Sie waren schnell und ruhmlos gestorben und zerfetzt oder zerhackt worden, bevor sie ihre Flüche beenden konnten. Andere hatten versucht, sich zu wehren, als ob sie noch eine Chance auf einen Sieg gehabt hätten. Das hatten die meisten Drachen getan. Sie hatten länger überlebt, waren aber trotzdem gestorben. Die Söhne des Gorgonen hatten mit grimmigen Herzen gekämpft, um sich zu rächen. Sie waren neben der kopflosen Leiche ihres Vaters gefallen, mit der die Lüge von der Unsterblichkeit der Primarchen aufgedeckt worden war. Die meisten waren geflohen, als ihnen klar geworden war, dass sie verloren waren und ihre Verbündeten ihre Eide gebrochen hatten. Zu diesen Legionären hatte auch der lautlose Sohn des Corax gehört.

Nicht aus Furcht hatte er das getan, denn derartige Gefühle waren ihm fremd, sondern aufgrund des Instinkts, an den er sich seitdem klammerte. Überleben. Leben und Rache nehmen.

Eine Brandbombe hatte seinen Captain getötet. Sie hatte seinen Körper zerfetzt und nur transhumane Inneren hinterlassen. Außerdem hatte sie viele seiner Brüder getötet und ihre für den Krieg geschaffenen Rüstungen und Körper mit entsetzlicher Leichtigkeit vernichtet. Die zweite Explosion war aus solcher Nähe erfolgt, dass er in die Luft geschleudert worden war und die Stimmen seiner sterbenden Brüder ungehört übertönt worden waren. Sie hatten völlig geräuschlos geschrien und wütende, doch unhörbare Verwünschungen ausgestoßen.

Daraufhin war er verstummt. Wenn sein Trotz nicht gehört werden konnte, würde er ihn nicht äußern. Auch keine Schmerzensschreie sollten ihm über die Lippen kommen, um seinen einstigen Verbündeten zumindest diese Kleinigkeit zu verwehren.

Und auf seiner Flucht, während er durch Trümmer und über brennende und zerstückelte Leichen geklettert war und sich an das Grauen gewöhnt hatte, hatte er eine neue Weltanschauung entwickelt. Ohne Brüderlichkeit und Verbundenheit, die seinem Überlebensinstinkt und Fatalismus weichen mussten. Er wollte nur noch leben und Rache üben.

Nur das und nicht mehr.

Der Landungsflieger setzte inmitten eines Trümmerfelds in der dunklen Landebucht auf. Die meisten Spuren des Angriffs, der den Großteil des Verladedecks herausgerissen hatte, waren entweder fortgeschafft oder in die Leere gezogen worden, doch ein kleiner Teil trieb langsam durch den luftleeren Raum.

Lautlos senkte sich an der Vorderseite des Fliegers eine Rampe und der Raven Guard trat ebenso lautlos heraus. Er war so schwarz wie die höhlenartige Halle, in der er sich befand, und verschmolz so mühelos mit ihr, dass er fast unsichtbar wurde. Nur seine schwach leuchtenden Helmlinsen verrieten ihn, während er die Atmosphäre auf dem Einstiegsdeck analysierte.

Corax' Sohn zog sein Schwert. Es war ein sichelförmiges Falchion, das aus monomolekularem Plaststahl geschmiedet worden war. Wenn es aktiviert wurde, vibrierte das Schwert so schnell, dass die Bewegung kaum zu bemerken war. Kein Licht spiegelte sich auf der Klinge und in den Schatten wirkte es wie eine Verlängerung seines Arms.

Eine versiegelte, kleine und unscheinbare Zugangsluke, die zur Wartung gedacht war, führte vom beschädigten Verladedeck zu einem Rohr, das ihm weiteren Zugang zum Schiff verschaffen würde.

Während der Krieger der Raven Guard darauf zuging, lauschte er konzentriert dem Vox, da er auf einen Befehl wartete. Seinen Namen.

Und schon bald hörte er ihn.

»Morikan.«

Zau'ull kniete ernst und gedankenversunken vor der Artefaktkammer. Seit ihrer Abreise von Prometheus war sie in einer gesicherten Halle untergebracht und obwohl der Raum von zwei Seiten verriegelt und hinter einem verstärkten Adamantiumtor eingeschlossen war, verströmten die Abluftschächte die Hitze und den Aschegeruch der Fabriken unter ihm. Dünne Rauchwolken lagen in der Luft. Die stickige Atmosphäre ähnelte der eines Vulkans, was für einen Krieger Nocturnes eine wahre Wohltat war.

Und eine Zeit lang genoss Zau'ull sie.

Obek hatte ihn darum gebeten, an Bord der *Kelch des Feuers* zu bleiben, um die Artefakte zu beschützen. Wie bedauerlich, dachte er, dass er nicht darum gebeten worden war, *allein* zu warten.

»Ich bin geschädigt, Feuervater«, sagte eine Stimme hinter ihm und Zau'ull öffnete seufzend die Augen.

»Nicht mehr als der Rest von uns«, log er.

Zeb'du Varr könnte sich auf seine Verbrennungen und die Narben bezogen haben, die seinen Körper verunstalteten, oder seinen Verstand. Bevor T'kell die Narbenlosen versammelt hatte, um seine letzte Mission für Vulkan zu erfüllen, hatte Varr das Reliquiarium oft aufgesucht. Dort hatte er ihm erzählt, wie sich all seine Tagträume um Feuer drehten und wie sehr er davon besessen war. Zau'ull wusste, dass er unter Pyromanie litt, doch bei ihm war sie besonders ausgeprägt, sodass Varr glaubte, etwas in den Flammen zu sehen.

»Ich habe Dinge gesehen«, murmelte er. »Im Feuer.«

»Vulkan, ja, das hast du schon mal gesagt.«

»Doch du klingst ungläubig, Legionspriester.«

Zau'ull war sich nicht sicher, wie allgemein Varrs Antwort gemeint war.

»Ich glaube, dass *du* das glaubst«, sagte er diplomatisch.

»Und du selbst glaubst nicht?«

Obwohl Zau'ull keinen unterschwelligen Vorwurf aus der Frage heraushörte, traf sie ihn.

»Ich sehe nicht das Gleiche wie du, Bruder.«

»Ich sehe viel …«

Zau'ull wusste, dass er das Folgende bereuen würde, doch es war seine Pflicht, sich um diese Krieger zu kümmern, sodass er fragte: »Was hast du gesehen, Bruder?«

»Ich werde hier sterben. Auf diesem Schiff.«

»Es war uns nie bestimmt, zu überleben.«

»Es wird bald geschehen …«

Da er nun endgültig aus seinen Gedanken gerissen worden war, stand Zau'ull auf und wandte sich Varr zu.

»Keiner von uns weiß, wann er sterben wird, Bruder«, sagte er.

»Zandu sieht den brennenden Mann.«

Zau'ull nickte und rief sich seine Gespräche mit Zandu in Erinnerung. »Das ist nur ein Traum, mehr nicht. Wie kannst du dir deines eigenen Schicksals so sicher sein?«

Als Varr lächelte, verzerrte er damit sein entstelltes Gesicht. Er war nicht allein; seine verbleibenden Krieger waren bei ihm, störten den Legionspriester im Gegensatz zu ihrem Sergeant aber nicht.

»Ich sehe es im Feuer«, sagte Varr. »Einen Rauchschwaden, der sich vor der Flamme bewegt.«

Zau'ull hatte sich oft gefragt, ob Zeb'du Varr vom Wyrd berührt war. Soweit Zau'ull wusste, hatte er keinerlei Scriptorenausbildung genossen, und die meisten schrieben sein seltsames Verhalten seiner Pyromanie zu. Einige, die Nocturnes alte Sitten noch kannten und wussten, wo sie die nomadischen Erdschamanen finden konnten, um ihren Rat zu suchen, glaubten, dass Feuer lebendig war und dass ein Teil seiner Lebenskraft und seines Zorns auf diejenigen überging, die es verehrten.

Obwohl es seit der Wiedervereinigung von Vulkan mit seinem Vater keinen Feuerkult mehr auf Nocturne gegeben hatte, überdauerte der Glaube, dem sie einst angehört hatten, zum Teil noch immer. Zau'ull hielt es für möglich, dass Varr einen solchen Erdschamanen gefunden und zu lange ins Feuer geschaut haben könnte.

Natürlich könnte er auch einfach wahnsinnig sein.

Zau'ull legte Varr eine Hand auf den Schulterpanzer.

»Kein feuergeborener Sohn sollte den Rauch einer Flamme fürchten, erst recht nicht du, Varr.«

Als sich das Tor zur abgesicherten Halle geräuschvoll öffnete, drehte Zau'ull sich um. Er glaubte, einen Schatten an der Wand entlang huschen zu sehen, schrieb ihn aber einem flackernden Lumen zu.

»Nicht die Flamme«, sagte Varr, »einen Schatten …«

Während sich das Tor langsam diagonal öffnete, wurde es von der entweichenden Druckluft vernebelt. Zau'ull ergriff seinen Crozius-Streitkolben, doch es war möglich, dass Obek zurückkehrte. Als er eine drachengrüne Rüstung aus dem sich lichtenden Nebelschleier treten sah, runzelte er die Stirn.

»Feuerfaust?«

Zandu war zur *Kelch des Feuers* zurückgekehrt. Allein. Während er auf sie zukam, deutete nichts darauf hin, dass er Zau'ull gehört oder verstanden hatte. Sein ausgemergeltes, aschfahles Gesicht war so ausdruckslos wie das eines Toten. Zau'ull ging zu ihm und als er Zandu gerade erneut ansprechen wollte, begriff er, was Varr soeben gesagt hatte. Er hatte ein Wort wiederholt, das Obek verwendet hatte, bevor er sich zur *Obstination* aufgemacht hatte.

Er wird der Lautlose genannt, er ist von der Raven Guard. Er kämpft wie ein Schatten …

»Ein Schatten –?«, setzte er an und erinnerte sich an das flackernde Lumen, als eine meterlange Klinge aus monomolekularem Plaststahl seinen Bauch durchbohrte. Sie spießte Zau'ull von hinten, durch den Rücken, auf; die vorn austretende Spitze war rubinrot.

Als die Klinge zurückgezogen wurde, fiel Zau'ull auf Hände und Knie. Er erbrach einen Blutschwall und versuchte sein Crozius zu ziehen, doch da spürte er, wie er ein zweites Mal durchbohrt wurde.

Zau'ull hörte Varr rufen, während ein Hitzeschwall über sein Gesicht zog und der Schatten aus seinen Augenwinkeln verschwand. Sein Körper hatte Mühe, ihn bei Bewusstsein zu halten. Seine Sicht verschwamm, klarte dann allmählich aber wieder auf. Er erhob sich. Die Wunde war schmerzhaft, doch das sorgte dafür, dass er bei Bewusstsein blieb. Er taumelte und stürzte beinah, prallte aber gegen die Wand der Artefaktkammer, sodass er aufrecht stehenblieb.

Varrs Flammenwerfer lag zertrümmert da, während er und seine Krieger gegen den Schatten kämpften. Morikan der Lautlose bewegte sich so schnell, dass Zau'ull dachte, seine Sicht würde erneut verschwimmen, bis ihm auffiel, dass nur der Schwarzgerüstete nicht zu erkennen war.

Ein Drache fiel, nachdem er von der Leiste bis zur Brust aufgeschlitzt worden war, worauf all seine Innereien als blutrote Flut seinen Körper verließen. Die Kampfklinge eines zweiten wurde pariert und eine lange Klinge aus dunklem Plaststahl durchbohrte seine Halsberge und Kehle.

Damit blieben noch Varr und zwei andere. Als Zandu sie erreichte, wagte Zau'ull zu hoffen, dass er eingreifen würde, doch er schien sie nicht zu beachten. Stattdessen bewegte er sich auf den Tresorraum zu und Zau'ull richtete sich mühsam auf, um dem Drachen den Weg zu versperren.

»Halt«, warnte er, während er in der einen Hand sein Crozius hielt und mit der anderen die Blutung seiner Bauchwunde stillte.

Zandu zog seinen Gladius. Seine Bewegungen hatten etwas Mechanisches an sich und für einen Sohn Vulkans wirkte er befremdlich kalt.

Zau'ull leitete knisternde Energie in sein Crozius. »Dazu habt Ihr kein Recht, Bruder. Ich werde Euch töten, wenn Ihr weitergeht.«

Zandu ging weiter.

Einen guten Meter von ihm entfernt sah Zau'ull einige Bioniken. Ein Teil von Zandus Handgelenk, eine Seite seines Halses. Die Rüstung verbarg den Rest.

»Ihr solltet tot sein, Bruder«, murmelte er und sah im Hintergrund Varr, der allein war und nach seinem zertrümmerten Flammenwerfer griff. Zandu sprang auf ihn zu, schlug eine Furche in Zau'ulls Schulter und zerschnitt die Verbindung zwischen Arm und Oberkörper. Blut quoll aus der Wunde und verklebte Zandus Schwert, doch durch den Schlag war er Zau'ulls Gegenangriff ungeschützt ausgeliefert; er traf ihn in die Brustplatte und brach sie auf.

Zandu taumelte, doch nicht vor Schmerzen, sofern das an seinem Gesicht erkennbar war, sondern lediglich aufgrund der Wucht des Aufpralls. Seine Brustplatte war geborsten und enthüllte verbranntes und zerfetztes Gewebe. Das Fleisch darunter war durch Metall ersetzt worden.

Zau'ull schwang erneut sein schwerfälliges Crozius, wurde teilweise pariert und schlug Zandus linken Schulterpanzer ein, worauf der Getroffene den Legionspriester zur Seite warf.

Als Zau'ull gegen die Wand prallte, hörte er seine Knochen brechen und ließ sein Crozius fallen. Er sackte in sich zusammen und spürte, wie sein Körper nachgab und dass er erneut durchbohrt worden war. Er griff nach seinem heruntergefallenen Crozius, doch seine Finger berührten stattdessen den magnetarretierten Behälter an seinem Bein. Zandus Schatten fiel auf ihn.

Als er den Behälter ergriff, wusste Zau'ull, dass es zu spät sein würde, doch bevor der Todesstoß niederging, erhellte eine Explosion die Halle und breitete sich zu einem Feuersturm aus.

Hitze zog über Zau'ulls Gesicht und durch seine Rüstung ging ein Beben, das in seinen Wunden stechende Schmerzen verursachte. Er drehte sich zur Seite und starrte in den Rauch.

Varr lag brennend auf dem Rücken. Der Raven Guard brannte ebenfalls und seine Rüstung war von Varrs improvisierter Brandbombe aufgebrochen, aber nicht zerstört worden.

Der Drache lachte und während er den Flammen erlag, rief er aus: »Seht! Seht den brennenden Mann!«

Zandu hielt inne. Er war wieder auf die Beine gekommen und sein Gladius strich über den Rand von Zau'ulls Halsberge … Zandu sah die Flamme. Er sah den brennenden Mann. Das Feuer war nicht bis zum Armarium vorgedrungen, doch während sich die flackernden Flammen in seinen glasigen Augen spiegelten, sah Zau'ull einen kurzen Moment lang Verständnis darin.

Mit einem gequälten Schrei stürzte sich Zandu auf Morikan. Der weiterhin brennende Lautlose drehte sich um und stieß sein Schwert so weit in Zandus Körper hinein, dass es aus seinem Rücken hervorbrach. Dichter Rauch hüllte sie ein und sie wurden beide vom Feuer erfasst, in dem sie als dunkle Schemen miteinander rangen.

Zau'ull zerbrach den Behälter und nahm das Artefakt heraus, das er enthalten hatte.

Es sah aus wie ein äußerst kunstvoller Stab mit einem Drachenklauenfuß und einer Drachenschädelspitze, in deren Maul sich ein kleiner Emitter verbarg. Aus einer eingebauten Energiequelle strömte surrende Energie in den Griff, wie die eines

Disruptorfelds. Der Stab sah uralt aus, war aber eindeutig von Vulkan gefertigt worden.

Zau'ull packte ihn mit beiden Händen, da er ein wenig länger als ein Gladius war und ihn seine Kraft verließ. Zandu hatte den Krieger der Raven Guard mit beiden Händen am Hals gepackt und drückte ihn langsam ein. Inzwischen war er aber auf die Knie gesunken, während seine Rüstung auf das blanke Metall herunterbrannte und sein Blut in den Flammen zischte. Morikan kämpfte fieberhaft gegen ihn an und hatte sein Schwert losgelassen, um Zandu mit einer kürzeren Klinge in die Seite zu stechen.

Die entsetzliche Verwundung zeigte schließlich Wirkung und Zandus Griff lockerte sich, sodass sich der Sohn Corax☒ befreien konnte. Er kam taumelnd und lichterloh brennend auf die Beine und ließ die kurze Klinge fallen, um Zandu das Falchion aus der Brust zu ziehen und den Kampf zu beenden.

Als sich sein Blick mit Zau'ulls kreuzte und er die Waffe in den Händen des Legionspriesters sah, wusste Morikan, dass es vorbei war.

»Nicht mehr …«, krächzte er. Es waren die ersten Worte, die er seit Isstvan gesprochen hatte, und es würden seine letzten sein.

Ein blutroter Energiestrahl schoss aus dem Maul des Stabs und klang dabei wie ein Lied von Tiefendrachen, die die Spaltung einer Welt betrauern. Morikans bereits verformte Rüstung gab nach und zerbrach, riss weiter auf und fiel von ihm ab. Erst als grobe Splitter, dann als sandgroße Körner und schließlich als Staubflocken. Als Nächstes wurden sein Fleisch und seine Knochen innerhalb weniger Sekunden von Jahrhunderten des Verfalls dahingerafft. Das Maul weitete sich und mit ihm der Strahl. Er hatte Morikans Brust durchbohrt und erfasste seinen ganzen Körper. Zau'ull hielt den Stab fest umklammert, der vor unbändiger Energie in seinen Händen zitterte.

Der Rabe war fort; nur ein Schatten blieb dort zurück, wo einst ein Legionär gestanden hatte, und so war er dorthin zurückgekehrt, von wo er gekommen war.

Mit großer Mühe deaktivierte Zau'ull den Stab und verstand jetzt, was für eine Bürde er darstellte und warum er sicher verwahrt werden musste. Während er an die Wand gelehnt in sich zusammensackte, wurde ihm allmählich schwarz vor Augen und er sah Zandu blutend, aber friedlich neben Varr liegen, dem ein unauslöschliches, steifes Grinsen in sein totes Gesicht gebrannt war.

Bevor er von Ohnmacht überwältigt wurde, ertönte knisternd Zau'ulls Halsbergevox.

»Feuervater …«

Es war Obek. Er redete eindringlich und entschlossen auf ihn ein und warnte ihn vor Morikan. Zau'ull ließ ihn reden, da er nicht die Kraft hatte, ihn zu unterbrechen. Als Obek fertig war und geschworen hatte, in aller Eile zur *Kelch des Feuers* zurückzukehren, atmete Zau'ull zitternd aus und sagte, kurz bevor er ohnmächtig wurde: »Unser Vermächtnis ist sicher …«

SECHSUNDZWANZIG

Unsterbliche

T'kell betrachtete die eingefrorenen Legionäre und war fassungslos.

»Was für eine Abscheulichkeit«, sagte er vor sich hin, doch auch zu Gallikus. In der weitläufigen, kühlen Kryostasiskammer bildeten sich Atemwolken.

Nachdem er erwacht war, hatte Gallikus ihm erzählt, was während seines Komas geschehen war. So hatte T'kell von der Gruft und Kastigan Uloks Taten erfahren. Er kannte die Eisenväter und einige von ihnen waren ihm wohl vertraute Kameraden. Er respektierte sie für ihre Fähigkeiten und ihre Hingabe an den Omnissiah, doch was er im sogenannten ›Mausoleum‹ sah, war eine extreme und gefährliche Abweichung vom Maschinenglauben des Mars.

»Ich habe die Abgründe verbotener Maschinenkunst selbst erlebt.« Er fasste sich an seine verwüstete Kopfhaut und den metallischen Teil seines Schädels, der von der Plasmaverbrennung geschwärzt war. »Als ich spürte, wie mir mein freier Wille entglitt, habe ich eine Waffe auf mich selbst gerichtet. Damit habe ich mein System von dem üblen, bösartigen Code bereinigt, doch das hier … wie kann etwas davon gesäubert werden? Was ist der Unterschied zu dem, was mir widerfahren ist?«

»Das darf nicht so weiter gehen«, sagte Gallikus mit ernster Stimme.

T'kell drehte sich abrupt zu ihm um. »Und doch habt Ihr es zugelassen.«

Der Blick des Legionärs der Iron Hands fiel auf einen ganz bestimmten Kryosarg. »Zu meiner Schande.«

Saurier war zurückgeblieben, um sich um die Verwundeten im Apothecarion zu kümmern und sie für den Transport zur *Kelch des Feuers* vorzubereiten. Bald würde Ulok mit seinen Kohorten zurückkehren, möglicherweise sogar mit dem Raben. Dieser Wahnsinn musste aufhören und dafür gab es nur eine Möglichkeit.

»Ihr hättet sie zerstören können«, sagte T'kell, während er seinen Blick erneut über die Reihen schlafender Krieger schweifen ließ.

»Glaubt Ihr, dass ich nicht selbst auf diese Idee gekommen bin?«, antwortete Gallikus verärgert. »Um das Panzerglas zu zerbrechen, um es nur einreißen zu lassen … Eine derart heftige Sprengung«, er schüttelte den Kopf, »hätte das ganze Schiff in Gefahr gebracht. Das würde ich Ulok nicht antun. Er hat Unrecht, aber er ist noch immer mein Eisenvater. Ich werde ihn nicht mehr verraten als nötig. Die Maschine muss von innen sabotiert werden, von einem von Euch.«

»Einem Drachen?«

»Einem Techmarine. Meine Fähigkeiten übersteigt sie«, gestand Gallikus. Er kniete nieder und neigte den Kopf, während er sich wie ein Ritter des alten Terra auf seinen Schild stützte. »Erweist meinen Brüdern diese letzte Ehre, Schmiedevater. Sie haben dem Thron weit länger gedient, als angemessen ist.«

T'kell nickte, da er gar nicht anders konnte als der Bitte des Iron-Hands-Legionärs stattzugeben, worauf Gallikus sich wieder erhob.

Über ihnen ertönte knisternd das Schiffsvox. Es war der Apothecarius, Saurier.

Seine Nachricht war kurz, doch deshalb nicht weniger bedrückend für Gallikus.

»Eisenbruder … er ist zurück.«

Mit ernstem Gesicht beendete Gallikus die Voxverbindung.

»Bleibt hier, Schmiedevater«, sagte er und legte seinen Brecherschild an, »und schenkt meinen Brüdern endlich Frieden.«

Er sah aus, als ob er sich zum Galgen aufmachen würde, doch T'kell verstand inzwischen, dass ihn ein noch düstereres Schicksal erwartete. Jetzt, da der Eisenvater zurückgekehrt war, würde sich Gallikus ihm entgegenstellen müssen.

»Ich werde Zeit brauchen, um diese Maschine auszuschalten«, sagte er zu dem Legionär der Iron Hands.

»Ich werde Euch so viel Zeit verschaffen, wie ich kann.«

Er salutierte T'kell und setzte seinen Gefechtshelm auf.

»Das Ende der Unsterblichen«, murmelte er leise und warf einen letzten Blick auf denselben Kryosarg wie zuvor, ehe er die Kammer verließ.

Irgendwo in diesem Raum befand sich dessen verdammenswertes Herz; T'kell spürte das stetige Pulsieren seiner Maschinenseele. Wie ein Donnerkrieger aus alten Zeiten, der im Begriff war, einen Tempel verbotener Götter zu schleifen, schritt er entschlossen darauf zu.

Gallikus traf Saurier, als dieser gerade von der Startbucht zurückkehrte.

»Ist es getan?«, fragte er.

Der Legionär der Salamanders nickte. »Ich habe sie mit Rettungskapseln losgeschickt. Jeden einzeln.« Er war mit einer Kettenaxt und einem Handflammenwerfer bewaffnet.

»Ziehst du in den Krieg, Drachenbruder?«

»Ja, Eisenbruder. Mit dir.«

»Ulok wird nicht allein sein. Die Wiedergänger werden ihn schützen.«

»Ja, das werden sie wohl.«

»Und wahrscheinlich werden wir sterben.«

»Dann sterbe ich Seite an Seite mit meinem Bruder.«

Gallikus nickte, worauf sie zum Kriegergruß den Unterarm des jeweils anderen ergriffen und dann losließen.

»Ich werde mich ihm im Gang zum Verladedeck entgegenstellen. Es ist so eng, dass ich ihn dort eine Weile aufhalten kann.«

Saurier setzte den Helm auf. Inzwischen trug er das an einen wilden Drachen erinnernde Rüstungsteil nur noch selten. »Früher glaubte ich, das Richtige zu tun«, sagte er durch sein zahnbewehrtes Atemgitter. »Ich war froh, eine Aufgabe zu haben, an die ich mich klammern konnte.«

»Die Dinge haben ihren Lauf genommen. Jetzt müssen wir ihnen ein Ende machen.«

»Ich bin froh, meine Legion noch einmal gesehen zu haben, wenn auch nur einen Teil.«

Gallikus antwortete nicht. Er hatte keinen vergleichbaren Frieden gefunden. Er hob seinen Schild, drehte sich um und begab sich in den Gang zum Verladedeck.

SIEBENUNDZWANZIG

Eine letzte Abrechnung

Obek rannte vom Teleportarium der *Kelch des Feuers* bis zur gesicherten Halle, in der Zau'ull sein musste. Obwohl er nur zwei Decks entfernt war, kam es ihm vor, als ob er eine Ewigkeit dafür brauchte.

Er fand den Legionspriester inmitten von Rauch und brennenden Leichen an die Wand gelehnt. Im Armarium hatte ein verlustreicher Kampf getobt. Die Toten lagen überall verstreut. Es waren ausschließlich Salamanders. Krask und seine Krieger warteten wachsam am Eingang.

»Feuervater …«, stieß Obek aus.

Während er zu Zau'ull eilte, konnte Obek kein Lebenszeichen erkennen und befürchtete das Schlimmste. Das Blut auf der schwarzen Rüstung des Legionspriesters war verkrustet und eine Hälfte seines Gesichts war von der Hitze der inzwischen ersterbenden Flammen versengt.

Obek hatte beim Hineingehen Zandu, Varr und die verbliebenen Legionäre aus Varrs Trupp gesehen und wusste, dass sie alle tot waren. Doch ihren Mörder, den lautlosen Morikan, konnte er nicht finden.

Zau'ulls Augen öffneten sich einen Spalt weit und Obek stieß einen erleichterten Seufzer aus.

»Ist der Rabe noch hier?« Obek hatte eine Hand an seine Seitenwaffe gelegt, doch Zau'ull schüttelte den Kopf.

Erst da bemerkte Obek den Stab mit dem Drachenkopf, den der Legionspriester noch immer umklammerte.

»Ist das …?«, fragte er und hockte sich vor den Legionspriester, um dessen Vitalwerte zu überprüfen.

»Verzeiht mir … Bruder-Captain«, sagte Zau'ull mit rauer, schwacher Stimme, »doch ich habe meinen Glauben wiedergefunden. Ich sehe Vulkan … nicht in den Flammen …« Er legte eine Hand an Obeks Gesicht, »sondern in Euch.« Hinter zitternden Augenlidern schweifte sein Blick von Krask, der ernst in der Nähe stand, zu Xen, der stoisch geradeaus starrte. »In uns allen.«

»Nicht sprechen«, sagte Obek zu ihm. »Der Apothecarius kann uns vielleicht noch helfen.«

Während er angestrengt versuchte zu atmen, kollabierte seine Lunge. Zau'ull schüttelte traurig den Kopf und lächelte.

»Es war uns nie bestimmt … zu überleben.«

Dann rutschte seine Hand von Obeks Gesicht und er rührte sich nicht mehr.

Mit gesenktem Kopf schloss Obek die Augen des Legionspriesters. Einen solchen Preis hätte er sich damals, als sie sich im Magmagewölbe auf Prometheus dieser Mission verschworen hatten, unmöglich vorstellen können.

»Feuerträger«, sagte Krask vorsichtig nach einigen Momenten des Schweigens. Seine Krieger standen hinter ihm und warteten respektvoll. »Was jetzt?«

Obek befestigte den Drachenstab an seiner eigenen Rüstung; er würde das Artefakt später ins Armarium zurückbringen, doch vorher … »T'kell ist noch immer an Bord dieses Schiffs. Wir werden ihn verdammt nochmal zurückholen.«

»Die Verladedecks liegen in Trümmern und ich bezweifle, dass das Teleportarium der *Obstination* uns empfangen wird.«

Krask hatte recht, doch Obek hatte eine andere Idee für ihren Enterangriff. Er kontaktierte über das Vox den Schiffsmeister.

»Meister Reyne.«

»Jawohl, Exzellenz«, ertönte die Stimme ihres alten Weggefährten. Reyne stammte von Nocturne und hatte trotz der vielen Jahre in der Marine seinen starken Stammesakzent nicht verloren. »Was wünscht Ihr?«

»Bringt die *Kelch* nah genug für ein direktes Entermanöver an die *Obstination* heran.«

Reyne räusperte sich und klang plötzlich verunsichert. »Aus dieser Nähe werden uns ihre Waffen zerreißen, Herr.«

Obek lächelte grimmig. »Ulok wird uns nicht beschießen. Er glaubt, dass er noch immer die Oberhand hat, und will unsere Schiffsfracht. Bringt uns so dicht wie möglich heran, ohne sie zu rammen.«

Reyne bestätigte das skeptisch, machte sich dann aber daran, seine Pflicht zu erfüllen. Nach einigen Momenten war auf den unteren Decks das Brummen der Plasmatriebwerke der *Kelch des Feuers* zu hören.

»Wir werden vom Riss in der Hülle aus in unseren Servorüstungen durch die Leere zu ihnen übersetzen«, erklärte Obek den anderen.

Niemand widersprach ihm.

Krask grinste wild. »Auge in Auge«, sagte er.

»So nah, wie Reyne sich herantraut«, bestätigte Obek und verließ entschlossen die gesicherte Halle, als Xen sich ihm in den Weg stellte.

»Ihr seid verwundet, Bruder-Captain. Das erkenne ich an Euren Bewegungen … oder vielmehr den Bewegungen, die Ihr vermeidet.«

»Das seid Ihr auch, Vexillarius.«

Sofort zog Xen seine beiden Schwerter. *Ignus* und *Drakos* befanden sich schon links und rechts neben Obeks Hals, bevor der nach seiner eigenen Klinge gegriffen hatte.

»Nicht so schwer wie Ihr. Abgesehen davon«, sagte er und steckte höflicherweise seine Schwerter wieder weg, »muss jemand zurückbleiben, falls wir scheitern. Wenn T'kell nicht zurückkehren sollte, seid Ihr der Wächter der Artefakte.« Daraufhin schaute er ehrfürchtig und voller Bewunderung zu dem Drachenkopfstab herab. »Wir sollten unsere Mission nicht aufgeben.«

»Und ich dachte schon, Ihr wärt nur wieder auf der Suche nach Ruhm«, erwiderte Obek trocken.

Xen lächelte: »Wer behauptet, dass ich das nicht bin?«

»*Ich* zum Beispiel«, sagte Obek und legte ihm eine Hand auf die Schulter. »Bringt unseren Schmiedevater zurück«.

»Vulkan lebt«, sagte Xen, worauf er, Krask und die Terminatoren abrückten.

»Vulkan lebt«, antwortete Obek, während er ihnen nachschaute.

Die Panzertür teilte sich, worauf weiße Gaswolken und der Schein der flackernden Warnlampen des Verladedecks der *Obstination* hereindrangen. Ulok trat hindurch und schaute den Unsterblichen, der fünfzehn Meter von ihm entfernt im Gang stand, ungläubig an. Die Lumen waren gedimmt und in der Dunkelheit funkelte das bionische Auge des Eisenvaters beinahe boshaft.

Erst, als Ahrem Gallikus grüßend seinen Energiehammer hob, begriff Ulok, was vor sich ging.

Uloks Gesicht verfinsterte sich und wurde so hart und kalt wie das Metall seines Körpers.

»Fleisch ist schwach«, sagte er enttäuscht und befahl den Wiedergängern den Angriff.

Die Maschine im Herzen der Kryostasisgruft war mehr als kompliziert. Der sechseckige Kern von der Größe eines Contemptors war von Kabeln und Rohren umgeben, die durch den hektargroßen Raum verliefen und ihn mit jedem Sarg verbanden. Da er tief im Boden verbaut und von Kühldämpfen verhüllt war, war er vom Eingang aus nicht zu sehen. Doch aus der Nähe sah er unheilvoll aus, wie ein metallisches Meerungeheuer, dessen Tentakel sich in der Dunkelheit verlaufen.

Die schiere Menge an eingefrorenen, aufgereihten Legionären war atemberaubend. Obwohl die beim Kryogefrierprozess ausgestoßenen Dämpfe viel verhüllten, erkannte T'kell genug, um zu wissen, dass es Hunderte sein mussten, vielleicht sogar noch mehr. Eine Armee erstarrter Gesichter hinter vereisten Glasscheiben, die über Röhren und Rohre miteinander verbunden war. Es war kalt und durch das viele Metall wirkte es mehr wie ein Laboratorium als eine Kaserne. Ein kluger Kopf, der von Überheblichkeit und Sturheit getrieben wurde, hatte diesen Ort geschaffen. Hier sah T'Kell das, wovor seine marsianischen Meister ihn immer gewarnt hatten: Wahnsinn.

Vulkan hatte seine Söhne viel gelehrt: Metallbearbeitung, Aufopferungsbereitschaft und Edelmut. Er war vom äußersten Rand der Vernichtung zurückgekehrt. Außerdem hatte er seine Lehre vom Kreislauf des Feuers verbreitet, und obwohl der Primarch inzwischen fort war, war es dieser Glaube, der vielen Hoffnung schenkte und der in T'kells Augen von Eisenvater Ulok leichtfertigerweise missachtet worden war.

»Was endet, endet, und kehrt zur Erde zurück«, psalmodierte er und schnitt mit seinem Plasmaschneider das äußere Gehäuse der Maschine auf. Das dauerte einige Minuten, da sie dick gepanzert war, doch als T'kell hindurch war, fand er die Anschlüsse, die ihm Zugang zu dem Kern dieses Ungetüms verschaffen würden.

»Um im Kreislauf des Feuers wiedergeboren zu werden«, sagte er und ließ seine Greifmechadendriten vorschnellen. »Um erneuert zu werden.«

Was er hier sah, war weder Erneuerung noch Wiedergeburt; es war Stillstand, ein grausamer, langsamer Verfall, bis nichts mehr übrig war. Er konnte sich kein schrecklicheres Schicksal vorstellen.

T'kell nahm all seine Kräfte zusammen und verband sich über seine Mechadendriten mit der Maschine. In dem Moment, in dem die Verbindung zustande kam, wurde sein Körper von Schmerzen durchzuckt und ihm wurde klar, wie geschwächt er noch war. Ulok hatte Verteidigungsmechanismen in sein geliebtes, entsetzliches Werk eingebaut. So paranoid, wie er offensichtlich war, musste er bedacht haben, dass ein anderer Techmarine oder auch ein Adept des Mechanicums versuchen könnte, das Ungeheuer von innen heraus zu zerstören.

Äußerlich bestand es aus Servos, Schaltkreisen und Prozessoren, doch hinter diesen kalten Fertigbauteilen lag etwas Finstereres. Während sich T'kell mit der Maschine beschäftigte, stieß er auf komplexe neuromorphe Unterprogramme, die in die normalen Betriebsprotokolle eingebettet waren. Scheinbar waren sie dort platziert worden, um seinen Bemühungen zu trotzen, eine weitreichende Betriebseinstellung zu bewirken. Die Maschine war von einer geradezu widerwärtigen Intelligenz besessen, die den fremden Eindringling vertreiben und vernichten wollte.

Vor ihm lag eine gepflasterte Straße, die sich wie echter Stein oder

Metall anfühlte, obwohl sie ein Teil der Datenlandschaft war. Er hörte das Hallen seiner Schritte, obwohl er wusste, dass er einen Datenstrom entlangging. Das Echo klang merkwürdig dumpf, was ihm verriet, dass es kein akustisches Geräusch war, sondern Code, den sein Gehirn durchsuchte, während er einen Fuß vor den anderen setzte.

Am Ende der Straße befand sich ein Tor, das so groß war wie Olympus Mons und aus schillerndem Kristall bestand. Und hinter dem Tor tobte ein Sturm.

T'kell konnte den Hass und die Wut spüren, mit dem er ihn abschrecken wollte. Er hatte seine Verteidigung durchbrochen und für dieses Vergehen würde ihn der Sturm töten. Als er sich dem Tor näherte, bemerkte T'kell, dass er keine Servorüstung mehr trug, sondern eine gehärtete Drachenhaut. Er sah aus wie ein Drachenritter vergangener Zeiten. In seiner Hand hielt er eine Lanze, die er scheinbar aus der irrealen Luft gegriffen hatte.

Zwei Säulen hielten das Tor, neben dem es keine Mauern oder sonstigen Hindernisse gab, doch T'kell wusste, dass er das Tor passieren musste, um der Maschine im Auge des Sturms gegenüber zu treten. Er rannte mit erhobener Lanze los und richtete sie wie einen Wurfspeer nach vorn, doch während er sich dem Tor näherte, drehten sich langsam die Säulen.

In der Seite, die T'kell abgewandt gewesen war, befanden sich gemeißelte Statuen von Zyklopen, die direkt den Mythen Terras entsprungen zu sein schienen. Die beiden furchterregenden Geschöpfe öffneten gleichzeitig ihr jeweiliges Auge, um den Eindringling anzuschauen.

Mit lautem Gebrüll traten sie aus den Säulen und der Boden erbebte unter jedem ihrer Schritte.

T'kell stürmte unerschrocken weiter auf sie zu und spürte, wie die Lanzenspitze Fleisch durchbohrte …

Der Zyklop brüllte, als seine muskulöse Seite von der meterlangen Stahlstange durchstoßen wurde. Er bäumte sich auf und schlug vor Schmerzen um sich, womit er T'kell heftig schüttelte, doch der hielt sich am Griff seiner Waffe fest. Das zweite Geschöpf versuchte, ihn mit seinen fleischigen Händen zu packen. Doch während T'kell mit einer Hand an der Lanze in der Luft hing, zog er ein leuchtendes Schwert aus dem Datenstrom.

Mit einem Hieb seines Schwerts schlug er dem Zyklopen die Hand ab. Eine dunkle Flüssigkeit strömte mit knisterndem Rauschen aus dem Stumpf. Er schrumpfte und sank auf die Knie, und T'kell ließ die Lanze los, die noch immer in der ersten Kreatur steckte. Während er fiel, packte er sein Schwert mit beiden Händen und schlug dem geschrumpften Zyklopen den Kopf ab.

Als er sich umdrehte, zog der erste Zyklop gerade die Lanze aus sich heraus. Er brach sie entzwei und sie löste sich in Bruchstücke zertrümmerten Codes auf. Doch T'kell brauchte sie nicht mehr. Er hatte immer noch die Klinge und als das Geschöpf mit rachsüchtigem Auge auf ihn losging, leuchtete das Schwert noch heller …

Das Licht verbrannte das Geschöpf, blendete es und äscherte Haut und Fleisch ein, sodass bald nur noch ein knöchernes Gitter übrig war, das unter der Last seines zerschlagenen Codes in sich zusammenfiel.

Nach einigen Sekunden trug der unersättliche Datenstrom, der den Sturm speiste, den Staub des besiegten Zyklopen davon.

Das Tor, vor dem T'kell nun stand, öffnete sich weit.

Er sah die Bestie, das tentakelbewehrte Ungeheuer, das aus seinem abgrundtiefen Maul Blitze spie …

Eine Reihe von Stromstößen entlud sich in T'kell, um sein Nervensystem zu verbrennen, doch er ertrug sie. Inmitten einer Tirade zerstörerischen Schrottcodes suchte er nach dem Cortex des Ungeheuers und fand einen entschlossenen und feindseligen Verteidiger vor, der ein Jagdprotokoll befolgte.

Der Techmarine griff ihn an. Der Gestank seines brennenden Fleischs war widerwärtig und die Schmerzen waren kaum auszuhalten, doch er ertrug sie. Selbst, als seine Greifarme mit den Anschlüssen verschmolzen, ertrug er das.

Und als es unerträglich wurde, brüllte er.

»Vulkan!«

Von seiner Rüstung stieg Rauch auf. Die Hitze hatte seine Gelenke versengt, doch er ertrug sie.

Der Sturm stürzte sich auf ihn und Blitze schlugen in seine Drachenrüstung ein, bis sie nur noch ein geschwärzter Hautmantel war. T'kell hielt seine Klinge in die Höhe, deren Licht in der Dunkelheit flackerte, während die Tentakel des Ungeheuers näherkamen, um ihn zu zerquetschen.

Er schrie: »Vulkan!« Doch das Wort ertönte als Codeschwall, der die Flammen im Innern des Schwerts befeuerte und sie von neuem entfachte.

Das Licht wurde heller, so grell wie eine Sonne und brennend heiß. Es erdete die Blitze und wendete die Macht und die Wut des Sturms gegen ihn. Das Ungetüm war nun ganz nah – es war alles, was T'kell sehen konnte. Ein einziges, gläsernes Auge stieg vor ihm auf und T'kell sah sein feuerverheertes Gesicht darin gespiegelt. Das Ungetüm war entsetzlich und widerwärtig. Es musste sterben.

Er formte die Klinge in seiner Hand zu einem Schwall reinigenden Codes und stieß sie mit einem trotzigen Schrei in den schwarzen Abgrund …

Gallikus trat zurück. Er blutete. Eine seiner Helmlinsen war zerbrochen und durch die zertrümmerte Öffnung betrachtete er mit einem blutunterlaufenen Auge seine Feinde.

Feinde … früher habe ich sie Brüder genannt.

Sechs Wiedergänger waren ausgeschaltet und mussten wieder in Kryostasis versetzt werden. Sie brauchten die Maschine.

»Sie werden langsamer …«, sagte Gallikus undeutlich.

Ulok antwortete nicht. Er schaute aus einiger Entfernung zu und ließ seine todlosen Kohorten für ihn kämpfen.

Gallikus lächelte verbittert und hob seinen ramponierten Schild. Vier weitere Wiedergänger gingen auf ihn los.

Hinter ihnen wartete Ulok.

T'kell fiel auf die Knie. Da die Hitze die Frostschicht verdampfte, die ihn eingehüllt hatte, stiegen dünne Dampfschwaden von seiner Rüstung auf, die nun mit seinem geschwächten Körper verschmolzen war.

Das Ungeheuer war tot. Er hatte es erschlagen.

Mit Mühe hob T'kell den Kopf, sah die Särge und erkannte, dass es vollbracht war.

Die kalten, toten Augen, die ausdruckslos durch den rasch dahinschmelzenden Frost starrten, verrieten nicht, ob sie sich ihres Schicksals bewusst waren oder ob sie ihm für ihre Erlösung dankbar waren. Jedenfalls nicht die, die T'kell sehen konnte.

»Was endet, endet«, sagte T'kell mit leiser, rauer Stimme. Er wäre umgefallen, wenn ihm nicht jemand von hinten einen Arm um die Brust gelegt hätte.

»Drachenbruder«, sagte Saurier. »Mir scheint, dass ich zur rechten Zeit gekommen bin. Wir müssen Euch von diesem Schiff bringen.«

Mit Mühe schaffte es der Apothecarius, T'kell soweit zu stabilisieren, dass er nicht umfallen würde, und sagte ihm dann, dass er sich abwenden sollte, worauf er die Mechadendriten abschlug, die den Techmarine mit der Maschine verbanden. Ein letztes Mal durchzuckten stechende Schmerzen T'kell und dann war er frei.

»Ich danke Euch ...«, sagte er atemlos.

»Dankt mir erst, wenn Ihr es von diesem Schiff geschafft habt. Und damit Ihr das schaffen könnt, werde ich Euch etwas geben, dass Euch das Gehen ermöglichen sollte. Es wird nur kurz wehtun.«

Saurier entnahm seiner Nartheciumausrüstung eine Phiole und spritzte T'kell ihren Inhalt in den Hals. Während ihm auf die Beine geholfen wurde, stellte T'kell fest, wie seine Schmerzen deutlich nachließen und seine verschwommene Sicht aufklarte.

»Ein Stimulans«, erklärte Saurier. »Es wird nicht lange wirken. Kommt.«

Er führte den Techmarine aus der stillen Kryokammer, warf den darin bestatteten Legionären nur flüchtige Blicke zu und brachte ihn zu einer Zugangsluke, die kaum groß genug für seinen gepanzerten Körper war.

»Ich sollte Gallikus Bescheid geben«, sagte T'kell.

»Er wird Bescheid wissen«, sagte Saurier und zeigte auf die Zugangsluke. »Dieser Durchgang wird Euch bis zu den Startbuchten führen. Dort steht ein Schiff für Euch bereit. Es wurde vorbereitet, während ich Eure Brüder fortgeschickt habe.«

T'kell nickte. »Sie sind auch Eure Brüder, Saurier.«

»Nein. Ich denke nicht. Die Legion starb auf Isstvan V. Ich habe ihren Untergang gesehen. Ich bin ein Geist, nichts anderes als die auftauenden Leichen des Mausoleums, das wir gerade verlassen haben.«

»Dann bin ich froh, Euch kennengelernt zu haben, Bruder«, erwiderte T'kell. »Wenn wir es nach Nocturne zurückschaffen, werde ich dafür sorgen, dass Euer Name nicht vergessen wird.«

»Ich hatte mal einen Namen, aber ich verwende ihn nicht mehr. ›Saurier‹ ist in Ordnung.«

»Also gut.« T'kell und Saurier ergriffen den Unterarm des jeweils anderen, bevor er durch die Luke trat und den rätselhaften Apothecarius zurückließ.

Die letzten Wiedergänger fielen. Bei jedem Hieb weinte Gallikus, traurig und befreit, dass er ihrem Leid ein Ende gemacht hatte.

Sein Schild hing zerfetzt von seinem Arm und er schüttelte ihn ab. Sein Energiehammer war inzwischen kaum mehr als eine Keule.

»Dann kommt, Eisenvater«, rief er Ulok zu, zog seinen Gladius und streckte es ihm erschöpft entgegen. »Damit ich meinen Verrat zu Ende bringen kann.«

Ulok betrachtete den abgekämpften Krieger und zog seine Zahnradaxt. Knisternde, himmelblaue Energie fuhr die Klinge entlang.

»Du wirst einen guten Wiedergänger abgeben, Ahrem«, sagte er kalt. »Das habe ich schon immer gedacht.«

»Nur, wenn Ihr mich besiegt, ohne mich zu töten, Eisenvater.«

»Du wirst leben«, erwiderte Ulok. »Du wirst deinem Namen gerecht werden und dich den Unsterblichen anschließen. Du solltest dich geehrt fühlen.«

Eine Schar stummer Krieger stand aufgereiht hinter ihm, doch Gallikus wusste, dass er ihnen nicht den Angriff befehlen würde. Für den Eisenvater musste Gallikus nur erschöpft sein, nicht tot, damit er ihn zu einem ewigen Dasein als sein Diener verdammen konnte.

»Und wenn es keinen Sarg für mich gibt«, fragte Gallikus wankend, »was dann?«

Ulok kniff die Augen zusammen, als ihm klar wurde, dass er überlistet worden war.

»Was hast du getan, Bruder?«

»Es geht nicht um das, was *ich* getan habe«, erwiderte Gallikus, worauf Ulok ihn anstürmte und niederstreckte.

T'kell betrat ein Verladedeck der *Obstination*. Für ein derart großes Schiff war es relativ klein und verfügte über Startbuchten und Wartungsbereiche für sechs Landungsflieger, die bis auf eine unbelegt waren. Er nahm an, dass es sich um ein Reservedeck für Notfälle handelte.

Der einzige Flieger darin stand einer der hinteren Startbuchten zugewandt auf seinen Landestreben. Das Tor war geschlossen, aber nicht verriegelt. Eine kleine Mannschaft kümmerte sich um das Flugzeug und war mit Wartungsarbeiten beschäftigt. Die trüben Lumen spendeten nur spärliches Licht und T'kell verweilte nach seinem Eintreten in den Schatten. Die Mannschaft schenkte ihm jedoch keinerlei Beachtung und er erkannte, dass sie allesamt Servitoren waren.

Saurier hatte sein Wort gehalten und trotz seiner Verletzungen schritt T'kell zuversichtlich seiner Rettung entgegen.

Auf halbem Weg zu dem wartenden Landungsflieger wechselte die Anzeige des Abflugtors von grün zu rot. Auf einem höheren Deck ging eine Tür auf, als eine Kohorte aus zwanzig Legionären der Iron Hands aus einem Aufzug trat und ihre Bolter auf den Techmarine richtete.

T'kell blieb stehen und hörte das Knistern des Schiffsvox, das irgendwo vom Hangardach zu ihm herunterhallte.

Eine mechanische, ihm unbekannte Stimme ertönte.

»Schmiedemeister T'kell ... Sie haben den Befehl, Euch zu töten, falls Ihr versuchen solltet zu fliehen«, sagte sie. »Ich bin Eisenvater Ulok und die *Obstination* ist mein Schiff. Legionär Gallikus ist tot. Ich nehme an, dass er es war, der Euch darum gebeten hat, die Kryokammer zu sabotieren. Ich wollte ihn nicht töten, doch er ließ mir keine Wahl.« Die Stimme hielt inne, als ob sie ihre nächsten Worte mit Bedacht wählen würde. »Es ehrt mich, Euch an Bord zu haben, doch wenn Ihr mich dazu zwingt, werde ich Euch ebenfalls töten.«

Die Iron-Hands-Legionäre marschierten im Gleichschritt vorwärts und T'kell erkannte anhand ihrer Bewegungen, dass sie von Ulok geschaffen waren, genau wie die eingefrorenen und bestatteten, die er gesehen hatte.

»Wollt Ihr mich gefangen nehmen?«, fragte T'kell.

Einen ausgedehnten Moment lang herrschte Schweigen.

»Ja. Ihr werdet mir dabei helfen, die Maschine zu reparieren, die Ihr zerstören wolltet.«

»Das kann ich nicht«, sagte T'kell. »Das werde ich nicht.«

»Ihr scheint zu glauben«, sagte Ulok, »dass Ihr eine Wahl habt.«

Die Voxübertragung endete abrupt und T'kell stand allein

den Iron Hands gegenüber. Sie waren nicht hier, um ihn zu töten. Dann hätten sie das schon getan. Ulok hatte gelogen. Sie waren hier, um ihn gefangen zu nehmen. Irgendwo an Bord dieses Schiffs musste sich eine weitere Kryokammer befinden, die intakt geblieben und nur dem Eisenvater bekannt war. Das musste der Grund sein, weshalb Ulok wollte, dass er die Maschine reparierte.

Wieder knisterte das Vox und im ersten Moment dachte T'kell, dass Ulok zurückgekehrt war, um ihm seine hämische Freude kundzutun. Doch das Geräusch kam aus seiner Halsberge.

»Schmiedevater …«

Es war Ak'nun Xen. Er rannte. Im Hintergrund hörte T'kell Panzertüren, die sich langsam und mechanisch öffneten.

»Vexillarius.«

T'kell rührte sich noch immer nicht und die Legionäre der Iron Hands rückten weiter vor. Bald würden sie bei ihm sein.

»Wir holen Euch hier raus, wir –«

»Nein.«

»T'kell, gleich werden wir –«

»Nein, Bruder. Es ist zu spät. Sagt Obek, er soll dieses Schiff unter Beschuss nehmen. Ich habe seine Schilde abgeschaltet, doch ich weiß nicht, wie lange das anhalten wird.«

»Wir sind jetzt in der Startbucht.«

»Es ist zu spät, Xen. Zerstört das Schiff.«

Einige Momente vergingen. Gewiss kontaktierte Xen Obek oder besprach sich mit Krask, falls er noch lebte. Die Legionäre der Iron Hands erreichten ihn und T'kell ging mit unterwürfig geneigtem Kopf vor ihnen auf die Knie.

Als Xen antwortete, war die Eindringlichkeit in seiner Stimme Resignation gewichen. »Schmiedevater, ich …«

»Vulkan lebt, Bruder«, sagte T'kell und trennte die Verbindung.

Eine gepanzerte Hand packte ihn an der Schulter und er schloss die Augen.

Er wurde auf die Beine gezerrt und vom Verladedeck zum Aufzug gebracht. Einige Sekunden nach dem Beginn ihrer Fahrt brach Feuer aus dem Deck.

T'kell lächelte, während die Flammen ihn verschlangen, die Iron Hands verbrannten und die *Obstination* auseinanderbrach.

* * *

Vulkans Auge hatte der *Obstination* eine tödliche Wunde zugefügt, die sie ohne ihre Schilde nicht überleben konnte.

Schiffsmeister Reyne, der sie neben das gigantische Schiff gebracht hatte, hatte keine Zeit gehabt, um sie rechtzeitig wieder fortzubringen, bevor der gewaltige Verteidigungslaser abgefeuert wurde. Die Explosion hatte die gesamte Backbordflanke der *Kelch des Feuers* getroffen, ihre Deflektorschilde fast augenblicklich überwältigt und die Panzerung darunter mit einem Trümmerhagel überschüttet, doch weitere Kollateralschäden waren dem Schiff erspart geblieben.

Damit war das Schiff so gut wie lahmgelegt, sodass es sich mit seiner schwindenden Reserveenergie nur langsam von der zerstörten *Obstination* fortbewegen konnte. Statt Stunden hatte es Tage gedauert, um sich von ihr zu entfernen. Auch wenn sie vorerst überlebt hatten, waren sie nun dem Untergang geweiht.

Die Salamanders waren zu einer Fabrikhalle der *Kelch* zurückgekehrt. Dort hatte sich die Bruderschaft inmitten von Rauchschwaden und züngelnden Flammen versammelt.

T'kell war tot, ebenso Zau'ull, Zandu, Varr und viele weitere Narbenlose.

Die Verwundeten, die Saurier in den Rettungskapseln losgeschickt hatte, hatten überlebt, doch sie waren ein bitterer Ersatz.

Obek stand vor der versammelten Schar. Alles in der Obsidiankammer war in Dunkelheit und flackernde Schatten gehüllt. Gor'og Krask und die Terminatoren knieten direkt neben Xen, der das Banner in seiner linken Hand hielt. Phokan kniete vor den Feuerdrachen in der letzten Reihe.

Weniger als die Hälfte derer, die zu der Mission aufgebrochen waren, lebten noch.

Obek hatte die Artefakte, einschließlich dem, das Zau'ull herausgenommen hatte, im tiefsten und heißesten Gewölbe des Schiffs eingeschlossen. Er hielt es für angemessen, sie nah am Herzen der Schmieden aufzubewahren.

Er legte seinen Gefechtshelm an und lauschte den letzten Meldungen von Schiffsmeister Reyne, der die verbleibenden Sekunden abzählte, in denen sie ihre Triebwerke noch mit Energie versorgen konnten. Danach würden sie antriebslos durch die unendliche Leere gleiten.

»Es ist vorbei«, sagte er zu den Drachen, die nun nicht mehr narbenlos waren. »Und wir haben die letzte Ruhestätte für das Vermächtnis unseres Vaters gefunden. Sie ist hier, bei uns.«

Jeder kniende Legionär der Salamanders erwiderte den Blick des Captains mit feuriger und unerschütterlicher Entschlossenheit. Sie würden Vulkans Artefakte bis zum letzten Atemzug beschützen. Sie würden das Schiff verteidigen.

Obek schaute zu Xen und hob sein Schwert. Die spiegelnd polierte Klinge funkelte im Feuerschein.

»Worin besteht das Opfer?«, fragte er.

»Zu leben, wenn andere starben«, erwiderte Xen.

»Und was ist unsere Bestimmung?«

»Wächter und Behüter zu sein«, antwortete die Schar.

»Und wer sind wir?«

»Vulkans Auserwählte«, sagten sie im Chor. »Die Bewahrer seines Vermächtnisses.«

Obek dachte darüber nach, wie sich ihr Eid, nicht aber ihre Aufgabe geändert hatte.

»Vulkans Auserwählte!«, brüllte er, worauf die Halle unter leidenschaftlichen Zurufen erzitterte.

ACHTUNDZWANZIG

Stasis

Obek erwachte und wischte sich den Frost von den Helmlinsen.

Er hatte keine Vorstellung davon, wie lange er geruht hatte. Seine Füße waren noch immer am Boden der Relikthalle magnetarretiert und an seinen Oberschenkeln trug er seinen Bolter und seine Klinge.

Als er seine Rüstung vom Deck löste, spürte er, wie ihn die Schwerelosigkeit erfasste. Leerenstaub schwebte langsam durch die Luft und funkelte im Licht seiner Anzuglampen wie Sterne. Dazwischen trieben im Todeskampf erstarrte Leichen.

Es war vollkommen still. Seine Brüder waren bei ihm. Er wollte den Status von Zau'ulls Sarg überprüfen, doch die Cogitatoren des Schiffs waren abgeschaltet. Lebenserhaltung, Waffen, Schilde, Triebwerke – alle Systeme waren ausgegangen. Nur der Navigationscogitator funktionierte noch. Obek griff über seinen Helm darauf zu und rief ihre Position auf seiner Helmlinse auf.

UNBEKANNT …

Die Daten zogen als endloser, roter Strom vor seinen Augen vorbei.

UNBEKANNT …

UNBEKANNT …

UNBEKANNT …
UNBEKANNT …
UNBEKANNT …
UNBEKANNT …
UNBEKANNT …
UNBEKANNT …

Er blinzelte, um den Datenstrom anzuhalten.

Sein inneres Chrono verriet ihm, dass er über ein Jahr geruht hatte. Länger als beim letzten Mal. Trotz der sparsamen Einstellungen war die Energie seiner Anzugssysteme fast verbraucht. Aufgrund der langen Dauer seiner teilweise hypovegetativen Meditation war er noch ein wenig angeschlagen, doch irgendetwas hatte ihn aufgeweckt.

Die anderen waren von dem gleichen Instinkt aufgerüttelt worden und erwachten. Obek sah ihre Helmlinsen trüb aufleuchten, als sich ihre Servorüstungen wieder anschalteten.

Dann hörte er es. Ein gedämpftes Kratzen am Schiffskörper. In der Ferne. Es musste aus dem Inneren der äußeren Panzerung stammen, doch nah genug, dass seine Autosinne das Geräusch bemerken konnten.

Irgendetwas war im Schiff und versuchte tiefer hineinzugelangen. Langsam arbeitete es sich zum Herzen vor.

Obek stand mit dem Rücken zur Tür einer zweiten Kammer, einem inneren Sanktuarium in der Nähe der erkalteten Schmieden des Schiffs.

Er griff nach seinen Waffen, wodurch der Frost aufbrach, der seine Rüstung einhüllte, und als Eiskristallkaskade von ihm abfiel. Seine Stimme war kaum mehr als ein Krächzen, doch das nahm seiner Warnung nichts von ihrer Eindringlichkeit.

»Da kommen noch mehr.«

DER ZERBROCHENE KELCH

Der Trupp bewegte sich langsam und mit versiegelten Rüstungen durch das Schiff. Nur der langsame Luftausstoß ihrer Atemgeräte war in ihren Helmen zu hören.

Bruder-Sergeant Ko'tan war entsandt worden, nachdem Entdecker des Adeptus Mechanicus das havarierte Schiff inmitten eines Trümmerfelds aus anderen kaputten Sternenschiffen gefunden hatten. Es war von der abnehmenden Anziehungskraft eines Mondes am Rand der Galaxis erfasst worden. Die Gravitation des Mondes war zu schwach, um Schiffe zu sich zu ziehen, doch stark genug, um sie eine Weile festzuhalten. Nachdem er die Herkunft des Schiffs bestimmt hatte, hatte der zuständige Magos sofort eine Nachricht nach Prometheus geschickt.

Einige Wochen später waren Ko'tan und seine Brüder eingetroffen, waren am nächstgelegenen Mandevillepunkt aus dem Warp übergesetzt und hatten das Trümmerfeld wenige Tage später erreicht.

»Spuren vergangener Angriffe«, ertönte Voskars Stimme, die zischend und mit Voxrauschen übertragen wurde.

Aus den Tiefen des Schiffs drang ein schwaches, doch erfassbares Leitsignal.

»Bei mir sind vertrocknete Leichen«, antwortete Ko'tan, als er eine Kasernenhalle betrat. Als er kurzzeitig die Magnetarretierung zum Deck löste, fühlte sich seine Terminatorrüstung in der Schwerelosigkeit ungewohnt leicht an.

»Von wem?«

»Xenos. Eldar und Grünhäute.«

»Symbionten?«

»Negativ.«

»Seid vorsichtig, Bruder. Das hier ist ihr typischer Lebensraum.«

Ko'tan übermittelte eine Bestätigung und ging weiter.

Er durchquerte einen weiteren Korridor, der teilweise zur Leere hin offen war. Einige Bereiche des Schiffs waren stark reparaturbedürftig, doch die Grundstruktur war intakt. Alle Systeme waren ausgeschaltet und schienen schon vor mehreren Jahren ausgegangen zu sein, doch ein genauer Zeitpunkt ließ sich unmöglich bestimmen.

Einer aus seinem Trupp, der sich weiter hinten im Schiff befand, sendete ihm eine Gesprächsanfrage. Nachdem er den Korridor durchquert und eine Relikthalle betreten hatte, schwenkte Ko'tan seinen Sturmbolter in der Dunkelheit und nahm die Anfrage mit einem Blinzeln an.

»Ich habe einige Metallproben sichergestellt, Bruder-Sergeant.«

Ko'tan blieb vor einer großen Drachenglyphe stehen, die vom anderen Ende einer gewaltigen Halle auf ihn herabschaute. Er wusste, dass das Schiff alt war, doch Ubon würde Genaueres wissen.

»Was habt Ihr herausgefunden, Techmarine?«

»Laut einer flüchtigen Analyse ist das Schiff fast zehntausend Jahre alt«, erwiderte Ubon.

Ko'tan verschlug es einen Moment lang den Atem und er wagte zu hoffen. Das Schiff war meisterhaft gefertigt und anders als jedes andere, das er je gesehen hatte – und das lag nicht allein an seinem Alter.

Etwas vor ihm erregte seine Aufmerksamkeit. Ein weiteres, gewaltiges Tor, auf dem das gleiche Drachensymbol prangte. Es war weit größer als Ko'tan und noch fünfzehn Meter entfernt. Inzwischen befanden sie sich tief in den Eingeweiden des Schiffs, in der Nähe der ruhenden Schmieden, die sie vor ihrem Eindringen mit einer Abtastung gefunden hatten.

Vor dem Tor stand eine Gestalt.

Als er sich, von der neuen Entdeckung wie hypnotisiert, auf sie zubewegte, sah Ko'tan, dass das Tor aufgebrochen worden war.

»Trupp Ko'tan, vorne sammeln.«

Die Halle war mit weiteren Leichen übersät, von denen sich viele trotz der Schwerelosigkeit vor dem Tor angesammelt hatten. Sie bildeten einen schwebenden Schwarm, eine Schar von Xenosleichen, doch etwas anderes hatte Ko'tans Aufmerksamkeit erregt. Hinter den gefrorenen Körpern, deren Rüstungen und Leerenanzüge aufgerissen und zerschnitten waren, sah er Feuergeborene.

Ihre Rüstungen waren weit älter als alle, die er je gesehen hatte. Selbst die meisterhafte Rüstung des Captains stammte lediglich aus der Zeit des Erwachens. Diese Rüstungen waren geradezu altertümlich.

Sie würden die Brücke erreichen und auf das Datenlogbuch zugreifen müssen, um Genaueres zu erfahren. Doch während er seine längst toten Brüder aus einer anderen Zeit betrachtete, die in ihren Rüstungen eingefroren waren und deren Verteidigung erst mit ihrem Tod überwunden worden war, begann er allmählich zu glauben.

Ko'tan schaltete das Vox wieder ein.

»Lord Vulkan …«, stieß er aus.

»Sprecht.«

Dir'sans Symbol zeigte ihn in der Nähe der Brücke an.

»Ich habe sie gefunden, Schmiedevater.«

»Haltet die Stellung. Ich komme zu Euch.«

»Was ist mit dem zweiten Gewölbe?«

»Leer.«

»Das ist das Schiff, Vulkan Dir'san«, sagte Ko'tan. »Das muss es sein.«

»Ja«, sagte der Schmiedevater. »Die *Kelch des Feuers* und das *Vulkans Auge* sind hier. Jetzt müssen wir nur noch sieben finden.«

NACHWORT

Nach drei Romanen, drei Novellen (wovon eine eigentlich ein Kurzroman ist, den ich der Einfachheit halber aber im Folgenden als ›Novelle‹ bezeichne) und mehreren Kurzgeschichten nähert sich die Saga der Salamanders in der Horus Heresy und ihrem Primarchen, Vulkan, dem Ende.

Es war mir eine besondere Ehre, über diese Charaktere zu schreiben, vor allem über Vulkan. Früher war er kaum mehr als eine Fußnote in der Geschichte der Horus Heresy, doch meiner Meinung nach hat er inzwischen eine Bedeutung erlangt, die ihm gerecht wird und die ihn auf eine Stufe mit seinen berühmteren Brüdern hebt. Seit ich das erste Mal auf den Herrn der Drachen gestoßen bin, hat mich seine Geschichte (und die seiner Legion/seines Ordens) sehr gereizt. Seine Menschlichkeit macht ihn einzigartig und es ist sehr erfreulich und beeindruckend zu sehen, dass die Fans der Reihe meine Leidenschaft und Begeisterung für diesen Primarchen und die Salamanders teilen. Ich wollte seine Geschichte angemessen *ausgestalten*, und anhand eurer Reaktion, liebe Leser, denke ich, dass ich das geschafft habe.

Dieser Band mit dem recht allgemein gehaltenen Titel *Flammengeboren* ist eine Sammlung dessen, was ich als Nebenhandlungen bezeichnen würde. Wenn ihr das hier lest und nicht alles übersprungen habt, um das Nachwort zu lesen, werdet ihr *Prometheische Sonne, Verbrannte Erde* und *Söhne der Schmiede* sowie die beiden Kurzgeschichten ›Unsterbliche Pflicht‹ und ›Artefakte‹ gelesen haben.

Ich werde oft gefragt, wohin diese Novellen und Kurzgeschichten in der Geschichte der Salamanders/Vulkans gehören, sodass wahrscheinlich eine Erklärung der Lesereihenfolge angebracht ist, bevor ich ins Detail gehe. Chronologisch gesehen beginnt es mit *Prometheische Sonne*, gefolgt von *Verbrannte Erde*. Obwohl Teile von *Vulkan lebt* eigentlich vor letzterer Novelle spielen, wird darin ein breiterer Zeitraum abgedeckt, sodass ich es im Anschluss an *Verbrannte Erde* empfehle (ich weiß, dass das kaum noch einen praktischen Nutzen hat, wenn ihr einen Teil der Texte – oder alle – bereits gelesen habt, doch es gibt einige Leser, die so etwas gerne wissen und sie dann erneut lesen – bitte sehr). Danach solltet ihr *Vulkan lebt* lesen, gefolgt von *Todesfeuer*, den Kurzgeschichten ›Artefakte‹ und ›Unsterbliche Pflicht‹, und zum Abschluss *Söhne der Schmiede* und *Alte Erde*. Während ich dieses Nachwort schreibe, existiert noch eine weitere Kurzgeschichte namens ›Gnade des Drachen‹. Sie spielt in der ›Epoche‹ von *Prometheische Sonne* (mehr dazu weiter unten) und sollte danach, aber vor *Verbrannte Erde* gelesen werden.

Prometheische Sonne war mein erstes Horus-Heresy-Projekt. Über die darin erzählte Geschichte hinaus hatte ich noch keine weiteren Pläne. Mit *Vulkan lebt* wagte ich ein wenig mehr, doch ich wollte den Roman weiterhin möglichst in sich geschlossen halten, sodass ich äußerst vorsichtig mit der Erzählung und den Charakteren umging. Es ist, zumindest teilweise, eine Geschichte aus der Zeit des Großen Kreuzzugs, die eine Nebenhandlung über Vulkans Herkunft enthält. Diese war inzwischen fest etabliert, sodass ich etwas hatte, was mich durch dieses recht tückische Terrain führte. In Anbetracht meiner Verzagtheit und meines Wunsches, mit der Geschichte kein Risiko einzugehen, bin ich überrascht und erfreut darüber, wie eng sie sich mit den darauffolgenden Erzählungen verband.

Ich war mir nicht sicher, ob ich jemals wieder nach Caldera zurückkehren würde, doch während ich die Zusammenfassung für *Vulkan lebt* schrieb, dachte ich darüber nach, Vulkan nach der Nutzung des in *Morgendämmerung* enthaltenen Teleportgeräts dort auftauchen zu lassen. Letztendlich wurde der Plan verworfen, als wir die Handlung für *Imperium Secundus* ausarbeiteten, da Macragge uns als natürlicherer und dramatischerer Ort für Vulkans Wiederauftauchen erschien und wir ihn damit in die damals aktuelle Handlung einbinden konnten. Auch nachdem ich meine anfänglichen Pläne verworfen hatte, *Prometheische Sonne* und Caldera in die Romane einzubinden, hatte ich noch immer den Wunsch, ihnen mehr Bedeutung zu geben. Erst mit *Alte Erde* bekam ich dazu Gelegenheit, sodass ein Teil von Vulkans Handlungsstrang auf der Welt Caldera spielt, die die Salamanders in *Prometheische Sonne* konform gemacht haben. Außerdem kommt sie in einem Roman der Reihe ›Die Bestie erwacht‹ vor, *Die Suche nach Vulkan* (vom ausgezeichneten David Annandale). Ich war begeistert, dass David Caldera zu einem Teil des Buchs gemacht hat, und finde es faszinierend zu sehen, wie dieses kleine Stück Hintergrundgeschichte immer wieder in Erzählungen auftaucht, vor allem nach so vielen Jahren.

Verbrannte Erde spielt dort, wo meiner Meinung nach der Kern der Horus Heresy liegt. Es beschäftigt sich mit dem, was auf den wohl prägendsten Moment in der Geschichte der Salamanders folgte, auf das Landungsplatzmassaker von Isstvan V. Seit ich von diesem Ereignis gelesen hatte, wollte ich darüber schreiben. Leider stieß ich zu spät zur Horus-Heresy-Reihe, um einen Roman direkt über Isstvan V zu schreiben, wie Graham McNeill es mit *Fulgrim* bereits so gut getan hat. Das Massaker wird auch in *Vulkan lebt* behandelt, doch vor allem, um die eigentliche Geschichte einzuleiten, aber dadurch konnte ich einige Brandwachen aus *Prometheische Sonne* wieder einbinden, auch wenn sie dann während der Schlacht nur auf unterschiedliche Weise getötet oder verstümmelt wurden. *Verbrannte Erde* war also meine Chance, eine harte Kriegsgeschichte zu erzählen, doch statt mich auf die Schlacht zu konzentrieren, beschrieb ich, was danach geschah. Die Geschichte ist insofern ›klein‹, als sie sich auf eine einzige Gruppe von Überlebenden konzentriert – einige Krieger der Salamanders, Iron Hands und Raven Guard, die zurückgelassen wurden, doch dem Tod entrinnen konnten. Sie ist bewusst düster gehalten und soll an den Ersten Weltkrieg mit seinen Schützengräben, Stacheldraht und den entsetzlichen Verlusten erinnern. Da es eine Geschichte über Salamanders ist, enthält sie natürlich auch ein mythisches Element, das am besten zur Geltung kommt, wenn man sie vor *Vulkan lebt* liest. Einige der Charaktere kommen auch in späteren Geschichten vor, unter anderem in der von Guy Haley geschriebenen Kurzgeschichte ›Ungeschmiedet‹. Nachdem *Verbrannte Erde* veröffentlicht wurde, schrieb Guy mir eine Nachricht darüber, wie gut ihm die Geschichte gefallen hatte und ob er einige Charaktere für eine eigene Kurzgeschichte verwenden dürfte. Ich fühlte mich äußerst geschmeichelt und stimmte natürlich zu. *Verbrannte Erde* endet mit einer tiefgreifenden Wendung, die ihr inzwischen wahrscheinlich gelesen habt, doch die Idee dafür kam mir erst sehr spät. Ich hatte die Novelle tatsächlich schon fast abgeschlossen, als sie mir in den Sinn kam und ich noch einmal das gesamte Manuskript durchging, um es nachträglich an das neue Ende anzupassen. Obwohl es kein Roman über Isstvan V war, konnte ich mich in *Verbrannte Erde* mit den Themen dieses Ereignisses beschäftigen, mit den Gefühlen von Verlust und Verzweiflung, mit der verlorenen Menschlichkeit, die der Krieg selbst von jemandem fordert, den man als Übermenschen bezeichnen könnte.

Während mit *Prometheische Sonne* die Reise begann und ich mir mit dem Schreiben von *Verbrannte Erde* einen lang gehegten Wunsch erfüllen konnte, ergab sich *Söhne der Schmiede* direkt aus der übergeordneten Handlung. Ich habe es so geschrieben, dass es zwischen *Todesfeuer* und *Alte Erde* passt und ein Teil des Zeitalters der Dunkelheit ist. Es hätte auch ein Roman werden können, doch letztendlich ist es ein Zwischending geworden. Es ist in sich völlig geschlossen, auch wenn es Charaktere enthält, die in *Todesfeuer* auftauchen: die als ›Narbenlose‹ bekannte Fraktion, die seit Beginn des Krieges auf Nocturne (und infolgedessen auch Prometheus) war. Sie werden von einer Figur angeführt, die in der alten Hintergrundgeschichte erwähnt wird: T'kell, einem Meister der Schmiede, der zum ersten Schmiedevater der Salamanders wird. Die Geschichte handelt von einem dreckigen Dutzend und dem Sondereinsatz, auf den diese Heldenbande geht, die vor Kriegsende unbedingt noch ein wenig Ruhm und Ehre ernten will. Sie entstammt der Idee von Vulkans Artefakten, den sogenannten ›Neun‹. Ich hatte bereits die Kurzgeschichte ›Artefakte‹ geschrieben, die sich ein wenig mit diesem Thema beschäftigt, und wollte eine realistischere Version der Ereignisse schaffen, aus denen sich zehntausend Jahre später ein Mythos entwickelt hatte; *Söhne der Schmiede* erzählt, was nach dieser Geschichte geschah. Außerdem bezieht sie sich auf die andere Kurzgeschichte in diesem Band, ›Unsterbliche Pflicht‹, und dient als ausführlicher Abschluss für die Charaktere der darin vorkommenden Iron Hands. Eigentlich hatte ich die Handlung der Iron Hands aus *Söhne der Schmiede* in *Todesfeuer* einbinden wollen, doch Zeit und Platz ließen das nicht zu. Zum Glück bekam ich eine weitere Gelegenheit und mit ein wenig Umgestaltung bildeten sie den Kern aus Dramatik und Spannungen, um den sich *Söhne der Schmiede* drehen konnte.

Diese Spannungen sind allen drei Novellen gemeinsam. Jahrelang habe ich über die Salamanders geschrieben, doch auch über die Iron Hands. In *Prometheische Sonne* nehmen sie eine bedeutende Rolle ein – die Konformität wird gemeinsam erreicht (auch mit der Death Guard, aber deren Geschichte werden wir niemals lesen; die Erlebnisse der Iron Hands werden in der Novelle ›Eisentat‹ behandelt, die auch ein Teil des Sammelbands *Die Primarchen* ist). In *Verbrannte Erde* spielen sie ebenfalls eine wichtige Rolle und in *Söhne der Schmiede* sind sie sogar die Hauptantagonisten.

Die Beziehung der beiden Legionen und ihrer Primarchen bildet das eigentliche Herz dieser Reihe innerhalb der Reihe. Das ging sogar so weit, dass ein Roman über die Iron Hands geplant war, der *Die Eiserne Zehnte* heißen sollte. Wegen des Zeitplans, der gewünschten Dynamik und all den anderen Dingen, die während einer langjährigen Reihe wie der Horus Heresy geschehen können, kam er nie zustande. Ein großer Teil dessen, was er enthalten hätte, landete in *Alte Erde*, und ich denke, dass es dadurch ein besserer und runderer Roman geworden ist.

Tatsache ist, dass die Flamme der Salamanders-Legion Metall enthält, was nur richtig ist, wenn man bedenkt, dass eine Schmiede weder ohne Feuer, noch ohne Metall funktioniert. So, wie das eine mit dem anderen einhergeht, verhält es sich auch mit den Geschichten in *Flammengeboren*, was rückblickend ebenso gut *Flammen- und Eisengeboren* hätte heißen können …

Nick Kyme
Nottingham, 2018

DEIN NÄCHSTES BUCH

THE HORUS HERESY SAMMELBAND 1
von Dan Abnett, Graham McNeill, Ben Counter

Die Trilogie, mit der alles begann! Erlebe den Anfang der Häresie mit dieser Sammlerausgabe im Hardcover-Format. In überarbeiteter Fassung, mit Innenillustrationen und Nachwort der Autoren.

Finde diese und weitere Geschichten auf **blacklibrary.com**, **games-workshop.com**, in Games-Workshop- und Warhammer-Läden und allen gut sortierten Buchhandlungen, oder besuche einen der vielen Fachhändler, die auf **games-workshop.com/storefinder** aufgeführt sind.

DIE ZERSCHLAGUNG DER ORKS
DAS ROTE FEST
GAV THORPE
FÜR DEN IMPERATOR
SANDY MITCHELL
DER KRIEG UMS SOL-SYSTEM
THE HORUS HERESY
SAMMELBAND
I

WARHAMMER 40,000
DER SCHILD DER HEILIGEN
RACHEL HARRISON

GAMES WORKSHOP®
NEUGIERIG GEWORDEN AUF
THE HORUS HERESY?
Dann komm in eines der zahlreichen Games-Workshop- oder Warhammer-Lokale oder besuche uns unter games-workshop.com und finde mehr heraus!